新时期领导谋略与智慧丛书

GUANDE XIUYANG

LINGDAOZHE DE RENGE TISHENG YU WANSHAN

官德修养

领导者的人格提升与完善

主编⊙舒天戈　孙乃龙
本册主编⊙郑东升

四川大学出版社

责任编辑：陈克坚
责任校对：杜青岳
封面设计：刘建波
责任印制：王 炜

图书在版编目(CIP)数据

官德修养：领导者的人格提升与完善 / 舒天戈，孙乃龙主编. —成都：四川大学出版社，2015.7
（新时期领导谋略与智慧）
ISBN 978-7-5614-8839-3

Ⅰ.①官… Ⅱ.①舒… ②孙… Ⅲ.①干部-道德修养-研究-中国 Ⅳ.①D630.3

中国版本图书馆 CIP 数据核字（2015）第 181448 号

书名	官德修养——领导者的人格提升与完善
主　编	舒天戈　孙乃龙
出　版	四川大学出版社
地　址	成都市一环路南一段24号（610065）
发　行	四川大学出版社
书　号	ISBN 978-7-5614-8839-3
印　刷	三河市天润建兴印务有限公司
成品尺寸	170 mm×240 mm
印　张	16
字　数	261千字
版　次	2016年1月第1版
印　次	2016年1月第1次印刷
定　价	45.00元

◆读者邮购本书，请与本社发行科联系。
电话:(028)85408408/(028)85401670/
(028)85408023　邮政编码:610065
◆本社图书如有印装质量问题，请
寄回出版社调换。
◆网址:http://www.scup.cn

■版权所有◆侵权必究

前 言

官德,即从政道德,是一种特殊的职业道德,它基于一般的社会道德规范,又高于一般的社会道德规范,具有鲜明的政治性和榜样的示范性。

做人要讲人品,为官要讲官德。官德是为官者的灵魂,守德是从政者的政治操守。

修德是立身之本。做官必先做人,为官必先修德。

对一个人来讲,品德统帅着才能。对一个官员来说,官德是滋润思想的雨露,是走向成功的动力。官德体现于领导、管理、服务、协调等各项领导工作之中,是为官之魂、从政之基、用权之道。

我国历代官员的为官之道,始终强调德行是治国的前提。历代思想家既重视以德修身,更重视以德从政。

中华民族传统文化中强调"修身、齐家、治国、平天下"。其中"修身"是第一位的,是基础和前提;"治国""平天下",是以德修身的延伸和体现。通过内心的自我修养达到至善至美的高尚境界，并推广到"齐家""治国""平天下"。不同时代的为政者，都要经过长时期的以德修身的过程。唯有如此，才能够从幼稚走向成熟，才能胜任职务，用好权力，成为那个时代出类拔萃的人物。

我们党历来高度重视各级领导干部的品德修养与官德建设。习近平同志指出："官德虽然属于道德修养的范畴，但它是领导干部履行党的宗旨的重要体现，具有很强的实践性，因此一刻也不能脱离社会实践。这就决定了领导干部从政道德修养不能只停留在口头和书面，而要见之于实践，也就是要通过'立功'实现'立德'。"（人民网，2004年10月4日）

官德与其他职业道德相比有其双重性的特点，即官员作为一个职业道德主体，既要具备国家管理人员在进行管理活动过程中的职责道德，如忠于国家、忠于人民、忠于职守，具有高度的责任意识、公仆意识，需要在履行职务时谦虚谨慎、求真务实、办事公道、惩恶扬善、救危助困等；同时又要具备作为一个掌权者在权力运用过程中的权力道德，如遵纪守法、诚实无私、廉洁自律、不谋私利等。

为官者品德的优劣，不仅直接影响其领导工作的成效，影响他们在社会上和老百姓心目中的形象与威信，而且还会直接或间接地影响社会风气。官德对公民道德建设起到示范作用和引导作用，自古以来，官德隆，民德昌；官德毁，民德降。可见，官德影响民德，官风决定民风。

令人遗憾的是，近年来屡屡曝光的少数官员的违法行径，透露出官德缺失的情况比较严重。随着市场经济的快速发展，部分干部的官德出现了严重滑坡。一些地方和部门的部分官员贪腐现象严重，他们滥用权力、以权谋私、贪污受贿、腐化堕落，严重地损害了党和政府的形象，败坏了党和政府的声誉，在社会上造成了极大的负面影响。

官德绝不是领导干部的小节问题，而是大是大非的问题。手握公权力的官员丧德失耻，不仅仅是造成一时一地的不公，这种风气还会像瘟疫一样蔓延，甚至动摇法律制度体系。一些官员的失德已经成为中国法治社会建设的"短板"。可以说，官德缺失与否是关系政权兴衰存亡的根本性大问题。各级领导干部必须予以高度重视，从自己做起，修炼和提升自己的官德素质。

为官一任，理应造福一方；为政以德，领导干部才能仰不愧天，俯不愧民。强化官德，领导干部才能以厚德福民；厚养官德，领导干部才能为人表率。

为了保持思想上的先进性和纯洁性，各级领导干部都应该自觉加强思想修养和党性修养，加强对自己主观世界的改造。常修为政之德，常思贪欲之害，常怀律己之心，真正做到一身正气、一尘不染，始终保持高尚品格和革命气节。应当勇于改造自我，努力在实践中磨炼自己，远离财色，在美色面前腿不软，在金钱面前腰不弯，视一切不道德的欲望和念头为"无形敌人"，逐步达到理想的道德境界。

本书为有志于加强道德修养，不断修炼官德的领导干部而编写，希望他们能够从本书中获益。

郑东升

2015 年 6 月

目录
CONTENTS

第一章 官德是为官从政之本

一、官德是为官之魂，从政之本 / 2

1. 官德是领导干部从政的基本德行 / 2
2. 官德关系着国家的兴盛与衰亡 / 3
3. 良好的品德能使领导干部获得道义的力量 / 4
4. 领导干部既要重政绩，更要重政德 / 6

二、领导干部要把厚德作为根本 / 7

1. 德不修，品不正，何以为官 / 8
2. 官德一旦沦丧，民风则难以淳朴 / 9
3. 官危源于德危，化解危机须加强官德 / 12

三、领导干部加强官德修养的基本途径 / 13

1. 修身养德是领导干部的必修课 / 13
2. 以不断学习理论知识作为官德修养的基础 / 15
3. 以理论联系实际作为官德修养的支撑 / 16

4. 加强党性修养，保持清醒头脑 / 17

5. 以接受监督和自我批评作为官德修养的方式 / 19

第二章 纯洁心灵，历练美好品行

一、诚信待人：修炼人生第一品格 / 22

1. 恪守诚信是领导干部的为官之本 / 22

2. 对人诚，对事诚，方可赢得群众的信赖 / 23

3. 以诚实守信树立领导权威 / 24

4. 以实际行动捍卫领导干部的公信力 / 26

5. 提高领导干部诚信度的良药 / 28

二、博爱为怀：让善心与你同行 / 29

1. 爱民在心，为民在情，惠民在实 / 30

2. 情为民所系，用善心带动善举 / 31

3. 亲民爱民，和群众打成一片 / 32

4. 推崇"以和为贵"，宽容待人 / 34

三、心胸豁达：大度、宽容品自高 / 36

1. 心胸豁达是领导干部应备的品德 / 36

2. 唯有气度恢宏，才能用人服人 / 38

3. 有容德乃大，胸宽品自高 / 41

4. 以大度的胸怀团结他人共创事业 / 43

5. 以宽宏的气量产生感召力 / 44

四、亲切待人：拉近与下属的距离 / 45

1. 亲切待人可以强化领导形象 / 46

2. 关心体贴，以情感善待下属 / 48

3. 培养亲和力，提升领导魅力 / 50

4. 领导干部以情感人的若干技巧 / 53

第三章 忠于祖国，具有爱国之德

一、忠于祖国：国家利益重如泰山 / 58

1. 对党和国家的忠诚是领导干部的首要品质 / 58

2. 把一生用心献给祖国 / 60

3. 苟利国家生死以，岂因祸福避趋之 / 62

二、政治坚定：一切听从党的指挥 / 63

1. 坚定政治立场，与党中央保持高度一致 / 63

2. 严守政治纪律，政治方向上不糊涂 / 66

3. 听党指挥，党叫干啥就干啥 / 67

4. 像雷锋那样，一心向着党，向着社会主义 / 69

三、头脑清醒：坚定理想信念不动摇 / 70

1. 理想是强大的精神动力，理想信念大于天 / 71
2. 坚定的政治信仰是检验领导干部的试金石 / 73
3. 党员干部应具有坚定的共产主义信念 / 74
4. 在新的挑战与考验中立场坚定 / 76

第四章　服务人民，一心一意为民谋利益

一、始终牢记领导干部是人民的公仆 / 80

1. "人民公仆"必须廉洁奉公，勤政为民 / 80
2. 时刻牢记权力来自于民，理应服务于民 / 82
3. 强化服务意识，带着感情真诚地为人民服务 / 84
4. 强化责任感，做个负责的人民公仆 / 86

二、权为民所用，为百姓谋取最大利益 / 88

1. 密切联系群众，始终维护群众的权益 / 88
2. 代表人民的利益要正确处理各种利益关系 / 90
3. 立志为民做实事、做好事、解难事 / 93
4. 重实际，求实效，领导干部要做实干家 / 94
5. 求真务实，摒弃形式主义和官僚主义 / 96

三、亲民爱民，塑造服务于民的领导形象 / 99

1. 将人民置于崇高地位，尊重每一个人 / 99
2. 做好民生工作，让老百姓有尊严地生活 / 101
3. 思人民群众之所想，务人民群众之所需 / 102
4. 要树立与人民同甘共苦的形象 / 105
5. 亲民、近民，领导干部要具有亲和力 / 107
6. 体察民情，要善于倾听"沉没的声音" / 110

第五章 恪尽职守，尽职敬业，勤于政务

一、恪尽职守，勤奋敬业做好工作 / 114

1. 忠于事业，具有强烈的事业心和责任感 / 114
2. 以勤奋敬业精神做好日常工作 / 116
3. 领导干部应成为勤奋工作的典范 / 117
4. 一丝不苟，把每一项工作做到位 / 118
5. 坚决克服办事拖拉的不良习惯 / 121
6. 突出工作重点，准确锁住关键 / 123

二、求真务实，说实话、办实事 / 125

1. 坚持求真务实，反对急功近利 / 126
2. 锻造务实作风，以实干创造工作佳绩 / 128

3. 不求浮华，行动比语言更有力量 / 129

4. 实实在在，把领导工作落到实事上 / 131

5. 少说空话，多干经得起检验的实事 / 132

6. 以真抓实干为领导干部树立形象 / 134

三、尽心尽责：敢于把工作负责到底 / 135

1. 责任心是高效执行力的真正保障 / 136

2. 培养责任感，对自己的岗位工作尽心尽责 / 138

3. 锻造过硬的承担责任的能力 / 140

4. 执行有所建树，必须敢于担当 / 142

5. 沉着应对，不要因突发事件乱了手脚 / 145

第六章 秉公用权，树立公正无私的权力观

一、公正用权，在阳光下运行权力 / 148

1. 用好权力最重要的就是要公平公正 / 148

2. 领导干部要做公道正派的表率 / 149

3. 权力需要制约，防范权力被滥用 / 152

4. 权力需要透明，让权力在阳光下运行 / 153

5. 用好公权需要自律，公权只能用人民 / 155

6. 向杨善洲学习，坚持克己奉公 / 157

7. 杜绝把权力作为谋私的筹码 / 159

8. 不徇私情，守好公权的警戒线 / 160

二、公道办事，不存私心 / 164

1. 办事公道，以公平赢得信赖 / 164

2. "把一碗水端平"，对人一视同仁 / 166

3. 公正用人，坚持原则，去除偏心 / 168

4. 按功论赏，让实干者感到顺心 / 171

三、健全权力制约的监督机制 / 173

1. 接受监督是领导干部应尽的义务 / 174

2. 围绕权力的制约和监督加强制度建设 / 176

3. 运用多种监督形式，健全监督权力的网络 / 178

4. 自觉地接受行政系统内的专门监督 / 181

5. 实行政务公开，让人民成为监督的主体 / 183

6. 自觉地接受舆论特别是网络舆论的监督 / 184

7. 避免权力崇拜，纠正权力崇拜 / 186

第七章 清廉自律，抵制形形色色的诱惑

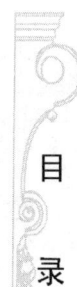

一、警钟长鸣，为官必须清廉自律 / 192

1. 廉洁自律是为官从政的根本 / 192

2. 清正廉洁是官德修养的基本要求 / 194

3. "人民公仆"必须要做到廉洁奉公 / 197

4. 为官清廉者才能赢得人心 / 199

5. 身居官位，需淡泊名利、不事奢华 / 200

6. 一身正气，公正无私做清官 / 201

7. 防微杜渐，管住小节守大德 / 205

8. 牢牢把好人生五个重要关口 / 206

9. 学会自敛，利益面前要止步 / 207

二、把好欲望关，抵制各种诱惑 / 209

1. 抑制贪欲，筑牢思想道德防线 / 209

2. 遏制贪权之欲，清清白白地做官 / 212

3. 抵御诱惑，拒腐防变品自高 / 216

4. 克制色欲，培养健康的生活情趣 / 219

5. 算好"四本账"，走在河边不湿鞋 / 221

6. 管住嘴：不吃不该吃的饭 / 223

7. 管住手：不花赃钱，不收赃物 / 225

8. 管住脚，不去不该去的地方 / 229

三、廉洁守法，坚守法纪的底线 / 230

1. 领导干部要认真学法，严格守法 / 230

2. 遵纪守法是领导干部必须要守住的底线 / 232

3. 让权力运行在法律的轨道上 / 234

4. 把党的纪律化为反腐的内在自觉 / 235

5. 唯有遵守法律，才会有自由与快乐 / 236

6. 牢记：莫伸手，伸手必被捉 / 238

参考文献 / 241

第一章
官德是为官从政之本

官德是领导干部从政的职业品德,也是领导干部为官的基本规范。做人须讲人品,为官要守官德。为政以德,应是领导干部一生坚守的使命;修德从政,应是领导干部终身追求的目标。

官德是为官的灵魂,守德是从政的政治操守。为官一任,理应造福一方。为政以德,领导干部才能仰不愧天,俯不愧民。强化官德,领导干部才能以厚德福民;厚养官德,领导干部才能为人表率。

德为立身之本,德是为官之基。新形势下,党在执政方式上更是把以德治国与依法治国有机结合起来,要求党的各级领导干部做到情为民所系,权为民所用,利为民所谋。所有这些,都是为政以德的重要体现。

一、官德是为官之魂，从政之本

官德，即从政道德，是一种特殊的职业道德，基于一般的社会道德规范，又高于一般的社会道德规范，具有鲜明的政治性和示范性。官德是各级领导干部应具有的政治态度、道德品质和思想作风，涵盖着感情趋向、价值取向、奋斗方向，是作为掌权执政者在行使权力过程中的权力道德，体现于领导、管理、服务、协调等各项领导工作之中，是为官之魂、从政之基、用权之道。

1. 官德是领导干部从政的基本德行

官员是一种特殊职业，即专事领导或管理之责的职业，有其特殊的道德要求。**官德体现着领导干部的世界观、权力观和事业观，是良好心态的源泉，是驾驭智谋之主宰，是事业成功的首因，是引领群众前行的旗帜。**一个官德高尚的人，自可以精神感人，神采慑人。因此，领导干部做人要有人品，做官要讲官德。

德是立身之本。中国历代思想家既重视以德修身，也重视以德从政。"德不称位，能不称官，赏不当功，罚不当罪"，是执政中不祥之兆的最大化体现。对一个人来讲，品德统帅着自己的才能。对一个官员来说，恪守官德，是滋润思想的雨露，是走向成功的动力。

官德作为为官者的工作生活、思想行为的规范与准则，有着特殊的内容要求。过去人们将好官的德行分为六类：高瞻远瞩的圣臣、扶善除恶的良臣、进贤不懈的忠臣、明察成败的智臣、廉洁奉公的贞臣、刚正不阿的直臣，以圣明、贤良、忠诚、睿智、贞洁和正直作为官德的六大内容。

现代社会所提倡的官德内容，主要包括三个层面：第一个层面是做人道德，这是底线；第二个层面是社会公德，在这方面对官员的要求要比普通人高；第三个层面则是职业伦理，也就是领导干部的职业道德，例如忠诚、服从、公仆意识等。官员道德和公民道德同属于社会上层建筑的道德建设范畴，二者之间既有联系又有区别。

官员道德既源于公民道德，又高于公民道德。官员道德与公民道德是不同道德主体在道德水平上的不同素质要求，两者在性质、内容、形式和手段方面存在着很大的差别。我们既不能以官员道德替代公民道德，也不能以公民道德取代官员道德，**公民道德是官员道德的基础，官员道德是公民道德的延伸、升华和发展。**

官员道德除了包含公民道德的基本内容之外，更包含官员的职业道德。这种职业道德既是官员在工作实践中应当遵守的道德准则和行为标准，也是他们应当具备的道德品质和职业修养。人类社会由于分工不同，使得各行业或各岗位的职业道德各有不同。医生要讲医德、教师要讲师德、演员要讲艺德、商人要讲商德、武者要讲武德。而当领导的，自然要讲官德。与其他各种职业道德相比，数官德影响最大，也最为世人所关注。

作为党的各级领导干部，还要具有更高的道德标准，这就是"讲党性、重品行、做表率"，就是"为民、务实、清廉"。官德，实质上就是为官者的政治操守和职业道德，是基本的从政德行。

2. 官德关系着国家的兴盛与衰亡

我国历代的为官之道，始终强调德行是治国的前提。也就是说，权力只有以德为指导，才有正确的方向，因此"治人"必先"修己"。官德与其他职业道德相比有其双重性的特点，即官员作为一个职业道德主体，他既要具备国家管理人员在进行管理活动过程中的职责道德，如忠于国家、忠于人民、忠于法律、忠于职守，具有高度的责任意识、公仆意识，谦虚谨慎，求真务实，办事公办，一视同仁，惩恶扬善，救危助困等；又要具备作为一个掌权者在权力运用过程中的权力道德，即与权力的行使密切相关的道德意识和道德行为，如遵纪守法、诚实无私、廉洁自律、不谋取私利等。手握公权力的官员如果丧德失耻，不仅会造成一时一地的不公，而且这种风气还会像瘟疫一样蔓延，甚至会动摇法律制度体系。

官员是社会的风向标，其道德水平的高低，决定着权力的正邪走向，关系着民心向背，影响着社会风气和道德风尚，甚至在某种程度上关系着国家的兴衰存亡。历史的经验告诉我们：一个国家为政者的道德品质总是会影响并最终成为国民性格品质的模型。恶劣的政治道德可以像瘟疫一样传染给人民。所谓官风不正，民风难改。因此，在当代中国，一个称职的领导干部，应为大多数人谋利益、维护大多数人的福祉，以国家利益、人民利益为重，公平行事，清廉务实。而这一切都是在道德自律的前提下才有可能实现，**倘若没有道德的基础与依托，权力会失控变形，政治会失去方向。**

> 为官者品德的优劣，不仅直接影响其领导工作，影响其在社会上和老百姓心目中形象与威信，而且还会直接或间接地带动社会风气，对公民道德建设起到示范作用和引导作用。

做人要讲人品，为官要讲官德。欲为官先修德，欲做官先做人。历史表明，官德彰则政权稳，官德丧则政权失。因此，官德绝不是领导干部的小节问题，而是大是大非的问题，是关系党和政府形象、关系政权兴衰存亡的根本性和原则性大问题。各级领导干部必须高度重视，从我做起，修炼和提升自己的官德素质。

领导干部高尚的官德在一个单位或较大的范围内产生着很强的辐射力和影响力，在人们心灵上会留下很深的印迹。官德不修，为官当休。习近平总书记指出："自古以来，**官德隆，民德昌；官德毁，民德降。可见，官德影响民德，'官风'决定民风。**为'官'者必须以'君子检身，常若有过'的态度，不断提高道德修养，时刻注意以德修身、以德立威、以德服众，在道德修养方面成为民众的表率。"因此，要成为当代称职而有为的官员，首先要加强自身官德、官品的修养。

3. 良好的品德能使领导干部获得道义的力量

为人以德，就能以厚德载物；为政以德，就能以厚德福民。良好的品德能使领导干部获得巨大的道义力量。**凡是事业上有所成就的领导干部，大多具备高尚的个人品德。**可以说，正是这种品德，促成了他们的成功。

领导干部的良好品德，能使他们赢得人心，赢得拥护，从而获得道义上的巨大力量。

官德的作用则具有先导性，即在未发生危害之前便会起到对行为的制约作用。领导干部能否依法管住自己的行为，能否心甘情愿地做"人民的公仆"，远远不是法的滞后性制约力量所能办到的，而是德的先导性制约力量起着根本性作用。《易经》中的"厚德载物"即是说厚德可承载、包容和滋养宇宙中的一切。领导干部"厚德"，不但可承载万物，也可惠泽万民。所谓"厚德之官，载民载物"，指的就是崇高的官德在流布天下过程中所起到的承载万物和惠泽万民的巨大作用。

> 厚德是为官的政治灵魂。为政以德，才能仰不愧天，俯不愧民，内不愧心。道德水准的高低，修养品行的好坏，是衡量领导干部是否称职的重要尺度。

对领导干部而言，道德门槛应该比普通百姓更高一些，唯有如此才能具备执政理政的资格。"民无德不立，官无德不威。""德薄而位尊"，则"不胜其任"，而且很少有能够不遭遇灾祸的。

刘少奇在《论共产党员的修养》中有言："共产党员应该具有人类最伟大、最高尚的一切美德。"领导干部的官德修养，是党性所需、职责所系、群众所盼。领导干部只有官德高尚、行为端正、自警自励，才能认真地做事、干净地为官，才能留下好的声名，才能产生高度的吸引力、亲和力和凝聚力，赢得群众支持，带领群众前进，才会引领社会道德风尚提升。

领导者的美德对人们具有巨大的吸引力和感召力，能够促使人们团结一致，奋力向前。正因如此，对于任何一个领导干部来说，良好的品德无疑都能给他们带来道义上的力量。这种力量，可以使领导干部获得更多、更大、更有力的支持，从而使他们更加出色地做好领导工作。

因此，作为领导干部，必须具备高尚的道德情操和道德行为，必须严格按照领导干部的行为规范和道德要求行事。一句话,要把道德修养作为自己终身进行的课题。作为领导干部,只有带头身体力行社会主义道德,积极倡导共产主义道德,我国的道德建设才能形成良好氛围,社会风尚才能向着好的方向发展。

4. 领导干部既要重政绩,更要重政德

政德是领导干部做好工作的基础,也是领导干部创造政绩的保障。政绩是领导干部在任期内履行相关职务取得的工作业绩,是领导干部德才素质、从政思想、为政风格、施政目标的综合体现,是正确评价和使用干部的重要依据。因此,领导干部追求良好的政绩本来是一件好事。

什么是真正的政绩?真正的政绩须是符合党和国家政策法规的政绩,须是没有水分的政绩,须是没有后遗症的政绩,须是群众公认的政绩。政绩只有建立在追求政德的基础上才站得住脚,才符合人民利益。**因此,领导干部既要追求政绩,更要追求政德**。也就是说,追求政绩必须以追求政德为基础,而不应该追求缺德造假的政绩。

在当今中国的政坛上,人们常常会看到这样的一系列现象:有的领导干部会挖空心思"突击"搞政绩。有的领导干部的政绩不是靠勤勤恳恳、兢兢业业干出来的,而是靠夸大事实吹出来的,子虚乌有"炒"出来的;有的领导干部不择手段地玩数字游戏,搞虚假报表,报喜不报忧,凭空编造政绩,蒙骗上级组织和人民群众;有的领导干部急功近利,心浮气躁,不从客观实际出发,盲目追求高速度和轰动效应,热衷于短期行为和华而不实的"形象工程";有的领导干部好大喜功"创"政绩,乱铺摊子,劳民伤财。很明显,这些人所理解的"政绩"往往是表面文章,他们所为的不是当人民公仆,为人民谋福利,而是为自己晋升官阶,为了"政绩"而制定目标,为"政绩"而开展"工作"。为了能使自己在任期内"政绩显著",有些领导干部沽名钓誉,急功近利,大搞"短期行为",只要能为个人戴花环、留影响、添美名的事情,这部分领导干部都十分热衷,甚至不惜杀鸡取卵、竭泽而渔。结果是"一个人的政绩,几代人的包袱",慷国家之慨、伤人民之财,吃祖宗饭、断子孙路,严重损害了国家和人民的长远利益，破坏了可持续发展。而对那些问题多、难度大、短期内难以见成效或成效不大的基础性工作，有的领导干部则不愿花力气，不肯下功夫，千方百计"绕开走"。这样的政绩有什么价值？完全不是在出政绩，而是在造"孽迹"。

衡量一个领导干部政绩大小好坏的根本标准，就是看他在工作中是否想群众之所想，急群众之所急，干群众之所需。一个领导干部是否有政绩，政绩大小，不在自吹自擂，也不仅仅是由上级机关评判的，人民群众"赞成不赞成，满意不满意，高兴不高兴，答应不答应"才是最重要的。如果离开了这一条，只打个人的"小算盘"，把政绩当成敲门砖，为了出政绩而好大喜功、弄虚作假、欺上瞒下、坑害群众，即使创造出自认为"辉煌"的政绩，侥幸给个人带来暂时的荣誉和地位，也不会得到广大人民群众的认可，最终也经不起历史的检验。

> 官德的核心是全心全意为群众服务。事实说明，没有良好的官德不可能有突出的巩固的政绩，存在精神残缺和道德缺陷的干部决不能称为高素质的优秀领导干部。

官德和政绩是出发点和归宿点的关系。以良好的官德履行职责，从事为党争光、为民造福的实践活动，其最后取得的成果，必定是有口皆碑的政绩。领导干部只有以公仆的姿态、服务的精神，勤勤恳恳，扎扎实实，想长远，干眼前，打基础，求质量，夯后劲，一心一意把好事办好、实事办好，群众才能从领导干部的实绩中得到实惠，才会认可领导干部的政绩，肯定和颂扬领导干部的官德。

二、领导干部要把厚德作为根本

领导干部的道德修养水平不仅关系着自身的形象，而且更关系着党的执政地位，关系党的前途和命运。为官从政者，如果品行不端、道德败坏，是不可能得到群众的信任和拥护的。一个领导干部如果行为操守不检点，腐化堕落，道德滑坡，不仅会断送个人的前途，而且会给党和国家造成巨大损失。因此，在新形势下，领导干部更需要加强自己的道德修养，拥有良好的道德品质，真正做到为政以德、热爱祖国、诚实守信、言行一致并敢于接受监督，成为一个人民满意和欢迎的好公仆。

1. 德不修，品不正，何以为官

为政以德，是领导干部应一生坚守的课题；修德从政，是领导干部应终生追求的目标。

道德作为一种社会意识形态，在不同的历史时期、对不同的社会成员，有着不同的内涵和要求。对领导干部来说，其自身必须具备以为人民服务为核心的道德修养，做广大人民群众利益的忠实代表，树立正确的权力观、地位观、利益观，坚持立党为公、执政为民，努力实践全心全意为人民服务的宗旨。

在现阶段，受社会体制机制的不健全、市场经济的负面效应和各种腐朽思想等因素的影响，一些领导干部抵制不了各种不良现象的诱惑，以权谋私，道德沦丧，贪污受贿，腐化堕落，严重地损害了党的形象，败坏了党的声誉，在社会上造成了极大的负面影响。

"**千里之堤，溃于蚁穴**"。身为领导干部为什么经受不住诱惑？为什么最终走向贪污腐败的道路？问题大都始于道德品质败坏，继而理想破灭，信念动摇，人生观、价值观错位，善恶倒置、荣辱不分，丧失了健康向上的理想追求，迷失了人生的坐标和方向，扭曲了生命的价值和意义，缺乏正确的理想信念，缺乏由正确的理想信念而产生的价值导向和道德判断。这其中有历史和现实的各种客观原因，但也有如何加强领导干部自身的道德修养的问题。

一段时间以来，少数领导干部的官德出现滑坡，官德缺失现象日益凸显，突破了老百姓心理承受的底线。有的谈金钱多于谈奉献，讲义气多于讲正气，爱美色甚于爱本色；有的不坚持原则，遇事推诿，不干实事，热衷于拉关系、走门子；有的买官卖官，权钱交易；有的对上曲意奉承，对下颐指气使。官德不正，已经成为腐败现象的一个重要特征。

品行以德为首，从政以德为先。"官"是一种特殊职业，即专事领导或管理之责的职业，有其特殊的道德要求。

领导干部一定要把常修为政之德放在做人的首位，作为一生永恒的课题来坚守。正如刘少奇所言："必须下苦功夫，郑重其事地去进行自我修养。"要常修为政之德，常思贪欲之害，常怀律己之心；要牢固树立马克思主义世界观、人生观和价值观；要树立正确的权力观、利益观和地位观；要自觉遵守法律法规和职业道德，弘扬社会公德和家庭美德，自觉抵御腐败落后思想文化的侵蚀，永葆共产党员的高风亮节。

领导干部是中国特色社会主义事业的组织者，其道德品质，具有十分重要的示范导向作用。官德凝聚民心。只要领导干部具有高尚的道德情操和健康的生活情趣，心系百姓、勤奋敬业、清正廉洁，必然会产生强大的道德和人格力量，必定会产生振奋、鼓舞人民群众的作用，人民群众就会紧紧地团结在党和政府周围，把力量和智慧凝聚起来、贡献出来，推进中国特色社会主义建设，实现中华民族的伟大复兴。

"诗书非药能医病，品德无根可树人。"领导干部的官德不是遗传的，也不是自然生成的，而是通过后天的修养、品德教育而逐步形成的。"道自微而生，祸自微而成。"小节并非无害，小节岂可随便，小节不可无度。在小节上过不了关，在大节上便很难过得硬。小节失守，大节不保。

2. 官德一旦沦丧，民风则难以淳朴

强化官德，避免上梁不正下梁歪；强化官德，为人民群众树立标杆和典范。

领导干部是社会关注的焦点，万众瞩目，如果其身不正、言行不一、品质败坏、作风恶劣，那会对社会风尚产生明显的破坏作用。

好官德带动好世风，坏官德带来坏习俗。在整个社会道德体系中，官员道德一直居于特殊地位。千百年来，中国历代的优秀官员都被作为学问好、道德佳的典型，在社会道德架构中，官员道德也一直处于风向标的位置。**官员的道德水准，直接体现了社会道德水准，直接影响了社会道德**

水准。

近年来,少数官员"失德"的案例频频爆出,贪污腐化、渎职滥权、以权谋私、任人唯亲、嚣张狂傲、无视民众、弄虚作假、欺压百姓等等,不断刺痛公众神经,也折射出加强官德建设的紧迫性。

当我们今天感慨社会道德滑坡时,隐藏其后的是少数官员道德的滑坡。可以说,少数官员道德的滑坡带动了社会道德的下滑,加剧了社会的道德危机。因此,**在我们呼吁挽救社会道德时,更应该把提高官员道德放在第一位。官德一沦丧,民风则难淳朴。**

(1) 官德滑坡对全社会产生辐射影响

在社会风尚和公民道德建设中,人们既作为建设主体,同时又是被作用的客体,都在以各种各样的行为和方式作用于社会的精神文明,起着促进或破坏作用。社会上发生的各种重要事件,每时每刻都在用看不见的"辐射线"对人们施加影响。由于领导干部当中产生的作风败坏、官德沦丧等问题涉及社会分配格局和人们的切身利益,因而最为人们所关注。每一起领导作风败坏、官德沦丧事件都是一处强"辐射源",直接发散性作用于"射线"能达到的地方和人们。一般地说,人们对这种"辐射"不仅难以主动设置防护屏障,而且还可能接受"辐射",从而直接影响到自身的思想观念、价值准则、道德规范、精神面貌等。这种特殊的破坏作用是极为严重的。如果某个地方的领导干部存在任人唯亲、"一人得道鸡犬升天"、裙带关系、帮派体系、买官卖官等劣行,那就肯定会对那个地方所有正派的、廉洁的、实干的、进取的干部群众产生负面的强"辐射",损害干部们的上进心和事业心,阻碍人们对真、善、美的追求,腐蚀公民的职业道德和社会公德,毒害社会风尚。

(2) 官德腐化对民众产生示范带动作用

领导作风败坏、官德沦丧总是与权力和地位紧密相连的,重大的事件则一般与高的权力和地位相联系。"村看村,户看户,群众看干部,干部看领导",这是一句俗语,同时也是客观规律。领导做得好,可以一级带动一级。领导如果作风败坏、官德沦丧,也同样会起连锁性带动破坏作用。**严重的领导作风败坏、官德沦丧现象更会通过各种方式对社会风尚和**

公民道德建设的实质和核心部分产生强烈的连锁性带动破坏作用。如果某地领导干部大肆挥霍、铺张浪费成风，那个地方就肯定会上梁不正下梁歪，一级腐蚀一级，一直影响到普通群众，损害我们党艰苦奋斗的优良传统，损害艰苦创业、勤俭节约的社会风尚。

（3）官德沦丧毒害了社会风气

从经济角度看，领导作风败坏、官德沦丧导致的腐败是对人们经济利益的侵害，导致直接后果是分配不公、贫富悬殊。而从社会行为与社会心理分析，官德沦丧引起的腐败现象实际上就是不停地在向人们传递一种有毒的刺激，产生散状性效应，导致人们心理严重失衡，产生消沉情绪，损害社会的职业道德和社会公德，毒害社会风气。严重的领导作风败坏、官德沦丧现象对社会风尚和公民道德建设的潜伏性累进破坏作用往往不易被人觉察和重视，而这正是其特殊破坏作用的重要特点。如果长期缺乏正面的影响，任这些消极的东西日积月累，人们的思想观念、价值准则、道德规范、精神面貌，就会在潜移默化中发生大的变化，并由个体到群体，对社会风尚和公民道德建设产生极大的破坏作用，导致社会上的唯利是图、尔虞我诈、制假造假和不学无术、不求上进等不良社会风气大行其道，对公民道德建设造成极大的负面影响。

人们对部分领导作风败坏、官德沦丧的现象，特别是对个别地位较高的领导干部的作风败坏、官德沦丧的现象，如果经常看在眼里，听在耳里，就会逐渐地记在心里。可见，一旦官德沦丧，就会严重影响社会风气。

（4）官德败坏对大众公然产生诱导破坏

领导作风败坏、官德沦丧是一种恶性传染"病源"，如无强有力的制约，极易由一个点诱导成为倾向性的作风败坏、官德沦丧现象，从而形成对社会风尚的倾向性诱导破坏作用。比如，一些党政管理机关利用自己的管理职能，将职能范围内的本职工作变为有偿服务，政府部门化，部门利益化，利益私有化，形成"靠山吃山、靠水吃水"的以权谋私、以岗谋私的不正之风，成为影响重大、人民群众最为痛恨的领导作风败坏、官德沦丧现象。这对有关部门、单位、企事业干部职工的社会公德、职业道德、思想观念、价值准则、精神面貌都起到了极大的倾向性诱导破坏作用，对社会风尚造成了不可估量的损失。

3. 官危源于德危，化解危机须加强官德

厚养官德，以官德正官位；摆正官位，正官位以修官德。

今天的某些官位，成为一种特殊的"高危岗位"，其不断曝出的黑幕与不断落马的官员，已令整个社会堪忧。

社会调查结果显示，相当多的受调查者认同"做官也是一种高风险职业"的看法，并认为官场十大高风险岗位分别为国土局长、交通厅长、县委书记、公安局长、组织部长、建委主任、安监局长、市委书记、国企老总、房管局长。这些岗位本是能很好地为人民服务的岗位，却为何会成为高风险岗位？

深入分析中国官场成为高风险岗位的成因，不难看出，处于这些领导岗位的部分官员的官德缺失严重。这些领导岗位都属于公共资源密集的行业或部门，项目密集、资金密集、权力密集。有的握有巨额的财政、信贷资金，有的可以决定重大投资项目和工程花落谁家，有的掌握着高回报行业的准入权。因此，包括私人老板在内的一些市场主体，为了在激烈的竞争中获取资源优势，便把收买公共权力，作为最主要的经营手段之一。

随着改革开放的深入，经济的发展，社会的转型，意识形态领域传统的思想受到了一定的冲击，一些腐朽的堕落的观念，又沉渣泛起，致使一些人，尤其是一些身居官位、手握重权的干部思想道德品质衰退，人生观、价值观被灰色污染，自私自利、人人为我的私欲膨胀，导致腐败现象层出不穷。一些官员在台上宣讲道德头头是道，但当其以权谋私、生活腐化堕落的行径被查处后，百姓们发现，这些官员言行如此不一，甚至连基本的法律法规都不遵守。这样的事情多了，大家就对官员的整体道德水准有些失望。**无数事实证明，当官的高风险往往不是出在官员能力上，而是出在官德上。**为官者出问题往往不是出在能力上，而是出在品德上，无论玩忽职守还是以权谋私，都与官德的沦丧相关。这是致使一些政府部门信

誉下降，公信力受到质疑，引发社会不稳定因素的主要原因之一。

由此可见，加强官德建设势在必行，否则官员由失德而造成的负面影响就像传染病一样滋生蔓延，势必影响到党和政府在群众心中的形象，关系到社会的发展和稳定。因此，必须强化官德建设。

作为各级领导干部一定要坚持"立党为公，执政为民"的理念，加强党性修养，时刻牢记党的宗旨是全心全意为人民服务；加强对品德行为的约束。要时刻保持"一心为民，两袖清风"的高尚品格，以自己的实际行动来带动社会良好风气的建设。

三、领导干部加强官德修养的基本途径

加强领导干部的官德修养，一方面需要领导干部长期地、自觉地坚持下去，另一方面还要掌握具体的有效的方法和途径。只要每个领导干部牢记国家使命和人民的嘱托，平时多加强道德修养，就能成为一个依法行政、公正办事的人民的好公仆。

1. 修身养德是领导干部的必修课

无以修身，何以齐家；无以修身，何以理政。

修养是通过文化、智慧、知识和行为表现出来的一种美德，它是一种含义广泛的概念。这里的"修"是指锻炼、学习、提高；"养"是指培育、涵养和熏陶。概括地说，修养主要是指人们为了一定的目的所进行的勤奋学习和涵养锻炼的功夫，以及经过长期的努力所达到的某种能力和品质。

中华民族传统文化强调"修身、齐家、治国、平天下"，"修身"是第一位的，是基础和前提；"治国平天下"，是以德修身的延伸和体现。通过内心的自我修养达到至善至美的高尚境界，并推广到"齐家治国平天下"。**不同时代的为政者，都要经过长时期的以德修身的过程，才能够由幼稚走向成熟，才能胜任职务，用好权力，成为这个时代出类拔萃的人物。**

我们党对各级领导干部修养品德与官德建设是高度重视、一以贯之的。

为了保持思想上的先进性和纯洁性，提高个人品质和工作能力，各级领导干部都必须从各方面加强自己的锻炼和修养，自觉加强个人的思想修养、党性修养，加强对自己主观世界的改造。常修为政之德，常思贪欲之害，常怀律己之心，真正做到一身正气、一尘不染，始终保持高尚品格和革命气节。因此，对于各级领导干部来讲，修身养性是为官从政的人生必修课。

领导干部高尚的品德，是自觉的产物，是自我控制、发展自身、挑战自身的结果。德高望重、有修养的领导干部，是受众人尊敬和敬仰的人，也是民众亲近和爱戴的人。

领导干部的修身养德，主要体现在党性原则、政治立场、政治纪律、个人品德、职业道德、社会公德、家庭美德等方面，体现在自觉按照马克思主义的立场、观点、方法和社会主义、共产主义道德的要求，所进行的自我审度、自我教育、自我锻炼、自我改造、自我塑造和自我完善的过程中。

今天的领导干部，面临着在执政问题上的最大挑战。尤其在市场经济条件下，随着地位和环境的变化，形形色色的外界诱惑纷至沓来，如果以为有本事就能当好领导，从而忽视自身道德修养，忽略在政治、道德、学识等方面的学习、磨炼、涵养和熏陶，沿袭重才轻德、以才代德的偏见，就会放松在实践中修德，私欲就会乘虚而入，原来好的东西就会淡漠，甚至被丢弃。有的同志职务提升之后，放松了对自己的要求，自我陶醉，自命不凡，忘乎所以。有的干部原来的素质较好，但经不住权、钱、物、色的诱惑，向腐败行为迈出了第一步、第二步，犹如断线的风筝，随风乱飘，节节败退。许多事实已证明，有的人品行不端正，不知是通过什么途径上升到一定阶段，甚至还受到了重用，但最终经不起时间的考验，贻误了事业。

习近平同志指出："官德虽然属于道德修养的范畴，但它是领导干部履行党的宗旨的重要体现，具有很强的实践性，因此它一刻也不能脱离社会实践。这就决定了领导干部从政道德修养不能只停留在口头和书面，而要见之于实践，也就是要通过'立功'实现'立德'。"这也是当今的各级领导干部，坚持修身养德、常修为政之德的基本要求。

一个人修身养德，经过不懈的努力，就能够超越自我，提升精神境界。今天的领导干部，应当勇于改造自我，努力在实践中磨炼自己，在思想境界上向更高的水平看齐，在生活上向较低的标准看齐，远离财色，在美色面前腿不软，在金钱面前腰不弯，视一切不道德的欲望和念头为"无形敌人"，视走出方圆外的诱惑为毁灭的向导，逐步达到的理想的道德境界。

> 常修为官之德，不能满足于一般的修身养性，而必须认认真真、坚持不懈地践行党的宗旨。应当经常自查：是否以官德的品质、秉性、气节去做人，是否做到了从政掌好权、公事用好权、私事不动权。

2. 以不断学习理论知识作为官德修养的基础

理论基础是理想信念的基石。加强理论学习是确立马克思主义世界观的思想基础，不努力学习和掌握马克思主义理论，就不能正确认识人类社会发展的客观规律，对共产主义、社会主义的信仰就不可能建立在科学理解的基础上，因而也不可能是牢固的，就会在各种错误思潮和腐朽生活方式的冲击下丧失抵御能力。

作为领导干部，只有注重加强理论修养，面对今天的新形势、新变化、新挑战，才能正确把握人类社会的发展规律，牢固树立共产主义理想和中国特色社会主义信念。共产主义理想和社会主义信念，不是凭着一时的革命热情、朴素的阶级感情和实际生活感受就可以树立起来的。**崇高的理想信念是建立在正确认识马克思主义揭示的人类社会发展客观规律基础上的。**

领导干部只有加强理论修养，才能不断提高认识世界和改造世界的能力，更好地为人民服务。马克思主义理论是科学的世界观和方法论。一名领导干部，只有认真学习马克思主义理论，才能为做好各项工作奠定坚实的理论基础，并能运用科学的方法去观察问题、分析问题和解决问题，卓有成效地做好本职工作。特别是在当前改革进入攻坚阶段，开放迈出更大

步伐，现代化建设加快推进的新的发展时期，加强理论修养和业务知识学习，提高认识问题和解决问题的能力，增强为人民服务的本领，对于每一个领导干部来说都显得尤为重要。

领导干部只有加强理论修养，才能不断地提高个人素质。要真正提高素质，光靠学习知识是不够的，更重要的是要注意系统的理论学习。这样才能使自己的知识不是零碎的、片面的，而是系统的、全面的、成体系的。理论上的成熟是政治上成熟的基础。作为领导干部，应该掌握理论的科学体系、基本原理和精神实质，并用以指导工作实践，才能坚持正确的政治方向，掌握观察事物的科学方法，增强工作的全局性、预见性、系统性和创造性，提高工作水平。这是学习的根本。从领导干部的工作实践看，要提高理论修养，首先和最重要的就是提高马克思主义的理论修养，围绕着对这一科学理论的学习，领导干部也可以广泛地涉猎其他社会科学的重要理论，加强对于哲学、逻辑学、心理学、历史等学科的学习，以提高自己的认识能力、思辨能力和概括能力。

有了深厚的理论修养，在看问题、想事情、处理问题的时候就可以抓住实质，这样才能提高广大领导干部的执政水平和领导水平，提高我们干事创业、促进发展和为民谋利、服务社会的能力。

总之，搞好理论学习，提高理论素质，提升理论思维层次，对于增强个人的工作能力具有十分重要的意义。

3. 以理论联系实际作为官德修养的支撑

实践是人生修养的基础。个人的职业道德品质是在实践活动中形成、发展和完善起来的。领导干部只有在职业实践活动中，在个人与他人、个人与集体、个人与社会的道德活动中，才能把理论认识付诸实践，通过认识——实践——再认识——再实践的过程，以此加深对职业道德规范的认识，更加清醒地判断自己的职业行为。离开了社会实践，我们就不能深刻认识到自己的职业思想与现实的差距，不能及时了解和纠正自己在职业道德方面的缺失，更不能通过行动来体现自己良好的职业思想。可见，职业道德修养要想取得成效就离不开职业实践。而且，只有将扎实的理论学习同现实的职业实践相结合，才能达到知与行的统一；只有知与行的统一，才能最终符合领导干部职业道德规范的要求，才能真正提高领导干部自身的职业道德素养，行动才会有成就。

我们还应看到，**实践也是学习，而且是更重要的学习。因为实践是检验认识是否具有真理性的唯一标准**。认识有时具有片面性和滞后性，只有通过实践来发现、纠正和弥补，而这又形成了更高层次的、更符合实际情况的新认识。当然，实践也会具有片面性，但这可以通过进一步的实践来克服。

联系实际还要敢于联系自己，敢于用学到的理论来分析自己的思想状况，对自己思想中落后的部分进行无情的批判，对优秀的部分加以坚持。这是衡量一个领导干部修养高低的关键所在。

因此，理论联系实际、力求达到知行合一是每一个领导干部提高职业道德修养的重要方法和根本途径。领导干部应当充分把握诸如参观、调研、培训、实习等实践机会，积极投身到丰富多彩的改革开放和现代化建设的火热生活中，积极地投身到政务工作的实践中去，立足实际，躬身实践，自觉锻炼，在实践中学习提高，努力成为具有优良职业道德品质的人民的好公仆。

4. 加强党性修养，保持清醒头脑

按照党性原则，进行自我教育；修养为政之德，践行党的宗旨。

党性与官德的关系是党性是官德之精髓。党性不强，官德必失。党性决定官德，党性是制定和执行官德内容与标准的根本依据；官德体现党性，官德是广大党的领导干部践行党性的行为规范。坚强的党性和严明的党纪也和官德相互促进、共生共长。

加强党性修养，是每个领导干部提升道德修养必须始终坚持的终身课题。党性修养是指共产党员按照无产阶级党性原则所进行的自我教育、自我改造、自我提高和自我完善的过程。共产党员的党性不是从天上掉下来的，是需要经过长期、自觉的修养和锻炼形成的，党员领导干部更是要率先垂范。

现实生活中的许多事例证明，一个领导干部有了坚强的党性，就能够模范地修养与践行官德；如果一个领导干部党性不强，就有可能在行动上违反党的纪律，践踏官德或缺少官德；**因此，加强党性修养，是修养为政之德的根本前提。**

（1）加强政治修养，保持清醒头脑

高度自觉的政治修养是保证革命和建设事业取得胜利的最重要的精神支柱，是我们党最宝贵的精神财富；也是决定每位领导干部理想和信念的基石，以及所能够达到的人生境界的标尺。领导干部加强政治修养，需要切实增强政治信念的坚定性。讲政治是讲马克思主义的政治，尤其是讲建设中国特色社会主义的政治，自觉做共产主义远大理想和中国特色社会主义共同理想的坚定信仰者，始终不渝地走中国特色社会主义道路。加强政治修养，也需要切实增强大局意识和全局观念。要自觉维护中央的权威，真正做到有令必行、有禁必止，邓小平同志指出："要提倡顾全大局。有些事从局部看可行，从大局看不可行；有些事从局部看不可行，从大局看可行。归根到底要顾全大局。"具备大局意识和全局观念是领导干部的基本素质。

（2）加强作风修养，发挥表率作用

作风是指在学习上、思想上和工作上表现出来的态度、行为。一个政党的作风即党风，是指党的组织和党员在学习、思想和工作等各方面表现出来的态度和行为。领导干部个人的作风和形象是同党的作风、形象联系在一起的，加强作风修养，维护党的形象，是每个领导干部的重大政治责任。如果一个领导干部对党的作风问题、形象问题漠然视之，即是政治上的麻木；怨天尤人、丧失信心，是政治上的动摇；至于那些肆意败坏党的作风、形象的人，更是政治上的叛徒。

每个领导干部都要从党和国家的前途命运出发，关心党的作风重于关心自己的生命，常修为政之德，常怀律己之心，用切切实实的模范行动为维护党的形象做出不懈的努力。领导干部只有大力弘扬脚踏实地、埋头苦干的工作作风，处处想群众之所虑，急群众之所难，谋群众之所求；只有带头发扬艰苦奋斗、勤俭节约、清正廉洁的生活作风，反对铺张浪费和大手大脚，抵制腐朽没落的思想观念和生活方式的侵蚀，才能始终保持先进性，永葆共产党人的蓬勃朝气、昂扬锐气和浩然正气。

> 历史和现实都表明，一个政权也好，一个政党也好，其前途和命运最终取决于人心的向背。因此，对于关乎人心向背的作风问题、形象问题，领导干部在任何时候都不可掉以轻心。

（3）加强纪律修养，严守党纪政纪

加强纪律修养反映着领导干部对党的纪律的认识程度、理解程度和贯彻执行的自觉程度。在改革开放条件下，多种所有制经济共同发展，多种文化、多种价值观、多种生活方式必然要产生和形成。但作为领导干部必须遵守组织纪律，用铁的纪律来维护组织的先进性，艰苦奋斗，吃苦在前，享乐在后。值得注意的是，一些领导干部遵守纪律意识淡薄，造成官德缺失，在市场经济的考验面前打了败仗。官有所畏，业有所成。如果无视党纪政纪，把党纪政纪当作吓唬鸟儿的稻草人，放纵自己的私欲，被富贵所淫，被金钱所惑，被美色所迷，任性而行，为所欲为，以权代法，那么，到头来就会损害了事业，坑害了别人，也糟蹋了自己，不可能有好的前途，更不可能"风光"。作为领导干部应自觉加强纪律修养，把党纪国法视为"高压线"，从各方面严格要求自己。**要管住自己的嘴，管住自己的手，管住自己的脚，把纪律、法律转变为高度的自律，时刻警醒。**

很多官员贪腐的事例表明：头脑中没有正确的理论指导，就不可能有坚定的理想信念，不可能有高尚的道德情操，更不可能有良好的作风和坚强的党性。通过学习和教育提高思想政治素质，是领导干部永葆浩然正气的最根本、最重要的前提。

5. 以接受监督和自我批评作为官德修养的方式

一位领导干部只有把自己置于组织和群众的监督之下，主动地征求群众意见，主动和大家交流思想，积极而正确地开展批评与自我批评，学习别人的长处，改正自己的缺点和错误，才会逐步提高自己的职业道德素质，不断取得进步。

同时，领导干部对于自己的缺点和不足，要及时通过自我反省来发现，进行自我约束，在自我反省中不断提高自己的人格修养水平。

有的领导干部不愿意接受组织的监督，尤其是在已经担当一定的领导职务之后，这是极其危险的。组织的严格监督尽管看起来是对领导干部个人的约束，但实际上，这也是对领导干部个人的爱护和帮助。因为这样既可以帮助领导干部在心理上竖起了一堵防护墙，约束自己不犯错误；又可以使领导干部一旦有了小的缺点，就能很快发觉，能及时得到纠正，不会酿成不可挽回的大错。毛泽东同志指出，因为我们是为人民服务的，所以，我们如果有缺点，就不怕别人批评指出。不管是什么人，谁向我们指出都行。只要你说得对，我们就改正。你说的方法对人民有好处，我们就照你的办。这就是党员对待批评和监督的正确态度，也是做好工作、少犯错误的前提和保证。

如果说别人的批评是我们进步的外在推力的话，那么，自我批评则是我们进步的内在驱动力，这更具有决定性的意义。无私才能无畏，只有出于公心才能做到无私，才能有终身进行自我批评的勇气，才能有打破旧世界、建设新世界的勇气。领导干部只有始终坚持自我批评，才能够不断进步，才能够提高自身的职业道德修养，从而更好地为人民服务。

第二章
纯洁心灵，历练美好品行

德，源于心。心灵美才有德行美。古往今来，为官者无善心必无善举，失诚心必失信于民。心满私欲者行必损公，心地肮脏者德必龌龊。身为领导干部，要做到厚德，修炼心灵就是必需的途径。纯洁心灵则会塑造完善的人格，历练品行则会正身厚德。领导干部的修养，应该有诚实之美德，做守信之表率，恪守诚信是领导干部的为官之本。应该崇博爱之美德，行公正之善举，领导干部当以博爱为怀，推崇以和为贵，让善心与领导工作同行。应该练就博大之胸怀，彰显宽容之修养。有容德乃大，胸宽品自高。宽以待人，才会"人心齐、泰山移"；胸襟宽阔，才能纳百川汇细流，宽容是领导干部的美德，也是实现纳才、聚才、用才的领导艺术。

一、诚信待人：修炼人生第一品格

中国自古就有"民为邦本，本固邦宁""得民心者得天下，失民心者失天下"的明训。普通老百姓不诚信，只是损害一己；而为官者不诚信，则会为害一方，损害党和政府的形象及其所领导的整个事业。

1. 恪守诚信是领导干部的为官之本

为官不讲诚信，必失德失政失去民心。恪守诚信的领导干部，才是值得党和人民信任的好干部。

诚信是一个人应有的品质，对领导干部来说，塑造完善的人格，须臾不可放松。我们每个领导干部都要自觉地"正身"，在致力于公共事务中，重在取信于民；在自我修养中，要警钟长鸣，不断"思诚"，以逐步达到"至诚"的境界。

（1）诚信就是实事求是

领导干部讲诚信就是要坚持实事求是，追求真理。要坚持一切从实际出发，以马克思主义为指导，对客观情况进行深入调查、冷静观察和科学理性思考，遇事善于明辨是非利害，严肃认真，谨言慎行，求真务实；勇于坚持真理、纠正错误，敢于旗帜鲜明地同各种错误思想和行为做斗争，注意发现并勇于承认和改正自己的错误。

（2）诚信就是言行一致

一个领导干部应具有的好作风就是"言必信、行必果"，说到做到，不讲空话。这里关键就是一个"行"字，"行"就是实干。话一说出，就应抓紧落实，对群众做出的政治承诺一定要兑现。在实际工作中，无"行"之"言"是空言。行动迟缓也可能使"言"变空，达不到目标，以致失信于民，丧失领导威信。领导干部要在诚信方面率先垂范，带头做遵守公德、守信诚实的模范。

2. 对人诚，对事诚，方可赢得群众的信赖

讲诚实，守信用，才会有群众基础；勇负责，敢担当，才会有领导权威。

孔子曰：**"人而无信，不知其可也。"** 讲诚实、守信用，是领导干部的首要品格，也是一个政党赖以生存和发展的首要品格。中国共产党之所以能够克服各种艰难险阻，不断走向胜利，就在于在长期的革命、建设和改革过程中，能够始终以一颗赤诚之心，努力实践为人民服务的宗旨，赢得人民的信赖和爱戴，并从人民群众的伟大实践中不断获得前进的动力。

"诚信者，天下之结也。"人生在世，每个人都必须对自己、对亲友、对社会、对国家承担一定的责任。讲诚实、守信用、勇担责，是经济发展、社会进步的要求，也是党的生命力、战斗力和凝聚力的体现。

> 领导干部都有责任以诚信为本，以诚信为荣，将做人的原则内化为做事的准则，以自己的实际行动，不负人民的殷殷期待。对人诚信，人不欺我；对事诚信，事无不成。

（1）诚信是道德之本

古往今来，哲人先贤留下了无数关于诚信的佳言警语，也涌现了如"查道摘枣留钱""范式千里赴约"等关于诚信的佳话美谈。这些佳言美谈，都在告诉我们一个道理：诚信是道德之本，做人之本。时代不断赋予诚信以新的内涵，使之随着时代的进步而不断散发出更加迷人的光辉。做事先做人，做人必诚信，每一个领导干部都应该保有诚实守信之美德，做诚实守信之表率。刘少奇同志在《论共产党员的修养》中指出："我们无产阶级革命家忠诚纯洁，不能欺骗自己，不能欺骗人民，也不能欺骗古人。这是我们共产党员的一大特点，也是一大优点。"

（2）诚信是一种承诺

"言必信，行必果"、表里如一、说到做到，这是诚信的本义，也是诚

信的力量。人民判定一个领导干部是否值得信赖，是否能够为自己办实事，不光看这个领导干部提出的政治主张，更要看其能否真正把符合人民利益的政策真正落到实处。优秀领导干部杨善洲的人格魅力、榜样力量，就来自他几十年如一日，始终坚守共产党人的精神家园，忠诚正直、言行一致，坚持说老实话、做老实人、办老实事，认真践行入党时的庄严承诺，"只要生命不结束，为人民服务就不停止"等信念。与此形成鲜明对比的是，个别领导干部轻诺寡信，见利忘义。他们阳奉阴违、欺上瞒下、文过饰非，热衷于做"表面文章"、搞"政绩工程"、玩"数字游戏"，这些人的行为举止严重损害了党的威信、党的形象，销蚀着党的生命力、战斗力和凝聚力，必须予以及时彻底的矫治。

领导干部讲诚信能够对社会起到很好的引导作用。诚信无言，力量巨大。有了它，领导干部人格的力量将更加强大；有了它，社会进步将更加铿锵有力；有了它，我们党的事业就会不断创造新的辉煌。

3. 以诚实守信树立领导权威

诚实，就是真实、真诚、正直、平等、公平和坦率。领导干部的工作经验告诉我们："诚实、正直和良好的领导行为有助于人心的凝聚，有利于权威的建树，有益于事业的成功。"许多当代领导干部对此深有感受："没有诚信，下属战战兢兢；没有诚信，组织如履薄冰；没有诚信，事业必然夭折。"

"精诚所至，金石为开。"这句古老的格言至今仍然历久弥新。一个领导干部的诚信可以像无线电波一样迅速影响所有的组织成员，比长篇大论或华丽的辞藻更能表达领导干部的理念，得到下属的认同。为此，不少领导干部自己总结到："缺乏热诚，难以成大事。"

领导干部身为组织的带头人，唯有诚实守信才能树立权威。这样下命令就会去执行，有禁规就能阻止；法度不轻易改变，制度不轻易变更。领导工作就需要这样来立信。

普鲁士陆军元帅布吕歇尔是一位诚实守信的将军。有一次，他率领大军在崎岖的山路上急急忙忙地行军，他必须尽快去援助威灵顿。战时一刻值千金，但此时士兵已经疲惫不堪，道路泥泞，部队实在难以快速前进。布吕歇尔不停地鼓励士兵们加油："快点，孩子们，向前，再快点。"

士兵们早已汗流浃背，已经尽力了，不可能再快了。布吕歇尔还是不停地鼓励他们："孩子们！我们必须全速前进，我们必须准时到达目的地。我已经答应了我的兄弟部队，你们知道吗？你们千万不可让我失信！"

在他的感召下，士兵们一鼓作气，终于准时到达了目的地。

能够征服能他人，并获取他人信任，就能成为一位好的领导人。而想让下属真心服从，只有依靠领导干部的诚信。要想把人才揽为己用，无论是大用还是小用，领导干部一定要诚实守信，这是一条铁定不移的大原则。

明太祖朱元璋曾经以大胆的行为，使敌人的精壮降兵，都变成自己的骁勇战士。他在降兵中挑选精壮骁勇的士兵500人，直接归纳于军中。这500人都感到惊恐不安，朱元璋察觉到他们内心的情况后，便筹划着怎样才能让他们安稳而不害怕，信任而不怀疑。最后，决定采取信任他们，而招致他们信任自己的策略。在晚上让他们进入营区卫环伺候，自己也解甲就寝，而且把自己原来的人员调开，仅留冯国用一人侍睡在床前。此后，人心大定，众降兵都相信了他的至诚。攻打集庆时，冯国用就率领这500降兵，首先冲锋陷阵，在蒋山下打败元军，威逼城下。各路兵马快速奔进，一举攻克南京。在战争中这500人确实出了大力，立了大功。

所以说，**作为领导干部，没有威信，就不能驾驭人；没有威信，就不能使人服从。**

善于树立权威的领导干部总是笃行诚实守信。他们的自我标准和做法是什么呢？有这样一张实际工作的清单，对领导干部树立权威、塑造完美的形象很有帮助。

- 从不有意识地误导或说假话。
- 从不对问题处理采取骑墙的态度。
- 从不随意承诺、不守信用。
- 从不不负责任地信口开河。
- 时刻牢记以信任来赢得信任。

- 把信任作为征服人心的巨大力量。
- 决定之后准确、干脆、果敢地落实执行，不做喋喋不休的解释。
- 对别人的误解给予谅解。
- 用自己的诚实衬托感化别人的不诚实。
- 把难办的问题摆在桌面上。
- 不浮夸。是什么，就是什么。讨厌偏听偏信。

对领导干部来说，应该以诚实守信赢得人们的信任和尊重。不诚实，就无法树立领导权威。诚实与信任还是一种领导资源，你拥有这种品质，就拥有了这种资源。培养诚实的最好方法莫过于借助自己心中的良知，它随时提醒你：你的所作所为，哪些是诚实的，哪些是不诚实的。正直是伴随诚实的，你说的、想的和做的，要努力保持一致。人们将注意你，把你同那些言行不一的人区别开来，相信你，希望你成功，甚至助你一臂之力。

> 领导干部树立权威最重要的是要诚实守信、品德优良。成功的领导干部往往执着地这样认为："面对组织的重任和下属的期待，我无法弄虚作假，因为我的眼睛、心和嘴不肯干这样的事。"

4. 以实际行动捍卫领导干部的公信力

心系百姓，才能为百姓的事兢兢业业；心中有党，才能为党的事业尽职尽责。

诚信是文明社会的基石。**一位公民，失信于人，会被戳脊梁骨；一家企业，失信于众，迟早会被市场竞争淘汰；一级政府，失信于民，轻则民怨沸腾，重则祸患丛生。**

今天的中国，用几十年的时间走过了西方国家几百年走过的现代化道路。人的思想有些跟不上变化的节奏，一些领域发生了道德沉沦的事件，个别领导干部不讲诚信的现象也时有发生。

"人无信不立，业无信难兴，政无信必颓。"近几年，一些地方上出现的一些事件，往往正是因为有关部门缺乏公信，陷入信任困境所致。这在很大程度上给政府敲响了警钟。如果我们把诚信社会比喻为一座大厦，那么政府就是大厦的支柱，支撑着整个社会有序运行。唯有支柱挺拔坚强，大厦才能傲然屹立。

和那些有形资产相比，植根于民心所向的政府诚信，是更宝贵的无形资产。而领导干部的诚信，就是政府诚信的基础。

领导干部的力量有软、硬两端。"硬力量"强悍威猛，但使用起来成本高，风险大；"软力量"建立在人民群众认同的基础上，温和持久，使用起来效果更佳。这里说的软力量就包含着诚信。

2011年7月，某市官员被网民曝出聚众淫乱的照片。媒体报道后，某市有关部门回应："艳照视频与本单位毫无关系，已报警。"不久，该部门又确认照片中的男子身份属实，只是照片系人工拼接而成。数日后，当地公安部门宣布了更新的说法：这是一起有预谋的色诱事件，犯罪嫌疑人想借此敲诈勒索当事人。警方的"权威"调查结果不但没有平息争议，反而引来了更多质疑。后续的进展是某市纪委对该官员做出了开除党籍和撤职处理的决定，可见确有其事。

> 领导干部作为公共权力代言人，要慎用自己的话语权。面对公众的关切，既要及时说话，还要真诚说话，说公众听得懂的话。迎比躲更理性，疏比堵更管用，自省比推脱更有益，绸缪比救火更重要。

政府在与民众的交往中，处于时刻接受民意检验的位置。如果说诚信是政府的基石，那么每一名领导干部就是这基石中的一块砖。很多时候，群众看政府是否有诚信，实际上看的还是具体的人，领导干部自然首当其冲。诚信素质不仅关系到其自身的道德素质，还代表着政府的公共诚信，即政府公信力。领导干部若能忠实履行职责，信守公正无私、诚信无欺的原则，就能使其服务的政府机关更具权威性，从而成为维系社会稳定和秩序的力量，夯实政府权力合法性的基础。当下，一些领导干部缺乏作为政府行政管理者应承担的诚实守信责任，为了早出政绩，往往迎合上级部门的考核需要，采取短期行为，甚至不惜造假；有的随意承诺却不守信用，说了不算，说了不办，说了不干；有的甚至随意罚款，欺骗百姓，损害了领导干部形象，有损政府公信力。

"生命不可能从谎言中开出灿烂的花朵。"这句话值得每一名领导干部深思。植树造林，非数十载难见其功；一点火星，却可毁万顷葱茏于一瞬。赢得人民群众的信赖，建立公信，需要付出长期不懈的努力；而丧失这一切，或许只因为某些领导干部的一点私心、一句谎言、一个劣行。

诚信比金子可贵，做最好的领导干部，就必须把"诚信"二字铭记于心，本着对人民负责的原则，为人民做实事，做好事。既不给党和政府抹黑，也不给自己的人生抹黑。

5. 提高领导干部诚信度的良药

领导工作实践的无数事实证明，**领导干部要树立权威，必须要取信于人。而要想取信于人，自己本身必须先做到"示诚"和"取信"。**

下面几条建议，有利于领导干部有效地提高自己的诚信度。

(1) 态度要诚

当与他人谈事情时，要就事论事，不能东拉西扯，云里雾里，让对方觉得不知所云。与对方交谈时，感情应真诚，少讲大道理，以免对方产生逆反心理。讲出你所能做到的承诺，及如何去实现它，让对方觉得你说得很实在，实现起来也很容易。

(2) 方法要诚

在向别人表示诚意时，切不可鲁莽行事，要讲究时机和方法，要把握时机。有时候表示你的诚意，一定要见机行事，以讲究策略为好。

(3) 用行动表明信任

培养他人对自己的信任，领导干部的行为十分重要。某些外表方面和非言语性行为能够传递一个人值得信任的信息，有些非言语性行为则会表明一个人的可信度值得怀疑。因此，需要有意地控制自己是否表现出值得信任的行为。在事实面前，别人会轻易打消怀疑念头，从而更加相信你的表现和诚意了。

（4）扔掉虚荣心

虚荣，是人类进步的大敌。一个有虚荣心的领导干部，总爱讲面子，总爱说大话，喜欢向别人夸下海口，而不管日后能否兑现。久而久之，他就被虚荣心侵占了上风，也就失去了领导者的诚信。

（5）敢于直面人性弱点

一个人要捡回丢失的诚信，就要敢于面对你的人性弱点，真心认识错误，并且以行动弥补自己所造成的后果。比如，写下一张你要向人道歉的清单，以诚实恳切的态度去向别人低头认错。

（6）坦诚面对未来

坦诚地面对过去的行为是一回事，无畏地迈向光明的前程又是一回事。假如你曾经失信于人，那么就应该找到自己失信于人的弱点，立即着手拟定出应对及恢复的办法，让自己绝对不犯同样的错误。你不必总对过去的错误耿耿于怀，你要让别人看到你的进步，并相信你可以做得更好。

二、博爱为怀：让善心与你同行

博爱为怀是中华民族的传统美德。俗语说："良言一句三冬暖，恶语伤人六月寒。"对别人多一些温暖，少一些冷漠；多一些支持，少一些排斥；多一些宽容，少一些挑剔。这样就会营造良好的人际关系氛围，促进社会的和谐发展。现代社会，对于领导干部来说，博爱为怀就是要有宽广的胸襟与和善的态度来处理人际关系，最重要的是坚持权为民所用、情为民所系、利为民所谋。

1. 爱民在心，为民在情，惠民在实

领导干部为政之要，在于以民为本，时刻想着民众，关爱民众，把对民众的深厚感情用之于惠民之上。

古人云："君子任职则思利民。"**作为当代领导干部，应当树立爱民、为民、惠民的群众观。**坚持立党为公、执政为民，始终忧民、为民、惠民，是我们党全心全意为人民服务的立党宗旨的集中体现，是党的优良作风的具体表现，是我们一切工作的出发点和归宿点，是衡量工作好坏的最高标准。领导干部只有牢固树立爱民、为民、惠民的群众观点，增强"民本"意识，加深与人民群众的感情，时刻忧民之忧，乐民之乐，想群众之所想，急群众之所急，才能保持艰苦奋斗的作风，克服享乐主义。

要树立爱民、为民、惠民的意识，首先要有亲民、爱民的感情。"衙斋卧听萧萧竹，疑是民间疾苦声。"领导干部如果常怀亲民、爱民之心，常挂念全国有两千万农民的温饱问题尚未得到根本解决，还有许多贫困地区的行路难、饮水难、医保难、读书难等问题尚未解决，就不会忍心去贪图安逸，追求个人享乐。为政之要，在于为民；为民之本，在于做事。古代封建官吏尚有"居庙堂之高，则忧其民；处江湖之远，则忧其君"的胸怀，今天的领导干部更应有淡泊名利、宁静致远的境界，把心思凝聚到干事业上来，把精力集中到求发展上来。

> 对领导干部来说，心里没有群众就是忘本；对群众的疾苦漠不关心，就是变质；滥用手中的权力欺压群众，就是对党的背叛。因此，领导干部必须真正做到与广大人民群众同呼吸、共命运、心连心。

我们党的根本宗旨是全心全意为人民服务，党的一切奋斗和工作都是为了造福人民，要始终把实现好、维护好、发展好最广大人民的根本利益作为党和国家一切工作的出发点和落脚点，做到发展为了人民、发展依靠人民、发展成果由人民共享。**群众观点是我们党的基本政治观点，群众路**

线是我们党的根本工作路线。领导干部要相信群众、依靠群众、深入群众，为群众诚心诚意办实事，尽心竭力解难事，坚持不懈做好事。

群众利益无小事，领导干部要积极主动深入实际、深入基层、深入群众，真实了解群众在想什么、盼什么、拥护什么、反对什么，及时准确地掌握最真、最实、最新的社情民意，从群众得到的实惠中看我们的决策是否正确；从群众的呼声中寻找工作的突破口；从群众的智慧中寻找解决难点、热点问题的对策。从而使我们的各项决策、思路、工作符合客观实际和群众愿望，真正做到爱民在心、为民在情、惠民在行，把立党为公、执政为民落实具体，落实到位，努力实现好、维护好、发展好最广大人民群众的根本利益。

2. 情为民所系，用善心带动善举

予人玫瑰，手有余香，善心终有善回报。作为领导干部，要用善心带动善举。尽可能地帮助和关爱别人，扶人之困，济人之难。

与人为善要有宽广的胸怀，宽容大度是化解矛盾与恩怨的最好方法。

宋代的王旦，字子明，进士出身，宋真宗时担任宰相，与寇准同朝为官，寇准为副相。两人性格有很大差异，一个刚直，一个柔和，所以常有摩擦。有一次，中书省有公文送到了枢密院，但公文不合要求。当时王旦主管中书省，而寇准则主持枢密院。中书省是政务中枢，掌管机要，发布政令。而枢密院是管理军事、边防工作的机关。寇准把事情报告给宋真宗，结果王旦受到了宋真宗的责备，他很诚恳地检讨。不到一个月，枢密院也有公文送到了中书省，巧的是也不合要求。这时中书省的官员们便幸灾乐祸，想趁这机会报复一下枢密院。没想到王旦看了，下令将公文退回枢密院，让他们重写，其他的话一句也没有说。寇准感到非常惭愧，他见到王旦时主动地说："您真是有天大的气量啊！"王旦与人为善，宽容对待同僚间的摩擦，不仅消除了彼此之间的隔阂，确保了政坛稳定，而且以自己的高尚情操，"善"出了政绩卓著的一代名相——寇准。

领导干部在工作和生活中离不开与人的交往，尤其是在现代社会，领导干部与民众之间的联系更加频繁，要想获得事业的成功，就必须得到人民群众的支持与帮助。**领导干部要想成就一番事业，必须要有人民的支持与参与，与人为善是获得融洽人际关系与良性工作环境的基本修养。**

与人为善是领导干部都应该具备的道德品质。当前，我国处于改革发展的关键时期，各种利益关系与矛盾错综复杂，坚持与人为善有利于化解矛盾，形成良好的社会氛围，促进社会和谐。

> 领导干部想要做到与人为善，就要多关心百姓的疾苦，多为民办实事、办好事，实现好、维护好、发展好最广大人民的根本利益。要经常到群众中去，体察民情，了解群众的实际需要。

3. 亲民爱民，和群众打成一片

亲近群众，爱护群众，领导干部才能融入群众；关心群众，体贴群众，领导干部才能和群众打成一片。

领导干部的亲民爱民的作风非常重要，它有利于协调政府与群众之间的关系。领导干部要想真正取得与群众"打成一片"的效果，并使之潜入、持久地发挥作用，还须下一番功夫。

密切联系群众，从群众中来到群众中去，是我党的优势。在长期建设中，党与人民的关系血浓于水。作为领导干部，亲民爱民是贯彻群众路线的重要体现。派头十足、高高在上，甚至抱着有意疏远群众的态度绝不是亲民爱民的表现。

当然，亲民作风也不是要求领导干部整天和民众呆在一起，不分彼此。这种做法，其实是把领导干部与群众之间的关系搞得庸俗化了，这不但无法达到和群众"打成一片"的效果，反而有损领导干部的形象。领导干部在与人交往中只要稍微留意，就可以毫不费力地显示自己的"亲民作风"，从而轻轻松松地达到与群众"打成一片"的目的。

关心体贴群众是领导干部亲民爱民最简便、最直接、最有效的手段了。**领导干部要多为群众办实事，让群众看得见、摸得着，从中得到真实的好处。同时，还要用心对待下属，以保障各项工作顺利开展。**

（1）为群众办实事

对物质的需求是人类的第一需求，物质是人们生存的基本保障。虽然以满足人民的物质需求为己任，这种方法比较功利，但它确实能给群众带来实际的好处，解决人们物质上的问题，提高人民的生活水平和质量。通常，一个单位的领导如果能把福利办得很好，往往会得到单位员工的支持。领导干部在从事实际工作过程中，如果能把这一原则贯穿其中，是一定会得到群众的拥戴的。

（2）为群众解难题

领导干部亲民爱民必须从小事做起，关心群众的冷热饥寒，为其解决实际问题。如果群众的实际问题长期得不到解决或者矛盾激化，很可能会影响社会稳定。所以领导干部要主动关心群众与下属的各种困难，想办法为其解决难题。有时，也许一件小事就会赢得群众的好感和感激。

（3）多联系群众

平易近人的领导干部是最受群众欢迎的。领导干部应当注意经常与群众保持联系，通过聊天、走访、游戏等方式了解下情，倾听群众的心声。由于能够与群众保持经常性的沟通与交流，所以能更多地知道群众的想法和愿望，也利于减少隔阂，消除误会。领导干部要经常到群众中去体察民情，了解群众的想法和实际需要，关心群众的疾苦，多为群众办实事、做好事，排忧解难，扶危济困，这才是最重要的。

（4）对下属多宽容

人难免有错，贵在能改。如果下属犯了某些可原谅的错误，领导干部应该给予其改错的机会。如果领导干部能够本着关心和爱护下属的原则，对犯错误的下属不是一味苛求，而是帮助他改正错误，这样会得到下属的衷心感激、爱戴和支持。

（5）体贴下属

身为领导干部应当懂得下属的心愿，处处考虑到下属的利益，不要总是以严肃的态度去对待下属，而是要有随和的态度。为人随和并非是迎合部属，如果一味迁就部属，决不会得到部属的尊敬与信任。这就要求领导干部一方面要有果断力，一方面必须具备同情心。领导干部在工作上发挥高超的指导力，离开工作场所后，应当与下属随和交往，这样下属才能对领导干部信服。实际上只要个人受到公平的礼遇，而且意见经常被关注，他们常常愿意竭力配合领导干部。领导干部在关心体贴下属的同时应注意影响，以免引起其他人的猜忌与误会，防止有人认为自己搞台下活动、拉小帮派和小集团。

4. 推崇"以和为贵"，宽容待人

"和"是处理人与人之间关系的一个基本准则，也是领导干部从政为官的工作艺术和管理之道。

"和为贵"是中华民族悠久的文化传统，即强调人与物之间的融和、人与人之间的"和合"。人们常说的"和为贵""政通人和""家和万事兴"等，就是这一人文精神的具体表述。"贵和"的文化传统深深植根于我国人民的实际生活之中，深刻影响着人们的思想观念和行为方式。

"和"是处理人际关系的法则。中国传统道德提倡"君子和而不同，小人同而不和"。在孔子看来，人与人之间可以有矛盾，但能够在一定的道德原则和规范下达到统一与和谐。也就是说，"和而不同"的实质乃是强调矛盾的统一和均衡，强调通过对"度"的把握以获得人际关系的和谐。"和"不仅是处理人与人之间关系的一个基本准则，而且是调解人们利益冲突的一种处世方式和治国之术。

和为贵，要求领导干部要"和"而不要"争"。领导干部要按照"义"的要求节制自己，服从大局，从而获得群体内部、个体之间的协调；否则，必然导致相争，争则必乱，乱则必使党和人民群众的事业招致失败。古人之告诫，至今仍闪烁着民族优秀文化的光芒。

"和"是所有人的共同愿望。家事、国事、天下事，都离不开一个"和"字。领导干部以和为贵，需要与人为善。人与人之间的和谐，主要依赖于每个人所具有的友善之情感、与人为善之态度以及仁爱忠恕之心。待人处事心中皆有他人、替他人着想并能助人为乐的领导干部，必然会做到与人方便、与己方便，必然能得到人民群众的喜爱，从而成为一个在人际关系中具有很强亲和力的人。人有善心才会有和气。一个心地善良的领导干部，言行举止镇定安详，心胸中包蕴着祥和之气。他们有名声而不自满，有功劳而不骄矜，奉献于人而不以此自居，必然受人爱戴。

领导干部以和为贵，就要维护大局。 每个领导干部的学识、阅历、性格各有差异，思想上有不同观点，工作中肯定会有不同看法。特别是处于正在转型的社会，处于一个鼓励竞争、讲究效率的时代，人们思想活动的独立性、选择性、多变性、差异性日益增强。因此，要想在求大同、存小异中实现共赢，领导干部必须首先在大局下思考，在大局下行动。在确定目标任务、制定各种政策意见、开展具体工作的时候，要听取方方面面的建议，让各种不同思想充分表达出来，要包容各种各样的意见，少争论，使社会各界各方面在维护大局中化解各种矛盾，在求同存异中更趋和谐。

领导干部以和为贵，就要宽容待人。 一个具有宽容之心的领导干部，往往能够妥善应对社会中的矛盾和前进中的困难，化解冲突，化干戈为玉帛，使摩擦降到最低限度，产生巨大的感召力、吸引力和凝聚力。领导干部要有博大的胸怀，要容人之短，更不能拿自己的长处与别人的短处比，或者只盯着别人的短处，要积极营造宽松的环境、融洽的关系、团结的氛围。领导干部要容人之长，不嫉贤妒能，允许别人赶上甚至超过自己；要能容人之过。人非圣贤，孰能无过。应当允许人们犯错误、允许人们改正错误，不求全责备，不以偏概全，应激发创造活力，形成团结和谐、开拓进取的生动局面。

领导干部以和为贵，就要注意加强修养。领导干部由于面对的事情复杂，考虑的事情较多，情绪容易激动。领导干部要想在不愉快的事情、不喜欢的人面前也能和气相对，就需要加强自身的修养。正所谓心平才能气和。在生活中、工作中，当自己感到心理失衡时，就要进行自我调整，使之平和。气和，不仅需要心平，而且需要"眼平"，就是说要公正待人，一视同仁，不能势利。

> 领导干部在面对社会矛盾与社会问题时要想人民群众之所想，以和为贵。但坚持以和为贵，并不是无原则的一团和气，不是无原则地退让和妥协，更不能以损害党和人民的利益为代价。

三、心胸豁达：大度、宽容品自高

法国著名作家雨果曾经这样说过："世界上最宽阔的是海洋，比海洋更宽阔的是天空，比天空更宽阔的是人的心灵。"中国有句俗话则说："宰相肚里能撑船。"这些既说明了一个简单的事实，也给出了一个中肯的忠告：作为领导干部，必须具有比常人更加博大、宽广的心胸，否则就难以成就大的事业。

1. 心胸豁达是领导干部应备的品德

豁达，其意是心胸开阔、性格开朗。一个人只有心存豁达，才会少些怨气和烦恼，才会多些宁静和安详。很显然，对人对事多一点豁达，多一点宽容，不仅可以使自己保持愉快的心情，而且可以促进社会的和谐发展。

豁达是一种超脱，是自我精神的解放，是一种宽容。恢宏大良，胸无芥蒂，肚大能容，吐纳百川。飞短流长怎么样，黑云压城又怎么样？心中自有一束不灭的阳光。以风清月明的态度，从容地对待一切，待到廓清云雾，必定是柳暗花明。

豁达是一种高尚的情操，是一笔可贵的精神财富，是现代领导干部必须具备的基本素质。领导干部一旦拥有豁达，就会变得超凡脱俗，一往直前。黄元吉《流星马》有句："大度豁达义深，决胜千里辨输赢。"古往今来，凡事业上建功立业、取得成就的领袖人物，绝非是那些胸襟狭窄、小肚鸡肠、谨小慎微的人，相反，他们大多是襟怀坦荡、宽宏大量、豁达大度的人。

豁达的领导干部，都有如下表现：对待事物常常"不以物喜，不以己悲"；对待名利常常"得之淡然，失之泰然"；为人处世能"退一步风平浪静，让三分海阔天空"；在困难挫折面前能"一蓑烟雨任平生"；为人民利益更是"心底无私天地宽"。他们始终保持满意、喜爱、愉快的情绪，有着健全的品格和良好的心境，他们豪爽、坦荡、热情、开朗，在意志上自觉而不盲目，果断而不武断，坚韧而不固执，自制而不放任。他们行为协调，言行一致，人际关系和谐，行为反应适度。

豁达的领导干部，有着自知之明的理智。他们正视人生，不会争功诿过。他们懂得"整体大于局部之和"的系统原理，把领导活动的着眼点放在全局和整体利益上；他们能够高瞻远瞩，立足当前，预见未来，创造未来的发展条件。豁达的人，有着高度的主动性和自然性，慎权、慎欲、慎微、慎独。他们见贤思齐而不嫉贤妒能，光明磊落而不暗箭伤人，置身于群众中间而不高高在上，是一个热爱别人也被别人所爱戴的人。**豁达的领导干部，多谋而出于公心，善变而利于事业，容忍谦让而不是"难得糊涂"。**

> 豁达是一种大度与宽容的修养。有了这种修养，领导干部就能心存豁达，推己及人，对人对事就能保持一种公正客观的态度。

那么，如何培养这种美德呢？从古今中外那些志士仁人的经验来看，需要努力做到以下几点。

（1）顾全大局、健全人格

豁达就是心系大局、服务大局，正确处理个人、局部与全局的关系。坚持在大局中思考，理性表达利益诉求，合法取得必要利益，心平气和，自然豁达。坚持以大局为行动准则，认真理事、扎实办事，多办实事、好事、大事。豁达就是正视困难，研讨办法，战而胜之；面对矛盾，理性应对，把握主次，妥善调处，化而解之；针对挫折，总结教训，举一反三，奋发图强；面对失落，泰然处之，修身修心，以利再战。信念坚定、意志挺拔、人格健全，自然豁达。

(2) 思想通达，节制欲望

领导干部要讲道理而不认死理，小道理服从大道理，软道理服从硬道理，旧道理跟上新道理，坚持对的，放弃错的，从教条主义、经验主义以及传统观念和习惯思维的桎梏中走出来。这就需要人们树立正确的人生观、价值观、名利观，履行社会责任和法律义务，知荣辱、讲廉耻，重诚信、保操守，从拜金主义、享乐主义、极端个人主义的囚笼中走出来。

少私心，才豁达。一个人不为一己之利去争、去夺、去斗，扫除"报复之心"和"嫉妒之念"，自然就"心底无私天地宽"。

(3) 舒展情绪、达观乐观

豁达的反义词是遮蔽和拥堵。遮蔽和拥堵易生自闭、烦恼、郁闷及种种痛苦。而豁达就是从历史纠葛、恩怨情仇、怨天尤人以及徘徊焦虑中走出来，拨开乌云见太阳，使遮蔽变豁亮、使拥堵变通畅、使郁结变贯通、使不愉快变为愉快，就是除了自卑、多了自由，少了忙乱、多了从容，去了怨恨、多了温煦，戒了偏激、多了沉着，忘了委屈、多了愿景。

总之，**对领导干部而言，豁达是一种美，是一种精神文明，更是一种精神境界；是一种成熟，更是一种升华；是一种形象显现，更是一种身心和谐。**

> 豁达需要时间和实践的积淀与净化。愿每位领导干部都能心存豁达、宽容大度，以豁达的心态去对待事业、对待同志、对待名利、对待社会、对待人生。

2. 唯有气度恢宏，才能用人服人

气度，即一个人的雅量、容量与气量。气度恢宏的要义，在于戒除忌妒、怨恨之心，对人能容忍、宽恕，自能心量涵广、不计得失。气度恢宏的领导干部，往往以豁达的心胸宽以待人，御人服人。**衡量领导干部气度的大小，最直接的检验就是看他能否宽容他人。**宽容，是领导激励的一种方式，也是领导用人的一种策略。领导干部的宽容品质能给予部下以良好的心理影响，使下属感到亲切、温暖、友好，有心理上的安全感，同时也因为领导干部的宽容，使其在下属面前的形象增色，从而增强统御能力和管理效率，下级也能够放开手脚工作。古语说得好："水至清则无鱼，人至察则无徒。"对人如果太苛求了，不放过别人任何一点小毛病，则不可能有朋友。一个领导干部只有具备"海纳百川"的恢宏气度，才能团结众人的力量，最大限度地发挥人才的效能。

古往今来，出于公心，为事业不计较个人得失荣辱的领导干部很多，他们大多成就了一番名留青史的事业。

三国时期，曹操与张绣多次交战，曹操的长子曹昂、爱将典韦，都死在张绣手里。曹对张本应结深怨，可是，当张绣经贾诩劝导，投奔曹操时，曹操非但不计前嫌，反而热忱欢迎，还拜张绣为扬武将军，充分表现了曹操宽广的政治家胸怀。后来，张绣果然为曹操立了大功。

另据史书记载，周定王元年，楚庄王平定一场内乱，于是大宴群臣。席间，忽然一阵风吹灭了灯烛，有一人乘黑拉着庄王爱姬的衣袖调情。爱姬顺手扯下那人的帽缨，要求庄王给予查办。庄王不但没有追究，反而哈哈大笑，令众人都把帽缨扯下，然后重新点灯，大家尽情畅饮。后来，在一次战斗中有个人英勇杀敌，立下大功，此人正是当初被庄王原谅的那位武将。

由此可见，**不计较个人的得失荣辱，一个人就会胸怀宽阔。**

如果一个组织的领导干部，也能有曹操、楚庄王一样的宽容精神，必将提高整个组织成员心理相容的水平，使手下人获得发挥才能的最佳心理状态。但现实工作中，我们经常遇见这样的领导干部，他们对爱提不同意见、发表不同看法的人，视为眼中钉、肉中刺，总想找个借口拔掉，或把其放在无足轻重的位置上；对这些善意批评领导工作而又意见正确的下属人员，丝毫没有宽容之心，容不得半句指责，总是想办法把他们支得远远的，像这样小家子气的领导，心胸狭窄，猜忌多疑，怎么能真正发现组织管理存在的问题？又怎么能充分发挥人才作用呢？这种缺乏宽容精神，对别人的批评耿耿于怀的领导，是在阻碍下属人员积极参与管理，这只会使下属人员对组织丧失信心，产生消极抵触情绪，丧失前进的动力，不再要求上进。

实践证明，**缺乏宽容气度的领导干部，不可能成为出色的领导者**。如果一点肚量都没有，那就根本不配做领导者。隋炀帝曾对大臣宣称："我天生就不喜欢听相反的意见，对所谓敢言直谏的人，都自称其忠诚，使我最不能忍耐。你们如果想升官晋爵，一定要听话。"结果他最终被反抗他的人推翻了。自古以来的许多英雄豪杰，都只是因为气度太小而导致许多不必要的失败。当代领导干部更是如此。

明万历中期以后，朝政内外，乌烟瘴气，天下有志之士皆汇聚东林党旗下，弹劾贪官，指陈朝政，确实有相当大的号召力。一时之间，国家栋梁无不以东林相标榜。但是，东林党人在大局的把握上，不仅犯了"水至清则无鱼，人至察则无徒"的毛病，而且过于意气用事，排挤他人，摆出一副"顺我者昌，逆我者亡"的架势。他们壁垒森严，门户之见甚深，只要有不合东林之旨的人，他们都将之斥为异党，竞相反对。在东林最盛时，即使是卓然自立，不附任何党派者，也遭东林攻击，被斥为小人。攻击东林的人，也偶有情操独立之士，但也遭东林排挤。这样就使东林为全天下人侧目，人人共愤。而且，在危如累卵的时局下，东林人和其他派别也不肯联手一致对外，还要存门户之见，置国事于不问。以后竟然又自相倾轧，发生内乱，窝里反。最终，东林党被大太监魏忠贤一手铲除了。

东林党的失败，很大程度上是因为他们太意气用事，气度狭小，不能宽以待人，总是认为自己正确，从而拒绝了许多中立乃至试图伸出援助的手，孤立了自己。如果东林党人胸怀宽广些，心态宽容些，岂不是能获得更多人的支持？

清朝重臣曾国藩说："**盛世建功立业的英雄，以襟怀豁达为第一义；乱世扶危救难的英雄，以劳心劳力为第一义。**"可见，不襟怀豁达就难以成就大事，不心力劳苦就难以建立功绩。

> 不把个人恩怨放在心里，以国家利益为主，以大局为重，这样的领导干部，就是有气度涵养、有思想境界的将才。

3. 有容德乃大，胸宽品自高

宽以待人，才会人心齐泰山移；不计小事，才能识大体顾大局。

胸怀是一个"度量"的问题，是人生的大智慧。凡事要有度、有量、有标准，这是领导的大修养。大家都知道，中国改革开放的总设计师邓小平在政治生涯中有过"三落三起"的经历，而且每一"起"都是一个新的起点、新的高峰。邓小平曾幽默地对别人讲："如果对政治上东山再起的人设立奥林匹克奖的话，我很有资格获得该奖的金牌。"无论是在中国，还是在世界的政治舞台上，像邓小平这样"三落三起"的传奇经历都是极为罕见的，没有虚怀若谷的胸怀和超人的气量是绝对达不到这种境界的。

胸襟开阔、雍容大度是历代贤君名臣修身养德的境界，更是一个现代领导干部应有的基本素质。

海纳百川，有容乃大。领导干部如果胸怀狭隘，没有容人、容物的肚量，不仅难以成就大事业，恐怕也难以与人亲切地交往，和睦地与人相处，甚至内心也永远感到孤单、寂寞、痛苦。领导干部有宽大的胸怀不仅能凝聚人心，在自己身边聚集优秀人才，还能使人心悦诚服、同心协力、互助互爱。同时，也可以使自己心平气和、头脑清晰、心态平稳，见识、胆识随之而拓展，为来日更好的发展打好基础。

从领导干部的志向和抱负可以看出领导干部的心胸，大志向需要大心胸，胸不藏志，再大的抱负也只是纸上谈兵。领导干部要成就一番事业，就要胸怀大一点，站得高一点，看得远一点。因为远大而高尚的奋斗目标是超越自我的首要条件，显然，只有有了宽阔的胸襟才能志存高远。

> 超越自我需要有动力。襟怀坦白，心底无私，以天下为己任，急群众之所急，想群众之所想，是领导干部不断超越自我、永不枯竭的精神动力。

历览人生多少事，成败常常在胸襟。对领导干部而言，胸襟是事业成功的保证。而作为一名领导干部，其胸襟大小主要应体现在三个方面。

(1) 宽以待人

人无完人，人各有所长，又都有其所短。能否容人之长，又能容人之短，是领导干部搞好工作、团结同志的重要一环。经常在一起工作的同事，由于工作经历、思维方式和性格气质不同，也不可能每个人的想法、意见都完全一致，工作中难免会出现误解、分歧和矛盾。领导干部要有容纳别人的缺点的雅量和吸取别人长处的肚量。要严于律己、宽以待人、相互信任、相互支持、相互尊重、相互谅解、坦诚相见。这样才能营造出愉快、融洽的工作氛围，才能"人和万事兴"，形成心齐气顺、风正劲足的局面。

(2) 从善如流

人非圣贤，孰能无过。为了事业、为了工作、为了大局，领导干部应该虚怀若谷，摒弃私心偏见，善于听取各方面的意见，包括反对自己的意见，都要诚心诚意地倾听。一般而言如果批评意见尖锐刺耳、有些过火、甚至不完全符合事实，往往令人难以接受，**但如果领导干部能从这些意见中吸取合理有益的成分，改进自己的工作，做到乐闻直言，从善如流，那才是真正的大智慧。**

(3) 不计小事

计小事不是领导干部应有的胸怀和气度。能舍一池之水，便能做一池之主；能舍一江之水，便能成一江之气。领导干部应懂得取舍之道的真谛。在领导干部心目中，孰为大，孰为小，应泾渭分明，严格区分大局与小局、大事与小事、公事与私事的关系。对事业、对大局、对团结，应视为大；对个人的名权利禄，则应尽量看得小些、淡些，真正做到大事讲原则，小事讲风格，不为琐事所累。

> 领导干部要想做到心胸开阔、坦荡无私，就要学习他人优秀的思想风范，不断加强自身修养，提高自我气度。在处理工作和人际关系中，不计个人恩怨，不搞亲疏远近，更不能搞"窝里斗"。

4. 以大度的胸怀团结他人共创事业

领导干部大度是对他人的大度和谅解，是对自己的严格要求。特别是当有人指出了领导干部的缺点，提出了不同意见时，作为领导干部能否做到心平气和地聆听，经过理智的分析思考能否采纳合理建议，不报复他人、怨恨他人，是衡量领导干部是否真正大度的一个标准。

大度很重要的一点就是要允许别人犯错误和有小的过失，要认识到世界上根本就不存在十全十美的人。真诚的谅解，往往会使对方爆发出对你的极大友爱，使你获得真心支持你的朋友，甚至它还能唤起失望者对人生的向往和留恋，促使犯错甚至犯罪的人改邪归正。

相反，领导干部没有大度之心，听不进他人的意见，一意孤行，甚至给提意见的人以打击报复，只会打消人们的积极性，从而使你失去别人的支持，甚至众叛亲离，事业家庭毁于一旦。因此，领导干部善于听取反面意见是很重要的，俗话说的"忠言逆耳利于行"就是这个道理。

客观地讲，领导干部在工作当中要做到真正的大度并非一件易事，需要消除一些不当的心理观念，以及一些错误的思维方式和做法，这样才能逐步养成良好的习惯，慢慢地对人具有宽容的态度。**对别人缺点、过失的谅解，对他人意见的倾听和采纳，对自己团体内外人们的接纳，这些都是宽容的做法**。首先要求领导干部自己要去了解自己、了解他人，敢于直面自己的缺点和错误，积极地寻找他人的优点和特长，有时这需要领导干部变换角度和角色去考察思考同一个问题，站在原地不动，是不能发现问题的。

变换角度去观察同一问题、理解同一件事情，所得出的结论、所体验到的心情及要采取的行动是截然不同的。这样做的结果是理解了他人的态度、想法、提法和做法，不再对他人愤愤然或进行责怪，自然而然地就能宽待他人、容纳他人，使双方达成共识。这种宽容的心境气氛利于矛盾的解决。领导干部要做到大度，需要消除心理偏见，杜绝嫉妒心的产生，以新的观念来看待问题，防止思想僵化。要做到大度，还有很重要的一点，那就是不要有嫉妒心。领导干部存有嫉妒心理，容不得别人比自己高明，比自己有能力、有智慧、有谋略，一心想把别人拉下马，看别人的笑话，唯恐别人胜过自己，这只会压制人才、摧毁人才，给工作带来不利。领导干部的大度之心，常能充分地把各种人的积极性调动起来，有利于工作的开展。

总之，领导干部要有大度的胸怀，既能体现其宽容的美德，有利于自身情绪的稳定，有利于身心健康，又能积极地发现人才、利用人才，从而加快事业的发展。

5. 以宽宏的气量产生感召力

气量小，周瑜才被诸葛亮气死；气量大，廉颇才被蔺相如收服。对领导干部而言，气量也是一种巨大的力量。

气量，指的是人的胸怀、眼光、度量，它是人的才识、行为和道德诸方面所达到的程度和水平的综合体现。作为一名领导干部，要担当决策、用人、协调甚至统帅全局的重任，必须要有气量修养，要有容人的雅量，有海纳百川、有容乃大的胸怀，不计自己对他人之恩，不计他人对自己之怨，对待群众的批评，乐闻直言，从善如流，能以谦虚的态度认真听取，有则改之，无则加勉，即使别人批评错了，也不能打击报复。

无论我们是详尽地考察历史，还是深入地研究现实，都会发现一个非常普遍的事实，即每个人所能取得的成就大小，与他的心胸宽窄是成正比的。

> 心胸就是气量。领导干部的气量大小，与其事业成就有着最直接、最密切的联系。有多大的气量，才能掌多大的权。"将军肩上能跑马，宰相肚里能撑船"，就是领导气量的最好体现。

宽宏的气量是领导干部取得成功不可或缺的内在力量。拥有大气量可成大事，小肚鸡肠则难成事，古今中外，概莫能外。刘邦善用部下之长，才使自己夺得天下；而项羽虽武功盖世，却因"自矜功伐，奋其私智"，专横跋扈，不可一世，结果自刎乌江，了结一生。凡此种种，举不胜举。

在日常工作中，领导干部要能容人之长、容人之功，少听顺耳的话，多听逆耳的话，要经得起误会、冲撞乃至受得了一些委屈，绝不能搞"一言堂"。**领导干部要善于团结志同道合的人，更要团结与自己意见相左的人，特别是反对自己的人，变消极因素为积极因素，共同促进事业的蓬勃发展。**领导干部要"以人为本"，广纳贤才。要有容人纳贤的气魄和度量，用人之长，敢于用那些比自己强的人，并善于容人之短，略人小过。

领导干部要通过理论学习和党性修养，牢固树立"立党为公，执政为民"的思想，摆脱名缰利锁的羁绊，从而开阔自己的眼界和胸怀，增大度量和气量，跳出名、利、欲的诱惑。不计较个人一时的利害得失，不斤斤计较享受的条件和待遇，不为一些鸡毛蒜皮之事和庸庸俗世的看法所左右，对个人名利始终保持一颗平常心。只有把名利看得淡一些，把群众事业看得重一些，胸怀大志、思想超脱、行为坦荡，才能全身心地投入到工作去，才能达到"心底无私天地宽"的境界，才能真正地为人民服好务。

领导干部气量小，就会失去自己的魅力，就会使自己的世界变得狭窄起来，同时还会失去一部分人的支持，尤其是对人才无法产生强大的吸引力、凝聚力，也就不利于广纳群贤。

人生的事情，总是有得有失，有沉有浮。得失也好，沉浮也罢，关键是要有"海纳百川，有容乃大"的胸襟。各级领导干部，要身体力行地贯彻落实科学发展观，始终坚持立党为公、执政为民，就不能没有开阔的胸怀、容人的气量。

> 只有严于律己，宽以待人，拥有宽厚的胸怀，容忍误会和冲撞，不计较个人得失，别人才会对你更加钦佩、敬重、拥护和信赖，才能够产生巨大的感召力。

四、亲切待人：拉近与下属的距离

感情是人对客观事物好恶倾向的内在反映。人与人之间一旦建立了良好的感情关系，便能产生亲切感，相互的吸引力和彼此的影响力就大。这对树立领导权威是非常必要的。一个领导干部平时待人和蔼可亲，平易近人，时时体贴关心下属，和下属的关系相处十分融洽，他的影响力往往比较大，威望也越高。如果领导干部与下属关系紧张，时刻都要互相提防，那么势必会造成彼此之间的心理距离甚至是心理对抗，从而产生不良的影响。

官德修养——领导者的人格提升与完善

1. 亲切待人可以强化领导形象

一个领导干部要将他的决策变成下属的自觉行动，单凭职位权力显然是不够的，即使是有能力方面的吸引力，在很多时候也是力不从心的。因为员工已经不再是传统意义上的"经济人"，而是渴望得到关怀的"社会人"。因此领导干部要想使员工心悦诚服，为己所用，就要保证员工在感情上能和领导干部心心相印，忧乐与共，这样才能便于领导干部发挥感情的影响作用。对感情影响力的培养最为关键的因素就是要克服官僚主义的领导作风，做到从感情入手，动之以情，以取得彼此感情上的沟通。

有些人一当"官"，就或多或少地表现出一些"官架子"，这不仅会与下级群众产生隔膜，也大大降低了领导干部的威望。在我们党的历史上，毛泽东亲切随和、平易近人，为我们各级现代领导干部树立了光辉典范。

叶子龙是新中国成立后毛泽东的"五大秘书"之一，他和毛泽东第一次见面是在1936年春天的长征途中。那天叶子龙奉命给毛泽东送电报，当时毛泽东正在屋里看文件，见叶子龙来了，便笑着亲切地问他："噢，又换了一个小鬼。你叫什么名字？哪里人呀？"叶子龙有点拘谨，回答自己叫叶子龙，是湖南浏阳人。毛泽东乐了："呵，还是我的老乡嘛！"接着又谈了一些家常，几句家常话，使叶子龙一下子就放松了下来，真没想到毛泽东这样的大人物也如此亲切、随和、平易近人。从此他便在这位伟人身边工作了20多年，时刻都忘不了毛泽东带给他的热情与鼓励。

1975年正是"十年内乱"结束的前夜，年迈的毛泽东因患老年白内障，视力明显下降。素来手不释卷的毛泽东，只好委托中央办公厅替他物色一位"侍讲学士"。应征者是北大中文系的中年女教师芦荻。从未接触过毛泽东的她想到马上要到毛泽东身边去工作,心情之紧张可想而知。当工作人员把她带进毛泽东卧室时,她简直有点不知所措。病中卧床的毛泽东还是那么风趣、诙谐,对她的到来显得非常高兴。他握着芦荻的手问她:"会背刘禹锡的《西塞山怀古》这首诗吗?"毛泽东看出神情高度紧张的芦荻思想一下子还未能转到这首古诗上来,为了缓解当时的气氛,就在床上慢慢而铿锵地吟诵起来:"故垒萧萧芦荻秋。"吟罢笑着问芦荻:"你的名字是不是从这首诗里来的?"一下子就使紧张的气氛轻松活跃了起来,把紧张的芦荻逗笑了。芦荻起初总是称毛泽东为"您",而毛泽东说用"你"更随便、更好些。芦荻在为毛泽东读《二十四史》时,常遇到一些生僻的古字念不出来。面对紧张尴尬的芦荻,毛泽东一面大笑一面告诉她这个字该怎么念。由于拘谨和当时正处"文化大革命"后期的特殊政治背景,她在读时起初只是照本宣科,不提问题。

毛泽东就笑着问她:"你平时教学生是怎么教的?光是你一个人讲,从来不提出问题吗?你得使用启发式呀!"于是她改变了侍讲方式,后来的侍讲便越来越是在轻松的谈笑中进行。中南海的工作和生活,为她留下了一段永远难忘而愉快的回忆。

人的内心是脆弱的,即使是那些外表看似坚强的人也是如此。领导干部若能表现关怀和爱心,就会给他人一种安全感,从而强化领导干部的影响力。

> 为人亲切、与人为善的优点,将弥补领导干部个人身上具有的缺点,这也是领导干部以领导权威和领导魅力成功地驾驭别人并取得事业成功的诀窍所在。

曾有人这样认为,组织的领导干部如果待人亲切、随和,就不易管理下级。其实这种想法是不客观的。事实上,不少成功的领导干部,待人接物总是那样谦虚和随和,并非常人所想的那样傲慢。这种优点和领导艺术,对于任何人来说,都是可以学到的,并不那么深奥。**亲和待人对于任何级别的领导干部来说,都是应该掌握的一种有效的管理下属的手段。**

2. 关心体贴，以情感善待下属

领导干部对下属的引导必须带着情感，我国唐代诗人白居易说："**感人心者，莫先乎情。**"列宁认为，没有对人的感情，就从来没有也不可能有人对于真理的追求。人们常说的"通情达理"，强调的也是先"通情"，然后才能"达理"。因此，不能忽视感情的因素，在晓之以理、以理服人的同时，还要动之以情，以情感人；只有这样，才能真正使人"心悦诚服"，赢得下级的信赖。

在平时工作中，不少优秀的领导干部常能恰到好处地显示出自己对下属的关心和体贴，这无疑是对下属的最高赞赏，从而使建树权威收到最好的效果。他们常常在一些细节上特别注意关心体贴下属。

（1）记住下属的生日，适时祝贺

现代人都习惯祝贺生日，生日这一天，通常是家人或朋友在一起庆祝，聪明的领导则会"见缝插针"，使自己成为庆祝的一员。有些领导惯用此招，每次都能给下属留下难忘的印象。或许下属当时体味不出来，而一旦换了领导有了差异，他自然而然地会想到你。

给下属庆祝生日，可以送点礼物、买个蛋糕、请顿饭、甚至送一束花，效果都很好，再乘机献上几句赞扬和助兴的话更能起到锦上添花的效果。

（2）下属住院时，亲自探望

下属如果生病住院了，这时则无疑给了领导干部表现对下属关心的一个好机会，在表示慰问的同时还要不失时机地说出："平时你在的时候感觉不出来你作了多少贡献，现在没有你在岗上，就感觉工作没了头绪、慌了手脚。安心把病养好！"这将极大鼓舞员工的干劲。

（3）关心下属的家庭和生活

家庭幸福和睦、生活宽松富裕无疑是下属干好工作的保障。如果一个下属家里出了事情，或者生活很拮据，领导却视而不见，那么对下属再好的赞美也无异于惺惺作态。

有一个文化公司，职员和领导大部分都是单身汉或家在外地，就是这些人凭着满腔热情和辛勤的努力把公司经营得红红火火。该公司的领导很高兴也很满意，他们没有限于滔滔不绝的口头表扬，而是注意到职工们没有条件在家做饭，吃饭很不方便的困难，就自办了一个小食堂，解决了职工的后顾之忧。

当职工们吃着公司小食堂美味的饭菜时，能不意识到这是领导在为他们着想吗？能不感激领导的爱护和关心吗？

（4）抓住欢迎和送别的机会表达对下属的赞意

调换下属是常常碰到的事情，粗心的领导总认为不就是来个新手或走个老部下吗？来去自由，愿来就来，愿走就走。这种思想不可取。

善于体贴和关心下属的领导与粗心的领导的做法会截然不同。当下属来报到上班的第一天，一般领导会过来招呼一下：

"欢迎你的到来，你是北大的高才生，来我们这里亏待不了你，好好把办公用具收拾一下，准备上马！"

而聪明的领导则会悄悄地把新下属的办公桌椅和其他用具收拾好，而后才说：

"大家都很欢迎你来和我们同甘共苦，办公用品都给你准备齐全了，你看看还需要什么尽管提出来。"

同样的欢迎，一个空洞无物，华而不实；另一个却没有任何恭维之词，但欣赏和关怀都落实在了无声的行动上，孰高孰低一目了然。

下属调走也是一样，彼此相处已久，疙疙瘩瘩的事肯定不少，此时用语言表达领导的挽留之情显得很虚假。而留下的下属又都在眼睁睁地看着要走的下属，心里不免想着或许自己也有这么一天，领导是怎样评价他呢？此时领导如果高明，不妨做一两件让对方满意的事情以表达惜别之情。

真正有修养的领导干部，都能够与下属平等相处。因为只有这样，才能赢得下属的真心拥护和爱戴，才能树立自己的威信。要做到这一点，领导干部的言行必须普通化，待人要随和、亲切。

> 不要耀武扬威、故示尊严，使人觉得高不可攀，仿佛一尊巍巍的塑像，这样的领导不可能建立融洽的人际关系，自己的生活也必然孤寂而没有生气。

3. 培养亲和力，提升领导魅力

亲和力，原意为两种以上的物质结合成化合物时互相作用的力。后被引申为用来形容一个人的感召力、凝聚力和沟通能力。

亲和力源于人对人的认同和尊重，它所表达的是心灵上的通达和投合，是一种基于平等待人的古道热肠和悲天悯人的恻隐怀柔。真正的亲和力以善良的情怀和博爱的心胸为依托，它是发自内心的特殊禀赋和素养。

亲和力是一种无形的魅力。它在一个人的性格上具体表现为幽默、谦和、智慧、爽快、诚信等等；在人际关系上表现为与人相处时的一种和谐，一种自在，一种淡漠，一种超脱。

对领导干部来说，亲和力就是以领导干部个人为载体，以自己的高尚品德和人格魅力联系和带动周围群众，向四周辐射而产生的影响力和组织效能，从而在部属和群众中产生发自内心的信任和拥戴。亲和力是单位形象和团队精神人格化的代表，是领导素质和思想道德的内在体现，是领导艺术和领导方法的独特形式，是领导才能得以充分发挥和事业成功的重要因素之一。

亲和力是领导干部综合素质的集中反映，是领导艺术、道德修养和人格魅力的集中体现。它与学历层次和技术等级的明显区别在于，既不能靠教育培训来提升，也无法用考核指标来量化，而需要长期的修养和锻炼。领导干部应当树立"立党为公，执政为民"的远大抱负，改进领导方法，提高领导艺术，在提高政治理论水平和业务能力的同时，通过各种途径最大限度地提高在群众中的凝聚力和感召力。

(1) 尊重下属和群众

古人云，"敬人者，人恒敬之"。人人都希望得到别人的尊重，反过来，人人都必须尊重别人，这是一个处理人与人之间关系的准则。尊重他人，绝不能以获取别人的尊重为目的，更不能为获得尊重而故意讨好献媚。尊重是相互的。领导与下属在工作上虽然是上下级关系，但并不意味着领导比下属就高人一等。要赢得下属发自内心的尊重，领导必须首先尊重每一个下属。在现实生活中，人人都希望得到别人特别是上级领导的尊重、理解和关心，领导对下属的尊重，就是对他们最好的奖励。因此，领导一定要放下架子，不能人前摆谱，更不能在下属面前摆谱，要平易近人，时时处处尊重和维护下属的人格尊严和正当权益。其实，只要领导在日常工作和生活中能对下属多一点尊重、多一点理解，有时甚至是一句善意的玩笑，就能拉近彼此的距离、增进彼此的感情，使下属多一分自尊。在日常工作与生活中，当自己的意见与他人产生分歧时，首先要尊重他人提出的意见，认真考虑一下他人的想法。如果不去尊重他人的意见，必然伤害他人的自尊心，从而造成人际关系上的负面影响。更何况每个人都不可能时时正确、事事通晓。因此，一定要虚心听取他人意见。如果确信是对方错了，也要得理让人，不可向其他人声张，应该像什么事都未发生一样，默默巧妙地按正确的去做，让人感到可亲、可敬而不可畏。

（2）真诚地关心他人

"撼人心者，莫先乎情。"只有真正关心他人，才能赢得他人的回馈、帮助与协作。领导干部的亲和力本质上是一种爱的情感，其核心是民主平等的思想。领导干部要把下属当作自己的亲密战友和同志，尊重下属的人格和权利，宽容下属的缺点，切实关心下属的政治、经济和文化利益，领导干部在工作和生活中要学会控制自己的情绪，做到以理服人，以情感人，以爱动人。领导干部要相信每个下属都有自己独特的优势和潜力，都是可造之才，都值得花费心血去培养。要始终充满信心地去面对每个部属，并密切地关注他们的成长进步，真心实意地关心爱护部属，不护短也不要揭短。同时，要学会历史地、全面地看问题，客观公正地评价每个人的功过，既要看到弱点、缺点和不足，更要看到优点和长处，这样必能赢得下属发自内心的信服和尊重。

> 一分耕耘，一分收获，在涓涓细流般爱心的滋润下，领导干部和下属的关系必将有一个质的飞跃和升华，领导干部的亲和力也必将一点点得到增强。

（3）坚持自律和垂范

严于律己、率先垂范是一个优秀领导干部应有的政治品质。火车跑得快，全靠车头带。榜样的力量是无穷的。领导干部处于排头兵的位置，示范引路的作用十分重要。"差之毫厘，谬以千里"，领导干部若是乱了方寸、错了步调，下属和群众就会迷失方向、无所适从。领导干部作为领头雁，又在众人瞩目之处，其一言一行都会影响和带动一大批人，如果自身的模范作用不强，对下属就不能产生影响力。要想得到群众的赞成和拥护，就要始终保持清正廉洁的党风、勤政为民的政风、忠厚纯朴的民风和艰苦奋斗的作风，始终与下属保持最密切的联系，尽可能使自己成为下属心目中的主心骨。领导干部应该始终站在群众前头，用自己的实际行动忠实履行为人民服务的宗旨，当下属迷惘的时候给予希望，困惑的时候给予光明，困难的时候给予温暖，庆贺胜利的时候献上鲜花、掌声和美酒。

（4）不断拓展学识魅力

领导干部在学识方面的影响力和感召力，其实是一种榜样示范。一方面领导渊博的知识、高超的管理才能、高瞻远瞩的战略意识、满腹经纶的学者风度能从心理上影响下属，使他们获得一种积极向上的世界观、人生观和价值观；另一方面，领导干部渊博的知识能从行为上引导下属，使他们产生学习的兴趣，并在实际工作中运用和检验所获得的知识，以此提高工作能力。这种学识魅力往往就是无声的命令，使领导干部成为集体凝聚力的核心，下属能够依靠的靠山，一呼百应的领袖。领导干部要超脱于琐务之外，经常性地浏览新知，关注新的理论突破，思谋新政策、新法规对本单位事业发展带来的机遇与挑战，确保想得深、看得远。领导干部要注意发现事业发展最需要什么样的领导素质，并反观自身的素质特点和发展潜力，从需要与可能的均衡点上锤炼和提高某一方面的特质，从而在特殊时刻或某一关键方面发挥别人无可替代的作用。有特殊的能力就会有特殊的地位,就容易给人留下出类拔萃、举足轻重的良好印象,使自己的"人气"飙升。

(5) 注意加强风度修养

风度是具有个人特色的举止、姿态。领导干部不仅需要具备社会人所应有的共同的风度美,而且还必须展示符合其特殊身份、职业的风度美。而要想给人以美好的印象,使人喜欢你,就必须做到服饰适宜、神态自然、举止得体、语言感人、宽容大度。只有努力做到崇高与优美的统一,才能提高自己的亲和力和追随度,才能使自己具有风度。

大凡有亲和力的人,都有一种气质和风度。这样的人在任何场合,其一言一语,一举一动,一笑一颦,一投足,一举手,直至一个眼神,都是那么得体。这种气质和风度,是人内在美的外在表现形式。**亲和力是一个人综合素质的表现,是长期修炼的结果。**领导干部一定要加强对亲和力的修炼,不断提高自身的修养。

4. 领导干部以情感人的若干技巧

领导干部和员工建立深厚的感情,不仅有利于工作的开展,而且对提高领导威望也大有裨处。下面所介绍的若干技巧可供领导干部参考。

(1) 了解对方的兴趣爱好

初次见面的人,如果能用心了解与利用对方的兴趣爱好,就能缩短双方的距离,加深对方的好感。例如,和中老年人谈健康长寿,和少妇谈孩子、减肥以及大家共同关心的宠物等,即使是自己不太了解的人,也可以谈谈新闻、书籍等话题,这些都能在短时间内给对方留下深刻印象。

(2) 多说平常的语言

和人谈话时,不说意义深远及新奇的话语,而以身旁的琐事为话题作为开端,是促进人际关系成功的钥匙。受人爱戴与信赖的人,大多并不属于才情焕发、以惊人之语博得他人喜爱的人。尤其对于一个初识者,最好不要显摆自己,宁可让对方认为你是个普通人。

(3) 避免否定对方的行为

与人初次见面是建立良好人际关系的重要时期。在这种场合，对方往往不能冷静地听取意见、建议并加以判断，而且很容易产生反感。同时，初次见面的对象有时也会恐惧他人提出细微的问题来否定其观点。因此，初次见面时应尽量避免有否定对方的言语出现，这样才能有一个建立良好关系的开端。

(4) 了解对方所期待的评价

人很多时候是一个矛盾体，他们往往不满足自己的现状，然而又无法加以改变，因此只能各自持有一种幻想中的形象，或期待中的盼望。他们在人际交往中，非常希望他人对自己的评价是好的，比如胖人希望别人把自己看得瘦一些，老人愿意别人把自己看得年轻些。所以，**要驾驭一个人，就要了解这个人的思想和内心。**

(5) 以笑声支持对方

做个忠实的听众，适时的回应，可以使对方消除陌生感、紧张感，尤其要发挥微笑的作用。即使对方说的话并不好笑，也应以笑声附和，产生的效果或许会令你大吃一惊。因为，双方同时笑起来，无形之中会产生像亲密友人一样的气氛。

(6) 表现出自己关心对方

在招待他人或是主动邀请他人见面时，事先应该收集一些对方的资料。这不仅是一种礼貌，而且可以满足他人的自尊，使他感受到你的诚意和热忱。记住对方说过的话，事后再提出来当话题，也是表示关心的做法之一，尤其是兴趣、爱好、梦想等对对方来说是最重要、最有趣的事情。这些事情一旦被提出来作为话题，对方一定觉得愉快。

(7) 先征求对方的意见

不论做任何事情，事先征求对方的意见，都是尊重对方的表现。在处理某一件事中，作为领导当然具有选择权，如将选择权让给对方，也就是尊重对方的表现。而且，不论是谁，都希望得到他人的尊重，决不会因此不高兴或不耐烦。

（8）记住对方"特别的日子"

当你得知对方的结婚纪念日、生日时，要留心记下来，到了那天要打电话以示祝贺，虽然只是一个电话，留给对方的印象却很深刻。尤其是那些连本人都常忘记的纪念日，一旦由他人提起，心中的喜悦和感激就会油然而生。

（9）直呼对方的名字

中国人一般都在比较亲密的人之间才只称呼名字。所以，直呼对方的名字，可以缩短双方之间的心理距离，获得意想不到的效果。

第三章
忠于祖国，具有爱国之德

"天下至德，莫大于忠。"忠诚于国家，是领导干部的责任，是必须坚守的义务。

热爱祖国，须有爱国之德；忠于祖国，应有报国之行。一方面要坚持政治理想信念，一切听党指挥，另一方面要坚持国家利益至高无上，为祖国甘于奉献，从而使自己始终做到政治忠诚。

目前，我国改革发展正处在关键时期，社会利益关系更为复杂，新情况新问题层出不穷，人们思想的独立性、选择性、多变性和差异性明显增强，意识形态领域并不平静。与此同时，敌对势力对我国实施西化、分化的战略图谋没有改变。在这种情况下，如何做到政治立场坚定，保持政治头脑的清醒，不断提高政治鉴别力，对各级领导干部的官德是一个严峻考验。

一、忠于祖国：国家利益重如泰山

忠于祖国、热爱祖国、报效祖国，是古往今来志士仁人的崇高美德，是中华民族数千年形成的最深厚的神圣感情，也是当代各级领导干部应当具备的官德素质。忠诚是对党的各级领导干部党性与官德修养的一项基本要求。面对新时期的众多严峻挑战，各级领导干部不仅要努力成为有知识、懂业务、能胜任本职工作的实干家，而且首先要努力成为忠诚于马克思主义、忠诚地为人民谋利益、忠诚于祖国和社会主义的领导干部。

1. 对党和国家的忠诚是领导干部的首要品质

忠诚，是领导干部的首要品质。"天下至德，莫大于忠。"做一名党的好干部，就要坚守自己的忠诚。这忠诚的品质，是共产党人闪亮的名片和无上的荣耀。当祖国和人民在召唤我们的时候，要前赴后继、敢于慷慨赴死；当党和国家的利益考验我们的时候，要能够始终保持政治本色，始终以人民利益为重。

忠诚于党，就要执行党的基本路线和基本纲领；忠诚于祖国，就要维护国家的利益和荣誉。

忠诚是所有政党和政权都极为珍视的政治品质。中国共产党从来都把忠于马克思主义、忠于人民、忠于祖国等作为自己的神圣义务和永恒品质。"对党忠诚老实""永不叛党"，始终是《中国共产党章程》中明确规定的党员义务，也是每一个共产党员入党誓词中的庄严承诺。

对党和国家的忠诚不是一句空洞的口号，这往往需要经历生与死、得与失、荣与辱等重大的考验和锤炼。只有敢于和善于牺牲，只有真正做到了危难时刻显身手、风吹雨打不动摇，才能得到人们的认知和肯定。

忠诚具有无坚不摧的力量。一旦千百万人的忠诚心集合起来，就会创造出惊天地、泣鬼神的辉煌业绩。中国共产党这个当初只有几十人的弱小组织,能够创造彻底打破旧世界、成立新中国、成功开辟中国特色社会主义道路的人间奇迹,就是因为有千千万万忠诚的共产党员不怕牺牲、冲锋在前。

中国共产党人的忠诚,是基于马克思主义信仰和党性原则的政治忠诚,是对党和人民的伟大事业高度热爱的朴素情怀。自中国共产党诞生以来,无数共产党员抛头颅、洒热血,谱写了一篇篇感天动地的忠诚华章。大革命时期,面对敌人的"白色恐怖"和血腥镇压,李大钊、萧楚女等共产党人"断头流血以从之",誓死忠于革命事业。新中国成立后,从战场上的黄继光、邱少云到新时期的好干部孔繁森、牛玉儒,成千上万的英雄模范无一不是一腔赤诚、无限忠诚的楷模。毋庸讳言,我们的队伍中也曾出现过少数背信与变节者。这如同乌云无法永远遮盖太阳的光辉一样,在千百万忠诚的共产党人面前,背叛者的可耻只能更加衬托出忠诚者的光荣。

> 领导干部无论面对任何考验,只有强化忠诚品质的修养,时刻把祖国的利益放在心中,才能始终咬定青山,站稳脚跟,挺起脊梁,永不背叛自己的入党誓词和神圣的使命。

领导干部的忠诚,主要应包含以下三个层次:一是忠诚于党。忠诚于党,就是要坚信党的最高理想和最终目标,任何时候任何情况下都确保理想信念不动摇,坚定不移地为实现党在社会主义初级阶段的基本路线、基本纲领而奋斗。忠诚于党的基本路线和方针政策,忠诚于党领导下的人民群众。牢固树立马克思主义世界观、人生观、价值观和正确的权力观、利益观、地位观。二是忠诚于国家。忠诚于国家的法律制度、国家的安全、国家的荣誉和利益。三是忠于职守、勤勉尽责、依法办事、清正廉洁、公道正派。

作为一种官德伦理,领导干部对党和祖国的忠诚,要体现在领导行为上。领导干部忠诚行为的出发点是服从,服从上级和组织的意志和政令,按上级及组织的要求和方针办事。不违抗、不推诿。同时,这种服从不是消极的,而是真心实意地去执行上级和组织的指令,尽心尽力实现上级和组织的目标,全心全意地去维护上级和组织的权威。忠诚也不仅仅是行为上的服从和尽责，更是精神情感上对上级和组织的一种尊重、崇敬乃至信念。应该说，这种尊崇的道德情感是忠诚的灵魂，是作为忠诚表现的服从和尽责行为的内在动力和内在依据。

作为领导干部，当然首先要具备一定的能力，这是作为一个领导干部必备的基本素质。但相对于忠诚来说，忠诚胜于能力。**忠诚作为一种领导品质，是其他所有能力的统帅和核心**。然而，在现实生活以及工作中，忠诚经常被忽视，人们总是片面地强调能力。的确，具备超强的领导才能，可以为组织创造可观的经济效益和社会效益。但是，单纯强调能力的倾向是非常可怕的。在今天的社会里从事领导工作，如果没有忠诚于党、忠诚于人民、忠诚于事业的品质，即使才华横溢，能力出众，也会为一己私利而危害组织的整体利益，危害国家和人民的利益。只有忠诚与能力共有的人，才是国家和人民所需要的。一个领导干部如果缺乏了忠诚，其他所有能力，都将失去用武之地。领导干部的各种能力，必须依靠忠诚这个重要的官德品质来实现。只有忠诚于党，忠诚于祖国，忠诚于人民，领导干部才能更好地为党、为国家、为人民做贡献。

2. 把一生用心献给祖国

热爱祖国，须有爱国之志；奉献祖国，应有报国之行。

热爱祖国是中华民族的传统美德。我们伟大的祖国位于世界的东方，从北国银装素裹的群山，到海南岛多姿多彩的村落，960万平方公里神奇的土地，多么秀丽壮美、多么广袤辽阔。

从三皇五帝开天地，到建立中华人民共和国，中华民族生息在这块神奇的土地上，历经五千年沧桑而不萎缩，一直保持着民族大一统的生机勃勃。千条江河流向东海，那是中华之根的辐射。祖国是一部古老线装的二十四史，祖国是一面鲜艳壮丽的五星红旗。"江山如此多娇，引无数英雄竞折腰。"翻开祖国的历史，在国家风雨飘摇之际，总有无数的爱国志士、民族英雄，与祖国生死相依，为祖国奋斗献身，呈现好男儿的本色。因此，广大领导干部一定要有一颗强烈的爱国之心。

祖国万里锦绣，物华天宝，江山如画。为了壮丽江山，为了多娇社稷，为了这个血泪凝结的梦想，这一望穿秋水的情肠，有多少人一次次前赴后继去抗争，有多少人一次次血染旗凝去拼搏！这里有轩辕创造的精美文字，这里有比柏拉图早100年的圣贤学说，这里有千古传颂的"高山流水"，这里有勾践卧薪尝胆的动人心魄，这里有子产"苟利社稷，死生以之"的豪气壮歌，这里珍藏了屈原用忠诚铸就的《九歌》《离骚》，这里录入了诸葛亮赤壁之战的睿智，这里展现了铁木真跃马西征的英姿，这里回响着袁崇焕"策杖只因雪图耻、横戈原不为封位"的呐喊，这里曾遭遇帝国主义列强铁蹄的践踏，这里记载了林则徐抗英斗争"虎门销烟"的执着，这里闪烁着毛泽东的文韬武略，降龙伏虎有奇谋，建国功高昭日月。

祖国是大气磅礴的祖国，她用奋斗、创造谱写光辉的历史，她用坚韧、顽强铸就刚强的品格。祖国是无数英雄的履历，祖国是源远流长的史记，祖国是一篇篇写不尽、放不下的美文，祖国是一首首唱不完、忘不了的恋歌。

祖国是炎黄子孙魂牵梦绕的祖国，中华儿女与她心心相印、永不分割。沧桑岁月的轮回能够改变面容和生活，却无法改变母语和肤色。回首新中国走过的60多年峥嵘岁月，今日的中华正走向伟大复兴。中华儿女应该把满腔赤诚、全部精力乃至生命，献给最可爱的祖国。

> 对于一位领导干部来说，热爱祖国、忠于祖国绝不是空洞口号和道德标签，而是有着切实的内涵。爱国最本质、最主要的表现，就在于对社会进步的追求，对国家发展的贡献。

《忠经·报国章》说："报国之道有四：一曰贡贤，二曰献猷，三曰立功，四曰兴利。贤者国之干，猷者国之规，功者国之将，利者国之用。是皆报国之道，唯其能而行之。"**不爱自己祖国的人，是很不道德的；背叛祖国的人，是最大的缺德**。所以，领导干部的官德修养，一个核心要求就是必须对祖国无限忠诚，把爱国之心、爱国之志变为报国之行，夙兴夜寐地勤奋工作，在科学发展中奏出和谐的乐章。用自己的实际行动让伟大的祖国以更加强大的华彩丰姿，屹立于世界民族之林。

3. 苟利国家生死以，岂因祸福避趋之

领导干部应善思，思民之所忧；领导干部应常行，行民之所思。

"苟利国家生死以，岂因祸福避趋之"，这是民族英雄林则徐的一句名言。即只要对国家有利，即使牺牲自己生命也心甘情愿，绝不会因为自己可能受到祸害而躲开。用今天的官德标准来理解，这句名言也是每一个党的各级领导干部应有的品德与应尽的职责。

2008年初那场罕见的雨雪冰冻灾害还没有从我们的记忆中退去，5月12日四川汶川的强烈地震又突然发生。12日晚，时任中共中央总书记的胡锦涛同志主持召开中共中央政治局常务委员会会议，全面部署当前抗震救灾工作。时任国务院总理的温家宝代表党中央、国务院，在第一时间赶到四川灾区一线现场指挥抗震救灾工作。

12日16时40分，温家宝总理乘专机赴川。飞机起飞后，他就在专机上主持召开紧急会议部署工作。19时10分，温家宝一行抵达成都后随即乘车前往震中地区。20点，温总理赶到都江堰，在就地搭建的帐篷里开展工作。22点，微微细雨中，他前往都江堰市灾情严重的中医院和聚源镇中学察看灾情，慰问受灾群众。在聚源中学门前的广场上，他十分沉重地说："我给遗体三鞠躬。"23时45分，温总理回到指挥部，提出四项要求：第一，现在第一位的工作是抓紧救人；第二，不惜一切代价连夜打通道路；第三，从各地调医疗人员赶赴灾区；第四，要全力妥善安置好受灾群众。

13日上午7时，温家宝再次召开抗震救灾指挥部会议，强调务必在当天晚上0点以前打通通往震中灾区的道路。随后立即乘车来到都江堰市区街道，看望正在雨中避震的群众。13日中午，温家宝在德阳召开国务院抗震救灾指挥部临时会议。会后，温家宝即驱车赶往重灾区绵竹察看灾情，慰问群众，指挥抗震救灾工作。20点30分，温家宝在列车上召开国务院抗震救灾指挥部会议，强调当前抗震救灾的核心任务仍然是救人……

正如美国有线新闻网记者对温家宝所说："我知道，您（总理）的任务是世界上最艰巨，也是最庞杂的"。

对任何一位领导干部来说,"苟利国家生死以,岂因祸福避趋之"这句话都应该深深地牢记在心里,**并且身体力行**。只有这样,才能真正地做到尽职尽责,无愧于党的培养和人民的期望,对得起组织的信任。

二、政治坚定:一切听从党的指挥

党的各级领导干部,是在党的领导下服务社会、服务人民,保障社会经济健康发展,保障广大人民群众利益得到实现的执政者、领导干部和守卫者。因此,在具体履行领导职责的过程中,要坚决维护中国共产党的执政地位、维护党中央的集中统一的领导。一切听从党的指挥,严守政治纪律,和党中央保持一致,这是政治道德的规范,也是立场坚定的表现。领导干部必须坚定对马克思主义的信仰,做中国特色社会主义的组织者、推进者、建设者,始终做到对党忠诚、对党负责、为党分忧。

1. 坚定政治立场,与党中央保持高度一致

政治坚定,就要始终坚持党的领导;政治坚定,就要毫不动摇地坚持党的基本路线。

坚定政治立场,是我们党的阶级性的最基本特征,是由我们党的工人阶级先锋队性质决定的,是我们党团结统一的重要保证,也是我们党的一个优良传统。党在60多年的执政实践中已经证明,坚定政治立场,是中国社会主义各项事业发展进步的重要保证。党的各级领导干部一定要从战略全局和长远的角度来充分认识坚定政治立场的重大意义,准确把握政治立场的科学内涵,自觉坚定政治立场,永远坚定政治立场。

在新的历史时期,坚定政治立场,就是要在思想上、政治上、行动上自觉同党中央保持高度一致。每个领导干部都必须坚持党的基本路线不动摇,坚持新时期党的工作的指导方针不动摇,自觉维护中央的权威,保证中央政令畅通,扎扎实实地办好自己职责范围的事情。当前,坚定政治立

场，对党的领导干部来说，主要体现在以下两个方面。

（1）坚持党的领导不动摇

坚持党的领导，是领导干部必须恪守的政治立场和政治纪律。《中国共产党章程》中强调："中国共产党是中国工人阶级的先锋队，同时是中国人民和中华民族的先锋队，是中国特色社会主义事业的领导核心，代表中国先进生产力的发展要求，代表中国先进文化的前进方向，代表中国最广大人民的根本利益。"这就明确了共产党在国家建设中所处的地位和作用，明确了坚持党的领导的要求。党的领导主要包括政治领导、思想领导和组织领导。所谓政治领导，是指政治原则、政治方向、重大决策的领导和向国家政权机关推荐重要干部；所谓思想领导，是指用马克思列宁主义、毛泽东思想，用共产主义思想教育人民群众，提高人民群众的思想政治觉悟，引导人民群众按照无产阶级的世界观去认识世界和改造世界；所谓组织领导，主要是建立健全党的组织，培养、选拔、使用和监督领导干部，并通过党的组织和领导干部，保证党的路线、方针、政策的付诸实施。党的政治领导、思想领导和组织领导的统一，是保证我们国家顺利发展的根本保证。作为领导干部要站在时代的高度，从维护国家长治久安、维护人民根本利益的角度上，认清坚持党的领导的深远意义，并把这一根本原则贯彻到各项工作中去。

各级领导干部面对当前复杂的国际国内形势，要想保持清醒的头脑，必须毫不动摇地坚持党的领导，始终不渝地跟党走，不折不扣地执行党的路线方针和政策。**只有这样，才能始终保持坚定正确的政治方向，始终保持高度稳定和集中统一，更好地履行肩负的职责，保证现代化建设和改革开放的顺利进行。**

（2）坚持党的基本路线不动摇

党的基本路线，是指导党的全部工作的基本准则。它是根据我国的国内实际而制定的，是一切工作的根本出发点和依据，也是检验各项工作的最高标准。实践证明，这是一条马克思主义的正确路线，是中国共产党把马列主义基本原理同我国社会主义初级阶段的国情实际相结合而提出来的，是亿万人民在实践中得出的最宝贵的经验，代表了人民的根本利益。

在领导干部的实际工作中，坚定政治立场，和党中央保持高度一致，必须坚持党的基本路线不动摇。因为，偏离了党的基本路线就会在工作中背离党的路线方针政策，脱离人民群众，给党的事业带来损失。那么，如何坚持党的基本路线不动摇呢？

坚持党的基本路线不动摇，关键是坚持以经济建设为中心不动摇。这是由中国特定社会主义社会的根本任务所规定的。只有大力发展经济，才能改善人民的生活，才能始终得到人民的拥护；只有把经济搞上去了，我们在处理各种矛盾和问题时才能处于主动地位；只有发展经济，社会主义力量壮大了，才能充分显示社会主义的优越性。要完成这样一个任务，对于各级领导干部来说，就要提高自身的科学素质。我国当前正处在社会转型的关键时期，社会情况发生了复杂而深刻的变化。面对新形势，领导干部要更好地代表先进社会生产力的发展要求，就需要不断地学习新知识，不断地充实自己、丰富自己，敢于创新，善于创新。

> 领导干部要从对党的事业负责、对人民的根本利益负责的高度，不断进行改革和创新。把党和人民的任务要求落实到不断创新的领导实践中去。只有这样，才能适应时代的发展要求。

实践党的基本路线，身为领导干部要以对人民负责的态度，在领导工作中要特别关心那些在工作和生活上暂时遇到困难的群众，要把加快改革和发展的紧迫感同科学求实的精神很好地结合起来，充分考虑经济、社会各方面的有利条件和可能出现的困难，做到在政治和社会稳定中推进改革和发展，在改革和发展的推进中实现政治和社会的长期稳定。

坚持党的基本路线不动摇，必须正确处理改革、发展、稳定的关系。发展是硬道理。解决中国所有问题的关键要靠自己的发展。改革是发展的动力，是我们走向现代化的必由之路。稳定是发展和改革的基本前提，没有稳定什么事情也办不成。全党同志要倍加顾全大局，倍加珍视团结，倍加维护稳定。这是新形势下，党中央根据新的国际国内形势和新的任务对全党特别是领导干部提出的新要求。**各级领导干部要善于统观全局，精心谋划，从整体上把握改革、发展、稳定之间的内在关系，做到相互协调，**

相互促进。

坚持党的基本路线不动摇,必须把"一个中心、两个基本点"统一于建设中国特色社会主义的伟大实践,贯穿于现代化建设的全过程。总之,领导干部要在任何时候都不偏离基本路线,这要作为坚定的政治信念,在思想上毫不动摇;更要作为重大的政治原则,在工作中毫不含糊。要在实践中不断深化对基本路线深刻内涵和精神实质的理解,不断增强坚持基本路线的自觉性和坚定性。

> 坚定政治立场,与党中央保持高度一致,是每个领导干部都要具备的政治品质。每位领导干部都应将其落到实处,时时处处重实际,求实效,创造性地开展工作。

2. 严守政治纪律,政治方向上不糊涂

严守政治纪律,保持政治头脑的清醒,是对各级领导干部的第一要求。一个领导干部如果在政治上犯糊涂,工作上一定会出问题。何为政治上清醒,政治方向上不糊涂?对当代的领导干部来说,主要有这样几点要求。

(1) 要头脑清醒,是非分明,有坚定不移的政治信仰

中国共产党是中国的执政党,当代中国社会的领导干部群体,是党和各级政府的实际代言人,必须毫不动摇地坚信中国特色社会主义理论体系,旗帜鲜明地维护中国共产党的执政地位。坚决维护中国共产党的执政地位,坚决维护中国共产党对领导干部队伍建设的集中统一领导。

在意识形态领域斗争错综复杂、各种思潮观念相互激荡、价值取向和价值判断日趋多元的形势下,每个领导干部都要有很强的政治敏锐性和政治鉴别力。在思考问题时,应该具有政治和全局的视角;在处理问题时,要具有政治考量;在认识问题时,应该学会从政治上分析判断,对外交往要保持政治警觉性,确保在政治上不出任何问题。

（2）要严守政治纪律，树立大局观念

大局就是全局，就是国家的长远利益和人民的根本利益，在当前主要就是指我国全面建设小康社会和加快推进现代化的大局。倍加顾全大局，关键就是要正确对待改革中的利益调整。这就要求各级领导干部处理好个人利益与集体利益、局部利益与整体利益的关系，坚持个人、局部利益服从党和国家的整体利益和长远利益。

（3）保持政治坚定

不仅是我国，而且是世界上几乎所有成熟、文明的国家对政府官员的基本要求，并且是一条不能触碰的红线、天条。**不讲政治就会违规行政。而违背政治意志的官员就不适合继续工作。**

我国各级领导干部的政治坚定，首先就是在公开的言语表达上以及在行为上，不能有违反政治纪律的言语和行为。例如，要保证对执政党——中国共产党的忠诚，绝对不能有反对党的言行；在政治上要和党保持高度一致。要时刻提醒自己，管理自己，要知道在政治上不可逾越的界限在哪里，知道自己处于什么位置，依据历史经验行事，避免犯下那些低级而致命的错误。

其实，在我国现行的管理体制下，任何一名领导干部都存在着广阔的上升空间，都存在着不断提升晋级、承担更大责任、掌握更重的权力的可能性。要将这种可能变为现实，使自己有所作为可堪重用，有一点很清晰、很关键，那就是言行符合执政党——中国共产党的要求。

当一个人选择了做领导工作，也就选择了一种承担政治责任的人生。如果他们立志于为国家效命，为人民服务，并且经过层层筛选、竞争被选拔成为一名政府官员和领导干部，那么自己一定要清楚，必须保持坚定的政治立场，永远和党同心同德，否则就不适合做领导工作。

3. 听党指挥，党叫干啥就干啥

自觉听党指挥，才能坚定正确的方向；自觉听党指挥，才能保持旺盛的生机。

总结我们党90多年来的成功经验和优良革命传统，集中起来就是听党指挥，服务人民。听党指挥，是党和人民对全体党员特别是党的领导干部的最高政治要求，是领导工作中不可动摇的根本原则。

"听党指挥，党叫干啥就干啥"这句话，在强调个性化的今天，也许有人会觉得有点矫情，都什么年代了，还喊这样的口号。其实，对当今的领导干部来说，这句话同样适用，永不过时。作为一名领导干部，"听党指挥，党叫干啥就干啥"是最基本的要求。

听党指挥，是领导工作生命之所系、力量之所在，是领导干部的管理之本、政德之魂。正是由于广大领导干部高度自觉，听党指挥，党和政府的工作才始终保持了坚定正确的政治方向，始终保持了强大的凝聚力和号召力，始终保持了蓬勃旺盛的生机活力。

"听党指挥"，不是一句抽象的口号，而是有着很强的实践性。对这句话最朴素、最实在的理解就是"党叫干啥就干啥"。革命战争年代，听党指挥，就是党指到哪里，就打到哪里；和平时期，听党指挥，就是党派到哪里，就在哪里忠于职守，热情工作，随时准备为人民排忧解难。

身为领导干部，必须要服从党的领导，听从党的指挥。坚持党的领导，体现在社会主义建设的各个领域必须坚持党的领导地位。中国共产党是社会主义事业的领导核心，是实现社会主义现代化的根本保证。在市场经济改革开放的条件下，政府工作要坚持党的领导，政府官员也必须坚持党的领导。全国人民要团结，国家要长治久安、繁荣富强，关键在于党的领导。

"听党指挥，党叫干啥就干啥"，就是不讲条件，不提要求，不计较个人得失，把自己的一切都投入到为党的工作中去。要成为人民满意的领导干部，就要从担负领导工作的那天起，将"听党指挥"融化在自己的血液里，并毫不犹豫地落实到行动和工作中去。

> 作为一名领导干部，就应该像焦裕禄、孔繁森这些人民公仆一样，无条件地坚决听从党的指挥，党叫干啥就干啥，哪里需要就到哪里去，越是艰难越向前。

4. 像雷锋那样，一心向着党，向着社会主义

作为共产党人，最大的理想就是为党的事业而奋斗终生。一心向着党，向着社会主义，是领导干部的政治品质。雷锋同志的崇高理想和坚定信念体现了他一心向着党、一心向着社会主义的高贵品质。雷锋同志是今天的领导干部学习的楷模。

雷锋同志虽然只是一名普通共产党员，但他对共产主义的理想信念却坚如磐石。他在日记中写道："我就是长着一个心眼，一心向着党，向着社会主义，向着共产主义……革命需要我烧木炭，我就去做张思德；革命需要我去堵枪眼，我就去做黄继光。"今天读到这些话语，一个一心向党的可亲可敬的共产主义战士形象跃然纸上。在改革开放年代，中西文化激荡，价值观念多元，一些领导干部的理想信念发生了动摇，这是不应该的。我们应该看到，党领导中国人民建设中国特色社会主义事业取得的伟大成就，举世公认。投身于这样一个伟大事业，我们应感到自豪光荣。每一名领导干部，都应该像雷锋同志那样，满怀的坚定理想信念，为国家富强、人民富裕而奋斗。

雷锋精神中最光彩照人的部分，是关于对人生的正确认识，是无产阶级人生观和世界观的确立，是解决了"为谁活着、怎样做人"这个根本问题。他的人生观是"活着只有一个目的，就是做一个对人民有用的人"，"把有限的生命，投入到无限的为人民服务之中去"。他有着爱憎分明的政治立场，那就是"一个心眼，一心向着党，向着社会主义，向着共产主义"，"坚决听党的话，一辈子跟党走"。他具有奋不顾身的无产阶级斗志，把毕生精力和整个生命献给了伟大的社会主义事业。对党、对人民、对社会主义事业的热爱和对共产主义远大理想的追求，是雷锋人生观的集中体现。雷锋精神中人生观的先进性，反映了时代进步的要求，是带有鲜明社会主义时代特色的精神。这也是今天的时代对每个领导干部的政治要求。

> 雷锋精神以共产主义理想信念为核心和灵魂，既是对信仰特质的印证，同时也是对理想信念作用的揭示。一个国家，一个民族，一旦拥有雷锋那样对理想信念的坚守，便会产生一种巨大的力量。

雷锋是伟大的，同时他又很平凡。党叫干啥就干啥，而且一定要干好；干一行、爱一行、专一行，在不同的岗位上都能干出好成绩；全身心地为社会主义建设出力流汗，努力为共产主义大厦增砖添瓦，甘当一个无名英雄，愿做一颗永不生锈的螺丝钉；从点点滴滴的小事入手，为社会增加财富，甘当默默奉献的老黄牛。雷锋也曾反复地说，我们党和国家还处在困难时期，我们要体谅国家的难处，自觉为党分忧。他把对党和国家的忧患意识体现在自己的日常生活和工作学习中，继承和发扬了艰苦奋斗的延安精神。**人们正是从雷锋这些平凡的事迹中，体会到一种对事业的执着追求，感受到一种伟大的精神力量。**雷锋短暂的一生中，既没有硝烟弥漫下的英雄壮举，也没有剧烈的矛盾冲突撞击，他所遇到的，都是常人遇到的；他所做的，都是常人经过努力后可以做到的。今天，在领导干部为实现中国特色社会主义共同理想努力奋斗时，更加需要雷锋这种精神。

三、头脑清醒：坚定理想信念不动摇

坚定的理想信念，是共产党人的精神支柱和力量源泉，丧失了理想信念，就没有了政治信仰。党的各级领导干部政治上的清醒与坚定，归根结底是来自对共产主义的崇高信仰。邓小平同志指出，要把人民高兴不高兴、人民拥护不拥护、人民答应不答应、人民赞成不赞成作为衡量我们工作是非得失的根本标准之一。理想信念永远都是鼓舞我们奋发进取的精神号角。无论何时何地、何种情况，党的领导干部都必须有鲜明的共产主义理想信念和坚定的政治信仰。

1. 理想是强大的精神动力，理想信念大于天

理想信念，是一个民族走向强盛的精神动力，也是领导干部修德为政的精神支柱。

理想是指对未来的一种美好期望；信念是指对实现这种期望而具有的坚定不移的信心。理想信念是决定人的思想行动的最基本的因素，也是人的精神支柱和精神动力。不同的理想决定着每个人不同的人生追求和境界。理想信念也是一个国家走向富强的精神动力，是一个民族奋发向上的精神支柱。**一个缺乏理想信念的民族，必然会迷失前进的方向，丧失前进的动力。**

理想信念问题，实质上是一个用什么样的世界观观察和认识世界的问题。要坚定共产主义理想和中国特色社会主义信念，最重要的是要牢固树立马克思主义世界观。树立马克思主义的世界观，就要努力学习马克思主义，正确认识人类社会发展的客观规律，把对共产主义、社会主义的理想信仰建立在科学理解的基础上。要真正相信，人类最终要实现共产主义，明白中国现在必须走有中国特色的社会主义道路。

共产党人的理想信念，是建立在马克思主义揭示的人类社会发展规律的基础之上的，因而是科学的理想信念；中国特色社会主义，符合中国国情，符合全国各族人民的利益，因而是中国发展、走向富强的正确道路。

对于各级领导干部来讲，崇高的理想信念始终是保持自身先进性的精神动力。我们党在革命、建设和改革的伟大历史进程中，正是由于树立了伟大的理想、坚定了必胜的信念，并为之进行不懈努力和奋斗，才赢得了一个又一个胜利，获得一个又一个成功，推翻了反动统治，实现了民族独立、人民解放、建立新中国的宏伟理想。正如邓小平后来所说："我们过去几十年艰苦地奋斗，就是靠坚定的信念把人民团结起来，为人民自己的利益而奋斗。没有这样的信念就没有凝聚力。没有这样的信念，就没有一切。"在改革开放时期，以邓小平为代表的中国共产党人，以同样坚定的信念和顽强的意志，不畏艰难险阻，冲破重重迷雾和障碍，科学而有力地回答了"什么是社会主义"以及在中国这样一个基础薄弱的大国"如何建

设社会主义"的问题，形成了邓小平思想，并开辟了在这个思想指导下的建设中国特色社会主义的道路。以江泽民为核心的第三代党中央领导集体，坚定不移而又与时俱进地将中国特色社会主义事业继续推向前进，取得了举世瞩目的伟大成就。党的十六大以后，以胡锦涛为总书记的党中央，继续高举包括邓小平理论、"三个代表"重要思想、科学发展观在内的中国特色社会主义伟大旗帜，满怀豪情地不断开创中国特色社会主义事业新局面。

> 领导干部应把党在社会主义初级阶段的奋斗目标、国家的发展、民族的振兴与个人的幸福紧密联系在一起，把各个阶层、各个群体的共同愿望有机结合在一起，坚定信念，推动中国特色社会主义事业向前发展。

（1）坚定理想信念才能坚定正确的政治方向

当今世界，风云激荡；现代社会，纷繁复杂。西方敌对势力一直妄图对我国实行分化西化；我国正处于改革开放的关键时期，社会体制和机制正在急剧变革，没有远大的理想和坚定的信念，就难以分清是非、真假、美丑和好恶，就很容易丧失政治立场、迷失政治方向，缺失政治敏锐性和政治鉴别力，最终使党和人民蒙受损失。因此，领导干部只有在崇高的理想和坚定信念的引导下，不断加强对政治理论的学习，加深对党的基本理论、基本路线、基本纲领、基本经验和各项方针政策的理解和把握。**只有这样，才能始终保持政治上的清醒和坚定，从而既能经受胜利、荣誉等顺境的考验，更能经受挫折、失败等逆境的考验**，才能真正在历史潮流中面对考验而"岿然不动"，永立时代潮头而不败。

（2）坚定理想信念才能真正做到"为民""务实"

领导干部只有坚定理想信念，才能树立正确的权力观、地位观、利益观，增强使命感、责任感，摆正自己和人民群众的位置，正确处理集体利益和个人利益的关系，正确看待个人的荣辱得失，从而将为人民服务作为一种自动自发的行为，自觉发挥先锋模范作用，带头做好深化改革、扩大开放、促进发展、保持稳定的各项工作，带领人民群众为实现科学发展、构建社会主义和谐社会而努力奋斗。

领导干部只有坚定理想信念，才能自觉坚持实事求是和一切从实际出发的原则，真正做到说实话、办实事、求实效，避免形式主义、官僚主义，避免出现劳民伤财的形象工程、政绩工程。只有这样才能积极创新工作的办法和思路，不断开拓工作的新局面；也才能虚怀若谷，主动接受人民群众的监督和批评，并进行自我批评和反省，不断修正自己的言行，提高自己的服务水平和工作能力。

2. 坚定的政治信仰是检验领导干部的试金石

信仰产生力量，信仰保证方向。政治信仰是领导干部践行为人民服务意识的根本宗旨。

当今时代，在体制转轨、社会转型、思想多样、利益多元、矛盾多发的时候，身为党的各级领导干部不能不谈信仰；在中国共产党历经90多年历练后，在加强新时期党的各级领导干部官德修养成为趋势时，更是不能不谈信仰。而谈信仰首先要谈的就是领导干部的政治信仰。

信仰具有神奇的力量。信仰是人类对崇高价值目标的敬仰和追求，关乎一个人的精神境界，关乎一个政党的目标指向，关乎一个民族的兴衰存亡。不同的信仰，反映的是不同的世界观，体现的是观察事物的不同的方法论。中国共产党正是由于选择了马克思主义的政治信仰，才领导中国人民实现了民族独立和人民解放，开辟了改革开放与社会主义经济建设的新时代，使中华民族巍然屹立在世界东方。

领导干部对马克思主义的政治信仰，指的就是对共产主义学说和理论的信服和敬仰。作为领导干部，应该发自内心地信服，理直气壮地敬仰共产主义学说和理论。共产主义学说不是脱离实际的乌托邦，而是经过长期革命实践检验的科学真理，是中国共产党的行动指南。因此，作为党的领导干部，必须坚定对马克思主义的信仰，做中国特色社会主义事业的推进者、建设者，对党忠诚，对党负责，为党分忧。

信仰是暗夜里的灯，是催人奋进的鼓。90多年前，我们的革命先辈之所以不惜抛弃富贵、毁家纾难,甚至不惜抛头颅洒热血,率领万千民众托起即将沉沦的中华大地,就是因为他们坚信党的事业是正义的事业,必有胜利的一天;也许他们自己没有看到这一天,但他们都怀着必胜的信念为这一天奋斗。有了如此坚定的信仰,他们在那艰难困苦的岁月中才充满了智慧、充满了勇气,才会绝处逢生、创造奇迹。诞生在那艘红船上的中国共产党,今天已经发展到拥有近8000万名党员的巨大规模,她的光辉历程反复证明:坚定的马克思主义信仰,是战胜一切艰难困苦,取得革命建设和改革胜利的根本保证。

时代变了,观念变了,但共产党人的信仰没有变也不能变。对于每一位党的领导干部来说,坚定政治信仰是最重要的党性修养。

> 领导干部只有坚定政治信仰,才能实践好全心全意为人民服务的根本宗旨,才能在喧嚣纷杂中站稳脚跟不迷失方向,才能以高尚的为政之德领导广大人民群众,同心同德地为实现党的战略目标而努力奋斗。

政治信仰的坚定源于政治理论上的清醒。科学的信仰不可能来自朴素感情或自发意识,而是建立在对社会发展客观规律深刻认识的基础之上。有了理论上的清醒认识,才能拥有正确的世界观和方法论。政治信仰的坚定决定着领导干部为政实践的自觉性。今天,政治信仰的坚定性、高度的政治自觉仍是领导干部必备的品质。

因此,信仰之灯需常擦拭,信仰问题当常自省。只有这样才能使党性更纯洁、心灵更明净;只有这样,我们才可以问心无愧地说"我的整个生命和全部精力,都献给了世界上最壮丽的事业——为人类的解放而斗争"。

3. 党员干部应具有坚定的共产主义信念

共产主义的理想信念,是建立在马克思主义揭示的人类社会发展客观规律基础之上的,是共产党人最崇高的追求和强大的精神支柱,也是我们党的政治优势。每个党员干部都必须坚定正确的理想信念,积极投身到建设中国特色社会主义的伟大实践中去，为实现共产主义远大理想奋斗终生。

中国共产党从成立一开始，就科学地把握人类社会的发展规律，把实现共产主义作为最终奋斗目标。无论何时，实现共产主义的崇高的理想信念都是共产党人的立身之本，是每一名领导干部保持先进性的强大精神动力。有了这一理想信念，领导干部才会有崇高的思想境界和道德情操、明确的奋斗目标，才能保持旺盛的革命意志和献身精神，才能自觉地为党和人民的事业不断奋斗。

在革命战争年代，无数革命先烈之所以冲锋陷阵、赴汤蹈火在所不辞，社会主义建设和改革开放中，焦裕禄、孔繁森、任长霞、蒋筑英、李素芝、牛玉儒等一大批好党员、好干部之所以能为党和人民的事业鞠躬尽瘁，说到底就是因为有崇高的理想和坚定的信念在激励着他们。而与之相对应的是有些党员、干部理想信念不坚定或经不起权力、金钱、美色等诱惑，有的在革命中途就陷入犯罪的泥淖。胡锦涛同志曾说过：**"理想的动摇，是最危险的动摇；信念的滑坡，是最致命的滑坡。"** 而无数事实也证明了这一点。无论是过去、现在或将来，坚定的共产主义理想信念都是共产党人保持先进性的精神动力。当前，在改革开放和市场经济条件下，每个领导干部都面临着能否坚定理想信念的现实考验。

坚定的共产主义信念，是领导干部必备的政治素质和从政之德的首要内容。在革命战争年代，打倒反动派，建立新中国，就是革命者的信念。在社会主义建设时期，加速社会主义建设步伐，也是革命者信念坚定的表现。在新的时期，领导干部处在更为复杂的大变革环境之中，肩负着现代化建设的重任。因此，领导干部必须要有坚定的信念。在一个人的人生事业中，信念往往具有关键性的作用。有了远大的理想、坚定的信念，就会有明确的生活目标，就会产生一往无前的勇气和力量。目标越远大，意志越坚定，发自内心的驱动力就会越强，就会为实现远大的目标而奋斗不息。我们的信念是要建设一个强大的社会主义国家，最终实现共产主义。为实现这个宏伟目标，我们已经进行了几十年的艰苦卓绝的斗争，今后的路还很长，也会遇到艰难险阻。但只要我们具有坚韧不拔的意志、不怕挫折的精神，不管命运把自己置于何种时间或空间，我们都会自强不息，奋发向前。**作为领导干部，如稍遇不快或受点挫折就垂头丧气，甚至愤世厌生，那就很难说他是个好干部。**

> 坚定共产主义信念，在今天还具体表现为坚持四项基本原则。只有坚持四项基本原则，才能抵制西方资本主义思潮的侵蚀，才能使我们的事业始终朝着马克思主义、社会主义的方向前进！

4. 在新的挑战与考验中立场坚定

领导干部只有立场坚定，才能任凭风浪起，方向不偏离，才能泰山崩于前，我自岿然不动。

在新形势下，讲理想、讲政治、立场坚定，不仅是党的思想政治建设的基本内容，是共产党人党性的精髓、党和队伍先进的内在灵魂，也是各级领导干部迎接新挑战、接受新考验的政治保证和官德修养的内容。这是由中国共产党的政治品格、优良传统与工作作风所决定的。如果我们党的领导干部在形势变化与时代发展中动摇了立场，丢掉了理想，就等于丢掉了党性的本色，就等于失去了灵魂，就必然出现思想退化、道德腐化的现象，成为历史的罪人。

(1) 坚信党的领导的正确性

辛亥革命前夕，中国党派多达100多个。为了救中国，人们从西方引进各种各样的思想和主义，但都没有成功。历史最终证明，只有马克思主义才能解决中国的问题。中国人民选择了我们党，选择了马克思主义。中国共产党把完成民族复兴的历史使命与实现马克思主义崇高理想这两重任务紧密结合起来，无私地为之奋斗、奉献、牺牲。最终领导中国人民推翻了帝国主义、封建主义、官僚资本主义三座大山，才使灾难深重的旧中国"雄鸡一唱天下白"，获得了光明。历史证明：**唯有共产党才能解决中国的命运问题。没有共产党就没有新中国，这是颠扑不破的真理。**

(2) 坚信中国特色社会主义道路的正确性

我们要永远铭记，新民主主义革命的胜利，社会主义基本制度的建立，为当代中国的一切发展进步奠定了根本政治前提和制度基础。党的十一届三中全会以后，我们党毅然决然地打开了对外开放大门，党的面貌、国家的面貌、人民的面貌发生了深刻的变化。社会主义在中国取得的巨大成功，打破了西方国家长期宣扬的"不推行西方模式就难以强国富民"的神话。历史与实践证明，只有中国特色社会主义才是符合中国国情、引领中国发展进步的唯一正确选择。

经过30多年的发展，我国粮食、钢材、水泥等主要产品产量已经居世界首位，经济总量跃居世界第二位，进出口总额居世界第二位，外汇储备居世界第一位，人民生活从温饱不足发展到总体小康，国家软实力有了很大提高，综合国力显著增强，中国人民已经从物质文化生活中切身感受到中国特色社会主义不断发展带来的好处。

（3）坚信我们党有力量克服腐败现象

腐败是一种历史现象。腐败不是现在才有，过去有，以后还会有，不只中国有，西方国家也有，世界任何国家都存在；不只一党执政有，两党制、多党制国家都存在。面对屡禁不绝的腐败现象，我们要正确分析腐败产生的原因及后果，坚持看主流、看全局。对腐败问题应该有比较全面的认识。

①必须充分肯定我们党的干部队伍的主流是好的。改革开放以来，我们干部队伍涌现出一大批如孔繁森、郑培民、仟长霞、周国知、吴天祥等各条战线的英模人物。正是一大批这样优秀的领导干部带领着广大群众努力奋斗，国家才取得世人瞩目的伟大成就。腐败分子毕竟是极少数，我们不能以偏概全、以支流否定主流。现在一些别有用心的人，抓住个案问题，借题发挥，哗众取宠，严重污染了一些群众的思想观念；一些媒体为追求轰动效应，热衷于披露一些大案要案所谓的内部消息，甚至夸大事实进行报道，对这种做法我们必须保持警惕。

②要相信我们党有力量克服腐败现象。从根本上讲，共产党和社会主义制度与腐败现象是不相容的。随着党和国家各项法规制度的完善，随着各方面监管作用的发挥，腐败现象滋生和蔓延的空间将会越来越小，腐败分子将越来越难以立足。近几年来，中央重拳出击，相继查处了一大批腐败大案要案，充分体现了我们党惩治腐败的坚定决心。这样的惩治力度是

其他国家、其他执政党所没有的。人民群众对我们党反腐败斗争的满意度也在不断提高。**我们要坚定信心，在党中央和各级政府的领导下，腐败现象必将得到有力遏制。**

官德修养——领导者的人格提升与完善

　　理想需要坚守，这是一种长久的坚持，是一种对内心精神的守护。新时期新形势，如何始终保持加强立场不动摇、加强为政之德的自觉修养、自觉抵御不良思潮的冲击，成为每个领导干部都要面对的问题，也是对每个领导干部道德修养与党性原则的纯度检验。坚守还是放弃，每个领导干部必须用行动认真回答。面对各种挑战与考验，各级领导干部必须要始终保持政治上的清醒、立场上的坚定、信念上的坚守，为了党和人民的利益始终清醒地前行。

第四章
服务人民，一心一意为民谋利益

尊重人民、热爱人民、服务人民是我们党的优良传统，是领导干部官德修养的本质所在。领导干部的高度责任感，来自于时刻不忘党的宗旨，立党为公，执政为民的政治觉悟；来自于人民的利益高于一切，时刻把人民群众安危冷暖放在心中的深厚感情。爱人民是领导干部应有的思想境界和自觉行动。爱人民就要密切联系群众，一刻不脱离群众；爱人民就要尊重群众，关心群众，服务群众，永远把人民群众的利益放在第一位。面对新时期的考验，领导干部只有始终把人民利益放在首位，秉公用权、取信于民，才能在各种物欲和诱惑面前把握住自己，才不会脱离群众，才能使自己成为一个克己奉公、品德高尚、有益于人民、被群众拥护的领导干部。

一、始终牢记领导干部是人民的公仆

人民是国家的主人，是建设中国特色社会主义伟大事业的根本力量。人民公仆，是广大人民群众对领导干部的一个通俗称谓，也是对他们的要求。领导干部必须时刻牢记人民公仆的责任和义务，忠于职守，勤政为民，全心全意为人民服务，不得以权谋私、腐败堕落。这是领导干部的根本和宗旨，更是对领导干部的根本要求。

1. "人民公仆"必须廉洁奉公，勤政为民

勤政为民，廉洁奉公，这是领导干部必须遵循的行为规范，是当好人民公仆的先决条件。忠实地履行人民公仆职责的领导干部，最受群众的欢迎，也最能凝聚民心。

勤有多重含义：勤快、勤勉、勤恳、勤俭。勤政在今天讲，就是要提高工作效能，要以最小的人力、物力投入取得最大、最好的工作效果。勤政为民强调要全心全意地为人民服务。

作为党政各级领导干部，首先要有为国为民的忠诚意识，要有公正执政的高尚精神，要有廉洁奉公的优秀品质，但这一切最后都要通过勤政为民体现出来，都要以勤政为民为归宿。

从古至今，廉洁都是为官者的起码要求。不贪、清廉是对为官者的起码要求。廉洁还未必都是为了"奉公"和"为民"的。廉洁既是道德规范，也是法律规范，不廉洁要受到法律的制裁，所以领导干部为了洁身自保，不得不廉洁的人也为数不少。勤政为民在道德层次上与廉洁有一定的区别，勤政为民很难依赖法律来规范。我们在对道德义务与法律义务进行仔细的区分之后就会发现，法律义务是由社会共同体带来的一种外在的强制力，道德义务则是一种内在的强制力，它的权威源于每个自律者自己。**勤政为民更需要依赖党的各级领导干部的良知，一种内在的强制力。它更**

具有道德义务的特点。

廉洁从政是各级领导干部的政治本色。领导干部所掌握的权力是用来为人民谋利益的，绝不是攫取私利的工具。这是对领导干部的纪律要求，也是领导干部政治道德的体现。实现好、维护好、发展好人民的根本利益，要求每个领导干部要牢记"两个务必"，提高思想境界，经得起权力、金钱、美色的考验，耐得住清苦寂寞，做到廉洁奉公、从政为民。

要做到勤政为民，领导干部就必须确立"全心全意为人民服务""做人民的公仆"的人生观和价值观。不求有功但求无过的"洁身自保"者，是不可能做到"全心全意为人民服务"的。朱镕基在当选为国务院总理时发表的演说，之所以打动了亿万关心中国改革进程的人们的心，是因为他对全国人民的庄严承诺，为中国人民的改革事业"鞠躬尽瘁，死而后已"。

改革是伟大的事业，改革者的前面确有"地雷阵"，有"万丈深渊"，特别是在党风政风问题比较多的今天，大刀阔斧地进行行政机构改革，通过改变政府职能提高行政效率，清理混事的干部，辞退"七大姑八大姨"，确实要冒较大风险，也许会"出师未捷身先死"。只想"洁身自保"的为官者，是无法成就改革大业的。

> "勤政为民"是全心全意为人民服务的实践形态。全心全意为人民服务，充分体现了每个领导干部都是以人民利益为根本宗旨的，这是与以往任何时代、任何阶级的官吏从政道德的本质区别所在。

甘当人民公仆，全心全意为人民服务，是各级领导干部的职责和宗旨，是我国党和政府干部与人民群众客观关系的集中反映。从行政地位看，是官高民低；从历史地位看，是官小民大；从彼此关系上看，民是主，官是仆。人民的好干部，应当具有爱民的道德热情，为民的道德意志，要把自己定位在勤勤恳恳为人民服务的公仆上。

中国社会主义建设发展的不同时期，涌现出许许多多人民好公仆的光辉典范和杰出代表：周恩来、焦裕禄、孔繁森、任长霞、郑培民、牛玉儒等等。他们以自己勤政为民的突出事迹感动了中国，也得到了人民群众最

第四章 服务人民，一心一意为民谋利益

真挚的热爱。可见，**唯有心里永远装着人民、一生为人民奉献的领导干部，才是真正勤政为民的好领导，才是广大群众真心爱戴和拥护的好干部。**

2. 时刻牢记权力来自于民，理应服务于民

权力是一把双刃剑，用得好可以为国家和人民做出大贡献；用得不好，也会害人、害己、害国家。一些领导干部之所以走上违法犯罪道路，根本原因就是对自己手中的权力是从哪里来的、应该为谁所用这个重要问题没有想清楚，手中有了权力就忘乎所以、以权谋私、为所欲为，最终落得个身败名裂的下场。领导干部手中都掌有一定权力，面临的诱惑会比其他人更多，要经受住考验，关键是要常问手中权力来自哪里，把权力应该为谁服务的问题想清楚，才能正确对待手中的权力，防止权力变质。

我国是社会主义国家，人民是国家的主人，中国共产党的执政地位，社会主义国家的一切权力，都是来自于人民。领导干部手中的权力说到底都是人民赋予的，必须始终用来为国家为人民谋利益。**领导干部不论从事什么工作，担任何种职务，都是人民群众中的一员，是代表人民群众行使权力的**。如果把权力当作为个人、家庭和小集团牟取利益的手段，就必然导致私欲膨胀，那是很危险的。想要解决好权力来自哪里的问题，最根本的是要加强学习和党性锻炼，自觉地用中国特色社会主义理论体系武装头脑，认真改造主观世界，牢固树立正确的世界观、人生观和价值观。只有具备这样的思想根基，才能正确地对待和使用权力，自觉地为民尽责、为党分忧、为国竭力。

> 每个领导干部手中都有一定的权力，这些权力是人民赋予的。领导干部能否用自己手中的权力真正地为民谋利而不是牟取私利，是检验领导干部德行与能力的根本标准。

在现实生活中，也有一小部分官员把人民赋予的权力当作为自己牟取私利的工具，当作捞取个人好处的资本。一朝权在手，便把私利谋。他们

用权力换取财物，用权力换取美色，用权力换取更大的权力，大搞权钱交易、权物交易、权色交易、权权交易。更有一些行政官员利欲熏心，处处想着如何得到更多的好处和实惠，对人民的重托、人民的利益漠不关心，责任感、义务感和服务观念逐渐淡化，直到完全消失。当他们感觉工作对自己没有好处的时候，他们就会消极怠工、玩忽职守、互相推诿、不负责任；该处理的事情，他们不及时处理；群众上访、办事，门难进、人难见、话难听、脸难看；他们甚至故意设置障碍，设置关卡，企图以此谋取非法个人利益。虽然这些人一时得逞，满足了自己利欲熏心的"邪望"，但最终吃亏的还是自己。我们党的领导干部队伍中决不容许这些堕落分子的存在。

作为领导干部，切忌把权力作为自己牟取私利的工具。权力来源于人民，因此，权力的使用就要为人民服务。

早在1871年，马克思在总结巴黎公社经验时就深刻地指出："旧政府权力的纯粹压迫机关应该铲除，而旧政府权力的合理职能应该从妄图凌驾于社会之上的权力那里夺取过来，交给社会的负责的公仆。"经过普选产生的公职人员"应当为组织在公社里的人民服务"。

毛泽东同志把马克思主义的基本原理与中国的具体实际相结合，把全心全意为人民服务确定为党的宗旨。他说："全心全意地为人民服务，一刻也不脱离群众；一切从人民的利益出发，而不是从个人或小集团的利益出发；向人民负责和向党的领导机关负责的一致性；这些就是我们的出发点。"

邓小平同志继承和发展了毛泽东思想，做出了"领导就是服务"的论断，鲜明地提出了"人民利益标准"，并把它具体化为"人民拥护不拥护""人民高兴不高兴""人民赞成不赞成""人民答应不答应"。

从马克思的"公仆观"到毛泽东的"宗旨观"，再到邓小平的"服务观"，"为人民服务"的宗旨贯穿始终。老一辈无产阶级革命家，以及社会主义时期涌现出来的一大批优秀领导干部，都能够全心全意为人民服务。他们为了人民的利益、国家的富强，艰苦奋斗、鞠躬尽瘁、死而后已。做党的好干部就应当向这样的人去学习，成为一个百姓真心拥护的"好官"，就应当做这样的人。而那些以权谋私，利用职权骑在人民头上作威作福的人迟早注定会被钉在历史的耻辱柱上，被人民所唾弃。

3. 强化服务意识，带着感情真诚地为人民服务

领导干部"为人民服务"的意识，今天已经体现为尽可能地满足公众的需要、方便公众办事的服务意识。领导干部要强化这种服务意识，并把其真正落实到领导工作的具体行动中去。

现代领导干部，尤其是政府官员都有双重职能——管理与服务。在不同的领导活动中，或者在领导活动的不同阶段中，其管理职能和服务职能会有所侧重。有的时候要强调管理，而管理就要施加一定的控制、限制；有的时候要强调服务，服务就是尽可能满足人民群众的某些切实的需要，为满足他们的需要提供种种方便。**服务和管理是两种不同的职能，但都是人民公仆为人民服务的内容，所以为人民服务的这个"服务"是包括政府管理活动在内的广义的服务。**这里强调的服务意识是区别于管理意识的服务意识。

现在有些党政领导干部，普遍存在一种重管理、轻服务的倾向。这与计划经济时代所形成的更偏重于控制、管理的思维定式有关。那个时候的权力行政是一种统治——管理行政，而不像现在这样更是一种服务——管理行政。重控制、管理的思维定式就使得一些行政部门和行政官员对政府管理职能比较偏重。从字源学的意义上理解，官和管曾经是同义词，官是管人管事的人，很多人理解做官就是要管理人和管理事，对管理职能的偏重甚至还会对其进行夸张。如果把政府和公众关系，领导干部及其行政官员与公众的关系只理解为管理者与被管理者的关系，那么在行政活动中，公众被"管"住、"治"住的时候势必比较多。例如在行政审批中，强调部门权益多，强调把"关"多，把政府行政理解为控制、限制，而要做到控制、限制就要设置障碍，设置"门槛"，人民群众反映有的地方政府部门的"门槛"太高不是没有道理的。因为轻服务，与民方便的举措就少，百姓与官员打交道只能是"门难进、脸难看、话难听、事难办"。这种认识上的偏差必然会带来行动上的偏差，缺少为人民服务的观念，就必然会缺少为公众服务的举措和行动，甚至有的行政官员是自己怎么方便就怎么

办,这势必导致"怎么不方便人民群众就怎么办"情况的存在。

同时,因为"门槛"多,障碍多,人民群众为了越过这些"门槛"和障碍,就要花费"买路钱",要请客送礼,请行政官员高抬贵手,于是腐败之风又得以盛行。所以党政领导干部要做到勤政为民,就必须认识到当代政府的职能已从统治—管理职能向服务—管理职能转化,**就必须强化和突出政府行政部门和行政官员的服务意识,必须把为人民服务的宗旨真真正正地落到实处,为人民多办实事,办好实事。**

领导干部只有对人民群众怀抱一腔真情,对人民群众的冷暖疾苦感同身受,才能保持和人民群众的血肉联系。然而,现实生活中,却有一些领导干部对人民群众缺乏感情,对群众的安危冷暖漠不关心。他们忘记了自己是人民的公仆,忘记了人民是衣食父母,忘记了"水可载舟,亦可覆舟"的古训,背离了全心全意为人民服务的根本宗旨,破坏了党和人民群众的血肉联系,这种现象值得高度警惕。

对人民群众有感情,关键要有一颗爱民之心。它必须是发自肺腑的真诚,而不是装模作样地作秀;必须是带领群众的先锋,而不是颐指气使的"人师";必须是脚踏实地地实践,而不是好大喜功地夸耀;必须是唇齿相依地关爱,而不是麻木不仁的冷漠。

对人民群众有感情,关键是要关心群众的疾苦。要把群众当成衣食父母和兄弟姐妹。体恤他们的困难,感受他们的情绪,关心他们的疾苦,倾听他们的呼声。当前,还有许多群众在生活上存在着这样或那样的困难,领导干部有责任关心他们,知民之所想,察民之所虑,帮民之所需;有责任做群众的代言人,说实话、办实事、求实效,反映群众的意愿。只有这样,才能让群众感觉有信心、有担当、有依靠,才能得到人民群众真心实意的拥护。

> 对人民群众有感情,是一种责任,更是一种境界。它不是恻隐之心而是政治责任,不是权宜之计而是根本要求。只有始终不渝保持着为人民服务的情怀,才能更好地带领群众共克时艰、共谋发展。

第四章 服务人民,一心一意为民谋利益

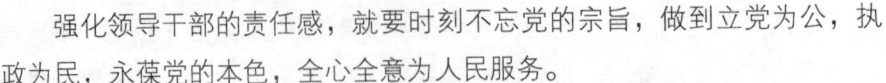

4. 强化责任感，做个负责的人民公仆

强化领导干部的责任感，就要时刻不忘党的宗旨，做到立党为公，执政为民，永葆党的本色，全心全意为人民服务。

领导干部如果没有一心为民的高度责任感，就没有为民服务的工作自觉性。领导干部的权威来自于对人民群众的深厚感情，来自于勤政为民的责任感，来自于尊重人民群众，热爱人民群众，自觉为人民服务谋利益的道德修养。

领导干部的责任感来自对人民群众的尊重和感情。领导干部只有尊重人民群众，热爱人民群众，才会自觉产生对他们的责任感。

在革命战争的年代，作为共产党的领导干部尊重人民、热爱人民，那是比较自然的，因为所形成的那种患难与共、荣辱与共、生死与共的党民关系和干群关系都很容易产生这种道德感情。凭着这种纯真的感情，党的领导干部把为人民服务作为终生不渝的追求，他们总是在人民群众最困难、最需要的时刻出现在人民群众面前，因此最终取得了建立新中国的胜利。

然而，今天的一些手握权力的领导干部，却开始自觉或者不自觉地疏远人民群众，淡漠了与人民群众的感情。有的人不但不亲近人民群众，而且害怕人民群众，怕与人民群众联系多了，群众会给他们找麻烦。在他们心目中，多做点为人民服务的事是在找麻烦，他们躲人的同时也躲事。有的领导干部有时候也下基层，但是西装革履，一尘不染，这样的装束是没法进入人民群众辛勤劳作的场所的。更何况他们下基层又往往前呼后拥，使人民群众不能靠前也不敢靠前。这样的领导干部，由于缺乏对人民群众的深厚感情，就不可能有对人民群众的尊重，对人民群众的责任感也就很难产生，全心全意为人民服务的宗旨就很难落实。

领导干部的责任感是履行道德义务的强烈感情，体现了领导干部对道德准则、社会理想的态度，是对道德规律认识和尊重交互作用的结果，是道德规律通过尊重等情感活动内化为领导干部的强烈内心要求的活动过程。**有了责任感，领导干部就会有勤政为民的动力。**

> 领导干部，强化责任感需要认真地了解百姓的疾苦，关注人民的呼声，解决群众的实际问题，千方百计地帮助广大民众克服困难，只要条件允许，力求让尽可能多的人民群众受益，让尽可能多的人民群众满意。

社会在不断进步，人民群众对领导干部要求也会随着社会的进步不断提高。从现状看，责任感淡漠是领导干部中普遍存在的问题。要实现勤政为民必须重视解决这个问题。

当然，任何一位领导干部都不会事事正确，时时正确。当领导工作出现了人民不满意的问题，甚至出现了严重失误时，有责任感的领导干部不会把责任推给别人；或是假借种种托词，来替自己找借口。富有责任意识的领导认为，像这种不负责任的态度，是一种最要不得的行为。如果发现问题，往往是自己控制不当所造成的。所以富有责任意识的领导，一旦面临问题时，都会挺身而出，扭转局势。如此就不至因为彼此的推脱，而使事态严重。

由此可见，领导干部没有对人民群众的社会历史价值的确认，缺乏对人民群众的深厚感情，就不可能有对人民群众的尊重，对人民群众的责任感也就很难产生，全心全意为人民服务的宗旨就很难落实。

责任感是履行道德义务的强烈感情，体现了人对道德准则、社会理想的态度，是对道德规律认识和尊重交互作用的结果，是道德规律通过尊重等情感活动内化为领导干部的强烈内心要求的活动过程。**有了责任感，领导干部就会有勤政为民的动力。**

领导干部，需要认真地了解百姓的疾苦，关注人民的呼声，解决群众的实际问题，千方百计地帮助广大民众克服困难，只要条件允许，力求让尽可能多的人民群众受益，让尽可能多的人民群众满意。

社会在不断进步，人民群众对政府部门和领导官员的要求也会随着社会的进步不断提高。从现状看，责任感淡漠是领导干部中普遍存在的问题。要实现勤政为民必须重视解决这个问题。

不能负责，就不配当一个领导干部。做领导干部不能只向群众大声吼："我是你们的领导。"行动比言语更为有效。人民群众能够从领导干部的实际行动中,看出你是否真正在为人民负责,为党的事业负责。

二、权为民所用,为百姓谋取最大利益

时时刻刻把人民利益放在心上,实实在在地为百姓谋取最大利益,是所有领导工作的立足点、出发点和落脚点。在带领群众建设小康社会的过程中,领导干部要做到唤起民众,凝聚民心,就必须要遵循权为民所用,利为民所谋的原则。作为领导干部,除了代表和谋求最广大人民的根本利益之外,自己没有任何特殊的利益。实实在在为人民办实事,是一个合格的领导干部应有的品质。

1. 密切联系群众,始终维护群众的权益

身为党政领导干部,贯彻为人民服务的根本宗旨,就要从群众中来,到群众中去,时刻关心群众疾苦,倾听群众呼声,维护群众利益;始终为人民掌好权、用好权,始终与人民心连心,始终为人民做实事、做好事。

密切联系群众、依靠群众力量,这是中国革命和建设的胜利之本,成功之路。这是以毛泽东为代表的中国共产党人在长期的革命斗争实践中逐步形成的。毛泽东在1945年党的七大作的《论联合政府》的报告中指出:"我们共产党人区别于其他任何政党的又一个显著的标志,就是和最广大的人民群众取得密切的联系。"毛泽东常常把中国共产党与人民群众的关系比做鱼与水的关系。鱼离不开水,鱼没有水是无法生存和发展的。**是密切联系群众,还是脱离群众,这是直接关系到党的生死存亡的一个严重问题。**

领导干部要真正做到维护群众权益,做到权为民所用、情为民所系、利为民所谋,就必须从以下三个方面去努力约束自己。

(1) 树立群众观念

党政领导干部要牢固树立最广大群众的利益高于一切、群众的根本利

益不可侵犯的思想。"群众利益无小事","凡是涉及群众的切身利益和实际困难的事,再小也要竭尽全力去办","权为民所用、情为民所系、利为民所谋",这些朴实无华的话语,蕴含着丰富而深刻的哲理。我们每一个领导干部都要以无限的忠诚和热爱对待人民群众,不论什么时候,都要把"群众利益无小事"这句质朴的警语作为座右铭,抛弃"当官做老爷"、把自己看作群众的主人、摆架子耍威风的官僚主义作风。领导干部要始终贯彻执政为民的理念,牢记自己是为人民服务的公仆,"官"是为人民服务的岗位,"权"是为人民服务的职责,强化群众观点,实事求是地为人民排忧解难。

> 党和国家的一切工作都要以最广大人民群众的根本利益为最高标准,要把最大多数群众是否赞成、是否受益作为想问题、作决策、办事情的根本依据。

(2) 要落实到行动上

实现好、维护好、发展好最广大人民的根本利益,关心群众、代表群众利益,绝不是空洞的口号,必须十分具体地落实到解决群众生产和生活的实际问题上。领导干部只有切实关心和解决群众的生产和生活问题,群众才会真正拥护我们。要时刻把人民群众的安危冷暖放在心上,身怀爱民之心,恪守为民之责,善谋富民之政,多办利民之事,倾听群众呼声,关心群众疾苦,为群众办实事、办好事。要从群众最关心、最迫切需要解决的实际问题入手,切实帮助群众解决实际困难,决不能漠然置之。关心群众,特别要关心困难群众的疾苦;为最广大人民谋利益,特别是要为困难群众谋好利益。要特别关心那些在工作和生活中暂时遇到困难的群众,把他们的事情摆上重要议事日程,重点考虑,重点解决,使他们的基本生活得到保障,切实感受到社会主义社会的温暖。越是困难的地方,越是矛盾集中的地方,我们领导干部越是要经常到那里去。能不能富有成效地帮助群众排忧解难,是衡量群众观点强不强、工作实不实,实践"三个代表"重要思想好不好的重要试金石。

（3）要改进工作方法

首先，要走下去。要改变机关作风，走下高楼，走出机关，深入基层，深入群众，尤其要经常到艰苦的地方去，到困难的地方去，到问题较多的地方去，送情送暖，解忧解愁，忧民之忧，乐民之乐，急民所急。

其次，要请上来。广开言路，让群众与领导直接对话。让群众把自己关心的问题、需要解决的困难，当面提出来。

领导干部要当好人民的公仆，为人民所满意，必须走群众路线，这是一个根本问题。当好人民群众的学生，以人民群众的根本利益作为衡量自己一切言行的最高尺度。

要建立领导干部联系群众、蹲点跑面、调查研究制度，只有这样才能了解群众呼声，关心群众冷暖，诚心诚意地体察民情，了解民意，掌握群众的思想脉搏。

对于我们每个领导干部来说，一定要牢固树立群众观念。我们最神圣的职责是保持党和人民群众的血肉联系，始终为人民掌好权、用好权；最需要发挥的政治优势是始终与人民群众心连心；最崇高的志向是始终为人民做实事、做好事，维护好、实现好、发展好最广大人民的根本利益；而最可怕、最危险的就是脱离群众，与群众离心离德，与民争利，以权谋私。

2. 代表人民的利益要正确处理各种利益关系

在改革开放和发展社会主义市场经济的条件下，各级领导干部面临的一个很突出也是经常性的问题，就是如何正确对待各种实际利益。改革的过程，实质上是一个利益调整的过程。它不是要否定包括党员、干部在内的广大人民的个人利益，而是要在发展经济的前提下，把个人利益与集体利益、局部利益与整体利益、眼前利益与长远利益更好地统一起来，把最广大人民群众的切身利益实现好、维护好、发展好。在利益面前是先替自己打算，还是先人后己，先公后私，随时都在检验着我们的党性。党政领导干部应该自觉地做到始终把人民利益放在首位，在思想上正确认识和处理各种利益关系。

(1) 要正确认识利益多样化与根本利益的关系

在我国，人民是国家的主人和决定事业前途命运的根本力量，我们党的全部责任和任务就是为人民谋利益。在任何时候任何情况下，党的一切工作方针政策都要以是否符合最广大人民群众的利益为最高衡量标准。这是我们共产党人观察和处理问题的一个根本原则。现阶段，首先要正确认识和处理好利益多样化与根本利益的关系，既要继续推进经济体制改革和发展社会主义市场经济，不断满足社会各阶层人民群众的多样化利益需要；又要坚持和完善社会主义的基本经济制度和政治制度，为不断实现、维护和发展人民群众的根本利益提供可靠政治保障。

> 实践证明，经济成分和经济利益多样化的科学发展与合理实现能够更好地体现最广大人民的根本利益。认为经济改革的出路就是私有化，甚至认为经济利益的多样化必然要搞政治上的多元化，是完全错误的，也是绝不允许的。

(2) 要正确认识局部利益与全局利益的关系

我们党不是代表任何局部利益的小集团组织，而是中国最广大人民根本利益的代表。每个党的领导干部都要清楚地认识到，如果损害了全局利益，必然会损害人民群众的根本利益，最后局部利益也保不住。因此，局部利益必须服从全局利益，不允许搞地方和部门保护主义，不允许损人利己和搞宗派主义。在改革开放中，有些领导干部随着权力的扩大和受小团体利益的驱动，把局部利益凌驾于全局利益之上，对中央的方针政策采取实用主义态度，大搞地方和部门保护主义，甚至采取弄虚作假、欺上瞒下、损公肥私的手法导致国有资产的流失等等。这些都是对全局利益的严重损害，对国家和人民利益的严重损害。

(3) 要正确认识眼前利益与长远利益的关系

改革是一场深刻的革命，必然涉及利益关系的调整和重新分配。改革在使绝大多数人得到实惠的同时，也会出现部分群众的利益暂时受到影响的现象，特别是出现了部分工人下岗失业等问题。这说明，在经济体制改革和经济结构调整过程中,出现为了长远利益而影响眼前利益的情况。改革中出现的问题必须通过深化改革来解决。从长远来看,只有通过经济体制改革和经济结构调整,才可以优化资源配置,减少重复建设和企业负担,使国民经济走上良性循环的发展道路,最终必然有利于包括下岗职工在内的最广大人民的根本利益。我们不能因为目前一部分人的眼前利益暂时受到影响,就动摇改革的信心和决心。

我们强调眼前利益必须服从长远利益,并不是不考虑人们的当前利益。如果没有必要的当前利益,也不能保证长远利益的实现。为此,当前首先要切实解决困难群众的生产生活问题,尤其要下大力气解决下岗职工、困难企业职工、城市贫困人口、贫困地区群众、受灾地区群众、被长期拖欠工资等困难群众的问题,千方百计地帮助他们摆脱困难。在这方面,各地方、各部门,党和政府都采取了许多有力措施予以解决,已取得了显著成绩。

(4) 要正确认识一部分人先富起来与共同富裕的关系

允许一部分地区、一部分人通过诚实劳动和合法经营先富起来,是党和国家的一项大政策,目的是为了加速经济发展,通过先富带动后富,最终达到共同富裕。正确处理好先富与后富的关系,就是既要反对平均主义,也要防止两极分化。我们要按照效率优先、兼顾公平的原则,继续鼓励一部分地区、一部分人通过诚实劳动和合法经营先富起来,同时也要通过国家宏观调控和发挥社会主义制度的优越性,来有效防止和切实解决收入分配不公的问题。要适当调整收入分配政策,进一步完善分配制度,积极保护合法收入,严格取缔非法收入,以有效抑制不合理收入差距的拉大。实践证明,只有既保证国民经济的快速发展,又保证共同富裕的原则得以实现,才能在宏观政策上保证代表最广大人民的根本利益。

总之,党的领导干部只有始终把人民利益放在首位,才能在各种物欲和诱惑面前把握住自己,才不会脱离群众,才能使自己成为一个克己奉公、品德高尚、有益于人民、被群众拥护的领导干部。

3. 立志为民做实事、做好事、解难事

领导干部全心全意为人民谋利益，必须紧紧围绕人民群众最现实、最关心、最直接的利益，多做实事，多做好事，多解难事。

当前，在构建和谐社会、建成小康社会的实践中，领导干部要突出注意并要重点解决五个方面的问题：一是城镇下岗、失业职工的再就业问题，二是完善社会保障体系问题，三是通过各种方式扶助社会弱势群体问题，四是切实有效地解决农民如何增收减负问题，五是逐步缩小行业收入差距、城乡人民收入差距、东西部地区经济发展差距、边疆少数民族和内地省份经济发展和人民生活差距问题。还有发展经济与环境保护、生态平衡、官员腐败、执法不公等许多人民群众普遍关心的问题。这些问题的解决是直接关系党的执政全局，关系国家政治经济文化发展的全局，关系全国人民的团结和社会安定的全局的重大问题。

在深化企业改革中，不少国有企业职工下岗后在基本生活方面出现了暂时困难。他们过去为国家的建设和发展做出了巨大贡献，当改革和现代化建设的前进不可避免地要付出一定代价时，他们又为国家做出了牺牲。帮助下岗职工再就业，保障他们的基本生活不受影响，是我们党和政府的重要工作，也是我们党政领导干部动员全社会力量，花大力气解决的突出问题。应当建立政府就业责任体系，积极发挥政府在社会再就业方面的主导作用，同时督促企业严格遵守有关法规，规范企业与职工的劳动关系，保障职工的劳动权利。要通过市场调节和行政推动相结合，发展劳动力市场，拓展职工再就业的渠道。对于部分年龄偏大、文化程度偏低、技能较为单一的下岗职工，要通过行政推动，重点解决他们的再就业问题。各级党组织和党员干部要时刻把群众的冷暖安危挂在心上，**要满怀对群众的深厚感情，深入调查研究，把他们的实际困难摆上工作的重要议事日程，重点考虑、重点解决。**

在经济结构调整过程中，农民收入减少的情况较为突出，这已成为党和政府高度关注的问题。这个问题得不到解决，就很难从根本上解决农民减负增收的问题。为此，各级党组织和农村党员干部，要进一步带领群众

掌握先进的农业科技知识，改善生产品种，同时探索农村经济合作的新形式和新途径，帮助和组织农民学会把握市场动态，适应市场竞争，在市场竞争中开辟新的致富途径。

> 群众最拥护的是取信于民、为民办实事的领导干部，最反对的是图虚名、讲空话、闹浮夸、搞花架、好大喜功的领导干部。党政领导要想得到广大人民群众的爱戴，就必须为百姓办实事。

总之，党的各级领导干部必须要从整个社会、国家和人民的利益出发，坚持集体、社会和国家利益高于个人利益的原则，坚决履行全心全意为人民服务的原则，爱岗敬业、尽职尽责，做人民群众的贴心人。**对群众的态度要有亲切感，对群众的疾苦要有责任感，对群众的事业要有使命感，真正做到为群众办实事、办好事、解难事，绝不与民争利**。这样才能称得上是一个名副其实的有品德、有能力、有水平的党的领导干部，才能赢得人民群众的真心拥护。

4. 重实际，求实效，领导干部要做实干家

领导干部要做实干家，就要在工作中深入基层、深入群众；重实际，认真调查研究；求实效，不做表面文章；发扬党的脚踏实地、埋头苦干的优良作风，重点解决那些影响发展与稳定以及群众急需解决的突出问题。

总结当代领导实践，我们可以看出，领导工作进展不大，使群众不满意，往往不是因为没有好的思路、好的规划，而是因为作风漂浮、工作华而不实。该抓的工作不去认真抓，该管的事情不去认真管，该督促检查的不去认真督促检查，有了规章制度也不严格遵循，结果是会议没少开、文件没少发、制度没少定，但是工作就是落不到实处。因此，要坚决改变那种简单地"以会议落实会议""以文件落实文件"的不良风气，变高高在上为深入基层，深入群众，变夸夸其谈为真抓实干，求真务实。不能总是习惯于坐在屋里，豪言壮语，气吞山河，听起来似乎决心很大，道理很多，但只有唱功，没有做功。高谈使他们浪费了很多时间，阔论使他们耽

误了许多事情。不能总关在办公室里,茶碗一端,说话无边,香烟一点,专说人短。习惯于说这也不对,那也不对,就是不说怎么样才对。总喜欢说这人不行,那人不行,就是不说自己不行。也不能总是只想要群众卖力,不想给群众办事;只怨群众落后,不找自己无能;好施小恩小惠,迷信权势压人。

成功的领导工作实践告诉我们:**领导干部的威望是动员群众、抓好工作的有力保障**。但领导干部的威望靠上级封不出来,靠权力压不出来,靠自己吹不出来,靠耍小聪明骗不出来;是靠真心实意地、尽心竭力地、坚持不懈地为群众办实事干出来的。领导干部为群众办事,群众为领导干部鼓足干劲。群众劲头越来越足,领导威望越来越高,从而形成良性循环。领导干部要知实情,想实招,说实话,而不能不顾客观条件,不分轻重缓急,不排先后主次,只顾说起来好听,看起来热闹,提些不切实际的目标,到头来劳民伤财,图虚名,自己得实惠。只讲书本怎么说,不谈自己怎么看;只有原则怎么样,没有具体怎么办。因此,群众只能得出这样的印象:听那些领导干部讲话是"想听的他们没讲,所讲的都是听腻了的"。他们似乎是很重视原理、准则,实则违背了具体问题具体分析这个最根本的原理和原则。

现在有一种现象,一方面人人都反对只说空话、不干实事的人,另一方面肯干实事、多干实事的人又常常得不到支持和理解。因为,凡干事的人就得说话,就得办事,就得接物待人,而老说话难免有错,老办事难免有误,老待人接物难免有怨,加在一起就叫作说错了话,办错了事,得罪了人。结果办事的人的缺点比不办事的人还多,办事的人有时反而不受一些人待见。因此,评价一个领导的工作如何,不能只看他说得怎样,而要看他做得如何,看他是否取得了实际效果。考核一个党政领导干部,要听其言而观其行,循名责实,看他办成了多少实事。**要提拔、重用、奖励那些有干劲、有才能、办实事、有成效的领导干部**。要查处一些极端不负责任,空谈误事的严重官僚主义者,以明功过,以正视听。这样,我们的领导干部在群众中的威信才能得到真正提高,领导的工作才能代表广大群众的利益,让老百姓真正满意。

> 领导工作必须务实求真，解决实际问题，取得实际效果，而不只是停留在口头上或纸面上。狠抓工作的落实既是培养领导官德的重点，也是提高领导效能的关键。

5. 求真务实，摒弃形式主义和官僚主义

形式主义和官僚主义严重损害党群、干群关系，损害党和政府的形象，违背党的性质和根本宗旨，误党误国，害民害己。领导干部若取信于民，就必须坚定地、勇敢地举起反对官僚主义、形式主义的旗帜。

形式主义是一种片面追求形式而不务实效的、劳民伤财的工作作风，官僚主义是一种脱离群众、脱离实际、做官当老爷的工作作风。两者往往结伴而生，相互依存和利用，具有很强的互生性：形式主义是官僚主义的表现形式之一，官僚主义常常借助于形式主义欺上瞒下；官僚主义则是形式主义的庇护所和助长剂，形式主义也只有在官僚主义盛行的地方才有市场。形式主义和官僚主义虽然各有侧重，各有特点，但实质上都脱离实际、脱离群众，都凭长官意志办事，奉行的都是懦夫懒汉的世界观，都充斥着虚荣心、权力欲，与党的宗旨都是背道而驰的。

（1）形式主义、官僚主义的种种表现

在新的时期，形式主义和官僚主义有新的表现，而且许多方面又是相似的。

①唯书唯上。唯书唯上主要表现在习惯于"文件怎么讲的，上级怎么说的"，当"接收站""复印机"、"播音员"，照抄照转。传达上级指示和布置工作只想着开会，检查工作只想着听汇报，推动工作只想着搞活动、提口号。长此以往，导致会议多、文件多、活动多、检查评比多。这些问题，年年减不下来，甚至有增无减。在无文件可照搬，也无现成经验可循的情况下，情愿"守摊子"而不去探索开拓。更严重的，则是一切言行的出发点和归宿只为了保住"官位子"。

②脱离实际。脱离实际主要表现在文山会海多，具体落实少；表面文

章多，解决问题少；空话套话多，管用内容少；闭门造车多，深入基层少。如有的同志热衷于在办公室听汇报，看材料，偶尔下基层也是走马观花，前呼后拥，不接触群众，甚至带着观点到下面找例子。有的则干脆把"混日子"当作为官一生的"追求"。

③好大喜功。好大喜功主要表现在对个人名利看得很重，做工作不是为了实实在在解决问题，而是为了追求报纸有名、电视有影、广播有声，片面追求个人"政绩"等方面。在这种功利思想的支配下，对上面看得见的事积极干，上面看不见的事应付干；容易出名挂号的事拼命干，经常性的工作凑合着干；能给自己脸上"贴金"的事抢着干，容易出问题的事不愿干。个别的甚至成天揣摸领导的心理，抓工作只看上级欣赏不欣赏，领导高兴不高兴，不管基层实际需要不需要，群众欢迎不欢迎。

还有的领导干部乱提"新口号"，刻意搞短、平、快的"形象工程"，制造"轰动效应"；名曰解放思想、造福一方，实则哗众取宠，甚至靠玩数字游戏出"政绩"，报喜不报忧。

④搞一言堂。搞一言堂主要表现在以家长自居，习惯于发号施令，对上级唯唯诺诺，对同级自恃高明，对下级指手画脚。办事主观武断，既不依靠集体领导，更不依靠群众，往往是头脑一热，盲目决策。在许多方面压制民主，拒绝组织和群众的监督批评。结果造成巨大损失。

⑤玩忽职守。玩忽职守主要表现在其位不谋其政，无所用心，靠"一支烟，一杯茶，一张报纸看半天"打发日子。有章不循，有法不依，玩忽职守，失职渎职。对群众感情淡漠，门难进，脸难看，事难办，遇事推诿，久拖不决，甚至滥用职权，强行摊派，欺压百姓，从根本上颠倒了公仆与主人的关系。

（2）"多管齐下"，治理形式主义

对形式主义，以往我们较偏重于从工作作风和工作方法上进行纠正，而忽视从领导机制和思想观念上进行引导。这是形式主义难以禁绝的一个重要原因。形式主义的表现方式有其多样性，产生的原因有其复杂性，因此，治理形式主义，需要"多管齐下"。

①认真坚持实事求是的思想路线。**要把实事求是的思想路线真正变成领导工作的指导思想和行为准则。**在任何时候都要尊重实际，按实际情况

办事；把高涨的工作热情与严谨的科学态度结合起来，坚持讲实际，鼓实劲，办实事，求实效；把动机与效果、内容与形式、对上负责与对下负责统一起来，将党和人民的利益放在第一位，作为一切工作的出发点和落脚点。如果各级领导机关都用实事求是的科学态度部署和指导工作，那么形式主义就失去了存在的基础。

②要认真清理长期形成的认识上的误区。形式主义之所以盛行，与一些领导干部长期形成的思维定式和认识上的误区有关。主要注意以下几种情况：一是不能把组织活动等同于抓落实；二是不能把繁琐哲学当作具体指导；三是不能把做文章等同于做工作。这些思维方式上的偏差和误区，都会酿成领导工作的形式主义。

③要创新制度，铲除形式主义的病根。用制度和纪律加以约束，是治理形式主义的关键之举。要大胆革除在管理体制、领导方式和工作方法上的陈规陋习，铲除形式主义的病根：一是改口头领导、文件领导为制度领导；二是要依靠基层和群众监督，此乃遏制形式主义的有效途径；三是要深化干部人事制度改革。

(3) 根除"衙门作风"，克服官僚主义

一些领导机关向官僚化趋向发展是不容忽视的事实，而且已经成为新形势下官僚主义的又一个新特点。他们颠倒了自己与人民群众的关系，把自己看成高人一等的"官老爷"，把群众看成待奉自己的"奴仆"。想问题、办事情、作决策，不是"从群众中来，到群众中去"，而是从头脑中来到群众中去，从书本中来到群众中去，甚至从道听途说中来到群众中去。**解决领导机关官僚主义的问题，关键是要打掉"衙门作风"。**

①要建立起与人民群众血肉不可分离的关系。要以了解群众、关心群众的实际生活为出发点，纠正那种与群众想不到一起、说不到一起、干不到一起的现象，打掉官气，打掉架子，给群众以可近、可亲、可信、可爱的良好形象。要先做群众的学生，再做群众的先生，养成同群众商量办事的习惯和作风，保证决策的民主化和科学化。

②要在各种情况下都当好群众的"向导"。领导干部为群众服务，代表人民利益，就要善于分辨良莠，敢于扶正祛邪，决不能对各种错误倾向、歪风邪气采取自由主义态度，任其滋生和蔓延。如果这个问题不解

决，为群众服务就是一句空话。

> 警惕和防止形式主义、官僚主义，需要从领导机关抓起，从主要领导干部做起。如果领导工作真抓实干重实效，会极大地振奋民心，凝聚民心，事业就大有希望，工作就大有作为。

三、亲民爱民，塑造服务于民的领导形象

自古以来，为官一任是造福一方，还是祸及一方，是廉洁奉公留下闪光的足迹，还是贪赃枉法、留下恶臭的污痕，历史会用自己的方式去表达出来。这再次告诉了领导干部一个朴素的真理：民心如镜。领导干部要树立亲民爱民、服务于民的形象，关键在于能否心里始终装着百姓，能否放下官架子，能否以身作则，言行一致。领导干部可以通过自身的行动来传播价值观和传达各种期望。领导干部的言行往往能影响一时一地的风气，所以领导干部必须塑造好自己的形象，以身示范，才有足够的资格施政。

1. 将人民置于崇高地位，尊重每一个人

尊重每一个人是领导干部执政为民的根本，是塑造形象的关键。

汶川地震，考量中国政府的危机应对机制。可以说，很多领导干部在汶川地震中表现出的果敢、敏捷、无畏、执着，替自己和人民交了一份令人感动的答卷，获得了中国和世界各界的广泛认同。这份答卷之所以出色，就在于这些领导干部对人民的尊重，对生命的尊重。

生命对每个人都只有一次，因此是人世间最宝贵的。生命同时又是脆弱的，印度洋一场突如其来的海啸，十几万人的生命一瞬间就永远地消逝了。这些道理人们容易懂，但许多人还不明白这样一个道理：生命是平等

的，生命从来不应有贵贱轻重之分。以人为本，首先就要尊重人的生命，哪怕是一个最普通的劳动者的生命。领导干部也要加以重视。因为，数千年封建社会造成的"官贵民贱"的观念，在一些领导干部的头脑中仍然根深蒂固。因此，普通劳动者的生命才更需要尊重。这种尊重，是每个现代文明人应当自觉承担的责任，而且应是发自内心，把自己放在与普通劳动者完全平等的地位，衷心地去尊重每一个普通劳动者的生命，是领导干部"以人为本"观念的根本体现。

对生命的尊重是没有区域界限的。生命是如此可贵，领导干部对生命的尊重，是以人为本的具体体现，是个人形象的最大程度的展现。

而有了这样一心为公、用权为民的好党员、好干部，人民群众怎能不感动、不喜欢、不赞赏、不拥护、不爱戴？为此，领导干部应该常常自省，自己手中的权力属于谁，它属于人民群众。没有人民群众的大力支持，党就无法领导中国革命取得成功，无法执掌东方大国的政权，更无法地取得一个又一个胜利。正因为那些优秀的党的好干部知道自己的权力从何来，所以才对人民群众充满了感情；才有着正确的政绩观，才始终惦记着人民群众的疾苦，才始终想着为人民群众多办实事、多做好事，用手中的权力维护和实现人民群众的利益，从而赢得了人民群众的爱戴。

> 作为执政者，领导干部要思考为谁服务、为谁执政、靠谁执政、怎样执政的问题。在建设小康社会中，正需要坚持党密切联系群众的优良传统，履行全心全意为人民服务的宗旨的领导干部。

我们不能不看到，有少数领导干部把人民群众赋予的权力当成了谋取私利的工具，脱离群众，高高在上，对人民疾苦视而不见，奉行"有权不用、过期作废"的实用主义，徇私舞弊，贪赃枉法，腐化堕落，严重损害了群众的利益和党的事业。掌握着人民群众赋予的权力却不为人民群众办实事做好事，必然会丧失人民群众的信任。在新的历史时期，像牛玉儒同志那样的所作所为，充分展示了立党为公、执政为民的精神，树立了优秀干部的形象。一些优秀的领导干部，从来不把自己当作高高在上的精英，而是俯首甘为孺子牛，时刻把维护人民群众的利益视为自己的至高责任，权为民所用，情为民所系，利为民所谋。这些人才真正是领导干部应该学习的楷模。

2. 做好民生工作，让老百姓有尊严地生活

民生工作的成效，既是衡量执政党执政理念、执政能力和执政效果的标准，也是衡量执政党对人民群众是否真有感情的标准。做好民生工作，让老百姓有尊严地生活，是对树立领导形象最实际的检验。

在当前民生被频繁提及、甚至会让人感到有些听觉疲劳的时候，领导干部若能从执政党性质和安危的高度来谈民生问题，不免让人感受到做好这件工作的重要性。对待民生问题，正如领导干部所说的，实际上就是一杆秤，从中可以掂量出老百姓在心中的分量与地位。发展到底为了什么，发展的成果给谁享受，这些带有定性的问题，都可以从领导干部对待民生问题的态度上体现出来。

民生问题是什么，简单地说，就是老百姓日常的生产生活，大到衣食住行，小到吃喝拉撒，就业、医疗、教育、社会保障……凡跟老百姓切身利益相所关联的，都是民生问题。

民生问题说到底，是一个政权和国家的责任。国家的一个重要职能，就是利用国家的强制力来进行税收以达到二次分配的目的。收来的税用来干什么，除了用来保证政权的正常运转和国防安全外，就是用来保障所管辖百姓的生产生活。因此，**做好民生问题，是现代政府职责的题中应有之义，也是树立政府为民形象的必然要求。**

民生工作在很大程度上就是保护社会上的弱势群体。那些发财的老板、企业主以及所谓的社会成功人士，住别墅，开宝马，有私人医生，可以上哈佛牛津。这些人，领导干部可以不用管他们，但是对社会弱势群体来说，领导干部不把他们的衣食住行等现实困难给保障起来，他们的生存生活就有问题。

但是，现实生活中的少数领导干部，头脑中却仍然根深蒂固地认为，民生问题，并不应当是领导干部应该包办的事情，多做一些，少做一些，没有什么关系。这些人甚至错误地认为为老百姓服务，不如"为人民币服

务"更有成效。而且，把财政的钱用在老百姓身上，还不如把这些钱多建几个面子工程，多上一些大项目，这样 GDP 上去了，"政绩"也就出来了，自己的官帽子也就更大了。这也是少数领导干部对民生问题不来劲的原因之一。

那么，领导干部应当怎样对待民生问题呢？

首先，要树立民生就是政治的观念。什么是政治，就是得到人民群众拥护支持。"为民担当，风雨可度"，视民如仇雠，民亦视之如仇雠。作为执政党的领导干部，要摆正自己的位置，确实做到情为民生所系，利为民生所谋，权为民生所用。

其次，要从行动上践行民生大如天。要像关心自己的疾苦一样关心群众的疾苦，树立民之所梦亦我之所梦的思想。正如一个汶川地震中遇难父亲留给孩子的遗言：在这个世界上，你是一粒尘埃，但对我来说，你就是整个世界。每一个人的民生问题都很重要，都不能疏忽大意。

再次，要在工作上保障民生落到实处。也许有人说，虽然对民生问题很重视，但是老百姓对领导却并不领情。民生是领导干部应该做的事情，做好了是分内的事情，做不好当然要有意见。领导干部不能把民生喊得老高，但落实到行动上时，像踩在棉花上轻飘飘的带过。

> 解决民生问题的各项工作，要带着感情真正落实好、解决好，绝不能流于形式。做到了这一点，领导干部的工作不愁老百姓不打高分，不愁事业不兴旺发达。

3. 思人民群众之所想，务人民群众之所需

领导干部办的事情好不好、实不实，都体现在人民的口中。

邓小平同志说："**社会主义财富属于人民，社会主义的致富是全民共同致富。**"构建和谐社会，就是要把民生问题作为重中之重，让广大人民群众有活干，有学上，有饭吃，有衣穿，有屋住，病有医，老有养，生活幸福，都过上好日子。这话说得实实在在，当然更需要我们的领导实实在

在地为人民群众办实事，真正地做到"务民需"。

"老百姓当前最关心的问题是什么？"不知道我们有多少机关领导想过这个问题。可能身处机关这个大环境，如何给领导留下一个好印象、如何在岗位变动中再升一级，这些问题已经渐渐地成为一些人常想的首要问题，而对自己的本职工作——为人民服务，却远远地抛在脑后。

当然，在全党上下把"以人为本"作为执政理念的今天，好像还没有哪一级政府机关每年不研究出台一些为民办实事的项目，不搞一些民生工程。但是，不可否认的是，我们的一些地方政府机关出台的项目、要搞的工程，也许名字很好听，比如"10项民生工程""20项惠民实事"等等，总是在名称上动脑筋、在数字上玩花样，仿佛只要叫得响，就一定能办得好。至于这些项目、工程、实事是怎么来的，又将怎么去实施，好像始终与"民"沾不上太大的边。这些项目、工程、实事实施的效果，可能只有这些领导干部在上报自己的政绩时才会看到它们的卓越成果，而对于百姓是否真正地得到好处，好像已经不那么重要了。有些地方政府、一些部门单位，在出台一项措施之前，往往不是很深入地走到基层群众之中，不是很广泛地搜集民情民意，而是办公室的几个同志，甚至就是一两个同志，关起门来、苦思冥想、挖空心思、闭门造车，或者干脆就是领导一句讲话、一个指令、一个"意思"，便成为所谓的项目、工程、实事。然后再一级一级地签文、发文，便大功告成了。当然，在文件出台之前，一般也很难再去征求群众意见。这种从办公室到文件，从领导到文件的运作模式，由于缺乏了民意的支撑，某种程度上带有了"长官意志""官本位思想"，很多项目尽管被套上了"民生工程"的名称，但是却成了领导喜欢而百姓厌恶的"形象工程""政绩工程""面子事业"。所以，"从群众中来，到群众中去"，是我们党长期坚持的群众路线。

对此，**衡量合格领导干部的一个重要标准，那就是心中到底装着的是人民还是自己**。如果心中装着的是人民，想着的是百姓，就会始终把群众的需求、意见、呼声、利益，作为执政的第一信号；反之，如果心中装着的是自己，想着的是自身，则会置群众的需求、意见、呼声、利益于不顾，而经营自己的"小圈子"，盘算自身的"小九九"。

俗话说，金杯银杯不如群众口碑，金奖银奖不如群众夸奖。作为为民办事的机关干部,我们要始终把人民群众的新要求和新期待当作自己职业操守的第一信号,用更多改善民生、缓解民困的举措,实现人民群众最关心、最直接、最现实的利益,让百姓得益更多、生活更好、幸福感更强。

"群众利益无小事,民生问题大于天",这些看似很简单,也很容易记住的思想、理念,要想真正地贯彻落实到位,其实并不简单,也很不容易。它需要领导干部付出艰辛的努力。

现在,各级政府每年都会向人民群众承诺拟办多少件实事。在那些实事中,住房、交通、教育、安全、医疗、社会保障等项实事都是百姓所需。这种做法是值得肯定的。但同时,领导干部还需要反省一下,平时在制定和执行政策之前,考虑到民声、关注到民意了吗?**事情好不好、实不实、难不难,不能是我们关起门来自我感觉、自我体会、自我陶醉,而是要在群众的心里、在百姓的脸上、在人民的口中体现出来。**

领导干部办过民需的实事,同样有办过民不需的"虚"事。媒体曝光的豪华办公楼已经不止一例,试问:办公楼真的需要如此豪华吗?办公大楼带来的资源浪费问题又将得到怎样的处理呢?还有最值得我们思考的是,在办公大楼建设的背后有多少国有资产在流失?因为这些办公大楼而失去土地的百姓的生活将由谁来保障呢?可能这些问题连在这些大楼里办公的人也从来没有考虑过。当然,可能有的人会说,修建这样的办公楼不是为了一己私利,而是为了"展现地方形象",为了"招商引资"。但事实是,豪华办公楼并不会改善投资环境,也不会惠及当地经济;相反,往往是以损害群众利益为代价的。为修建豪华办公大楼,有些地方向企业和下级单位敛钱,甚至挤占挪用农村养老金等各种专项资金;有些地方通过执法罚没收入、买卖手中审批权限等方式筹集资金;有些地方是从银行贷款,还长期拖欠工程款。在豪华的办公大楼后边,是不断加重的财政包袱和群众负担,不但不会树立党和政府的良好形象,反而败坏了党和政府的形象。也有人会说,政府机关是政治中心或是执法机关,办公楼有派头有气势,可以增加权威。建豪华办公楼折射出一些机关领导的权力意识、地位意识。要知道"廉"方能生"威",党和政府的形象与威信不是靠豪华办公楼树立的。事实上，往往是**办公楼越高，距离人民群众越远；办公楼越豪华，与人民群众的隔膜就会越深**。国务院在 2007 年的政府工作报告中就已经提出，将重点解决行政机关的铺张浪费问题，要严禁行政机关新建、扩建办公大楼，严禁建设豪华楼堂馆所，切实规范公务接待，降低行政成本，建设节约型政府。2013 年 11 月 27 日，中共中央、国务院又印发了《党政机关厉行节约反对浪费条例》，对党政机关经费管理、三公消费以及资源节约作出全面规范，是党政机关做好节约工作、防止浪费行为的总依据和总遵循。我们的政府之所以提出建设节约型政府，就是要将社会资源更广泛地用于解决百姓最需要解决的事情上，以此来彰显人民政府为人民办事的宗旨。

4. 要树立与人民同甘共苦的形象

"立党为公，执政为民"是由党的全心全意为人民服务的根本宗旨所决定的，是对马克思主义执政党的根本要求，也是新的历史时期领导干部从政的根本标准。焦裕禄、孔繁森和郑培民等是我们党在不同历史时期涌现出来的"立党为公，执政为民"的典型代表。这些人自觉保持一心为民的公仆本色，得到人民群众的衷心拥护和爱戴，在群众中树立了良好的公仆形象。但也有一些党员领导干部随着地位、环境的变化，其政治理念、思想境界、所作所为与"立党为公，执政为民"产生了较大差距。有的急功近利，搞"政绩工程"；有的个人利益至上，与民争利；有的甚至完全背离了党的宗旨，以权谋私，执政为己，在权力、金钱面前倒下了。因此，在新的历史时期，党的各级领导干部要始终保持公仆本色，自觉做到权为民所用、情为民所系、利为民所谋。

（1）始终坚持造福人民的从政准则

"当干部就是要多做造福人民的事。"这应当成为广大领导干部为官从政的基本准则和不懈追求。在领导工作中，要自觉把为民造福作为第一位的责任和目标。在任何时候都要把实现广大人民的最根本利益作为观察和处理问题的根本原则，恪守为民之责，善谋富民之策，多办利民之事，兢兢业业为人民谋取更多的利益。只要是有利于人民群众的事，都要积极主动地做、充满感情地做、全力以赴地做。**为民造福,就要从群众的衣食住行、学习工作,从一件件看得见、摸得着的小事做起。**凡是涉及群众具体利益和实际困难的事,再小也要看成大事、要事、急事,抓具体、抓细致、抓深入、抓扎实。要把服务于民、造福于民的工作做深入、做具体、做到位。

> 为官一任,就要不断改善人民群众的生活水平,保一方平安、兴一方经济、富一方群众、建一方文明,上不愧于党、下不愧于民。只有这样,领导干部才能得到人民群众的拥护和支持,才能在群众中树立起良好的形象。

(2) 始终坚持关心人民疾苦的人本情怀

"群众利益无小事。"广大人民群众有许多难事、急事、愁事,有些问题尽管不大,十分琐碎,但对群众来说,则事事牵动人心,件件都是大事。领导干部要经常深入基层,深入群众,尤其是对那些困难多、问题多、矛盾多、意见多的地方,更要沉下去,带着感情去倾听群众呼声,感受群众疾苦,体察群众情绪,了解群众生产生活的艰辛。弄清群众所思所想、所忧所虑、所愿所盼、所困所难。要把对人民群众的深厚感情转化为造福群众的实际行动,以深厚的亲民爱民情怀和强烈的当官为民的责任意识,珍重民心,珍惜民力,珍视民利,时时、处处、事事把群众的安危冷暖、衣食住行、柴米油盐放在心上,体现在工作中。而不能打着实现长远利益的旗号,忽视解决群众现实困难;不能打着反对个人主义的旗号,不关心群众疾苦;不能打着实现群众根本利益的旗号,搞个人的"形象工程""政绩工程"。

(3) 始终坚持以人民满意为政绩评判标准

我们党多次强调,要把群众是否赞成、是否受益、是否满意作为决策和工作的依据,作为政绩的评判标准。各级领导干部要把对上负责与对下负责有机统一起来,以人民群众满意作为评价领导干部工作政绩的第一标准。无论身居何位,权有多大,都要把群众是否赞同、是否满意、是否高兴作为工作价值取向，尽心尽力地做好服务人民的每件事，把执政为民的崇高追求落实到具体工作中和实际行动上。**要坚持从人民的利益出发，从人民群众最现实、最关心、最直接的问题入手，为人民群众诚心诚意办实事、尽心竭力解难事、坚持不懈做好事，办符合人民群众要求的事。**而不能从制造个人政绩出发，围绕个人升迁去办有违民心、有损民利的事。要脚踏实地、求真务实、讲求实效，千万不能搞劳民伤财的"形象工程""政绩工程"。要把实事办实、好事办好，真心实意地帮助群众解决生产和生活中的困难，使改革发展稳定的每一项政策和决策，更好地体现时代要求和人民意愿。党的各级领导干部只有以为人民群众办实事、谋发展、铺路子的实实在在的政绩取信于民，才能赢得人民群众的爱戴、信任、拥护和支持，党的事业也才能兴旺发达。

5. 亲民、近民，领导干部要具有亲和力

　　一个好的领导干部既要有权威，也要有亲和力。没有权威，领导工作就无法开展。但凡事不能走极端，如果为了树立权威，整天黑着一副脸、端着一个架子，对群众颐指气使、呼来喝去，这就误解了领导力的真实含义。其实，在很多情况下，把姿态放低一些，对群众谦和一些，不仅不会削弱领导力，反而会有助于领导力的增强。也就是说，亲和力也是一种领导力。

　　亲和力实际上就是与群众打成一片的能力。有亲和力的领导干部，与群众说话像拉家常，为群众办事像对待家人，没有官腔，没有敷衍，积极主动地与群众交流、帮群众办事，即便有些事情一时办不了、办不好，也决不说绝话，更不说伤人话，而是如实把事情原委讲清楚，以求得到群众的理解和谅解。在生活中经常可以见到这样的现象：有的领导干部虽然调离原单位或退居二线了，但其名字还常被群众挂在嘴边，其亲民乐群的事迹仍为人们津津乐道；有的领导干部虽然每天都和群众打交道，不断向群众发号施令，群众却茫然漠然，像没看见、没听见一样。这就是有无亲和力的差别。领导干部有亲和力，群众就愿意接近。领导干部没有亲和力，群众见了就会形同路人，甚至都懒得把头点一下、把手招一下，或者表面

极尊重，实际很疏远。这样的领导干部又怎么当得好、当得下去呢？

领导干部培养亲和力，首先应在"亲"字上下功夫。亲者，如古人所讲，"谓父母"也。领导干部要有亲和力，就一定要放下架子，视群众为父母，满腔热情为群众办事，真心实意为人民服务，坚持问政于民、问需于民、问计于民。如果把关系搞僵了，以为自己职位高了，本事自然也就大了，对群众只能"我说你听"；或者把自己当成"父母官"，要求群众毕恭毕敬，这就与亲和力相差十万八千里了。

湖北省宣恩县椿木营乡民政办的助理周国知便是这样一位领导干部。

在数十年的工作中，周国知坚持为群众做好事、办实事、解难事，把温暖送到了千家万户。在周国知住院期间，曾有130多位农民到医院去看望。周国知去世后有300多位农民为其守灵，数百人为其送葬。方圆数十公里的山路上，扶着、搀着，还有让人背着赶来的群众络绎不绝。周家屋子坐不下了，邻居们就腾出房子，大家轮流到灵前坐一坐，站一站。在漫天大雨里，村民们毫不犹豫地砍掉自己正在生长的苞谷，开出几米宽的通道，无数乡亲伸出手臂，托起棺木送他走向长眠之地。一名普通的基层干部何以能赢得百姓的如此爱戴？

当地人都知道，周国知有"三件宝"：背篓、手电、解放鞋。在山高谷深、地广人稀、人称"交通基本靠走，通讯基本靠吼"的地方，手电和解放鞋，对于周国知这样经常走村串户的乡干部来说是必备的行头。周国知的"公文包"很特殊，很别致，也很引人注目。周国知的"公文包"是一个山民常用的竹背篓，里面装的东西也与众不同，都是农民急需的农药、化肥、粮食、衣被等。周国知的"公文包"虽然不起眼，很寒酸，也很"另类"，但就是这个特殊的"公文包"一次次给乡亲们送去了关心，送去了温暖，也送去了科学种田的技术和脱贫致富的希望。

前来送行的乡亲们掰着手指尽数周国知为自己所做的一切：翻山越岭不知磨破了多少双鞋，靠着一肩肩背回的水泥为百姓造起了"幸福桥"；帮助百余茅屋户建起了新房，自己的木屋却仅仅靠着一张塑料布遮风挡雨；为"消茅"工作拍了数百张照片，却没给家人留下一张"全家福"合影；想方设法带领村民致富，自己家里连一件像样的家具都没有；为无数的村民带来了幸福，自己却强忍着晚期肝癌病痛的折磨继续忘我地工作；

在生命的最后时刻，惦记的仍是福利院里的老人、没住上新房的茅棚户。

领导干部要想培养亲和力，还要进行调研和视窗。调研、视察本来是一种了解民意、体察民情、抓"第一手"材料的领导方法，是领导工作和公共决策的基础，但是现在的领导场，调研、视察形象普遍不佳。由于浮夸风、政绩冲动等的影响，调研活动充满了作秀的意味。一是走马观花，蜻蜓点水；二是前呼后拥，兴师动众；三是只看亮点，现场装扮。这样就形成了一个以领导干部为核心的"隔离层"，把自己和群众的距离感无形中拉大了。因此，领导干部调研、视察必须有强烈的问题意识。即从解决问题的需要出发，有问题才进行调研和视察。而第一次调研和视察，必须解决实际问题。而且调研、视察一定要轻车简从，决不可搞庞大的随从甚至搞威仪性的东西。此外，调研、视察必须"莫畏浮云遮望眼"。要听真话、看真情，跑第一线、抓第一手情况。对于基层设下的包围圈要进行突破，不为其表面现象所迷惑。

今天，亲和力已经成为领导干部的一种形象目标，也成为评价领导干部形象的一种标准。

领导干部培养亲和力，还应在"和"字上做文章。和者，温和、谦和之谓也。领导干部要有亲和力，待人处事就应人性化一点，多发现下级的长处，多想想别人的难处，多讲暖人心的话，多做得人心的事，而不能动不动就讲狠话，把扣奖金、给处分甚至辞退、开除当作家常便饭；也不能搞"老子天下第一"，听不进不同声音，容不下不同意见。领导干部只有温和一些、谦和一些，才能赢得人心。

> 强调领导干部应有亲和力，不是说就可以为此放弃原则。为了不得罪人，搞"你好我好大家好"，不做批评与自我批评；为了求得所谓的"和谐"，不惜拿原则与少数人做交易，这就把亲和力给庸俗化了。

总的来说，具有良好形象、口碑载道的领导干部亲和力指数高，因为亲和力不仅仅是一种与人们互动的"力"，更是一种人们在情感上、形象上对官员做出的评价。当领导干部具有良好的亲和力时，往往包含了领导干部勤政为民的品格、务实和平民化的作风这样一些内容在内。可见，领导干部良好的公共形象中的人格因素，是亲和力的重要组成部分，也是获得亲和力社会评价的内在条件。

6. 体察民情，要善于倾听"沉没的声音"

体察民情最难听到的是弱势群体的沉没的声音。稳定人心最关键的是解决百姓中的实际困难。

2011年5月26日，《人民日报》发表题为《执政者要在众声喧哗中倾听"沉没的声音"》的文章，引起媒体广泛的报道和评论。文章指出，我们迎来了表达的"黄金时代"，但仍有许多声音未被倾听。一方面，有些声音被淹没在强大的声场之中，难以浮出水面；另一方面，有些声音只是"说也白说"，意愿虽表达，问题却未解决。这些，都可谓无效表达，有人称之为"沉没的声音"。

文章认为，那些为网络所关注、被媒体聚焦的热点事件，只是"冰山的一角"，海面之下这些体积更大的冰块，才是让冰尖浮出水面的庞大基石，也才是决定社会心态的"潜意识""核心层"。在一定程度上，表达上的弱势群体，也是现实中的弱势群体。在社会层面，他们既缺乏影响公共舆论的资源，又鲜有参与政府决策的渠道，甚至无法得到与自身密切相关的信息，表达和追求自己利益的能力同样薄弱。因此，尽管可能人数不少，但他们的声音却很难在社会上被听到。

基层群众的生活困难问题，是一个直接影响社会稳定的大问题。执政的要领是把最困难的人安顿好。稳住群众、稳住人心、稳住全局的关键是稳住最困难的那部分人。因此，在众声喧哗中，尽可能打捞那些"沉没的声音"，是社会管理者特别是领导干部的应尽之责。**以政府之力，维护弱势人群的表达权，使他们的利益能够通过制度化、规范化渠道正常表达，这是共建共享的应有之义，是构建和谐社会的关键所在。**

体察民声，倾听弱势人群的意见，之所以引起很大反响，是因为道出了社会的薄弱环节，也道出了为政的薄弱环节。那些贫困地区的农民，城市中的无业者、失业者，因拆迁失去土地和房屋而未被很好安置的人，街头终日与城管周旋的摆摊者，等等，他们要么沉默着，发不出声音，即便发出声音，也在众声喧哗中被淹没了，"不可倾诉、不被倾听、不能解决"，如果不主动"打捞"，太多声音沉没，难免会淤塞社会通道，导致矛盾激化。

当前，整个社会处于快速转型期，困难群体和弱势群体的利益和诉求最容易被忽略。特别是近年来，国际金融危机对我国经济的影响还没有消退，房价、物价上涨很厉害，有些群众的基本生活受到很大影响。

我们常说，要把人民拥护不拥护、赞成不赞成、高兴不高兴、答应不答应作为衡量一切工作的根本标准。但是，要清楚地了解这个标准掌握得好不好，那就非倾听人民群众的真心话不可。这就要求领导干部不能仅仅限于"同吃同住同劳动"，还必须注重与群众面对面、口对口、心对心地交流，确切地了解老百姓在想什么、盼什么，对党和政府的哪些决策满意、对哪些决策不满意。倾听民声，与民交流，全面了解民意。不管是高层领导干部，还是普通领导干部，都应该去打捞这些"沉没的声音"，关注社会中的困难群众和弱势群体，倾听他们的心声和诉求，体察他们的艰难，解决他们的实际问题，给他们以希望。

> 在信息化水平日益提高的今天，对社情民意的了解仅满足于坐在办公室上网、打电话、看电视是不行的，还必须深入到群众中去。只有这样才能全面了解民意，才能增强党群的血肉联系。

第四章 服务人民，一心一意为民谋利益

第五章
恪尽职守，尽职敬业，勤于政务

　　勤政是最基本的官德修养，敬业是最重要的领导品格。事业心是领导干部能力素质和为政官德修养的重要体现。如果缺乏事业心，领导能力再强也没有用。领导干部只有不忘党和人民的重托，牢记责任和使命，把精力和情感倾注在自己的事业和工作岗位上，才能做到勤政敬业，尽心尽力、尽职尽责，才能做到聚精会神抓落实，一心一意谋发展。慵懒是领导政绩的大敌。只有以诚心为百姓做事，领导人生才不会平庸；只有以勤奋为群众谋利，领导工作才能得到百姓的认可。可以说，恪尽职守，尽职敬业，是领导干部提升官德修养的党性体现，更是做好领导工作的前提和基础。

一、恪尽职守，勤奋敬业做好工作

做好日常的领导工作，态度决定一切，方法决定成败。身在其位勤其政，求真务实尽职守，这是履行领导工作职责的态度要求。井然有序巧安排，轻重缓急抓重点，这是提高领导工作效率的艺术方法。因此，做好日常工作最能体现领导干部个人的素质能力和基本功。练好扎实的基本功，其实现的途径就是领导干部基础素质的提升与实践经验的积累。

1. 忠于事业，具有强烈的事业心和责任感

作为一个忠于职守的领导干部，当然首先要对自己的事业忠诚。如果领导干部都不热爱自己的事业，又怎么可以让下属忠于组织，忠于领导干部。而一个缺乏忠诚的领导干部是没有发展前景可言的。

人们都知道岳飞是我国历史上"精忠报国"的英雄人物的典范。岳飞一生奉行"精忠报国"，带领自己的部下征战沙场，一次次阻挠了金兵的进攻。而现今社会更要有这样的忠诚敬业的领导干部。

其实，忠诚是一个抽象的概念，在现实工作中主要表现在爱岗敬业、强烈的事业心和高度的责任感三个方面。

（1）爱岗敬业

爱岗敬业是领导干部保持对事业的忠诚的基础和必备条件。**一个不爱岗敬业的下属一定不是一个好下属，一个不爱岗敬业的领导干部绝不会是一个称职的领导。**

作为一个称职的领导干部，仅仅做事是不够的，还必须"会做事"。许多领导干部在决策上已经达到一个高度，但理论素养和解决实际问题的能力还有待提高。所以，领导干部必须立足高起点，实现决策领导和素质领导的有机统一，提倡创新、创优的敬业负责精神，以一流的业绩作为检

验素质高低的重要标准。

> 领导干部要牢固确立"有为才有位,有位更有为"的思想,勤修炼、重修养、善修行,学习和实践并举,不断充实自己,提高分析、解决问题的实际工作能力。

一个称职的领导干部不是单单做好本职工作,还体现为善谋大事,善做实事。领导干部要善于"抓大放小"谋大事,看准一件做一件,做一件成一件;要大力发扬求真务实精神,减少应酬,集中时间精力,在大事、实事上干出成绩来;要勇于挑重担,着力攻难点、破难题,不惧怕困难和问题。最重要的是要做下属眼中爱岗敬业的示范先锋,当遇有困难或挫折时,要为他们当"靠山",主动承担责任,以保护下属旺盛的工作斗志。

(2) 具有强烈的事业心

事业心是动力,是一种崇高的思想境界。强烈的事业心是一个领导干部成长进步的重要内在因素,也是履职尽责、创一流业绩必须具备的根本品格。魅力领导干部的决策能力、示范作用、责任意识和自身形象,直接影响到工作的质量、效果乃至事业的成败。因此,领导干部一定要认真学习,树立典范,紧抓大事,关注小事,牢牢把握全局,用强烈的事业心和责任感树立亲民、务实、创新的魅力领导干部形象,并在实践中率先垂范,身先士卒,勤勉敬业,扎实苦干,真正发挥核心领导作用,将组织的事情当作自己的事情负责到底,以组织的发展为重,在实践中建功立业,有所作为。

(3) 拥有高度的责任感

责任感是压力,是驱动领导干部忠于职守,公而忘私,不折不挠战胜困难的高度负责的信念。对自己严要求、高标准,以艰苦创业为己任,事业上勇于进取,工作上讲求效益,坚持事业第一,全心全意为人民服务,这就是魅力领导干部应具备的政治素质,是领导干部奋发向上的力量源泉。坚持不懈地对党的事业和人民的根本利益保持忠诚,方能真正树立起亲民、务实、创新的魅力领导干部形象。

一个优秀的领导干部必须是高素质的人才,既要有较强的领导能力,又要忠诚于党的事业,这样才能真正做到执政于民,成为一个务实敬业的好干部。

2. 以勤奋敬业精神做好日常工作

作为领导干部,身在其位,当勤其政。这是履行工作职责的必然要求,也是领导干部有位而有为、争创人民满意的政绩而尽其所能的基本要求。

(1) 勤奋是履行工作职责的必然要求

勤政是领导干部的为政之要。勤政即勤于政事,任劳任怨,忠于职守,勤奋敬业。领导干部都有一定的领导之职与领导之权,而这些都是党和人民所赋予的。**身为领导干部,在其位,就要谋其政、勤其业,就应该在工作和事业上勤奋敬业,尽心尽力,尽职尽责。**

领导干部所从事的工作是一个需要全身心付出和奉献的工作。不付出艰苦的努力,不打好坚实的基础,即使有一个好的平台,也会因为缺乏必要的准备而难以胜任,再加上吃苦耐劳和乐于奉献精神的严重缺乏,到了领导岗位上就不会勤奋敬业,就不能恪尽职守。只有那些不仅在位而且在岗,不仅在岗而且把心血投入到工作中,踏踏实实付出、实实在在创造工作实绩的领导干部,才能最终受到人民群众的欢迎和赢得上级组织的信任。

一个具有勤政敬业精神的领导干部,才会坚守岗位、积极贡献、表现出高超的职业道德和事业心,才会比较容易获得职位升迁、个人进步。

(2) 履行勤政职责必须恪尽职守

恪尽职守,是对领导干部在履行职责方面的基本要求。每位领导干部,都承担着与其权力相适应的职责。权力越大,职责也就越重。因此领导干部是否恪尽职守,是评判其是否称职的重要标准。身为领导干部,就应该经常反躬自省:为什么当领导干部?当领导干部为什么?怎样当领导干部？从经验来看，领导干部必须要把为人民谋利益、做好事、办实事，作为自己全部工作的出发点和落脚点，时常记住自己的权力是人民给的，为人民做事情是职责所在，即使群众对有的工作比较满意，也不该让群众感谢，更不值得大肆炫耀，对于群众的批评更应该虚心接受。

（3）做到人在岗上，岗在心上，心思在工作上

作为领导干部，在日常工作中，**要努力做到人在岗上，岗在心上，心思在工作上。而一旦走上领导岗位，就要切实做到用心想事、用智谋事、用力干事。**

领导干部要做到岗在心上，就是要用心想事，要心无旁骛地把心思用在研究、解决工作中面临和出现的问题上。当前，确实有些领导干部，或是由于缺乏责任心和使命感，心不在焉，不知道要干什么事、该干什么事；或是把心思用错了地方，对领导的事热心，对亲友的事操心，对自己的事专心，就是对岗位上的事不上心，对群众的事不关心。这样做的后果是，既耽误本地区、本部门的发展，影响科学发展、社会和谐的大局，辜负人民群众的信任和期待，又直接影响了自己的工作效率、事业前途。

3. 领导干部应成为勤奋工作的典范

俗话说，"勤能补拙""一勤天下无难事"，说的都是勤奋对于人们成功的重要性。这不仅适应于一般人，对领导干部同样适用，只要忘我勤奋工作，不瞎干乱干，事情就会干好。因此，领导干部一定要做勤奋工作的表率。

领导干部在其位就要谋其政，拼命干一番事业。每个人能力有大小，但是多用点心，工作的时间稍长一点，就能够把工作做得细致一点，质量高一点。领导干部肩负着经济社会发展的重任，在许多岗位都是中坚力量，可以说，领导干部的工作态度、工作能力、工作水平如何，关系到党的事业的兴衰成败。因此，领导干部要忘我勤奋地工作。

领导干部要做到忘我勤奋工作，一要注重求真务实。求真务实首先是一个态度问题。**领导干部勇于实践，关键是要作风务实，真抓实干，把心思真正用在全心全意为民谋利上。**要端正工作态度，老老实实做人，踏踏

实实干事。始终保持谦虚、谨慎、不骄、不躁的作风,务必始终保持艰苦奋斗的作风。在工作中切忌投机取巧、急功近利。要坚持察实情、讲实话、办实事、求实效。二要注重科学谋划。真抓实干、扎实工作绝不是瞎干和蛮干,而是要弘扬科学精神、讲求科学态度、懂得科学谋划。年轻领导干部要勇于实践,要坚持统筹兼顾,科学谋划,提高科学发展的能力。要坚持以人为本,转变发展观念,创新发展模式,提高发展质量,处理好经济社会发展中的各种关系,努力实现发展的全面、协调、均衡、和谐。三要注重讲求实效。发展思路确定之后,关键在于狠抓落实。定下来的事情要雷厉风行,部署了的工作要一抓到底。

> 勤奋工作是领导干部的立身之本。领导干部一定要树立强烈的政治责任意识与事业心和责任感,以对党、对人民高度负责的精神,尽心尽力履行好职责,做人、从政、处事襟怀坦白、公道正派。

领导干部需要对工作认真负责,埋头苦干,精益求精,以出色的政绩取信于民,赢得群众的赞誉。生活中谦虚谨慎、平易近人、言行一致、以身作则,处处做团结和带领群众完成各项工作任务的带头人。

4. 一丝不苟,把每一项工作做到位

天下的难事往往都是从易处做起的,天下的大事都是从小事开始的。把每一件简单的事做好就是不简单,把每一件平凡的事做好就是不平凡。所以,领导干部尽职敬业的要求之一,就是在日常工作中要特别注重细节。即使每天面对的是一些具体的事、琐碎的事、单调的事,也许过于平淡,也许鸡毛蒜皮,但这就是工作,是生活,是成就大事的不可缺少的基础。由此,领导干部需要改变心浮气躁、浅尝辄止的毛病,要提倡一丝不苟的负责态度,注重细节,把每件事都做细、做实、做到位。

领导干部在日常工作中,应当遵循一条准则——"大处着眼,小处着手"。作为一名领导干部,不能害怕工作中可能出现的任何大小问题,而要

在大小问题上充分施展本领，有条不紊地逐一解决。

由于在处理解决某一个问题时，往往会面临着相关联的一堆问题。缺乏经验的领导干部，常企图向所有问题一齐进攻。这种"攻击面"越来越大，直至想解决这些问题所需的条件已超过了自己的能力，失败就成了必然结局。

从事领导工作的唯一理由，就是因为有很多具体事务、有许多棘手问题，需要有人去做、去解决。因此，**能否办事到位，成功地处理问题，就是衡量与评价领导干部敬业素质、职业道德与工作能力的重要标志。**

处理领导工作问题之所以特别困难的原因之一是，这些问题并非不动地在那儿等候你去解决。它们是一直在变化的，即问题的主题、艰难性、持续时间或影响范围等，都是随时在变化的。

任何一名勤奋敬业的领导干部，都必须学会"眼光要看到整个树林"。当然，这是很难的。要将所有事做得好，当然要付出相当的代价，**既要能看到"整个树林"，也要看到"每一棵树"。**要解决一系列问题必须彻底解决每一个问题，因此，要为每个问题，分配一段适当的时间。在那段时间内，可以集中自己全部的精力投注在那个问题上，以求得最佳的解决方法。

在领导工作中，应将遇到的所有问题，依其轻重缓急，排定先后顺序，然后集中领导干部自己所有的力量，一次只处理一个问题，从大处着眼，小处着手，即要办事细致周到。俗话说，心细如发不粗心，虑事周到无漏洞。这是一名敬业领导干部应有的品德素质。

如果想成为一名优秀的领导干部，在细心、周详这两方面请注意以下几条建议。

（1）细心体察

细心体察，就是要学会办事到位，注意解决问题的工作方法和特点，随时关注本单位的注意焦点，能够细致入微地了解单位的情况，做到不仅同步而且还要超前地制订措施。

细心体察，还意味着领导干部应注意观察生活，了解社会，对部门、社会的各种实际情况有一个透彻的把握。这样，领导干部就能够做到提前预见事物的发展脉络，考虑到可能发生的各种情况，办起事来游刃有余，从容不迫，圆满地完成任务。

（2）预先计划

古人云："**先谋后事者昌，先事后谋者亡**。"领导干部只有做到有预见性、有计划性地开展工作，才能把事情做得有章有法、有条不紊，才能对各种可能发生的情况给予充分的估计，并有相应的应急措施，不至于事到临头手忙脚乱，耽搁工作。

试想，当一件意料之外的事情发生后，人人都手足无措时，自己作为领导干部已经因事先有所估计、有所准备而能够从容应付，这无疑是危难之时显真才，必定会获得上级的褒奖。

富有预见，就是要预见到事情发展进程中可能遇到的困难和问题，并制订相应的应急措施。一旦事情在发展过程有所改变或需要调整时，能够迅速地做出反应。所以，领导干部应具备某种提前运筹和设计方案的能力，以备决策，应付各种突发事态。

（3）做到"四勤"

其实，做事细致周详绝不是一个人难以更改的性格问题，而更多的是一个人的做事态度、处世方法问题。因此，领导干部是可以通过工作方法的改进来增强自己的才干的。

我们所说的这**"四勤"**是：手勤、脑勤、嘴勤和腿勤。手勤就是要随时做到有备无患，有纲有目。不但应对未来工作的计划作梳理，并记录下来，而且还应有意识地收集一些资料，以备后用。脑勤，就是平时要多思考，多想几个"为什么"，多想几个"怎么办"，这样就会提高领导干部的预见能力和应变能力，使事情变得周详可靠。嘴勤就是要多请教，向周围同志多请教一些工作经验，多了解一些本单位和社会各方面的情况，作为自己思考和办事的经验性基础。腿勤则是指要到实际中去了解事情的真实情况，了解事物发展的过程，从而使自己的思想能够符合实际，真正做到细致周详。

> 勤快，不仅能够帮助领导干部更多地了解情况，做到胸中有数，能够预料到事物发展的细节、变化的趋势，从而做好准备工作；同时它还会给自我带来一种积极向上的气息，一种朝气蓬勃的工作作风。

5. 坚决克服办事拖拉的不良习惯

拖拉是一般人都经常犯的毛病，但如果把一天的时间记录一下，领导干部就会惊讶地发现，"拖延"耗掉了自己很多的时间。很多情况下，拖拉是因为人的惰性在作怪，每当自己要付出劳动时，或要做出抉择时，领导干部总会为自己找出一些借口、安慰，总想让自己轻松些、舒服些。有的领导干部能在瞬间果断地战胜惰性，积极主动地面对挑战；而有的领导干部却深陷于"激战"的泥潭，自己被主动性和惰性拉来拉去，不知所措，无法定夺……时间就这样被一分一秒地浪费了。

适当的谨慎是必要的，但谨慎过头就是优柔寡断，更何况很多像早上起床这样的事是没必要作任何考虑的。所以，领导干部要想尽一切办法不去拖拉。应对拖拉最好的办法是逼迫法，也就是在知道自己要做一件事的同时，立即让自己动手，绝不给自己留一秒钟的思考余地，千万不能让自己拉开和惰性开仗的架势，对付惰性最好的办法就是根本不让惰性出现。在事情的开始，总是积极的想法先有，然后当头脑中一出现"我是不是可以……"这样的问题，惰性就出现了，"战争"也就开始了。一旦开仗，结果就难说了。所以领导干部要能在积极的想法一出现，就马上行动，那么惰性就没有了乘虚而入的可能。

领导干部要想成功，就要一点一点地打基础。先给自己设定实际可行的目标，确实达成之后，再转向难度较高的目标。

不论做什么事，成功与否的关键在于领导干部行动之前对自己有什么样的期望，定什么样的目标，心里要清楚。做事拖拖拉拉是对生命的一种浪费。机会不能靠消极等待，上天总是把机遇送给果断而行的人。成功需要领导干部改变拖拉的恶习，而停止拖拉的最好时机就是现在。那么，领导干部从现在开始，就要自己根据个人的情形而制订一些办法，以改变和消除那些妨碍自己生活和工作的做事拖拉的恶习。开始，先想想所有已经拖延下来的要事——该写的信或报告、该打的电话，或是该念的书，把它们全写在一张纸上。接着拿出前面自己所写下的导致做事拖拉的原因的那张单子，两相比较，自己该做的事和没有做的原因就一目了然了。假如领导干部该做的事真的很重要的话，那是没法在两张单子之间自圆其说的，当领导干部了解到这点时，就不该再拖，而要赶快把事情完成了。

停止做事拖拉的最好方法是永远别从头开始。领导干部可以做个计划来一步步实施，但大部分人都只说不做。一开始，就先订立一个长期的计划和目标。这个目标是领导干部的一种理想与期望，并没有固定的期望去完成。这是个总的计划，然后领导干部可以依此分化出一些小目标。每一个小目标，便是领导干部在短期内要达成的计划。领导干部每天都订个计划，不论早晨或晚上都可以，然后做一张核对表，把自己要达到目标应该做的事写上去，列好优先顺序，这样领导干部就很清楚该先做哪件事情了。

领导干部每天晚上花点时间想想，自己表上的工作做得如何了。把今天所得的经验当作明天计划的参考。如有多余的时间，则用来做些特别的工作。假如时间不多，则把工作计划的期限拉得长一点。要让自己不时期待着进步，有一种自我实现之感。

领导干部要忠于自己的目标，专注于自己的目标，然后很快地完成，尽量走些捷径，把任何意外的工作都搁在一旁，心中想着如何把它完成，而不只是在做工作。

事实上，领导干部花在计划上的时间越多，完成工作所需的时间就越少，因为充分地了解一件工作，就等于已经完成了一半。

> 做事拖拉就是纵容惰性。如果形成习惯，它会很容易消磨人的意志，会使领导干部对自己越来越失去信心，怀疑自己的能力，怀疑自己的目标，甚至会使自己的性格变得犹豫不决，失去成功的机会。

6. 突出工作重点，准确锁住关键

所谓工作重点，在领导干部日常工作中是牵一发动全身，起纲举目张作用的关键环节。重点工作不是一成不变的，而是随着事物的发展过程而发生改变。在不同状况下，重点可能在主导因素上，也可能在基础因素上。尤其是初任领导干部，刚来到新的工作岗位上，日常事务很杂，部门工作很忙，每天有很多公文、电报、会议，但是有一样很少，就是经验少。事情多，经验少，就容易忙乱，就不能很好地思考问题，就容易出毛病，结果是虽然辛苦，但也容易产生官僚主义。**政务机关的事情很多，如果抓不住重点，那就如同在大海航行中把握不住方向**。作为领导干部，在日常工作中，如何成为一位善于在杂乱的事务中突出工作重点，抓住中心和关键环节办好事情呢？有这样两点建议可供参考。

（1）十指弹琴，抓住重点

重点是一个阶段的着重点，这个阶段可长可短，但在同一时期里，重点只能有一个。在客观上说，把那个最重要、最关键的工作提出来作为重点。在主观上说，工作只能一个一个地抓，这个有了结果再抓第二个，这种方式最富成效。别的工作只能"点"，而不能"重"。毛泽东曾经讲过，十个指头摁跳蚤，是一个也抓不到的。

"十指弹琴"的工作艺术，首先要求领导干部既把握事情的重点，又兼顾其他。这就是说要善于从众多的工作中抓住重点和中心，把注意力放在重点和中心上。同时，又要根据重点工作和中心工作同其他工作的内在联系，带动和促使其他工作的进展，为其他工作创造有利条件。既不能单打一地抓中心，也不能十个指头平均使用力量。弹"钢琴"一定要弹得"主调"鲜明无杂音，"和音"相配节奏明快。"十指弹琴"的艺术还要注重在办事过程中各个因素之间的有机配合和平衡协调，使之成为一架浑然一体的机器而有机地运转。一方面，要非常注意办事的"硬性"因素，要遵循科学合理的组织规章制度；另一方面，又要十分重视办事工作中的"软性"因素，就是要在部门之间、同事之间上下左右关系协调，为办成事创造良性的环境。

十指"弹钢琴"的工作方法实际上是一种高超卓越的协调技能。它把工作中的重点和非重点、中心和非中心进行有机的组合安排,并由上一阶段的中心环节稳妥地转到下一阶段的中心环节,办事过程中的"硬性"因素与"软性"因素妥善搭配和巧妙糅合起来,在规范化、科学化的组织结构中,注入其能动性、创造性、灵活性、富有弹力和活力的元素。这种工作方法能产生很高的效能,不仅工作井井有条,而且办事效率高,在本组织中充分显示出自己的实际能力。

那么,在具体工作中领导干部怎样才能抓住重点呢?

抓住重点,最关键也最应引起领导干部注意的是,不要让热点、焦点、难点干扰了重点。热点、焦点主要是舆论上的,与工作重点不一定就有一致性。难点也不一定是重点。但这些"点"常常干扰重点。因此我们不能不面对,不得不分出一部分精力。但重要的是,不能因为这些"点",把本来应该抓住的重点工作冲掉了。

(2)锁定关键,抓住关节点

关键是在事物变化的链条上、结构中,起显著拉动或制约作用的环节和元素。它可能是个点,也可能是连接点的环。它一断,链条就断了。

意大利经济学家巴莱多,曾在19世纪末提出一个"重要的少数和琐碎的多数原理",即"二八定理",也叫巴莱多定理。他认为:**"在任何一组东西中,最重要的只占其中一小部分,约20%,其余80%尽管是多数,却是次要的。"**这有很多很多的例证。像少数技术人员搞出多数技术成果;少数下属创造出多数效益;少数用户购买了多数的货物。甚至,你采纳的意见,也是从少数人那里来的;领导决策的事项,也是由少数数据或事件决定的。

应该说,并不是所有的主导因素都是关键,但关键因素却常常主导其他因素。

从领导活动的制度上看,我们实行的是集体领导与个人分工负责相结合的领导制度。按照这种制度的要求,每个领导干部都要具体分管几个"面"或几条"线"。领导干部管辖的"面""线"是很宽泛的,它们是许多项具体工作的"点"的集合。每一项具体工作及其组成要素就是"面""线"的一个构成要素"点"。

从领导活动的要素看，领导干部个人能力作用于领导活动资源配置过程。具体工作是点式的，资源经过无限分解，也是点状的，个人能力也是作用在点上的。因此，"点"是多种要素的交会处，领导活动就是由多方面、多层次、多结构的"点"状态的要素所组成的。

从领导活动的过程看，领导活动的动态过程是一个由连续的时空因素和互相关联的工作内容构成的"活动链"，"点"正是活动链条上的最基本、最初级的形式。领导工作没有点，就没有开始；没有点，就没有发展；没有点，就没有终结。每项领导活动都要经过形成、发展、终结的过程，一项领导活动完结了，新的活动又产生了，新的活动又遵循从形成到发展到终结的运动变化过程。领导活动是在这种点法则作用下做周而复始的点更替，从而推动自身顺利开展。

从领导活动的艺术角度看，抓住"关节点"也是做到办事到位的根基。各种力量相互作用的交会点，就是公务活动链条上的关键环节、要害部位，使方法发挥最大作用、最好效果的最佳支点就在关键环节和要害部位上。领导干部如能悟出这些关键节点和要害部位，就找到了事物的主要矛盾和矛盾的主要方面，就抓住了办事过程中的"牛鼻子"。如能处理好这些关键节点、要害部位的矛盾和问题，就能使之成为做好全面工作的突破口、切入点，收到以小促大、以点促面，直至能用微量的变化催生全面质的变化的显著成效，解决全部问题也就水到渠成了。

> 古希腊科学家、哲学家阿基米德说过："给我一个支点，我可以撬起地球。""点"式工作艺术的精髓就在于抓住关键环节和要害部位，找到"托起地球的那个杠杆的支点"。

二、求真务实，说实话、办实事

求真务实是我党的一个基本特征，求真务实集中体现在中国特色社会主义、科学发展观的认识成果和具体部署之中，体现在广大领导干部日常的工作和推进社会主义现代化建设的伟大实践之中。

求真务实要求领导干部要密切联系群众，把求真务实贯彻到治党治国的各个方面、各个环节，真正做到真抓实干、开拓创新。建立健全工作责任制，营造求真务实的良好氛围，使领导干部真正把心思用到干事业上，把工夫下到察实情、出实招、办实事上，努力在推动科学发展、促进社会和谐等方面不断取得实效，这就对新时期领导干部的官德修养与人格完善提出了更高的要求。

1. 坚持求真务实，反对急功近利

所谓"求真"，就是"求是"，也就是依据解放思想、实事求是、与时俱进的思想路线，去不断地认识事物的本质，把握事物的规律。所谓"务实"，则是要在这种规律性认识的指导下，去行、去实践。"求真务实"是对马克思主义哲学，特别是对其认识论的精神实质的精辟概括。它体现了马克思主义所要求的理论和实践、知和行的具体的历史的统一。**求真与务实的统一，是马克思主义认识论的必然要求和本质体现。**

求真务实是辩证唯物主义和历史唯物主义一贯坚持的科学精神，是党的思想路线的核心内容，也是党的优良传统和共产党人应该具备的政治品格。把求真务实作为考察领导干部德行的重要标准，就是要求领导干部实事求是、追求真理、掌握规律；就是要严谨扎实，时时处处要求真务实、埋头苦干，察实情、讲实话、鼓实劲、出实招、办实事、求实效，努力做出经得起实践、人民、历史检验的实绩。胡锦涛同志在中央纪律检查委员会第三次全体会议上的重要讲话明确提出，"求人民群众的历史地位和作用之真，务发展最广大人民根本利益之实"，"坚持全心全意为人民服务，摆正同人民群众的关系，是坚持求真务实的根本准则"。

事实证明，如果不按科学发展观去指导工作，就会给自己带来不可估量的损失。但是领导干部却很少有人去总结这些教训，一代一代的领导人、一代一代的生产者，在不断地重复这种错误，因为从来就没有人去追查这种错误，从来就没有人对这种错误承担责任，该升官的升官、该提拔的提拔。结果损失的是国家的钱，吃亏的是老百姓，尤其是有些领导干部认为一个事好，也不问这件工作有没有前途，一拍脑门就大力推广，结果导致十分严重的后果。如 80 年代的大种山楂又大砍山楂；吉林省的"君子兰的大发展"，从一株好的君子兰要价上百万元，到后来只值几十元，有的人赔得血本无归；前几年火得要命的藏獒，一只狗价值十几万、上百万，现在却来了个价格猛跌；云南普洱茶的奇货可居到如今的价格大落。这一件件深刻的教训，必须引起领导干部的重视！不用科学发展观去指导工作，这种深刻的教训还会重演！

　　领导干部所追求的功利，是党的功利、国家的功利、人民的功利。但急功近利所急的往往是个人或小团体的一时之功，所近的是个人或小团体的一时之利。为此，一些领导干部往往不惜损害人民群众的根本利益，这是人们所坚决反对的。这样的领导干部虽然口头上也会说为人民服务一类冠冕堂皇的话，但其出发点和落脚点都不过是一己之私。追求私利者，不可能做到求真务实。

　　要清醒地认识到急功近利的危害，识别其与求真务实的根本对立。不仅在思想上而且在制度上，要狠煞急功近利之风。比如考察提拔干部，不能仅看其表面的"数字"、"政绩"，看其与上级的"关系"，而且要看是否求真务实。

　　求真务实和诚实守信是相一致的，求真务实是指个人的思想作风，诚实守信是指与他人共事的原则。诚实守信是市场经济的基础性、根本性、全局性的原则。今天面临的诚信缺失，确实有市场经济起步不久，体制不成熟、不完善的问题；有法律规范不健全，市场监督不力的问题；有道德教育力度不够的问题。但还有一个重要的问题也不能忽视，那就是市场经济发展了，诚信原则植根的社会存在发生了变化，有的领导干部假借政绩之名行造假之实，企图以此欺上瞒下。**急功近利、欺上瞒下是求真务实的大敌，必须旗帜鲜明地坚决反对。**

> 领导干部要真正把心思用到干事业上，把工夫下到察实情、出实招、办实事上，坚决制止搞劳民伤财的"形象工程"和"政绩工程"，对弄虚作假、虚报浮夸的，必须严肃追究责任。

2. 锻造务实作风，以实干创造工作佳绩

务实是领导干部官德修养与正确政绩观的核心内容，也是党和人民的事业得以顺利发展的关键所在。要以实干创政绩，广大领导干部应从以下几个方面做起。

（1）去除浮躁，静下心来干事

去除浮躁就是一种急于求成的不良心态，也是工作粗疏、作风漂浮的表现。领导干部心不静落实领导工作必然会想得多，做得少，执行不力，工作浮夸。要做到不浮躁，就要淡泊名利，不为名所惑，不为利所趋，在待遇、荣誉、职位面前始终把持平常心态。**要立志做大事，不要立志做大官，要怀安民之心，常为亲民之举，常想为民之事。**面对种种诱惑，要把心态平静下来，真正做到权为民所用，情为民所系，利为民所谋。反对浮夸，要静心干事，切实树立为官一任、造福一方的政绩意识。

（2）不做不说，踏踏实实做事

实干型的领导干部，工作决不图虚名，不使虚劲，而是踏踏实实做好每一件事。以务实精神体现在"干"与"说"的关系中，总是把"做"放在第一位，没有做的不说，做不到的不说，绝不能本末倒置，不能空话说得多，实事办得少，做表面文章，一味造声势，搞"激动效应"。也绝不会为了讨上级欢心，不惜花费大量人力和财力培育中看不实际的典型，搞所谓的"面子工程"。这种满足于"盆景"的做法，实际上是沽名钓誉的思想在作怪。在处理好"虚"与"实"的关系中，不要片面追求显性政绩，专于"显山露水""表面风光"的事，切忌热衷于"短、平、快"。而要在创造显性政绩的同时，不放松涉及长远利益而短期内难显其功用的作用，应始终把实干精神落在实处。

（3）少去务虚，锻造务实作风

领导干部首先要在决策上务实，吃透"上情"、摸清"下情"，把握好"结合点"，把对上负责与对下负责结合起来，把领导决策与群众参与协调起来，保证政策、措施符合客观实际和群众利益。而且要确立长远的发展观点，把力量较多地投放到打基础、增后劲上来，减少急功近利的做法，增强"为长远着想，为今后铺路"的意识，只要是功在国家、利在群众的事，都要积极去做，要甘当"铺路石"和"种树人"。

锻造务实作风，领导干部就要说实话、办实事、求实效，使说的、做的与"实"的要求更合拢。**领导干部要坚持实事实办，就要把狠抓落实放在突出位置**。要把目标"实"化，使之易于操作，要使决策系统与执行系统搞好衔接；要强化督察，认真纠正已出现的偏差，保证按时、按质、保量地完成任务。

3. 不求浮华，行动比语言更有力量

领导干部最忌当"双面人"：当面一套，背后一套，口是心非，表里不一。领导干部不能像演员扮演角色那样"上台唱戏，下台卸装"，即使是在最普通的私人场合，领导干部的一言一行、一举一动都是一面镜子。新时期的官德表现，就是领导干部要言传身教，少说多做，带头办实事；求真务实，不求浮华，认真做好事。

当领导干部的语言与行动不一致时，广大群众一般更相信行动。即使口号山响，豪言冲天，百姓们心中还是看领导干部做得如何，归根结底是领导干部的行为说了算。领导干部如果言行不一，时常食言，那么其公众形象也好不了。

领导干部拥有一副伶牙俐齿，能"口吐莲花"，固然是一件好事。但是，千万不要把这一本事用过了头，时时处处指手画脚，喋喋不休。常言道："会说的不如会听的。"当领导干部与下属交往时，管住自己的嘴巴，竖起自己的耳朵，少说多听，也是一种明智之策。谈判高手凭"三寸不烂之舌"，说得天昏地暗，使对方招架不住；而领导干部再凭"学问深不深，全凭舌头较真"来说服下属，好像就有点不灵了。应该多听下属的反映，

少说些不着边际的话,藏心计于胸中,才可胸有成竹,争取成功。

> 身教胜于言教,说到不如做到。然而,许多领导干部经常对群众讲大道理,却拿不出实际行动来。久而久之,群众就会对领导干部的话产生逆反心理。

各级领导干部,要想赢得群众的支持,办好自己负责的事情,就要不求浮华,少说多做。拿出切实的实际行动,多办实事,多做老百姓需要的好事,让人民群众得到真正的实惠。面对今天复杂的执政局面,领导干部想做到让民众拥护并让上级满意,并不容易。这不仅要求领导干部要善于宣传、教育和动员群众,还要能用实际行动踏踏实实地干实事、去引领群众、凝聚群众、团结群众。

不求浮华,关键是要做到求真务实,实干型的领导干部总是全身心投入事业,将人民的利益高于一切的原则置于一切工作的首位,并且努力以身作则。甚至冒着一定的危险为大众百姓树立自我投入、自我奉献、自我牺牲的榜样,让广大民众充分感受到领导干部的务实作风。对于已获得一致通过的事情,他们总是一马当先地去做。在为目标服务的过程中,实干型领导干部以行动表明自己并非出于私利,而是出于对最广大民众利益的关心。实干型的领导干部对组织的原则是相当看重的。当领导干部接到了党和国家的部署指令之后,他们会根据实际而向群众许诺,用行动保证上级精神和党的路线方针政策的贯彻实施。他们自己会以身作则地遵循。领导干部正是通过自己的行为向广大群众证明自己的官德素养和领导能力的。

身先士卒、以身作则、脚踏实地,这些行为能使领导干部产生巨大影响力,表明了实干型领导干部对理想、对目标的坚定信念。他们尽管说得很少,但他们会用自己的榜样行动来激励广大群众。因为实干型领导干部深深懂得,与自己并肩前进的人总是比跟在自己后面走的人更努力,也走得更远。而如果自己能够坚持走下去并带头行动,总会有人与自己同行的。

不求浮华,用行动说话是实干型领导干部的一个标志。 各级领导干部，若想真正调动起广大群众的积极性，动员起全社会力量共同建设好小康社会，办好本地区、本部门的事，让广大人民得到真正的实惠，就应当做一个"做得比说得更漂亮"的真正实干的领导干部。

领导干部只有通过自己全身心投入事业、热忱奉献、以身作则的行动来领导大众，才能赢得最广大群众的全力支持与协助，从而共同赢得事业的成功。所以，领导干部在工作中最好要本着诚实、中肯的原则，不褒不贬，恰到好处，有功说功，有过说过。这样，才能赢得大多数人的尊敬，在群众的心中形成一个高大的形象。

4. 实实在在，把领导工作落到实事上

做老百姓看得见、摸得着、用得上的实事；解决老百姓最迫切、最直接、最现实的问题。

领导干部要做实事，重实际，求实效。这是今天广大人民群众对为官者最大的期许，也是满意不满意、欢迎不欢迎的基本标准。

所谓实事，就是领导干部实实在在能解决具体问题的事，是老百姓看得见、摸得着、用得上的事。实事还有一个重要的特征便是具体。就像解决老百姓"煤气供应不足""暖气冬天热""占地补偿太少""西瓜丰收了难卖"等这类问题，大道理说得再多，不如拿出一个实际行动来，办成一件实事。身为各级领导干部，给群众讲半天数字、原因和道理都是虚功，解决一个具体问题，便是做了实事，落到实处了。

> 领导干部做工作落到实处、干好实事的要领便是狠抓具体。既要弄清具体情况，研究具体招法，观察具体变化，解决具体问题，又要在落实中目标具体，要求具体，措施具体。

总结当代领导实践，我们可以看出，**一些领导干部工作进展不大，使群众不满意，往往不是因为他们没有好的思路、好的规划，而是因为他们作风漂浮，工作华而不实。**该抓的工作不去认真抓，该管的事情不去认真管，该督促检查的不去认真督促检查，有了规章制度也不严格遵循，结果

是会议没少开、文件没少发、制度没少定，但是工作就是落不到实处。

现在有不少领导干部，之所以威望不高，评价不好，原因之一就是不干实事。要知道领导干部的威望靠上级封不出来，靠权力压不出来，靠自己吹不出来，靠耍小聪明骗不出来，只有靠真心实意、尽心竭力、坚持不懈地为群众办实事才能出来。领导干部为群众办事，群众为领导干部鼓足干劲。群众劲头越来越足，领导威望越来越高，从而形成良性循环。领导干部要知实情，说实话，而不能不顾客观条件，不分轻重缓急，不排先后主次，只顾说起来好听，看起来热闹，提些不切实际的目标，到头来劳民伤财，图虚名。因此，群众只能得出这样的印象：听那些领导干部讲话是"想听的他们没讲，所讲的都是听腻了的"。表面上他们似乎是很重视原理、准则，实则违背了"具体问题具体分析"这个最根本的原理和原则。

现在有一种现象，一方面人人都反对只说空话、不干实事的人，另一方面肯干实事、多干实事的人又常常得不到支持和理解。因为，凡干事的人就得说话，就得办事，就得待人接物，而老说话难免有错，老办事难免有误，老待人难免有怨，加在一起就叫作说错了话，办错了事，得罪了人。结果办事的人的缺点比不办事的人还多，办事的人有时反而不受一些人待见。因此，**评价一个领导的工作如何，不能只看他说得怎样，而要看他做得如何，看他说的与做的是否取得了实际效果。**

求真务实的领导干部很少去逞个人英雄主义之能，他们更愿意在自己的领导岗位上，踏踏实实地做好每一项工作，兢兢业业地履行自己的职责。他们总是懂得从群众最关心的、最迫切需要解决的实际问题和具体事情去做，一步一个脚印、脚踏实地地实现领导工作的目标。当代领导干部在今天的时代发展中，尤其要避免浮躁，避免急功近利，要竭尽所能地做一名求真务实的领导干部。这是时代的呼唤，也是百姓的需要。

5. 少说空话，多干经得起检验的实事

形象工程往往会毁掉政府形象；政绩工程往往形成不了真正政绩。

领导干部为群众办事，关键是要落实到实处。落到实处，最终的体现

就是实际的结果和成效,让群众不仅能看到,还要能得到实实在在的好处。实效是检验"实"还是"不实"的标准。实效,就是要实实在在的,不能有半点虚假或遮掩的成分。俗话说,"其身正,不令而行",如果领导干部的作风过硬,真抓实干重实效,势必会极大地振奋民心,凝聚民心,我们的事业就大有希望,领导干部的工作就会大有作为,深得民心。

(1) 实事取得实效,首先要经得起实践的检验

经得起实践检验,是指干部在落实的过程中,能够听民声、摸实情,使该办的实事符合实际,并取得事半功倍的效果;不能脱离实际、揠苗助长、好大喜功,不能打着办实事的幌子,大搞"形象工程"、"政绩工程",以至于一些花了大钱办起来的"实事"中看不中用,严重损害了党和政府的形象。

(2) 实事取得实效,其次要经得起群众的检验

经得起群众的检验,是指干部在落实过程中要时刻牢记党的宗旨,从群众中来,到群众中去,把办实事的决策与群众的意愿结合起来,把实事的实施与群众的积极性结合起来。既然是为群众办实事,那就要听一听群众意见,看一看群众反应,瞧一瞧群众脸色,对群众赞成的实事要赶紧办,对群众反对的实事就不要办,把有限的财力投入到最该办、最急办的实事上去,真正做到权为民所用、情为民所系、利为民所谋。

(3) 实事取得实效,再次要经得起历史的检验

经得起历史检验,就是干部在落实过程中要有历史感和使命感,能够登高望远、从长计议。有些事现在看是可行的、合理的,但随着时间的推移和情况的变化,有可能变得不可行、不合理;有些实事现在可能不被人理解、认可,但随着时间的推移将被历史证明是正确的。干部应该本着对人民负责、对历史负责的精神,以是否符合人民群众的根本利益、是否符合事物发展的规律、是否代表事物前进的方向为基准,抓住机遇大干快上,把看准的实事办好、办到位,办得有成效。

> 不管是落实党和国家的大政方针，还是落实具体的措施要求，领导干部都应该按照"关键是要取得实效"和"确保成为群众满意工程"的要求来检验和衡量办事效果。

6. 以真抓实干为领导干部树立形象

一个受欢迎、出成绩的领导干部，往往是凭自己的行动征服了民心，树立了权威，得到了组织上下的称赞和拥戴的领导干部。

在现实工作中，有些领导干部对于一些实际具体的事务性工作不屑一顾，以为只要动动口就行了。其实这种认识是片面的，一个光说不做、光喊口号缺乏行动的领导人，很难树立起让人自觉服从的权威。

领导干部的实干能力有很多方面，其中真抓实干的行动能力至关重要。实践证明，**当领导干部号召和动员公众时，他们简简单单的真实行动要比他们丰丰富富的华丽语言的影响力大得多**。这是因为，在公众看来，领导干部的一举一动都是无声的"自我广告"，这些直观的形象信息，能影响老百姓对领导干部的评价。对于群众来说，他们信奉"耳听为虚，眼见为实"的信条，也就是说，他们更相信自己眼睛看到的东西，并据此做出自己的判断。

党的许多老一辈革命家，之所以深受人民爱戴，在党内树立了光辉的榜样，就是因为他们以实际行动为人民谋利益，解决群众关心的事。在关系到人民群众切身利益的重大问题上，只要是对党、对人民有利的，他们就敢于真抓实干，将工作落到实处。

真抓实干还体现在讲真话上。在群众最需要时，敢讲真话，不说假话。**身为领导干部，自己的一言一行总是让普通大众张开耳朵听，睁大眼睛看**。广大群众早已吃够了领导干部说假话的苦头，听腻了大话、空话、官话、套话，所以，只要领导干部不说实话、真话，老百姓就不会买他的账。对一个领导干部来说，如果把实事求是、求真务实比做生命的话，那么说真话就是流动在生命体内的血液和人类赖以生存的氧气。

钟南山成名于"非典"。在流行性疾病汹涌来袭时，他敢于向权威提出学术争论；面对错误疫情报告时，他又敢于揭开真相。

钟南山成长于医学世家，在这种学术家庭氛围的熏陶下，钟南山身上自然有一种非常强烈的知识分子性格。钟南山说："我觉得知识分子有一条底线，就是尊重事实。事实是怎么样，那我们对问题的认识就应该是怎么样。"

对于讲真话，钟南山并不后悔："我觉得该怎么讲就怎么讲，从来没有过要调整自己的想法。真话不一定都对，但一定要讲真话。我想，就像我父亲讲的，做人要问心无愧。"因此，他最终坚持采用了自己的判断和治疗方案。

不唯书、不唯上、只唯实，就是钟南山这样受人民群众尊重的科学家一贯坚持的做人、做事的原则。能不能真抓实干可以折射出一个人的人格。

> 一个为人民负责、时时处处把执政为民的道义与责任挂在心间的领导干部，就会坚持求真务实的做事风格，把群众的事当作自己的事，把群众的冷暖当作自己的冷暖，真抓实干地为群众谋福利，办实事。

三、尽心尽责：敢于把工作负责到底

敢于负责、勇于担当，是领导干部十分重要的官德体现。乐于为人民的事业负责是一种官德，敢于为自己的行为担责也是一种官德。当领导干部把事情做对了、做好了，做得让人民群众满意了，既反映出自己的领导水平，也体现了为官的敬业官德。而当领导干部把事情做错了、做糟了，做得让人民群众不满意了，这时则是对领导干部的官德最大的考验，就是看其是否敢于担当，敢于负责，敢于为自己的过失进行道歉，并采取积极的措施进行及时的纠正和补救。最明事理的人民群众，只是不原谅腐败的错误，不原谅恶意的错误，不原谅缺德的错误，但对犯了错误之后敢于担当责任，并诚心诚意地向群众道歉、改正错误的领导干部，还是会给予谅解和尊敬的。

1. 责任心是高效执行力的真正保障

领导干部的责任心，就是党和政府工作的防火墙。其实执行力的提高与领导干部的责任心息息相关。而领导干部的责任心缺失，又与政府的形象与公信力有关。润物细无声，需要责任心的地方，并不一定都是涉及组织的生存关键之处，反而往往是那些看似无大碍的小节之处。而这些小节的积累，往往就注定了工作的成败。

在一些政府机关中，人们经常见到这样的现象：电话铃声持续地响起，大家仍慢条斯理地处理自己的事，一屋子人在聊天，办事的电话铃声此起彼伏，可就是不接听。问之，则曰："还没到上班时间。"其实，离上班时间仅差一两分钟，工作人员就是看着表不接电话。这些问题看起来是微不足道的小事，但恰恰反映了一些工作人员的责任心。而正是这体现责任心的细小之事，关系着政府工作的信誉、信用、效益、发展。

> 古往今来，为官之责价值千金，当官责任重千钧。深刻认识和把握责任担当问题，做一个勇于担责、尽心尽责的领导干部，具有非同一般的意义。

能不能担当责任，是衡量人品高下的重要尺度。尽心尽责，是一个领导干部社会责任感和正义感的体现，是社会稳定、安全、和谐的基础，是自强不息浩然正气的象征。作为一名领导干部，在国家大事、社会难事面前，是退避三舍，还是担起责任，不仅看出思想境界和自我能力，也决定着自己最终是否有所作为。

领导干部作为个人的价值在于能担当。人的提升，在于能够适应更高的要求，担当更大的责任。担当的责任越多，往往证明其价值越大。人生在有责任中成长，在勇于担责中前行，在尽心尽责中辉煌。北宋大儒张载有言"为天地立心，为生民立命，为往圣继绝学，为万世开太平。"作为领导干部，有了这份心系苍生的责任感，怎能不被激发出卓尔不群的创造力、勇气、智慧和力量？有了责任感才会迎难而上、锐意进取。个人的潜能往往在尽心尽责中得到充分发挥。遇事推诿、裹足不前，在逃避担当的同时，往往也错过了成就事业的机会。职责与使命如影相随，指引人生道路，照亮人生前程。**领导干部的人生追求要有所建树，必须坚持尽心履职，尽责担当，这是实现人生价值的重要法则。**

反观现实社会，有一些政府领导干部，遇"大事难事"，不敢担责、不愿负责。有好处可得时趋之若鹜，要承担责任时则避犹不及。面对各种责任，有的人认为自己不在其位，不谋其政，无法担当；也有的人认为自己职权有限、能力有限，无力担当；有的人则认为讲责任太沉重，担责任太劳累，不愿担当；还有的人干脆说："天塌下来有高个子顶。"自己无须担当。在日常工作中，人浮于事、推诿扯皮的现象常常出现；在危难和考验面前，一部分人常逃避退缩，把一些重要的工作留给别人去做。

因此，在领导工作中，越是艰巨的任务，领导干部就越应该主动去承担。而承担艰巨的任务是锻炼自己能力难得的机会，长此以往，领导干部的能力和经验会迅速得到提升。在完成这些艰巨任务的过程中，也许有时会感到很痛苦，但痛苦会让领导干部变得更成熟、能力更强。

很多人为什么喜欢推诿？原因无非是两条，一是嫌麻烦，二是怕承担责任。有了这样的心态，就算是自己职责范围内的事情，都不愿意做，都恨不得把责任推给别人。最好的执行者，绝不允许推诿，既然问题出现了，就一定要解决。

敢负责，就没有什么难事。即使在工作中出了错，只要善于总结，及时纠正，今后再遇到同样的问题就能轻松解决了。

> 作为当代领导干部，属于自己职责范围之内的事情，就绝不要推诿。假如每个人都不愿意承担，把责任推给别人，那事业怎么发展，工作如何推动，个人又哪来的机会？所以，从现在开始，要做到尽心尽责决不推诿。

第五章 恪尽职守，尽职敬业，勤于政务

2. 培养责任感，对自己的岗位工作尽心尽责

没有责任心就不是合格的领导干部！不能尽心尽责就不是称职的领导干部！当党和人民对政府工作不停地呼唤诚信、强调执行力、重视领导力、倡导"自动自发"、要求"没有任何借口"的时候，殊不知，责任、责任心、责任感正是广大领导干部勤政为民、做出人民满意成绩的真正支柱。

领导干部的责任感是通过自己的实际行动而体现的。责任感意味着达成目标和执行计划，意味着如果出现失败也不寻找借口，而是承认错误并为将来汲取经验。责任感来自纪律和严谨。它不仅仅是按上级要求去完成任务，而且是尽心尽责地确保任务的完成。在这里，可以把责任感定义为一种文化或者一种规范领导干部行动的行为方式。**责任感为领导干部设立了一个标准，必须做什么并要求切实做到的行为标准。有了责任感，高执行力才可能随之而来。**

对任何一个岗位来说，责任感都是一种能带来巨大隐性价值的资源。不少政府机关都在努力建立起履行责任和执行计划的组织氛围。在具备了这种责任感的团体中，具有出色责任感的成员就会比比皆是。

如何培养领导干部的责任感，使领导干部不逃避自己应负的责任呢？可以使用下面的操作方法来培育责任感，并以此提高执行力。

- 通过追踪目标的完成程度来获得对整个组织责任感的认识。
- 在日程表里安排一项内容——公开表扬已达成的目标以及与之相关的关键性人物。
- 通过让所有的利益相关者陈述组织的战略以及该战略对他们的意义来评价战略的清晰程度。
- 利用那些能够表征组织未来状况的单词、短语、符号以及形象来提高战略的清晰性。
- 通过研究绩效衡量系统、思考是否可以从中看出战略的影子来评估衡量体系和战略的一致程度。
- 为那些与战略相关的组织成员确定所期望的工作成果和行为衡量

标准。

- 确认根据衡量体系来给出正面或负面的结果，并明确达成目标的组织成员会得到什么结果、错失标准的组织成员会得到什么结果。
- 确认这些结果既有物质的（假期）又有非物质的（表扬）。
- 为组织成员提供实时反馈，以帮助他们学习和提高。
- 运用多种方法来接受和给予反馈（诸如360度评估、绩效总结以及事后评估等）。

美国著名心理学博士艾尔森曾对世界各个领域的100名杰出人士做了一项调查。让他感到吃惊的是，大约有61%的人坦言，他们现在所从事的职业并不是他们喜欢的，或者说是不是最理想的。

为什么一个人在自己不太理想的工作中，也能取得那样优秀的成绩呢？艾尔森博士走访了多位商界精英，最后得到一个满意的答案：**要成为一个负责的人，最基本的一点就是要对自己的工作负责，这是一个人最基本的责任和义务。**

如果一个领导干部，无论是在普通的岗位上，还是在重要的职位上，都能秉承一种负责、敬业的精神，一种服从、诚实的态度，并表现出完美的执行能力，这样的人一定是上级组织和领导的最佳选择，也是广大群众的最优选择。

那些在职场上表现平庸的人都有以下共性：不受约束，不严格要求自己，也不认真负责地履行自己的职责；对一切岗位制度和组织纪律，都在内心深处不以为然，对于一切指导和建议都持抵触情绪和怀疑态度；以玩世不恭的姿态对待自己的工作和职责；对自己所在机构的工作报以嘲讽的态度，稍有不顺就频繁跳槽；上级稍加疏忽便自我懈怠；如果没有外在监督，根本就会不好好工作；对工作推诿塞责，故步自封……任何工作到了他们的手里都得不到认真对待，最终他们得到的就是年华空耗，事业无成。以这种态度面对工作和生活，还谈什么谋求自我发展、提升自己的人生境界、改变自己的人生境遇、实现自己的人生梦想呢？

作为领导干部，只要对自己的工作尽心尽责，就会抛弃借口，丢掉脑中的消极懒散的思想，把全部身心投入到自己的工作之中，以勇于负责的精神去面对自己的工作，时时处处为百姓着想。只有改变自己的工作作风，主动清除自己头脑中的错误思想，才能成为一个真正具备勇于负责精神的员工，才会被上级组织所重用，才会获得全面的信任，并得重要职位，拥有更广阔的工作舞台。这时候，自己事业的成功也就指日可待，胜券在握了。

> 生活总是会给每个人回报的，无论是荣誉还是财富，条件是个人必须转变自己的思想和认识，努力培养自己勇于负责的工作精神。一个领导干部只有具备了勇于负责的精神之后，才会产生改变人生的力量。

3. 锻造过硬的承担责任的能力

领导干部能否出色地履行好岗位职责，取决于其是否具有较高的能力素养，取决于其思想道德品质、政治素质、知识水平、业务能力、敬业精神的综合水平。在领导干部的多方面素养中，起决定和基础作用的要素主要有责任能力。领导干部只有锻造过硬的责任能力，才能积极地"在其位、谋其政"，适应形势任务变化要求，实践科学发展观，妥善处理各种新情况、新问题，保证党和政府各项任务的顺利完成。

强调领导干部要有过硬的能力和本领，从哪个方面讲都不为过。从完成党的执政使命看，我们迫切需要有一支政治上靠得住、工作上有本事、作风上过硬的行政干部队伍，迫切需要有一支能在各方面发挥先锋模范作用的社会管理队伍，只有这样，我们党才能担负起引领时代发展的重任。从增强党的威信和影响看，我们迫切需要拥有一大批既忠于党、忠于人民，又具备各方面专长和本领的领导干部。如果领导干部的本领比群众还差，这样的领导干部不可能赢得群众的尊敬和拥护，政府整体形象也会因之打折扣。从自身的发展要求看，现在社会竞争日益激烈，领导干部如果能力有限，不要说为党和人民事业做出贡献，自身都可能面临被社会竞争所淘汰的命运。所以，于民于国于己，领导干部都应不断增强本领。

能力和本领从哪里来？从学习中来，从实践中来。加强学习和实践，是克服"知识恐慌""本领恐慌"的唯一途径。1939年5月20日,毛泽东同志在延安在职干部教育动员大会上的讲话中指出:"共产党要领导革命,就要发起学习运动。抗日战争后,我们的同志要适应斗争的需要,要加强学习,而很多现象显示,我们的队伍里有一种恐慌,不是经济恐慌,也不是政治恐慌,而是本领恐慌。过去本领只有一点点,今天用一些,明天用一些,渐渐告罄了。好像一个铺子,本来东西不多,一卖就完,空空如也,再开下去就不成了,再开就一定要进货。我们干部'进货',就是学习本领,这是我们干部所迫切需要的。"领导干部要锻造自己过硬的责任能力,就要从以下三个方面做起:

首先要加强理论学习。高尔基曾说:"人的知识愈广,人的本身也愈臻完善。"**对领导干部来说,要胜任政务工作,不仅要熟悉理工类科学知识,还需要了解和掌握人文社会科学方面的知识。**21世纪是一个日新月异的时代,对领导干部最重要的素质和能力要求,就是要善于学习、善于自我反省和不断超越自我。每个领导干部都要积极面对新形势带来的新任务、新挑战和新考验,在学习中提高,在学习中完善,努力成为面向世界、面向未来的学习型政府工作人才。

其次,要加强对新知识的学习。我们所处的时代,是知识"大爆炸"的时代,也是综合国力竞争日趋激烈的时代。在这样一个充满竞争的时代,领导干部应当带头加强对新知识的学习。要努力学习现代化建设所需要的一切知识,用人类创造的优秀文明成果充实自己、提高自己。

再次,要加强对新技能的学习和钻研。知识是能力的钥匙,但知识并不完全等同于能力。领导干部要真正做到有本领,除了要勤奋学习文化知识外,还应当钻研和掌握做好岗位工作所必需的技能。如果当机关干部的不能搞调查研究,当基层干部的不深入到群众中,接待信访的对政策条文还不如上访者熟悉,又何来责任心,何来政绩,这样的领导干部就不能令人信服。

当然,人的能力有大小之分,本领有高低之别,岗位要求也各不相同。要求领导干部责任能力强,并不是说要求每个人都必须成为专家学者,成为学贯中西的"大家",**而是希望领导干部养成自觉学习的习惯,树立终身学习的观念,善于向书本学、向他人学、向实践学**,通过不断地学习，不断地总结提高，努力增长实际工作能力，尽可能多地掌握为党工作、为人民群众服务的本领。

作为领导干部，应当创造条件，努力加强精神修养，强化自己的责任能力，在自己的岗位上有更大的作为，多为民众办实事办好事，争做一名优秀的，人民群众满意和欢迎的领导干部。

4. 执行有所建树，必须敢于担当

敢于担当是领导干部一项极为重要的官德素质，是激发斗志、凝聚人心，团结带领部属干事创业的基本条件。**古人说得好：大事难事看担当，顺境逆境看襟怀**。一事当前，对工作、事业、任务、困难，敢于负责，勇于担当，这是领导干部的使命所在，是强烈事业心的表现，是顽强意志品质的反映。

所谓担当，就是在职责需要的时候，毫不犹豫、责无旁贷地挺身而出，全力履行自己的责任，并在承担责任中激发自己的全部能量。敢于担当，就要一切以党和人民的事业为重，对组织的重托和上级的决策，千方百计地去谋划，不怕千难万险去克服，历尽千辛万苦去完成。一个遇事不敢担当的人，没有资格当官，即使当官也绝对不是好官。现在有少数领导干部，缺少的不是能力和水平，缺乏的不是智慧和思维，而是没有敢于担当的精神和勇于负责的勇气。毫无疑问，**领导干部的担当，就是平常时刻看得出，关键时刻站得出，危难时刻豁得出**。鲁迅先生说过："我们从古以来，就有埋头苦干的人，有拼命硬干的人，有为民请命的人，有舍身求法的人……这就是中国的脊梁。"特别是党政机关的各级领导干部，毫无疑问应当成为鲁迅先生所说的"中国的脊梁"。然而，现实生活中，一些领导干部在其位而不担其责，有的满足于当"传声筒"、"收发员"，浑浑噩噩，遇到问题绕道走；有的对工作中出现的新情况、新问题和群众的意见，只限于做做批示、提提要求，不敢一抓到底；有的不敢面对矛盾，"得罪人"的事不干，"讨人嫌"的话不说，只要不出事，宁愿不做事，一旦出了问题，往往推卸责任，甚至金蝉脱壳。实践证明，敢不敢于担当，是一个领导干部事业心责任感强弱的具体表现。不敢负责，没有担当，说到底恐怕还是因为个人得失之心太重，患得患失，顾虑重重，多思转多私。忧的不是不辱使命，而是个人名利；虑的不是事业进展，而是个人得失。作为党和国家事业的组织者、推动者，领导干部的责任不仅关乎个人，更关乎一个地方的发展、一方百姓的福祉。如果缺少担当，在位就不可能在状态，就会错失机遇、耽误进程，就会干不出成绩、打不开局面。"沧海横流，方显英雄本色。"**领导干部要以攻坚克难的勇气、敢于负责的态度，知难不畏，排难而进，义无反顾地承担起时代和历史赋予的使命，切实做到敢于担当、善于担当。**

敢于担当体现了对责任的敬畏之心。俄国著名诗人普希金说过，"大石拦路，弱者视为前进的障碍，勇者视为前进的阶梯"。面对矛盾、问题、困难、难题，有的勇于攻坚、化险为夷，有的裹足不前、畏首畏尾，关键在于境界不同。一个地方、一个部门的领导干部，守土有责、富民有责、兴业有责，肩上的责任可谓重大。树立"事业大如天、责任重如山"的意识，拥有责任感，是一切为官者的灵魂，它折射出每一个领导干部道德水平的高低和人格的高下。领导干部有了责任感，就能经常进行自我检查、自我监督、自我评价。做了有利于人民的事，就会感到满足和欣慰；若为官一任，一事无成，甚至损公败业，就会深感内疚、惭愧和悔恨。作为一名党的领导干部，必须以强烈的事业心和忘我的敬业精神，保持蓬勃朝气、昂扬锐气和浩然正气，兢兢业业，脚踏实地，尽职尽责，大胆创新，真抓实干，诚心竭力为群众办好事、解难事，不断让人民群众得到实实在在的利益。要做到敢于担当，就要做到以下三个方面。

①敢于担当就要迎难而上。领导干部要解决问题必然要触及各种矛盾，甚至会得罪一些人，受到阻挠和责难。**如果没有敢于碰硬的精神，没有一身正气和坚定信念，是难以做到迎难而上的，也是解决不了问题的。**特别是那些久拖不决、积重难返的问题，解决起来难度很大。在那些各种利益盘根错节、消极腐败现象严重的地方，影响问题解决的因素很多，倘若领导干部不敢碰硬，听任问题发展下去，问题就会越积越多，遗患无穷。其实，越是回避问题，就越是陷入被动；如果真正敢于攻坚克难，反

而能够攻克它、解决它。况且，敢于攻坚克难、解决问题是对党和人民负责的表现，必然会赢得广大人民群众的拥护和支持。

②敢于担当就要果断决策。古语有云："当断不断，反受其乱。"顾虑重重，怕这怕那，畏畏缩缩，往往会贻误时机，后悔莫及。2008年贵州发生的"瓮安事件"、2009年湖北发生的"石首事件"，最初都源于一件刑事案件，但由于当地领导议而不决，没有及时采取应对措施，结果"小事拖大，大事拖炸"，酿成震惊全国的群体冲突。疑虑拖延是决断的大敌。有些决策，特别是一些非常规性的决策，本身就包含着一定的风险，何况有些事情来得急，需要当机立断，否则稍纵即逝，就会错过良机。这就要求领导干部要有决断的魄力，勇于承担责任，果断定下决心。切不可畏首畏尾，议而不决。

③敢于担当还要勇于承担工作失误的责任。领导工作的实践证明：官德品质高、敬业精神强的领导者，之所以能取得出色业绩，原因是多方面的，重要的一点就是作为党和人民的代言人在这一重大的历史任务面前要表现出彻底的、大无畏的担当精神。作为领导干部对自己工作中出现的问题和失误，必须实事求是地弄清其产生的原因，主动自觉地查找自己在主观意识和工作方式、方法上的责任，不推不拖，不遮不掩，诚心诚意地接受群众的监督，不断总结经验教训，改进工作，这才是责任意识强的表现，才有助于达到改进和推动工作的目的。只有这样，才是一个负责任的领导干部对待党和人民事业的正确态度。从这个角度上讲，对一些领导干部在重大事故中应负的责任必须予以追究，绝不能姑息迁就。

> 无论是在生活中还是工作当中，每个人都承担着一定的责任。凡是自己要做的事，就必须得自己做，而且要全力以赴做到最好。

在日常政务工作中，常常有这样一些领导干部，他们总抱怨上级不授权或权力太小，无法用权管事。可是遇到真正的麻烦时，他们往往会把问题要么往下推要么往上交。

其实，权力和责任是对等的，领导干部有多少权力，就要负起多少责任。比如做群众工作解决实际困难，这其中会有很棘手的麻烦，最容易涉及各方面的利益关系。碰到群众利益与自己意志相矛盾时，千万不要找各种理由推三阻四，特别是当出现问题的时候，切忌把责任和矛盾往外推。

前人有这样一段话："大事难事看担当，顺境逆境看襟度，临喜临怒看涵养，群行群止看识见。"这四"看"讲的是在人生的各种关口，最能看出一个人的品性、胸怀、修养和境界。其中首句的"大事难事看担当"，集中体现了一个人的人格力量的强弱和道德境界的高低。对担负着领导工作责任的领导干部来说，更是如此。因此，当出现问题的时候，身为领导干部请不要推卸自己应负的责任。失败的人永远找借口，成功的人永远找方法。只有敢负责任敢于担当的人，才是主宰自我生命的设计师，才是命运的主人，才能获得生命的自由，才能赢得别人的尊重和爱戴，自己也才能收获，才能发展。

担当，有不同领域、不同层次、不同形式。"一人做事一人当"，是普通百姓对担当率直快意的表达；"天下兴亡，匹夫有责"，是仁人志士丹心报国的担当誓言；"穷且益坚，不坠青云之志"，是有志者身处困境自我担当意念的袒露。人生需要担当，有担当的人生才能尽显大气与豪迈；家庭需要担当，有担当的家庭才能拥有和谐与融洽；一个单位需要有担当的成员，有担当方能成就"经世之事业"；一个社会需要有担当的脊梁，有担当方能谋取天下的福祉。作为领导干部，担当不仅是"修身齐家"的人生需要，更是勤政为民的执政需要。

5. 沉着应对，不要因突发事件乱了手脚

在领导干部的日常工作中，常常会遇到一些突发事件，而有些事件如果处理不及时、不妥当，就会造成很大危害。这种情况往往会让一般人处在恐惧之中，乱了手脚。一名尽职敬业的领导干部，应首先稳住局势，控制住事态，使其不扩大、不升级、不蔓延，这是处理突发事件的关键。要达到这一目的，可采用以下几种方法。

（1）心理控制法

无论哪类突发事件，都会对人们心理产生相当大的冲击与压力，使大部分人处在强烈的冲动、焦躁或恐惧之中。所以，当事的领导干部首先应

控制自己的情绪，冷静沉着，以"冷"对"热"、以"静"制"动"，镇定自若。这样，其他人的心理压力就会大大减轻，并能在领导干部及时的引导下恢复理智，这有利于突发事件被及时解决。罗斯福总统在应付"珍珠港事件"时的镇定自若起到了稳定人心的作用，并使美国全国上下同仇敌忾，这正是运用了心理控制法。

（2）组织控制法

对于突发事件，运用组织控制法是指在组织内部迅速统一观点，使大多数人有清醒认识，稳住自己阵脚，以大局为重，避免危机扩大。这种方法要求：

一要注重效能，标本兼治。正因为处理突发事件的首要目标是迅速果断行动，控制局势，这就必然要求突发事件的决策指向必须针对表象要害问题，达到"立竿见影"的效果，首先治"标"，为此而采用的决策方式可以是特殊的，在治"标"基础上，才能谋求治"本"之道。

二要打破常规，敢冒风险。由于突发事件前途扑朔迷离，犹如处于瞬息万变战场的军队，需要强制性的统一指挥和凝聚力量。同时，在突发事件决策时效性要求和信息匮乏条件下，任何莫衷一是的决策分歧都会产生严重的后果。所以，对突发事件的处理需要灵活，要改变正常情况下的行为模式，由当事负责的领导干部最大限度地集中决策，使用资源，依决策经验采纳某建议，迅速做出决策并使之付诸实施。

三是循序渐进，稳妥可控。**在处理突发事件时，领导干部固然要有冒险精神，但也要倾向于选择稳妥的阶段性控制的决策方案，以保证能控制突发事态的发展趋向**。领导干部在信息有限的条件下采用反常规的决策方式，并对决策后果风险进行预测和控制时，需回避可能造成更大波动的方案，同时注意克服急于求成情绪，因为突发事件的表象固然可以迅速得到控制，但其根本的处理则需要在表象得到控制的阶段上进一步决策，做到既要及时应变，又要循序渐进，寻求可靠路子。

第六章
秉公用权,树立公正无私的权力观

在我国,各级领导干部作为履行公职的党和国家工作人员,其领导行为和办事作风,关系党和政府的形象,关系人民群众切身利益的实现,关系中国特色社会主义建设的大局。因此,领导干部必须树立正确的世界观、权力观和事业观。无论处于哪个地方、哪个层次、哪个岗位,领导干部都要遵守纪律和法律,忠于职守,勤勉尽责,公正公道,为民服务。

党和政府的各级领导干部,其个性特点、能力素质、工作方法可能各不相同,但对办事过程都有一个共同的基本要求,那就是必须公正无私,只有这样才能凝聚人心,做好领导工作。

一、公正用权，在阳光下运行权力

公正用权实际上是指依照制度和程序规定来秉公办事。领导干部正确对待自己手中的权力，核心是要秉公、依法用权。凡事出以公心，正确处理好公与私的关系，保证权力为广大人民群众服务，不谋求个人和小集团的私利，坚决反对只讲面子、不讲真理，只讲感情、不讲原则，只讲关系、不讲党性的不良作风。

1. 用好权力最重要的就是要公平公正

亲贤远佞，是领导干部从政为官的保证；公平公正，是领导干部运用权力的前提。

有人说，公心是很高的境界，普通人很难做到，但领导干部却必须要有。事实上，公心是一种价值的合法排序，是一种做事的态度。领导干部，作为党政机关工作人员，办事过程中必须提出公平公正的公心。

公平公正，表达的是一种合理性的价值追求。公平公正是一个领导干部应持有的做人、做事的理念，是调整人与人关系的一种行为准则和规范，是社会安全运行和健康发展的准则，是实现社会有效整合和有机团结的基础。公平公正，就是实事求是地判断是非，公正合理地处理问题。

在政治家和英模身上，我们固然可以看到更强烈的公心，但这并不意味着公心就是高不可攀、遥不可及的。越是基层的领导干部，就越会接触到更多的老百姓，处理更多的关乎百姓实际利益的事务，在这些平凡的待人处事过程中，如果抱着一颗公心，尽职尽责地工作，公平公正的处理矛盾，同样能体现自我价值，赢得百姓和民心。

领导干部要树立良好的形象，必须办事公道，执政用权出于公心。这样才有凝聚力，才能树立起众望所归的好形象。作为领导干部，在下属及公众面前树立一个公正无私的贤者形象，才能更好地树立权威，取信于民。

公平正义是为官者的良心。只有领导干部首先树立了正义感，才能引导整个社会树立起公平正义的良好风气。领导干部的一项重要职能就是解决处理群众反映上来的各种问题。能否公平公正地解决这些问题，让群众满意，取决于领导干部有没有公心，取决于领导干部是不是一个主持正义的人。

作为领导干部，首先心中要存正义感，要公平公正、正直无私，要认同正义并主持正义。**只有领导干部首先树立了正义感，才能引导整个社会树立起公平正义的良好风气。**

还要坚持原则，不徇私情。只停留在知道是非善恶的标准是不够的，还必须在处理事情时坚持标准，坚持原则。为了个人私情不坚持原则，是做不到办事公道的。要按原则办事，按规矩办事，不能个人说了算。提倡有主见，反对搞主观。办事要出于公心，不能带成见、带倾向，不能支持一派、反对一派。在工作中要尽量排除私心杂念，更不能感情用事。一切要从工作出发，一切要为大局着想。

> 历史告诉我们，什么时候奸邪兴、私权盛，公正必然废，事业必受损。领导干部能否做到公正，关系着党的内部形象，关系着党的内部团结，关系着党的事业的发展。

领导干部不能正直为人和公正地处事，必然要脱离群众，挫伤群众的积极性，不仅会影响党在群众中的形象，甚至有失信于民的危险。如果领导干部是公正的，能够做到好不废过、恶不去善，不因喜以谬赏，不因怒而滥刑，不因爱而溢其美、饰其非，不因憎而增其恶、没其是，那么，党的原则就能得到维护，人们的心情就会舒畅，就有利于调动干部群众的积极性，促进安定团结。

2. 领导干部要做公道正派的表率

所谓"公道"，就是公平、客观、合理，遵循事物发展和人类社会关系中的基本法则，尊重事物的本来面目；所谓"正派"，就是作风、品行

第六章 秉公用权，树立公正无私的权力观

要规矩、光明、严谨，要符合社会大众的道德意识、思维方式和行为方式。以"公"为"道"，不偏不倚；持"正"为"派"，不歪不斜。这样才称得上"公道正派"。公道正派是为人处世的基本道德准则和行为规范，是人们普遍认同的处世态度和价值取向，它具有一定的社会历史性和阶级性，在不同的历史时期，有着不同的表现形式，具有鲜明的时代特征。

公道正派是先哲圣贤们始终追求的道德和精神境界。公道正派是一个好人应该具备的基本品质，对那些忧国忧民、以天下为己任、有着坚定的理想信念和远大抱负的党的各级领导干部来说，更应奉为行为准则。

（1）公道正派是党和人民对领导干部的基本要求

领导干部做到公道正派，首先要始终坚持正派的作风。坚信马列主义，对党无限忠诚。现阶段，一些领导干部屡出问题，往往都是始于操守不严、品行不端、生活奢靡、道德败坏，由小节失守导致大节沦陷，最终走上了不归路。古人讲："吏不畏我严而畏我廉，民不服我能而服我公，公生明，明生廉，廉生威。"

领导干部要做到公道正派，关键在于以心正为要。心不正则理不公，理不公则行不端，行不端则气不顺，纯洁党风、社会、民风就是一句空话。其次处事要公正。由于受主客观诸多条件制约，领导干部在处理问题特别是处理涉及群众切身利益的敏感问题上，矛盾多，要想人人满意显然不可能。但只要出以公心，秉公办事，就能使大矛盾化为小矛盾，矛盾多变为矛盾少，从而实现群众满意度最大化。当前，领导干部在服务群众的过程中很大程度上是通过处理各种复杂多变的事物来推进社会公正的。现代社会的社会关系是多种多样、错综复杂的。随着改革开放的深入和社会的深刻变革，我国社会阶层状况发生了新的重大变化。

> 社会结构的变化，使阶层之间的关系也发生了深刻的变化。要凝聚起包括所有社会阶层在内的人心，广大领导干部就必须维护好、发展好和实现好最广大人民的根本利益，就要把一切积极因素充分调动起来。

哪里的领导干部办事公道，哪里的风气就正，党群、干群关系就和谐，人心就齐，工作就容易开展，这是一个不争的事实。领导干部在服务群众的过程中，要通过公正地处理各种矛盾，协调各方利益、化解各方矛盾，为群众排忧解难、办实事、办好事，让更多的人共享经济社会发展的成果，这也是中国共产党全心全意为人民服务的宗旨所要求的。

（2）只有公道正派，才能弘扬正气抵制邪气

自古以来，人们一直把"公道正派"作为对为官者的基本要求。为官者如果做不到"公道正派"，不仅仅是个人修身的一大败笔，而且会导致口中说出的话真假难辨，手中的权力"泛滥成灾"，官场歪风盛行，最终导致国事颓废。历史上的赵高、秦桧、严嵩这些至今妇孺皆知的名字正是奸邪之化身。提起赵高，人们往往会很自然地想到"指鹿为马"的成语。赵高从一名小小的宦官起家，倚仗着秦二世胡亥对他的宠信，在秦王朝最后的几年统治中翻云覆雨，把秦朝的暴虐苛政推向了顶峰，从而加速了秦的灭亡。所以陆贾叹道："秦任刑法不变，卒灭赵氏（指秦朝灭亡）。"唐朝李林甫居相位19年，专政自恣，杜绝言路，铸成"安史之乱"。明末宦官魏忠贤在明熹宗年间，拉开了中国历史上最昏暗的宦官专权的序幕，他自称"九千岁"，排除异己，专断国政，一时厂卫之毒流满天下，一大批不满魏忠贤的官员士子惨死狱中；一大批无耻之徒都先后阿附于他，更有某些阿谀之徒到处为他修建生祠，耗费民财数千万。到了当代，一些高官也因为官不正、道德败坏，而致身败名裂，令人闻名而唾，胡长清、成克杰就是其中代表。相反，如果每一位领导干部都能以"公道正派"为行为准则，并始终不渝地去加以实践，那么事情就会完全不一样。包拯、海瑞成为妇孺皆知的名字，姜瑞丰成为现代的"黑脸"。人们之所以用自己的信念和生命追求正义的实现，是因为这样做，虽然不能使每个人都成为兴邦兴国的历史人物，但至少可以做到任何时候都无愧于心。正因如此，人们才对"天下为公""公正廉明""邪不压正""公道自在人心"等交口称赞。

总之，**办事公道、为人正派是领导干部必备的素质**。

3. 权力需要制约，防范权力被滥用

权力是把双刃剑，既象征着个人地位也代表着岗位责任，既可以造福于民也可以危害社会，只有在有效的制约与制衡的情况下，才能保证权力持有者公正用权。有权力就要有制约，缺少有效制约的权力必然会无限膨胀，最终诱使权力持有者堕入深渊。缺乏公开监督的权力具有强烈的腐蚀性，必然导致领导干部的权力腐败。

就权力制约的形式、效力与内容来说，有效地监督都可归结为道德制约和权力制约两种。

道德是根本，是一个人立身做人的重要标尺和拒腐防变的力量源泉。没有良好的道德修养做基础，一切外在约束都显得苍白无力，难以发挥监督约束功能。因此，实现有效监督，领导干部首先要按照公民基本道德规范和行政伦理建设的要求，规范信用教育，弘扬为人民服务的精神，努力培育重承诺、守信用的诚信品质，打造诚信为本、操守为重的政德官德，使其始终把"公众是否需要、是否满意"作为一切工作的出发点和落脚点，真正做到权为民所用、情为民所系、利为民所谋。

与道德制约的内在性、柔韧性不同，权力制约具有外在性和强制性，它是保障公正用权的重要手段。为此，要实现有效监督，领导干部还需要依据国家法律法规，进一步深化行政管理体制改革，加快法治政府建设步伐。如建立事前预警制度，完善领导干部谈心谈话、组织函询和谈话诫勉制度，加强领导干部的组织监督；加大政务公开力度，完善领导干部述职述廉和民主评议制度，健全8小时以外的监督机制，虚心听取群众意见，做好领导干部日常监督；强化效能监督，完善奖惩机制，大张旗鼓地表彰先进，鞭策后进，让荣者更荣，让耻者奋进。同时还要加强法纪建设，加大惩戒力度，对以权谋私、滥用职权、渎职失职的下属给予严厉的法律制裁。

从监督功能分析，道德制约强调自我规范，靠社会影响力达到监督目的，权力制约强调外在约束，靠国家强制力实现监督目的，二者相互依赖、互为补充。加强权力监督必须强调"两手都要抓、两手都要硬"，把

道德约束与权力约束放在同等重要的地位对待，不可偏向其一。有少数领导干部，特别是某些部门、某些单位的一把手，他们的自由度被无限扩大了，他们的言行简直无法无天。例如，上海市原市委书记陈良宇及其下属竟敢不请示、不汇报、不经批准就动用上海市老百姓的养命钱，为不法企业主服务，为侵吞国有资产者服务，造成国有资产的重大损失；利用职权在项目审批、资金安排、招商合作、土地规划、职务升迁等等方面为他人谋利；自己和家人贪污受贿，数额巨大；生活腐败，搞权色交易……可以说是权力所及，无恶不作。他的自由度过于膨胀了，他的垮台和18年牢狱之苦就是必然的了。

4. 权力需要透明，让权力在阳光下运行

对于权力的运行来说，首先需要有制约。但是，光有制约还是不够的。**权力还要在阳光下运行，要让人民群众有知情权，有问责权。**

领导干部行使人民赋予的权力，理应向人民公开，让权力在阳光下运行，实行政务公开。所谓政务公开，就是信息要公开、办事要公开、决策要公开，公开不是对公众的恩赐，而是领导干部必须履行的义务和责任。领导干部要公开运行权力，用制度管人，用制度管事。在涉及公众利益的大小事情中，公开是原则，保密有规定。

领导干部受人民的委托行使职权，人民享有知情权，要及时了解有关的行政决策，对领导干部的工作进行监督。只有政务公开、广大人民才能有效地监督，人民不了解、不知情，监督又从何谈起。广大领导干部要自觉接受群众监督，施政要透明，执政要光明。领导干部只有不断提高权力运行的公开性和透明度，把最广大人民群众的愿望和要求作为决策的根本依据，才能为人民掌好权、用好权、服好务，始终得到人民的信任和拥护。

权力具有腐蚀性，权力的暗箱操作创造了以权谋私的可能空间，给权力腐败提供了便利条件。如果提高权力运行的透明度，让权力在阳光下运行，在权力机制比较健全、权力运行程序比较严密的条件下，权力运作的"任意裁量"空间较小，就难以有更多的缝隙搞以权谋私。

只要领导干部把权力运行过程的决策、执行、监督等环节都置于人民

群众的监督之下，下级对上级及领导干部身边的工作人员都要有监督举报的权利，包括媒体对决策、执行过程所涉及的利益相关人员都要有知情权、问责权。这样滥用职权、以权谋利、化公为私等贪腐现象的发生就会大为减少。即使发生了，也可及时发现，及时追究问责，使损失减轻。

要让公共权力的运行公开透明，政府和领导干部应主动公开自己的"权力清单""权力家底"。

领导干部施行权力的公开透明要求公开权力程序与运用权力的结果。公权力运用部门应主动定期公开公权力的使用情况和相关结果，定期公开官员财产情况，严格执行《中华人民共和国政府信息公开条例》，按照"公开是原则，不公开是例外"的原则，优先公开涉及人民群众切身利益的公共权力运行信息，逐步解决监督者与监督对象信息不对称的问题，真正做到让权力在阳光下运行。

> 要让民众了解权力运行的每一个环节，政府部门就要依据运行程序制作流程图，标明受理部门、办理程序、办理时间、监督部门、办理结果、相对人权利、投诉举报途径和方式等内容，做到对内形式简明、对外服务便民。

公开透明还要求采用新技术，有力促进政务信息公开，从而规范权力运行。

2010年成都市等地开通了行政权力网上公开透明运行平台——"网上政务大厅"，并将权力清单及运行流程固化上网，使公众能清晰地浏览每一项权力事项和运行流程图。办事人员在网上提交申请后，可以随时上网查询办理进度，让权力走出"黑匣子"。这就极大地加强了对于行政审批权力的监督。

由此可见，"阳光是最好的防腐剂"，政府信息公开所体现出来的公开透明和有序运作理念具有反腐败的功能。当腐败被人们普遍视为破坏人类社会发展的癌症，成为各国政府最大的敌人之时，有识之士与各厉行法治之国，无不把提高透明度，建立开放政府，特别是将政务公开法制化作为反腐倡廉，建立公平、高效政府的重要措施。

5. 用好公权需要自律，公权只能用人民

身为领导干部，慎用公权须防微杜渐，自律自省方能善用公权。

公权是把双刃剑，可以使人高尚，也可以使人堕落；能成就一个人，也能毁掉一个人。 目前，有些领导干部权欲膨胀，不当使用权力或滥用权力，权钱交易、权色交易等现象不时出现，让老百姓非常气愤。

古代的明君良臣会经常提醒自己：用权时，要尽可能考虑百姓的感受。不过，他们又坚信"天生民而树之君，所以司牧之"，天为百姓设立君主来管理百姓。有了这种高高在上的观念，王公大臣们始终摆脱不了俯视苍生、施恩于民的局限。

今天的领导干部，手握公权，在用权之前一定要想清楚：谁给了我们权力？我们为谁掌权？答案是，人民是一切权力的主体和最终来源，是权力的所有者。人民授权给我们，我们就要对人民负责。这可以用一句话概括：人民给的，为人民。

领导干部用好公权需要过得了亲情关、友情关。领导干部在社会关系中具有多重角色：上级、下级、朋友、战友、同学、同乡、丈夫、妻子、父亲、儿子等，但在处理公务使用权力时，角色定位一定要准。领导干部如果把握不好，就会迷失方向、丧失原则，不能正确行使人民赋予的权力。做优秀的领导干部，要慎用公权、善用公权、秉公用权，心怀一种信念，肩挑一份责任。惦记民之难，为了民之便；惦记民之忧，为了民之乐；惦记民之疾苦，为了民之安康。

> 用好公权需要自律，把私心的野兽关进笼子里；用好公权应注重防微杜渐，"勿以恶小而为之"；用好公权还得抵御堕落，防止人生陷入泥潭。牢记这些道理，既是为了事业，也是为了自己。

公权具有双重性，为己则害，为民则利。当用来为个人谋利的时候，它会祸害百姓，危害国家；而一旦用来为人民服务，它就能造福人民，造福社会。在这方面，河南省沁阳市太行街马坡村党支部书记、村委会主任

王东明为领导干部做立了表率。

2005年3月18日,王东明突然去世。全村人为一个人送葬的情景,是这个村从来没有发生过的。

王东明同志是农村党支部书记、村委会主任的好榜样。他时刻关心群众疾苦,带领群众致富奔小康,致力于建设和谐社会,保持农村长治久安,为了工作,顾不上治病,最后倒在工作岗位上。

王东明办事公道在村里是出了名的,他办啥事都有一个准则:一切以群众的利益为标准,有利于群众利益的事就干,不利于群众利益的事,坚决不干。他常说:"当干部,就得办事公道,一心为公。"

马坡村原来有一个翻砂厂,曾被村里的一个人霸占长达10年之久,两届干部都没有办法,群众敢怒不敢言。王东明不信邪敢较真,多次要求这个人将厂子归还集体,但此人死活不给。王东明,不怕威胁,硬是收回了翻砂厂,光租金每年就给集体增收7000多元。

2005年3月,一位承包商要租种马坡村的滩地,王东明据理力争,双方以一亩年租金350元的价钱达成了租种5年的合作意向。为防止单方撕毁合同,王东明要对方先付两万元押金,对方只答应先付1万元,双方争执不下。后来,承包商私下找到王东明说:"只要你同意把押金降下来,就给你5000元回扣。"王东明说:"我不能以牺牲乡亲们的利益做交易,两万元押金不能少。"

2005年冬天,村里要修工业一条街,一位建筑商找到王东明许诺说,如果让他修路,就给王东明提成。王东明说:"那不行!你要干,就来招标,甭打别的主意。"

王东明办事不分亲疏,在村规、民约面前人人平等。王东明的小妹夫吴庆红前几年花3000元买了个城市户口,没工作,没地种。一天,他找到王东明:"哥,我拿5000元把户口转回来可以吗?""你拿3万元也不中。在咱村,像你这样的情况很多,这个口子不能开。"王东明的表哥范小明听说马坡村要处理炼铜厂的旧高炉,就找到王东明说想买下。为了不让他为难,还答应出同样的价格。王东明说:"你出的价格再高也不能卖给你,不能让别人说闲话。"

王东明为了当好家,维护好老百姓的利益,从来不乱花村里的一分钱。王东明上任后，把1949年参军、1952年入党、1964年当过村干部的老同志吴平请出山，担任村子的理财小组组长。吴平说："从他当组长以来，王东明没在他这里走过一张白条，没有见到过一张吃饭的报销条。"

王东明，一个普通得不能再普通的村党支部书记，他以全心全意为群众谋利益的崭新形象，忠实地履行了共产党人的职责，在群众心中树起了一座展示新时期共产党人风采的丰碑，为我国广大农村基层干部树立了榜样。

6. 向杨善洲学习，坚持克己奉公

杨善洲就是领导干部的楷模，他做人光明坦荡，为官秉公无私。

中国有句古语叫作"一人得道，鸡犬升天"。此话的意思就是当一个人有了大的发展之后，他的亲戚朋友都可以跟着"沾光"。但是对于领导干部来说，这种行为是应当避免的。有些领导干部就是因为对配偶、子女、亲属要求不严，甚至利用手中的权力为亲友牟取私利，最终毁掉前程。亲情再深也要理智对待，而不能错位、不能越界。要讲亲情，更要讲情理，防止为情所累、为情所伤。

一个想在人生道路上走得光明坦荡的领导干部一定要管住手中的权，依法行政，秉公用权。

被百姓誉为"草鞋书记""农民书记""粮食书记""种树书记"的杨善洲始终把人民满意作为行使权力的根本标准，把一辈子与人民群众同甘共苦作为自己的行为准则，克己奉公、清正廉洁，艰苦奋斗、锐意进取，树立了新时期领导干部的光辉形象。

在杨善洲的观念里，**领导干部不论在什么岗位，都应该时刻牢记为人民服务的宗旨，都应当把人民群众的利益放在第一位。**他常常说："我手中是有权，但它是党和人民的，它只能老老实实用来办公事，不能用来办私事。"

正因为杨善洲有这样的权力观，所以他一直谨慎用权、廉洁用权、秉公用权，把权力全部用到了党和人民的事业上去。

从保山到杨善洲的老家施甸县姚关镇大柳水村有100多公里的路程。

杨善洲在任期间探亲，一直坚持自己买公共汽车票坐到施甸县城，然后再徒步回家，从来没有用过一次公车。

"老书记总是说，滥用职权对党在群众心目中的形象伤害最大，最容易伤到老百姓的心。"曾任杨善洲秘书的徐德武特地翻出了老人生前的工作笔记，上面赫然写着这么一段话："共产党人什么困难也不怕，就怕脱离群众、失掉民心。"正因此，杨善洲对自己和亲属的要求特别严格，生怕用错了手中的权力。

另一个故事是杨善洲的二女儿杨惠兰在保山一中读书时，有个星期天，也是下大雨，父女俩走路到施甸搭车回保山，衣服全淋湿了，就到姚关镇政府躲雨。躲了一阵见雨不停，杨善洲打着雨伞继续往县里走。镇党委书记就给施甸县委办打电话，当时的副主任寸发瑜知情后吩咐驾驶员，先开着车超过父女俩一段路程，然后调转车头开到他俩面前说："老书记，去施甸吗，正好顺路，上车吧！"杨善洲疑惑地说："怎么这么巧？"父女俩到了施甸县城，谢绝了司机要继续送他们去保山的好意，坚持乘公共汽车回保山。

杨善洲认为，**贪污腐败是从占便宜、收东西开始的**。他给自己定了一条铁律——不占公家的便宜，不收任何人的礼。

"一分钱的东西也不能要，这是原则问题。"杨善洲的三女儿杨惠琴至今还记得父亲的话。小时候，有位在甘蔗基地工作的阿姨送了她三棵甘蔗，回家时，被父亲看见了。当得知甘蔗是别人送的，杨善洲发火了："赶快送回去，别人的任何东西，甚至一分钱都不能要！"杨惠琴只好哭着把甘蔗送了回去。

知道杨善洲脾气的人都不敢给他送东西。给他送礼的人，总是被他毫不留情地骂了回去。一次，一位和他关系很好的老部下来看他，带了一小袋玉米面，买了一斤蛋糕和一些香蕉，这些东西在当时不超过10元钱。为了不伤感情，杨善洲没说什么。事后，他托人给老部下捎去了10元钱。

不收礼这个规矩，杨善洲一直坚持到了生命最后一刻。在他去世后，家属在讣告上写道："家父遗言概不收礼，望各位来宾给予谅解。"他用清清白白的一生，生动地诠释了从不以权谋私的坚定原则。

7. 杜绝把权力作为谋私的筹码

权力来源于人民，领导干部要以最广大人民的根本利益为出发点，为人民用好权，不能把人民赋予的权力作为给自己谋私的筹码。否则，损害人民利益的同时也毁了自己。在新的形势下，面对物质的诱惑和复杂的社会关系，每个领导干部都要严格自律，洁身自好。要在工作中保持清醒的头脑，坚持立党为公、执政为民的原则，秉公用权，绝不以权谋私。

每个领导干部手中都有一定的权力，这些权力是人民赋予的。**能否用自己手中的权力真正地为民谋利而不是谋取私利，是检验领导干部德行与能力的根本标准。**在现实生活中，也有一小部分领导干部把人民赋予的权力当作为自己谋取私利的工具，当作捞取个人好处的资本。他们用权力换取财物，用权力换取美色，用权力换取更大的权力，大搞权钱交易、权物交易、权色交易、权权交易。更有一些领导干部利欲熏心，处处想着如何得到更多的好处和实惠，对人民的利益漠不关心，责任感、义务感和服务观念消失殆尽。感觉工作对自己没有好处的时候，就会消极怠工、玩忽职守、互相推诿、不负责任；该处理的事情，不及时处理；群众来办事，门难进、人难见、话难听、脸难看；甚至故意设置障碍，设置关卡，企图以此谋取非法个人利益。虽然这些人一时得逞，满足了自己利欲熏心的"邪念"，但最终吃亏的还是自己。我们党的领导干部队伍中决不容许这些堕落分子的存在。作为领导干部，一定要牢记，自己手中的权力来源于人民。因此，权力的使用只能是为人民服务，切忌把权力作为为自己谋取私利的工具。

面对社会的种种诱惑，领导干部如何运用公共权力，关乎个人荣辱，关乎事业前途。

个人的私利常常与大多数人的利益是冲突的，这时私利就成了蛊惑私用公共权力的"海妖"。正如瑞士经济学家西斯蒙第所说的，个人利益乃是一种强取的利益，个人利益常常使人追求违反最大多数人的利益的目标，甚至归根结底可以说是违反全人类的利益。领导干部要处理好个人利益与公共权力的关系，协调好个人利益与公共利益的关系，特别是不能利用职权谋取非法的利益,要防止个人私利这种诱人的海妖干扰公共权力的运用。

对于手中握有公权力的领导干部,个人的私利又何尝不是诱人的"海妖"?那些怀着"权中自有黄金屋,权中自有颜如玉"心理的领导干部最终就在个人利益这种"海妖"上栽了跟头。

> 权力、金钱和美色就像海妖一样诱惑着领导干部去滥用公共权力,一旦领导干部经受不住个人利益的诱惑而以公共权力谋取私人利益,后果无疑是十分严重的。

贪财而取危,贪权而取竭。把权力作为谋私工具的为官者,注定会自毁前程。

习近平总书记多次强调:"各级领导干部要始终保持高尚的精神追求和道德情操,坚持严于律己、清正廉洁,老老实实做人、干干净净做事,时刻警惕权力、金钱和美色的诱惑,坚决同一切腐败行为做斗争,用实际行动推进反腐倡廉建设,真正做到为民、务实、清廉。"习近平总书记还指出:"确有一些党员干部在权力、金钱、美色的考验面前栽跟头、吃败仗,甚至堕落为腐败分子。"

老一辈无产阶级革命家,以及社会主义时期涌现出来的焦裕禄、孔繁森等一大批优秀干部,都能够全心全意为人民服务。他们为了人民的利益、国家的富强,艰苦奋斗,鞠躬尽瘁,死而后已。做党的领导干部就应当向这样的人去学习,成为一个百姓真心拥护的好官。而那些以权谋私,利用职权骑在人民头上作威作福的人注定迟早会被钉在历史的耻辱柱上,为人民所唾弃。

8. 不徇私情,守好公权的警戒线

甘守清廉报家国,不为贪赃羞儿孙。守好公权私情警戒线,才能做好官、办好事。

古人云:"民无德不立,政无德不威。"领导干部要具有高尚的道德品质，因为有高尚官德的人能够以自己的人格魅力感召人、影响人，从而在人民群众中产生很高的威信。领导干部要不断加强自己的党性修养，坚定正确的理想信念，树立正确的世界观、人生观、价值观和权力观，筑牢拒腐防变的思想道德防线。"甘守清廉报家国，不为贪赃羞儿孙。"人生在世，亲情宝贵。**领导干部既不要因为贪污受贿，让自己的亲友蒙羞；也不要以"举贤不避亲"为由，放任甚至纵容为子女亲戚谋求特殊利益。**

1931年11月，中华苏维埃共和国在江西瑞金成立，国民党为扼杀红色政权，对中央苏区的经济进行严密封锁，在江西南昌设立了食盐火油管理局，在苏区周边各县下设食盐火油公卖委员会，推行所谓的"计口售盐""封锁匪区办法"，不让"一粒米、一撮盐、一勺水"落入共产党手里。

中央苏区境内不产盐，而435万军民每月耗盐量至少也要15万斤以上，一时之间导致食盐供应空前紧张。很多群众因为缺盐，头发变白，身体浮肿，患上了各种疑难杂症，甚至丧失了生命。

令人感动的是闽浙赣省财政部部长张其德手握全省食盐分配大权，也自觉地守着盐堆喝清汤、吃淡菜。有一回，他的孩子实在受不了，以为他忘了放盐，索性自己去取，张其德急忙厉声喝止："不是我忘了放盐，而是压根儿就没放。这些白花花的盐巴来之不易，它是苏区军民的血汗结晶，是革命的本钱，我们绝不能以权谋私，动用公家一粒盐！"

红军干部不以权谋私，连公家一粒盐也不动！反观今天一些以权谋私的领导干部，他们真让人汗颜。

> 不少领导干部在使用公权时过不了"亲情关"，那些"鸳鸯案""父子案"都可作为领导干部的鉴戒，时时提醒自己管好妻子儿女，警钟长鸣，始终坚持立党为公，执政为民，做到洁身自好，不徇私情。

作为领导干部，在为国家服务、为人民服务的过程中，必须讲党性。他的一切职业行为都应以党和人民的利益为重。然而，有的领导干部却与之相反，他们利用手中的权力，谋取私利，甚至触犯法律。这种情形时见报端、媒体。

党的十八大以来，以习近平为总书记的党中央大大加强了反腐力度，一大批腐败的领导干部被查处。案例中的许多罪犯都曾是权倾一方的领导干部，甚至是原中央政治局常委、政治局委员和中央军委副主席这一级别的手中握有重权的领导干部。但是他们没有正确认识手中的权力，权力成了少数人获得个人利益、满足个人私欲的砝码，正常的为民服务变成有偿的为己服务。有些人受歪风邪气所诱惑，利用职务之便，以职谋私，中饱私囊。其结果是，他们的口袋满了，党和国家、人民的利益却受到了极大的损害。这些年在反腐败斗争中揭露出了一宗又一宗以权谋私、以职谋私的大案、要案，令人触目惊心，发人深省。

《中国共产党领导干部廉洁从政若干准则》明确规定："领导干部对涉及与配偶、子女、其他亲友及身边工作人员有利害关系的事项，应当奉公守法。**禁止利用职权和职务上的影响为亲友及身边工作人员谋取利益。**"

领导干部应当认识到，职务和岗位所赋予的权力，都是用来处理公事的、为民服务的；如果利用职务之便谋取私利，那就是公私不分，假公济私，损公肥私。沿着这个方面滑下去，见利忘义，"不给好处不办事，给了好处乱办事"，就会从不道德滑向违法犯罪的深渊。一些人在岗位上贪污受贿，徇私舞弊，就是没有守住做事要出以公心、秉公办事这条准则。

一个领导干部如果把升官发财当作自己最仰慕的人生目标，视为光宗耀祖、福及全家、泽被亲友的重要途径，那就会背离为人民服务的宗旨，就没有资格做一名领导干部，迟早是会走到邪路上去的。

据《生活中的刘少奇》一书记载，1959年10月1日，刘少奇的一些亲戚和以前在他身边工作过的同志看望他，当然有些是来请他解决工作或升学等问题的。当天晚上，刘少奇把大家召集在一起，说："你们想请我这个国家主席帮忙，以改变自己目前的状况，甚至改变自己的前途。说实话，我要是硬着头皮给你办这些事，也不是办不成。可是不行呀！我是国家主席不假，但我首先是名共产党员，共产党员应该全心全意为人民服务，不是为个人小家庭服务。我手中有点权也是真的，但这权是党和人民给的，我只能用于维护党和人民的利益。""不要以为你是国家主席的亲戚就可以搞特殊，靠沾我的光提高不了你的觉悟……正因为你是国家主席的亲戚，更应该严格要求自己，更应该艰苦朴素、谦虚谨慎，更应该有'富贵不能淫、贫贱不能移、威武不能屈'的志气。"刘少奇的一番话，深深打动了在座的每个人的心。大家纷纷表示，今后要从大局出发，绝不再为个人的私事打扰刘少奇的工作。

美国前国务卿基辛格称"权力乃终极春药"，意谓权力有很大的诱惑力，处理不好会被权力所毁。权力是一个神圣的、有诱惑力的"圣物"。**权力本身具有双重性，既可以为人民谋利益，带领群众创造美好新生活，也可能成为独享的资源、牟取私利的工具，以无偿之本实现高额之利，这样就会毁掉一批干部，削弱政府在人民群众中的威信。**

每个领导干部都应以高度的政治责任感和使命感正确对待这个问题。为此，领导干部应当经常想、想清楚、想明白"当官做什么，给子女留什么"这个问题，始终保持清醒的头脑，树立正确的权力观，把自己当作人民的公仆、人民的"孺子牛"，只把人民赋予的权力用来为人民服务，有权不辱崇高使命，位高不失公仆之心，鞠躬尽瘁，死而后已。

著名诗人臧克家曾写下这样的诗句："为人民当牛做马的，人民会把他举得很高；骑在人民头上作威作福的，人民会把他摔得粉身碎骨。"作为领导干部，如果不把执政为民的宗旨当回事，用人民给予的权力去谋私利，为妻子、儿子、亲戚、朋友、甚至情人去奔波、去玩弄权术，这不仅是道德品质的问题，而且是对权力的违法运用，是对国家、集体、人民利益的剥夺，人民不会饶恕，理所当然要受到党纪国法的追究。每个领导干部，都应在行使权力的过程中，清醒地意识到权力姓"公"不姓"私"，永远不越轨。正如印度一则格言所说："如果做一件事情可能导致名誉扫地，或者坠入地狱，或者破坏事业，那么这件事情千万不能做。"

> 领导干部要牢牢记住，自己手中的权力是党给的，也是人民给的，必须真正代表人民掌好权、用好权，坚持正确的权力观，做到权为民所用，避免权力误入歧途。

二、公道办事，不存私心

公道正派是一种人格情操、一种思想境界，更是党的领导干部最基本、最重要、最核心的职业道德。矩不端正，就不能画方形；规不端正，就不能画圆形。领导干部自身，就是行事的规矩。领导干部自己不公道、不正派，就无法端正地约束别人公平地做事。领导干部的公道正派，是从政为官的基本准则和行为规范。

1. 办事公道，以公平赢得信赖

公道办事，彰显官员品德；办事不公，终遭人民唾弃。

作为一个领导干部，常常会处理群众反映上来的各种问题，能否公平公正的办事，关系到人民群众对自己的信任。相信每个领导干部在工作岗位上，都会遇到各种复杂的人事矛盾，利益纠纷。那么如何才能进行公平的处理呢？判断的标准就是无私，即领导干部在办事过程中不能考虑自己的利益所在。一旦带有私心去办事，就会失去公平，就会公私不分，就会因私害公，这样必然会使群众对领导干部失去信任。任长霞是一位女性，为什么能不惧歹徒，秉公执法，惩治不法分子呢？因为她公正无私，心胸坦荡，所以才能无畏无惧，让民众敬佩。

> 办事是否公道，直接反映了领导干部的道德素质的管理水平，影响着领导干部的自身形象和威信。领导干部只有以公平赢得信赖，才能表现出对民众强大的号召力。

现代领导工作，要做到办事公道应当掌握以下三个要点。

（1）满足群众的合理需要

官员之间是一种相互依赖、相互制约的关系。这种关系处于良好的状态中，领导干部和老百姓的需要就能得到满足。一般来说，领导干部希望通过自己在工作中尽职尽责、勤奋努力和圆满地、创造性地完成任务，来赢得广大群众的理解和信任。而民众们则希望领导干部为事公道，解决自己的实际问题。在利益上合理分配，在生活上给予关心。

对民众伤害最大的，往往是自己的合理需要都得不到解决，甚至领导干部为了谋私利而伤害到了自己的利益。这样的领导干部往往是导致群众怨气最大的人。

因此，身为领导干部要善于发现和研究百姓最关注的、事关切身利益的问题，并出于公心公道地加以解决，最大限度地满足群众的最实际最迫切的需要，从而在调动民众的积极性的过程中赢得民心。

（2）不要厚此薄彼，而要公平待人

领导干部要想赢得民众的信任，就要在待人和办事中不要厚此薄彼、损公肥私。

作为领导干部，心中必须时刻牢记着"公平"二字，也就是说对所有的民众都要一视同仁。在工作中，公是公，私是私。**每个老百姓心中都有一架天平，衡量着领导干部的付出和所得。**如果公平公正公道，这架天平就永久不会失衡。要时刻坚持客观公正的态度，不为亲疏关系所左右，力戒以主观想法付诸实践。如果领导干部的行为带有明显的感情色彩，很容易失去公平，与此同时，也失去了自己的威信。作为一个领导干部，要时刻注意维持下属心中天平的平衡。对人一视同仁，公平合理，是处理官员关系的重要原则，也是赢得民心信任的重中之重。身为领导干部，在日常工作处理问题上，应该是一律公平。对任何人，在工作上都要一样支持、一样看待，不要戴"有色眼镜"看人，不能因人而异，"看人下菜"。

（3）秉公办事，不徇私情

对待群众或下属不存偏见，同时也不另眼相待，这是领导立威的一个重要原则。凡是有偏见的领导干部，办事就不会公道，其威望也就不会高。公道，主要指领导干部在处理问题的工作中办事要公道。办事公道，是站在公正的立场上，按照同一标准和同一原则办事。公正是几千年来为人所称道的品德。人是有尊严的，人们都希望自己与别人一样受到同等的对待，企盼在法律面前人人平等，自古就有"王子犯法与庶民同罪"的说法。因此，人们一直歌颂那些秉公办事、不徇私情的清官明主。如宋朝的包拯，就因为铁面无私、爱民如子而家喻户晓、老少皆知。

当前，人们的法制观念、民主意识都在增强，这要求领导干部要待人公道、办事公正、作风正派，办事要合乎民心，端平一碗水，握好一杆秤。否则，不是威信扫地，就是丢官弃职。

> 公道公正是一种思想境界和思想作风，领导干部应坚持立党为公、光明磊落、扶正祛邪，培养和树立公道公正的思想作风，成为坚持公道公正的表率，时时处处做人民利益的坚定维护者。

2. "把一碗水端平"，对人一视同仁

"一碗水端平"，是一种领导艺术，是一个领导干部的为政之德、成功之道、得心之举。

对一个领导干部来说，是否能端平一碗水，对下属一视同仁，公平合理，是最为关键的。当下属发现领导干部能公平对待自己，在心理上就会感到平衡，从而心情就会舒畅，工作积极性就会提高；反之，则会产生不公平感。领导干部的不公正态度，会引起下属的强烈不满，会严重挫伤下属的积极性，有时还会使下属与领导干部发生冲撞，以发泄下属的不满。因此，领导干部对下属必须坚持不论关系亲疏，不论个人好恶，做到"一碗水端平"，有功必奖，有过必罚，功过分明。那种以人画线、以情画线、以利画线的领导，凡知我者顺我者提、异己者逆我者压的领导，都是不能团结下属一起工作的。

要想做到"把一碗水端平"，说到底就是领导干部要保持公平、公正。虽然任何一种事物都没有绝对的公平与公正，但人们却能把许多本来不公平与不公正的事物通过理性处理而使其变得相对公平与公正。

公平大都是与利益有着密切的关系的：比如领导分配给下属的任务有可能出现的不均，比如下属与下属之间为某件小事争执不下，又比如有的下属对自己的待遇提出质疑……凡此种种，作为一个领导干部，就有必要

行使职权来把每一碗水端平。公正大都是和荣誉有关：比如对下属的赏罚是否分明，比如加薪升迁是否有规可依等等。这些事也是一个领导干部不可回避的事，不但不可回避，而且同样也要将一碗水端平。领导干部要做到公平与公正，最重要的是先摆正自己的位置，用好手中的权，在给下属做好科学、客观解释的同时，自己公平地对待每一个下属与下属所做的每一件事。尤其是在批评或表扬下属时，要做到批之适度、表之有术，赏罚分明，使下属心服口服。

思想家韩非曾说过：**"凡治天下者，必因人情。人情有嫉恶性，故赏罚可用。"** 在此后中国数千年的历史中，大凡有作为的思想家、政治家，如曹操、诸葛亮等都是深谙公平、公正之道的高手。一个成功的领导干部，在处理公事时绝不能夹带私人感情，要一碗水端平，赏罚分明，这也是树立个人威信的起点。有了这个起点，领导干部才有指导下属用心工作、为组织做贡献的资格。

"一碗水端平"，是领导干部待人的基本要求，是促进团结、和谐共事、调动群众积极性的有效途径。这既是一个政治品质问题，也是一个领导艺术问题。要做到这一点，还应注意解决以下问题。

（1）走出观念误区

有一部分领导干部认为，一朝天子一朝臣，自古就是这样，当领导的哪能没有几个自己的人？有了贴己人，办事放心些，势力强硬一些，工作推得动一些。这种观念是十分有害的。作为一位领导干部，无论你是正职还是副职，都要给自己定位，明确自己的身份和职责。你是一级组织、一个单位的领导人，而不是某几个人的头儿；你是在指挥管理整个组织、整个团体工作，而不只是差使少数几个人干事。你心中只想着少数几个贴己人，必然冷漠、脱离多数其他人。这种厚此薄彼、亲疏不一的做法，就等于人为地缩小了自己的管理范围，降低了自己的领导资格，削弱了自己的职能作用。从事一项事业，战胜艰难险阻需要的是万众一心、众志成城、全力以赴、同心同德，单靠几个人是不行的。因此，在这方面，每个领导干部都要自觉地树立平等意识、大局意识、公正意识，抛弃小我，把握全局，出色完成好肩负的使命。

(2) 涵养博大胸怀

不能一碗水端平的领导干部，大多胸怀狭小、没有气量，听不得不同意见，看不得人家比自己强，这种王伦式的山大王是难成气候的。**一个成功的领导干部，必须有海纳百川的伟大气魄，虚怀若谷的深广胸怀。**宽宏大度，能听各种不同的声音，能同各种不同的人相处，能忍耐各种不同的境遇和困难。既容人之短，又容人之长；既克己之短，又学人之长。这样才能调动一切积极因素，团结一切可以团结的力量，向着共同的目标前进。

(3) 对人一视同仁

十指伸开不一样长，员工的情况也是各有不同。有的员工缺点和弱点明显，比如工作能力差、与同事不和、冲撞领导等等，某些领导干部对这样的人也容易产生一叶障目的错误认识，看不到他们的成绩和进步，或者认为成绩和进步可以与缺点抵消，不值得赞美。其实，领导干部对下属要懂得赞美。赞美是一种力量，它可以促进下属或员工自觉弥补不足、改正错误，而领导干部的冷淡和无视则会使这些人失去动力和力量，无助于问题的解决。

领导干部对待下属员工带有个人情绪无可厚非，但要一视同仁，公平对待，该表扬的表扬、该批评的批评，不能搞差别待遇。对自己喜欢的员工可以做私下的朋友，相互帮助，相互促进，但感情归感情，工作归工作，在工作上还是要严格要求、公平对待的好。

3. 公正用人，坚持原则，去除偏心

用人以贤，则国兴民昌；量才而用，则政通人和。

国以贤兴，政以才治，为政之要，唯在用人。选什么人、用什么人，历来是一种导向，事关党的事业兴衰成败和国家的前途命运。古人云："用一贤人，则贤人毕至；用一小人，则小人齐趋。"

衡量一个领导干部办事是否公道正派，最集中地体现在用人上。从历史上看，历朝历代无不重视选人用人。而吏治腐败，如"跑官""要官"

及至"卖官鬻爵",必然会造成最大的腐败,导致人亡政息。从社会主义实践来看,党和国家各级领导权如果掌握在心术不正、祸国殃民的人手里,必然造成经济倒退、国力衰微,导致动乱。正是由于我们党能够坚持真理、修正错误,在历史发展的重要关头,果断"拨乱反正",通过正确的组织路线和公道正派的选人用人原则加强各级领导班子和领导干部队伍建设,才使我们的国家和人民在挫折中奋起,夺取改革开放和经济建设一个又一个胜利,以崭新的面貌和前所未有的综合实力立足于世界民族之林。历史的教训告诉我们:什么时候抛弃公道正派原则选人用人,什么时候就会发生人为的政治灾难;什么时候坚持公道正派原则选人用人,什么时候就会国泰民安。领导干部只有始终坚持公道正派地选人用人,才能为党和人民选上用好公道正派的人,才能把各类优秀人才聚集到党和国家的事业中来。否则,必然是"不善者竞进,唯私者当道"。

（1）选人用人要公道正派

公道正派问题,本质上是世界观、人生观、价值观问题,说到底是党性问题。**公道正派是党性原则在选人用人中的集中体现,党性原则是公道正派的基石。**领导干部在选人用人过程中只有具备坚强的党性,一切从党和人民的根本利益出发,才能做到公字当头,一身正气。领导干部在选人用人中要做到公道正派,首先要加强党性修养,做到不看眼色行事、不凭感情用事、不随风向做事。要牢牢把握德才兼备、任人唯贤的选人用人原则,对那些违规、违纪、违法的人和事,能坚持原则,决不同流合污,要用坚强的党性保证选人用人的公道正派。

当然,平等待人、消除偏心并非容易做到。在尽力去消除偏心时,每位领导都会陷入这样一种尴尬的境地:一方面要求领导要客观、公正、没有偏心,人与人之间不搞歧视;而另一方面,要求领导行事要有人情味,不能做冷血动物。

唯一简单易行而又能将这对立的二者统一起来的办法是将你的主要精力集中在你对每个人的喜欢或厌恶控制在合理的范围之内,而不超过正当行为的界限。

（2）要用相应的制度确保选人用人的公道正派

要围绕"对己清正、对人公正、对内严格、对外平等"的要求,着重建立群众公认的制度，谓之"长效机制"。比如，公开透明的干部考查制度、注重公论的干部评价制度、公道择优的干部任用机制、公平有序的竞争激励机制、公正严明的教育管理机制等。

①要坚决执行党和国家的一系列有关选人用人的制度规定。《中华人民共和国领导干部法》《党政领导干部选拔任用工作条例》以及相关的法规性文件，既是对党和国家在选人用人方面经验的科学总结，也是在学习借鉴国外选人用人的成功做法基础上，结合我国社会主义现代化建设的新的实践要求研究制定的，对于防止选人用人中的各种考查失真失实和不正之风，做到公道正派地选人用人，选用公道正派的人，具有十分重要的作用。

②创新用人机制。要根据经济体制的深刻变革、社会结构的深刻变动、利益格局的深刻调整、思想观念的深刻变化对领导干部公道正派地选人用人提出的新挑战，按照体现时代性、把握规律性、富于创造性的新要求，大胆探索实践，不断创新完善领导干部公道正派地选人用人的制度和体制、机制，使各级领导干部选人用人的行为更加规范、科学、有效，以刚性的制度保证领导干部选人用人的公道正派。

(3) 要按政绩大小重用部属，防止有薄有厚

领导干部在提拔使用部属时必须做到论能力、看政绩，就是要看一看部属有没有创新、发展、开放、改革的意识，有没有调查研究、组织协调、语言表达等工作能力，工作是否尽职尽责、尽心尽力。**只有对那些思想觉悟高、工作能力强、团结协作好、有开创精神的部属委以重任，才能真正赢得所有部属的支持和信赖，同时也为自己走上更高的领导岗位搭起坚实的阶梯。**否则，误用亲信，必将失信，不仅误事，也终将误己。

历览古今兴衰事，成败得失在用人。公道用人，必须始终不渝地坚持任人唯贤的干部路线，反对任人唯亲。

> 任人唯贤，唯才是举，求贤若渴，事业才会兴旺；任人唯亲，用人不当，亲亲疏疏，则事业遭殃。领导干部应时时谨记：想要消除偏见，就应平等、客观、公正地对待每一个人，千万不要因用人的不公而失去民心。

4. 按功论赏，让实干者感到顺心

一个出色的领导干部，在用人上特别注重论功行赏。这是领导干部平衡矛盾的有效途径，也是争取人心的聪明选择。大贡献有大奖赏，小贡献有小奖，没有贡献不给奖赏，这种做法可以平衡大家的心理；否则，如果奖赏与贡献不一致，甚至出现小贡献得大奖赏的现象，就会使大部分人感觉到不公平，时间久了，矛盾就会爆发。

任何一个组织中都会有一些埋头苦干乐于奉献的人。正是有这些实干者的存在，领导目标才得以落实，组织的事业才得以发展。作为领导干部，能否公平和公正地关心、爱护、奖励与使用他们，往往关系到其领导目标能否有效实施和最终实现；同时，它还影响组织的风气。所以，**论功行赏，让实干者干得舒心**，是领导干部的明智选择。

（1）合理使用实干者

实干者事业心强，富有负责精神，工作热情高，肯吃苦耐劳，计较个人得失少。基于这样一些优点，领导干部往往很自然地给他们压的担子重一点，调动、使用他们多一点。这样一来，实干者做出的贡献和牺牲比其他人也要大一些，发挥的作用也较其他人明显一些。这一切本是正常的，但领导干部也要注意合理使用实干者。

第一，**公平对待实干者**。任何一个单位的工作都会有明确、合理的分工，每一个岗位的工作量都应大体相当。实干者本不用鞭打就会"奋蹄快跑"，领导干部对他们多给点任务、多压点担子也是必要的，而且是难免的。但领导干部千万不要在脑子里形成能干者就应该多干、干是他们的本分、他们也愿意干的观念，对其他人则放松尺度，采取宽容放任的态度，听任他们偷奸耍滑。如果这样，衡量标准就会不一样，贡献与回报就会不一致，实干者就会感到被愚弄，心理上就会失去平衡，最终就会丧失工作热情和工作积极性。

第二，**公正对待实干者**。一个单位既然有实干者，自然就会有务虚者。他们各有所长，也各有所短。实干者虽然优点明显，但其缺点也不可否认，如有的不重视建立私人感情，不善于协调关系。这种缺点，恰好就是务虚者的优点。领导干部不能因此就在工作上对实干者高看一眼，而在个人感情上却对务虚者垂青过甚：在工作上向实干者倾斜，好事则偏向务虚者；把实活儿、事务性工作交给实干者来干，交际协调的工作则由务虚者来做；实干者只有干苦而无名活儿的份，名利双收的事则归务虚者。这样做，不仅影响实干者的全面锻炼和提高，让他们吃亏、受气，让务虚者占尽便宜，久而久之还会从根本上动摇和瓦解工作的中坚力量，使单位形成虚妄不实、搞个人亲疏的不良风气，影响工作的开展和干部的健康成长，最终贻误事业。公正的做法是，**领导干部真正在自己的心目中给实干者以应有的位置，对他们做出公允的评价，在利益上切实向他们倾斜。**

（2）真正容忍实干者的某些个性

干得越多，工作中出现的失误也可能会越多。那些什么事都不干的人，永远都不会犯错误。实干者吃得苦，耐得劳，品质纯正，心胸开阔，有正义感，但他们的个性也相应会突出一些。诸如，他们爱较真，不唯命是从或言听计从，在行为上则表现为不顾或很少顾及形式和领导意图，敢于说真话，可能与领导干部的想法相左，甚至有时会与领导干部"顶牛"，容易犯忌；有时说话办事不讲时机，不分场合，让领导干部有失体面，下不来台；在人际关系处理方面，常常与领导干部保持一定距离，这让领导干部认为他们不靠近自己，甚至使存有不正常心态的领导干部误认为他们与自己的对手靠得近；在团结方面时常与某些人不合群，不太注意别人怎么看、怎么想等。这时，领导干部就应从本质上去认识实干者的这些个性，以宽阔的心胸去包容他们的"莽撞""不通情理"，谅解他们的幼稚，并重视改善他们的工作环境。

（3）切实保护实干者

由于偏执和不讲形式，实干者容易遭到各种误解和打击。因此，他们更加需要培养、关心和爱护。一则实干者工作胜人一筹，成绩优异，令人生妒。"枪打出头鸟。"一些心术不正的人，往往冷嘲热讽，刻意毁损实干者的威信和形象。二则实干者受领导干部赏识或重用，常常使人眼红，心理失衡。他们有时会不择手段地寻求心理平衡，对实干者恣意攻击和中伤。三则人们出于争强好胜心理，以己之长来比实干者之短。他们夸大实干者的弱项，并以此抹杀其长处，蛊惑人心，损害实干者在领导干部和干部群众心中的地位和形象。当然，实干者有时也会因不善于自我保护，而轻易进入别人为他们设置的圈套，受到伤害。**领导干部应当从有利于事业发展的角度出发，弘扬正气，自觉保护好实干者，坚持遏制住不良现象的产生和蔓延。**

（4）主动关心实干者

实干者往往对工作和事业高度负责，不计较个人苦累、得失和荣辱。他们做了大量的工作，付出了许许多多的心血。不错，他们不会去刻意追求回报，但这决不意味着他们不需要回报。作为领导干部，应当主动地给他们应有的报偿，想方设法让他们得到应该得到的东西，补偿他们因为实干而失去的东西，尤其要给予他们相应的物质奖励，这会让实干者不吃亏、不寒心。这样做不但能够引导更多的实干者成长起来，也会引导那些纯粹的务虚者实干起来，真正发挥实干者的导向作用。

> 任何一个单位或组织都离不开实干者。为此，领导干部要合理使用实干者，以宽广的胸怀容忍他们的不足，切实保护好他们，并主动关心他们，发挥他们的骨干作用。

三、健全权力制约的监督机制

科学配置权力，合理划分权限，健全监督机制，是有效运行领导权力的根本保证。如果不对权力加以控制，权力往往会支配人的理性。为使广大领导干部为人民掌好权、用好权，防止其以权谋私、行政不作为，则需要把权力装进制度的笼子里，对其权力进行有效的监督和制约。健全权力监督机制，做到用制度管权、用制度管人，使监督进一步制度化。

1. 接受监督是领导干部应尽的义务

人非圣贤，孰能无过。如果严重了，还可能违法乱纪，而身为手中掌握了一定权力的领导干部，他们的过错与违法乱纪远比普通人的危害要大得多。**社会对他们进行监督，他们受监督，已经被历史所证明，是少犯过错、维护党和人民利益的最有效形式。**在我们党的历史上，凡是领导干部失去监督、缺少监督之时，就是党的事业遭受挫折之日。

我们所谓的监督，就是督促和监察。其中既包括对领导干部所从事工作的督促，并防患未然，也包含对领导干部出现问题后的批评和检举，直至诉诸党纪国法。监督不仅仅是对负面的谴责，更重要的是督促，让领导干部的工作得以日臻完善。

坚持全心全意为人民服务是党的宗旨，领导干部是党的事业的骨干，也是人民的公仆。正确行使人民赋予的权力，自觉接受党和群众的批评和监督，是党章对党的干部的基本要求，逃避监督或者排斥监督，也就丧失了作为党的干部的起码资格。

领导干部一方面要自觉接受组织的监督，另一方面更要主动接受群众的民主监督，而后者往往体现在舆论监督之中，因为只有舆论监督才可能体现出群众监督的效果。特别是在网络发达的今天，舆论监督经常显得比较公开、直接、不留情面，甚至还有误解、曲解以致中伤的时候。面对舆论的监督，除了运用法律的手段解决那些恶意的中伤性的舆论外，对于其他善意舆论领导干部都应该本着"有则改之、无则加勉"的态度。看起来，这样的态度似乎会承受更重的压力，会带来更多的责难，也会带来更强的舆论关注，但是，身为领导干部，这也是不能不付出的一种代价。犹如想做公众人物就不得不失去一些隐私那样，领导干部，就必须勇于被监督，并承担当受责备的风险。

每个领导干部都必须清晰地意识到，自己是舆论监督的对象，解决问题是领导干部的分内事，出了问题，当然首先要问责领导干部。

在新的历史条件下，广大领导干部面临着更多地发挥自己才能的机会，同时也面临着更多的腐蚀与反腐蚀的严峻考验。因此，进一步加强对领导干部的严格监督，是社会变革和时代发展的客观要求。

首先，**对领导干部进行严格监督是保证党的路线方针政策贯彻执行的需要**。在现阶段，我们党肩负着领导改革开放和现代化建设的历史重任。关于建设有中国特色社会主义的伟大战略目标，我们正是通过实行各项具体的政策和措施来实现的。各级领导干部则是贯彻党的路线、方针、政策的组织者和实施者。绝大多数领导干部在这个历史性的变革中充分发挥了自己的领导作用和表率作用，积极带领人民群众创造出了令人赞叹的辉煌业绩。但是，也有领导干部从本地和本部门的利益出发，把地方和部门利益置于国家的整体利益之上，我行我素，搞"上有政策，下有对策"这一套，有的地方领导干部甚至非法动用司法力量干预经济纠纷，或者纵容制假贩假、直接指使和参与走私等非法行为。前些年辽宁丹东、山东乳山等地的非法走私汽车案，近年有的地方搞罚款放行走私货物等放纵或庇护走私的事件，都是典型的事例。因此，只有对领导干部进行严格地监督，才能使他们保持政治上的清醒和坚定，在事关大局、事关重大原则问题上同中央保持一致，在地方和部门积极努力开展工作的同时，维护国家和人民的整体利益，保证党中央、国务院决策的顺利贯彻执行。

各级领导干部在各项工作中往往都是决策者和带头人。从总体上讲，现在我们各级领导班子能较好地按照民主集中制来决定重大问题，决策水平已有很大提高。但是，从一些地方暴露出来的问题看，存在的问题也相当严重。有的地方和部门的主要领导干部往往违反民主集中制的各项制度和规定，脱离组织和群众的监督，在重大决策、重要项目、重要干部任免和大额度资金的使用等方面，不作调查研究，不作科学论证，骄横跋扈，独断专行，自己拍拍脑袋就做出决定，结果导致重大失误，造成重大的政治和经济损失，给党和人民的利益带来不可估量的损害。据有关部门统计，现在国家投资建设的大项目，有不少在建成之日就是亏损之时，给国家带来巨大的浪费。某省一县委召开常委会，一次讨论提拔干部120多名，常委们对其中大部分干部的情况都不了解。而且在这次常委会上连提拔干部的名单都没有发布，只是让有关人员在会上念一下就了事。这种走过场的决策能不出问题吗？因此，只有对领导干部进行严格地监督，才能使他们自觉遵守和维护民主集中制原则，实行集体领导，进行民主决策和科学决策，保证各项决定既符合形势和社会的发展，又符合党和人民的根本利益，从而得到广大人民群众的衷心拥护和支持。

在改革开放和建设有中国特色社会主义伟大事业的过程中，绝大多数领导干部经受住了权力、金钱和美色的考验，勤勤恳恳为人民服务，在不同的领导岗位上做出了辉煌的业绩，涌现出一大批勤政为民、廉洁奉公的典范。但是，也有不少领导干部避开党组织和人民群众的监督，利用手中掌握的职权，来为自己及其亲属或小团体牟取不正当利益，从而走上违纪甚至违法犯罪的道路。这些因失去监督而导致腐败的教训都是极其深刻的。

> 只有对领导干部进行严格监督，才能使他们见微知著，防微杜渐，谨言慎行，防止他们利用权力来搞权钱交易，保证权力只能用来为人民服务。

2. 围绕权力的制约和监督加强制度建设

好的制度可以约束权力使其无法任意滥用，制度不健全、不完善，会使领导权力失控而产生权力腐败。

腐败的掌权者看到利益，就像苍蝇看到了发臭的鸡蛋。法国18世纪著名思想家孟德斯鸠认为，一切拥有权力的人都有滥用权力为自己谋求私利的倾向。邓小平曾说，**制度好可以使坏人无法任意横行，制度不好可以使好人无法充分做好事，甚至会走向反面。制度问题更带有根本性、全局性、稳定性和长期性。**

当前，重要的是我们要充分健全结构合理、配置科学、程序严密、制约有效的权力运行机制。既要加强经济、政治、文化、社会等领域的制度建设和创新，不断完善各方面的体制机制，又要加强以党章为核心的党内法规制度体系建设，不断完善党内各方面的体制机制。切实提高制度建设的质量和水平，做到用制度管权、用制度管事、用制度管人，进一步推进权力制约和监督的制度化。

（1）对监督的重点对象形成有效的监督机制

对权力的制约和监督，要体现在对权力载体的监督上。在《中国共产党党内监督条例（试行）》和《建立健全教育、制度、监督并重的惩治和预防腐败体系实施纲要》等文件中，都明确规定，监督的重点对象，是领导机关、领导干部特别是各级领导班子主要负责人。这是因为，领导干部特别是各级领导班子主要负责人，承担着行使党和国家权力的重大责任。对他们的监督到位了，就能够保证权力运行不出轨。按照党中央的规定，现阶段对这些重点对象的监督内容和措施主要是形成以下制度和机制：认真检查党的路线、方针、政策和决议的执行情况，监督民主集中制及领导班子议事规则落实情况，凡属重大决策、重要干部任免、重大项目安排和大额度资金的使用，必须由领导班子集体做出决定。认真执行集体领导和个人分工负责相结合的制度。加强对领导干部民主生活会的指导，督促领导班子成员认真开展批评与自我批评，针对自身存在的问题和党员、群众提出的意见进行整改，整改情况应在一定范围内公开。检查领导干部个人重大事项报告、述职述廉、民主评议、谈话诫勉、回复组织函询等制度的执行情况。切实加强巡视工作，健全机构，增强力量，综合运用巡视成果。全面实行纪检监察机关对派驻机构的统一管理，加强对驻在部门领导班子及其成员的经常性监督。逐步加大党委、人大、政府、政协之间的干部交流。对县级以上地方党政领导班子、行政执法机关、司法机关和管理财物部门的主要负责人，实行定期交流。

（2）形成对权力行使的重点环节和重点部位的监督制度化

主要包括以下三点：其一，对干部选拔任用工作监督的制度化。着重检查领导干部选拔任用工作条例的执行情况，切实加强对推荐、提名、考察考核、讨论决定等各个环节的监督。推荐干部要充分发扬民主，多数人不拥护的干部不能确定为考察对象。考察干部要全面深入了解其德、能、勤、绩、廉的表现情况。任用干部必须如实记录拟任人选的推荐、考察、酝酿、讨论决定的情况，按规定进行表决。对选人用人失察失误的，要依照有关规定予以追究。其二，健全管钱用钱制度。"管住钱"是预防腐败的根本性举措，应该把"管住钱"的一系列制度规定健全起来，主要是根据我国实际,抓紧建立健全财政制度;全面落实"收支两条线"规定,全面推行部门预算,规范转移支付制度,实行国库集中收付制度;应该多使用"刷卡""走账"方式,尽可能减少现金流通;对于大额度资金的流通,财政、监察部门要予以监管。其三,对国有资产经营管理监管的制度化。健全国有资本投资决策和项目法人约束机制,实行重大投资项目论证制和重大投资决策失误追究制。完善国有企业法人治理结构,规范公司股东会、董事会、监事会和经营管理者的权责。加强对资本运营各个环节的监管,防止国有资产流失,维护职工合法权益。

> 要真正落实"用制度管人",就一定要重视让制度贯穿于整个用人环节的各个细节,就一定要淡化领导干部在制度执行中的随意性和不良影响与作用。

健全权力制约和监督的制度,不仅能使领导干部管理好自己,也便于领导干部管理下属,同时还是减轻领导干部本身工作压力的最好办法。有了各方面的制度要求,通过制度来管人,领导干部就不必再为解决内部的混乱而煞费苦心,也不必再为各种各样的人情问题而大伤脑筋,可以通过"制度无情"替代"领导无情"。国家要实行依法治国,各单位自然要靠建章立制来管人管物。作为领导干部,重要的是做到建立制度、用好制度并维护制度。因为好的制度如果得不到执行,就只能是一纸空文。**只有"制度面前、人人都平等""用制度选人、用人、管人"才有可能落到实处,也才能真正地"让想干事的有机会,能干事的有舞台"。**

3. 运用多种监督形式,健全监督权力的网络

运用多种监督形式,健全监督权力的网络,才能提高对权力进行监督的整体效能。

形成结构合理、配置科学、程序严密、制约有效的权力运行机制是正确制约和监督权力的基础。但是,制度是通过人的行为起作用的。**对于权力的监督和制约,归根结底要发挥人的积极作用。**这就要求各监督主体充

分发挥积极作用,综合运用多种监督形式,健全监督权力的网络,提高监督的整体效能。各监督主体在充分发挥各自作用的基础上,应当大力协同,互相补充和帮助,形成监督的合力。只有这样才能有效加强对权力运行的制约和监督,保证把人民赋予的权力用来为人民谋利益。

(1) 加强党内监督

在我们党长期执政的新的历史条件下,只有加强党内监督,才能保持党的先进性和纯洁性,保持权力运行的正确方向,始终做到执政为民;才能有效带动和促进其他方面的监督。加强党内监督,必须严格执行党章的规定,全面贯彻党内监督条例和党员权利保障条例。加强党的代表大会对党的委员会和纪律检查委员会、党的委员会对党委常务委员会、纪律检查委员会对党的委员会成员的监督。常委会要向全委会负责、报告工作并接受其监督。党委要加强对党内监督工作的领导,注重对下一级党组织及其领导班子特别是主要负责人进行监督。纪委要协助同级党委组织协调党内监督工作,组织开展对党内监督工作的督促检查,对领导干部履行职责和行使权力情况进行监督。**拓宽党员参与党内事务的渠道,切实保障党员的知情权、参与权和监督权。**

(2) 加强人大监督

人民代表大会及其常务委员会作为国家权力机关的监督,是代表国家和人民进行的具有法律效力的监督。其目的在于确保宪法和法律得到正确实施,确保行政权和司法权得到正确行使,确保公民、法人和其他组织的合法权益得到尊重和维护。加强人大监督,就必须切实发挥人大及其常委会的依法监督作用,认真听取和审议有关工作报告;加强对行政法规、部门规章、地方性法规和地方政府规章的备案审查,维护法制统一;严格审查财政预算和对国民经济和社会发展计划的执行;加强对司法工作的监督,防止执法不公、贪赃枉法行为的发生;加强执法检查、监督及人大代表视察工作。

(3) 加强政协的民主监督

中国人民政治协商会议是中国人民爱国统一战线的组织,是中国共产党领导的多党合作和政治协商的重要机构,是在我国政治生活中发扬社会主义民主的重要形式。政协民主监督的主要内容在于政协对国家宪法、法律和法规的实施、重大方针政策的贯彻执行、国家机关及其工作人员的工作、通过的建议和批评进行监督。当前,要切实发挥人民政协通过提出建议和批评、对国家宪法、法律和法规的实施、重大方针政策的贯彻执行、国家机关及其工作人员工作的监督作用。充分发挥政协特邀监督员在反腐倡廉中的作用。

> 各级党委和政府要认真倾听民主党派和无党派人士的批评和建议,认真办理政协提案,自觉地接受民主党派和无党派人士的监督。

(4) 加强政府专门机关监督

行政监督是行政机关的内部监督,是指行政监察、审计部门等监督主体依法对各行政机关及其工作人员的行政行为是否合法、合理进行的监督、制约、纠偏等活动。行政监督的形式主要有层级监督、职能监督、政府专门机关监督、行政复议监督等。**当前要强化行政监察职能,保证政令畅通,维护行政纪律,促进廉政建设,改善行政管理,提高行政效能**。要强化审计监督,逐步推行效益审计,突出对重点领域、重点部门、重点资金和领导干部经济责任的审计,依法实行审计公告制度。要支持和保证监察、审计机关依法独立开展监督,对拒不执行监督决定的,要依法追究有关机关和责任人员的责任。

(5) 加强司法监督

司法监督是指司法机关通过司法手段和司法程序,对公共权力的形式是否合法、是否有违法犯罪现象所开展的检查督促活动。司法监督对于保证权力的正确行使具有特殊的重要作用。加强司法监督的重点是,审判机关要依法审理行政案件,维护和监督行政机关依法行使行政职权;检察机关要依法加强对公安机关立案侦查活动、法院审判活动和判决生效后执行活动的监督;健全公安、审判、检察机关相互配合和制约的工作机制,加大惩治和预防职务犯罪力度。

（6）加强社会监督

社会监督主要包括群众监督和新闻舆论监督两种形式。它要求依法保障人民群众对党和国家机关及其工作人员批评、建议、控告、检举等权利；充分发挥工会、共青团、妇联等人民团体的监督作用，扩大群众有序的政治参与，拓宽对施政行为的监督渠道，增强涉及群众切身利益的有关政策和工作的透明度。**应设立专用举报电话，提倡实名举报**。健全受理群众举报违纪违法行为的工作机制，及时处理群众反映的问题。在党的领导下，充分发挥新闻媒体的舆论监督作用。

> 各级党委和政府应当重视和支持舆论监督，听取意见，改进工作。新闻媒体要坚持党性原则，遵守新闻纪律和职业道德，把握舆论监督的正确导向，注重舆论监督的社会效果。

为了形成对权力进行监督的强大网络，要注意疏通监督途径，运用适宜的监督方式，具体如下：批评、建议；信访；举报；控告、投诉；民意测验；述职报告与民主评议；协商对话与民主恳谈会；公示；政务公开与信息发布会；民主听证会；设立人民监督员或设立社区居民专门监督组织；设立领导干部效能建设监督电话；群众大型集中监督活动；发展网络监督等。

4. 自觉地接受行政系统内的专门监督

实行行政监察，保证政令畅通，维护行政纪律，促进廉政建设，改善行政管理，提高行政效能。

行政系统内的专门监督，是指政府内的具有专门监督职能的机关对行政机关及其领导干部的特定的行政行为进行监察和督促的活动。目前，我国的专门监督分为行政监察和审计监督两大类。领导干部应自觉接受行政监察和审计监督，并积极配合。

（1）行政监察

行政监察是指国家行政监察机关根据法律授予的监督权限，对国家行政机关、国家领导干部和国家行政机关任命的其他人员的行政职务行为进行的检查、纠举和处理的专门监督活动。

根据《中华人民共和国行政监察法》的规定，行政监察这一监督活动的监督主体是行政监察机关，为政府的专门机关。因此，行政监察本质属行政监督，但其又不同于一般的层级监督。这一方面是因为这一监督的主体——行政监察机关为政府系统内专司监督职能的机关，另一方面在于这一监督具有相对的独立性。如《中华人民共和国行政监察法》第3条规定："监察机关依法行使职权，不受其他行政部门、社会团体和个人的干涉。"

行政监察的监督对象具有特定性，为国家行政机关和法律、法规授权的具有管理公共事务职能的组织以及国家行政机关依法委托的组织及其工勤人员以外的工作人员，包括指企业、事业单位、社会团体中由国家行政机关以委任、派遣等形式任命的人员。

行政监察主要包括以下三方面内容：一是执法监察。即检查国家行政机关和领导干部在遵守和执行法律、法规和人民政府的决定、命令中的问题。二是违纪监察。即受理和调查处理国家行政机关、国家领导干部和国家行政机关任命的其他人员违反行政纪律的行为。三是受理不服行政处分的申诉。即受理国家领导干部和国家行政机关任命的其他人员不服主管行政机关给予行政处分决定的申诉。

（2）审计监督

审计是指特定的机构运用专门的方法，对被审查单位的财政收支或者财务收支的真实性、合法性和效益进行检查、审核、评价，并提出审计报告的一种经济监督形式。《中华人民共和国宪法》第91条第1款规定："国务院设立审计机关，对国务院各部门和地方各级政府的财政收支，对国家的财政金融机构和企业事业组织的财务收支，进行审计监督。"

与其他监督形式相比，国家的审计监督有三个特点：一是监督的专门性。审计监督由国家专门设立的审计机关承担，审计机关监督的内容限于行政机关的财政收支情况。二是监督的相对独立性。审计机关依照法律规定独立行使审计监督权，不受其他行政机关、社会团体和个人的干涉。三是监督的专业性。对财政、财务收支情况的检查监督，涉及经济学等许多专业知识，具有很强的专业技术性，需要运用专业方法和方式。因此也就需要专门机关来承担。

> 审计署和地方审计机关应当依法审计政府及各部门预算的执行情况和决算，以及预算外资金的管理和使用情况。并向本级人民政府和上一级审计机关报告审计结果，以此来实现对各行政机关的监督。

5. 实行政务公开，让人民成为监督的主体

实行政务公开，由公众监督政府，可以有效防范权力滥用，保证权为民所用。政府实行政务公开，其实质是对行政权力运作加强监督。政务公开是手段，是形式，根本目的是让群众知情，便于群众监督政府的行政行为。这就点明了政务公开的要旨。

必须把一切权力的行使置于人民的监督之下，保证权力始终用来为国家和人民谋利益，绝不能把权力变成牟取个人或少数人私利的工具。实行政务公开，人人都来监督政府，就可以把权力中用来谋私的"含金量"尽可能去掉，使权力只能用来为人民服务；就可以让人民真正起来负责，当家做主。因此，**政务公开，就是我国社会主义民主政治建设的具体而又生动的实践。**

早在1945年，毛泽东在延安与黄炎培讨论共产党如何跳出"其兴也勃，其亡也忽"的由盛而衰的历史周期律支配时，就明确指出："我们已经找到了新路，我们能跳出这个周期律。这条新路，就是民主。只有让人民来监督政府，政府才不敢松懈。只有人人起来负责，才不会人亡政息。"

所谓政务，有广义和狭义之分。从狭义上讲，政务就是政府的行政事务。从广义上讲，政务就是国家大大小小的一切政治事务，其中包括大到一个国家，小到一个行政村的治理活动。

通过政务公开来让人民群众知情，接受群众监督，是党中央做出的一系列重大部署之一。

1998年，党中央要求在全国农村普遍实行村务公开。中办、国办为此

发出了《关于在农村普遍实行村务公开和民主管理制度的通知》,《中华人民共和国村民委员会组织法》又将村务公开的内容法律化。由于这项工作直接关系到村民的切身利益,得到农民的普遍欢迎。

2000年,党中央要求在全国的乡镇政权机关都要推行政务公开,有条件的县、地(市)级等政权机关也可以实行政务公开。还要求把村务公开同乡(镇)政务公开结合起来。

实行政务公开是经济发展的必然要求。改革开放以来,随着经济的快速发展和人民生活水平的普遍提高,人民群众的民主意识普遍增强,这就为建设社会主义民主政治提供了坚实的基础。政务公开工作,在不少地方和部门早就开始进行试点,有的已经全面推开。特别是在党中央的大力推行下,包括村务公开、厂务公开、警务公开、检务公开、审判公开、司法公开、校务公开等内容的政务公开活动,正在全国上下如火如荼地进行,成为世纪之交的中国的一大政治景观。

> 让阳光照亮体制,许多腐败就失去了藏身之地;让人民监督政府,我们的事业将永远立于不败之地!

6. 自觉地接受舆论特别是网络舆论的监督

能不能自觉接受舆论监督,是对领导干部的自身素质与官德修养的直接检验。

舆论扮演着公共利益的"看家狗"角色。舆论对公共权力的运行有着较大的影响力,因此,在西方,人们将舆论视为行政、立法、司法之外的"第四种权力"。舆论就是相当数量的公民对某一政策、事件等的看法或意见的汇聚。舆论监督主要表现为记者、网民等监督主体对公共权力运行的规范的考证,其背后是公共舆论的力量对公共权力的制约。党中央指出,要"落实党内监督条例,加强民主监督,发挥好舆论监督作用,增强监督合力和实效"。2010年8月,温家宝总理在全国依法行政工作会议上强调,"要更加重视人民群众和社会舆论监督。要依法保障人民群众直接监督政府的权利。支持新闻媒体对违法或者不当行政行为进行曝光"。

正常的舆论监督，可以让领导干部更多地听到来自人民群众的愿望和呼声，有助于发现工作中存在的问题。所以，正确对待、自觉接受舆论监督，不仅是党性的体现，也是自信心的展示，更是善政之举。只听表扬而不听批评，就会使人飘飘然，事业就会止步不前，矛盾就会越积越多。首先，舆论监督是中国特色社会主义监督体系的重要组成部分，它通过新闻媒体直接参与实现，具有传播速度快、开放程度高、社会影响大的特点。报纸可以让事件隔日面世，一夜间全民皆知；广播、电视、网络可以将事件现场直播，顷刻间世人相闻。媒体干预之迅速，其他监督形式无法比拟。其次，媒体的自身特点和规律决定了舆论监督的公开性和开放性，这也是舆论监督的力量源泉。再者，媒体借助特殊介质和工具，可以客观、形象地再现人物的言行举止、事件的真实情景，形成"铁证"，具有强大的威慑力，所谓"不怕通报，就怕见报"。

近年来，党和国家不断推进民主进程，广开言论渠道，特别是对媒体和公众舆论监督政府和领导干部，始终持肯定和保护的态度。但在现实生活中，还有一些领导干部在对待舆论监督上却缺乏一种"雅量"，动不动就给行使舆论监督的媒体和记者找岔子、扣帽子、打板子。

能不能自觉接受舆论监督，是对领导干部是否出于公心、从善如流的检验。 那种视舆论监督为"洪水猛兽"，利用公权来横加干预、封杀的行为，只会养痈遗患，让小问题酿成大祸端，给党和人民的事业带来更大的损失。

不可否认，被媒体批评可能会比较难受，但是舆论监督是一种宝贵的社会资源。我们的事情做得不对时，老百姓会有怎样的想法、希望如何改进，媒体把这些东西反映出来并且积极为我们出主意，可以使我们不至于盲目、不至于懈怠、不至于失职。即便某些批评报道略有瑕疵，或有所偏激，也没有必要纠缠不放，这至少给我们发现问题和解决问题提供了契机；即便在个别报道上我们完全被误解或冤枉，也不要暴跳如雷，因为这至少给了我们向群众充分解释的机会。自己工作出了问题，却捂着别人嘴巴不让说，只能是私心作怪。

只有珍惜和呵护舆论监督，培育和健全舆论监督环境，闻过则喜，有则改之，无则加勉，才能变"丑事"为好事，为百姓谋利，促事业发展。

当然，舆论监督必须坚持正确的导向，必须坚持实事求是，必须坚持主观动机和社会效果的高度统一，这样才能有利于党的方针政策落实，有利于帮助党和政府改进工作，有利于增强群众的信心，有利于实现社会的稳定。

舆论监督对领导干部来讲，既是一种约束，也是一种促进和保护。随着民主政治的健全和发展，各地各部门都要适应形势的发展，树立正确的舆论监督观，积极支持舆论监督，自觉接受舆论监督，在此基础上，使舆论监督工作走上规范化、制度化、法治化轨道，为推进社会主义民主、健全社会主义法制和维护人民群众的根本利益发挥更加积极的作用。

当前，互联网的普及大大增强了舆论监督的力量。这不仅是因为监督主体数量的扩大，还因为在互联网上，网民可以自由地、实时地发表意见，相互讨论，分散的个体看法可以在网络上凝聚成强大的公共舆论力量。截至2013年底，我国互联网普及率已达45.8%，网民数量已达到6.18亿。这意味着，每10人中就有3位网民，而且中国互联网的普及率还在快速增长。舆论监督将发挥越来越重要的作用。

7. 避免权力崇拜，纠正权力崇拜

从系统发生的角度来看，领导干部防止和反对权力崇拜的方法与艺术，包括预防和纠正两个有机组成部分。

（1）预防权力崇拜的方法

医家有句著名的格言，叫作"预防为主，防重于治"。其实，领导干部对待权力崇拜又何尝不是如此。倘若领导干部在日常工作中注意消除导致权力崇拜的隐患，那么，这种现象在社会主义中国的市场就会越来越小。为此，领导干部必须努力做好三方面工作：

①确立全心全意为人民服务的思想。为人民服务是领导干部的天职。而所谓"天职"即义不容辞的职责。对此，毛泽东同志曾多次强调："共产党是为民族、为人民谋利益的政党，它本身决无私利可图。"正是为了实现这一点，党和国家才设置了各级领导机关。**要做到为民造福，领导干部必须热爱人民，对人民有深厚的感情，要忠于职守，对人民负责。**领导干

部手中掌握权力而不肯为人民服务，就会使群众产生对权力的距离感和恐惧感，滋长出权力崇拜现象。

②实行科学领导，注重社会效益。首先，领导干部要干领导干部的事。领导干部要干的事主要包括调查研究、规划目标、制定规范、进行决策、选人用人、思想工作等。领导干部要干领导的事，这既是科学领导的必然要求，又是提高领导工作社会效益的前提。领导干部只有牢记为人民服务的职责，不让精力与时间作不必要的消耗，才会使权力不至于脱离群众，使人惧怕。为此必须做到不干预下一层的事，不颠倒工作的主次，而要按照既定的工作程序与组织程序工作。

其次，领导干部要做建功立业的实干家。为人民建功立业是每个领导干部的强烈愿望。但要把这一愿望变为群众眼里的现实存在，还必须有苦干实干的精神，即有饱满旺盛的干劲、英勇献身的拼劲、锲而不舍的钻劲、大胆革新的闯劲。

再次，少说空话，不搞形式主义。空话的特点是言之无物，形式主义的特点是徒有其表。说空话、搞形式在过去的几十年里曾经给我们党和国家带来了无法估量的损失，也加深了权力的神秘感，对权力崇拜现象起了推波助澜的作用。这一点，在今天引起领导干部重视尤为必要，因为现代化建设是个实实在在的事业，来不得半点虚假和怠惰。

③加强学习，刻苦改造世界观。防止权力崇拜，关键在于领导干部。领导干部要努力学习马克思列宁主义、毛泽东思想，刻苦改造世界观，真正分清历史唯物主义与唯心主义的界限，分清社会主义权力观与资产阶级权力观的界限，从思想深处铲除对封建主义的、资产阶级的权力崇拜观念，树立一身正气，当好人民的勤务员。

（2）纠正权力崇拜的方法

由于权力崇拜容易伴随权力产生，凡有权力的地方就或多或少存在着权力崇拜。因此，领导干部仅仅设法预防权力崇拜并不能保证权力的正常行使和工作的顺利展开，还必须有效地制止和纠正正在形成着的权力崇拜。

①发扬民主，欢迎监督。民主是科学社会主义的一个基本特征，也是社会主义领导工作的一项重要准则。**社会主义民主，实质是人民当家做**

主。因此，为了保护人民的合法权益，消除错误的权力崇拜现象，领导干部应当充分发扬民主，使群众参与管理和决策，在集体讨论和共同负责的基础上增强下属的民主意识，并把自己置于群众监督之下，接受群众的批评，发挥其主人翁作用。

②识民情察民意，为民解忧。兴邦治国，领导是关键。领导干部只有懂民心，顺民意，实实在在地为人民干事业，才能有效地限制权力崇拜的蔓延。

随着党风的不断好转，许多领导干部都在不同的岗位上严格要求自己，廉洁奉公，关心群众，爱护群众，全心全意为人民服务。这种优良的工作作风不仅抵制了权力崇拜现象的发展，而且赢得了广大群众对领导干部的信赖，成为党的群众工作的典范。但也有极少数领导干部由于地位的变化而摆错了自己同人民的位置。虽然其身居领导岗位，但却不迈开双脚到群众中去倾听群众的呼声，不关心群众的痛痒，不帮助群众排忧解难，甚至把人民公仆对人民应尽的义务看成是群众有求于自己、是给自己造成"麻烦"，因此敷衍塞责，推诿拖拉。结果妨害了干群关系，扭曲了群众心目中的权力形象。所以，领导干部应保持清醒的认识，时时处处严格要求自己。要记住，人民不可脱离，民心不可违背。而若识民情、顺民意、为民排忧解难，则权力崇拜现象将没有市场，党的形象和广大干部的形象将日益提高。

③依法办事，敢于斗争。领导干部是无产阶级和广大劳动群众利益的代表者。维护人民的利益，为人民办事，对人民负责，是领导干部的职责。为此，领导干部就必须勇于同违法乱纪行为作坚决的斗争。要广泛发动群众，震慑那些不安分守己的人。

> 身为领导干部只有依法办事，同违法乱纪的行为做斗争，严厉打击一切违法乱纪行为和歪风邪气，才能促进社会治安、社会风气的根本好转，消除权力崇拜现象。

领导干部要勇于同违法乱纪行为做斗争，就必须认真学习党章、党的方针和政策，坚持党的原则，坚持实事求是。要有刚正不阿、无私无畏的品质。对违法犯罪的人，不管其资格多老、地位多高、关系多深，都不能纵容包庇，要不怕撕破脸皮，要自觉履行为党、为民兴利除弊的光荣职责。

防止和避免权力崇拜也好，反对和克服权力崇拜也好，关键在于我们的领导干部。如果领导干部思想不纯正，只想当官做"老爷"，作威作福，高高在上，高人一头，官僚主义严重，那么，这就是自身有权力崇拜观念的表现。因为，这种人就是在用实际行动向人们暗示：正是因为自己当了官、有了权，所以就该这么趾高气扬，别人在自己面前就得低三下四、俯首帖耳。这种人也是在向人们明示和暗示着这样一种欲望：下级理应对自己的地位和权力臣服、崇拜。因此，自己的周围产生一些阿谀奉承、溜须拍马之徒是很自然的。这种人对自己的上级，当然也是要搞权力崇拜。如果领导干部大公无私、刚正不阿、光明正大、一身正气，身上没有权力崇拜的气息，那么周围的势利小人也就难成气候，权力崇拜也就不会有市场。所以，防止和反对权力崇拜，领导干部要以身作则，廉洁勤政，一心为公。

第六章 秉公用权，树立公正无私的权力观

第七章
清廉自律,抵制形形色色的诱惑

领导干部作为人民的公仆行使的是公共权力,而公共权力的行使往往承担着一定的社会责任,这个社会责任就要求其行为方式和价值追求具有很强的正面导向作用。社会对领导干部职业道德的要求高于普通公民,因为领导干部的廉洁自律意识具有塑造社会良好风气的独特功能。自律是一个人心灵运行轨迹折射出来的外在表现,是广大领导干部遵守道德规范、不断修正自我的源头活水。所以,廉洁自律必须成为广大领导干部自觉的行动。

一、警钟长鸣，为官必须清廉自律

清廉，对领导干部而言是一种道德境界。作为领导干部，为人民群众谋福祉是自己的神圣职责。在名利得失面前，一定要看得开、想得通、拿得起、放得下，做到不义之财不取、不法之物不拿、不净之地不去、不正之友不交，始终保持廉洁本色。做清官不易，自省自律必不可少。清廉，需要领导干部修身从善，洁身自好，守身无沾，把道德情操上升到清正廉洁、恪守职责、全心全意为人民服务上来。

1. 廉洁自律是为官从政的根本

马克思说过：**"不可收买是最崇高的政治美德。"** 具有这种政治美德的领导干部，一定是百姓衷心敬佩和拥戴的领导干部。

早在中国共产党还没有取得全国政权的时候，毛泽东在党的七届二中全会上就告诫道："可能有这样一些共产党人，他们是不曾被拿枪的敌人征服过的，他们在这些敌人面前不愧英雄的称号，但是经不起人们用糖衣裹着的炮弹的攻击，他们在糖弹面前要打败仗。"新中国成立之后，中国共产党在反对腐败、提倡廉洁方面态度也始终是坚决的，刘青山、张子善就是早期因为贪污腐败而被判处死刑的高级干部。

"廉"在领导活动中有着极为重要的意义，要保持廉洁，就要为官清正。清廉不仅包括"不贪不沾"，还包括"艰苦奋斗"。失去清廉，官员以及政府就要腐败变质。而一旦发生腐败变质，必将失去民心。**所以，廉与腐、清与贪，是检验一届政府、一任官员人心向背的试金石。**

近年来，随着改革开放的不断深入，一部分领导干部在执政与权力的考验中，经不起诱惑，其行为背离了党的宗旨和人民群众的利益，走向了贪污腐败的道路。具体表现在以下三点：一是权力变质，二是非法占有（社会财富等），三是官员蜕化变质（丧失作为公职人员的基本品格，如生活上的腐化堕落等)。

说到腐败,已故的新加坡前总理李光耀先生曾说过这样一番话:"危害最大的问题是深入行政文化的腐败难以根除。腐败不仅会严重阻碍经济发展,更危险的是它已成为政治的火药桶,对腐败的不满会很容易集聚起反政府的情绪。"这句话清楚地表明人民大众最痛恨官员腐败,这个问题如果不下决心予以惩治纠正而任其发展下去,不仅会使某些领导干部失去官位权力,还极有可能动摇我们党的执政地位。

> 党的领导干部要聚集民心,必须廉洁自律,从我做起,反腐戒贪,做一个廉洁清正的百姓欢迎的好官。

"廉洁"的反义词是"贪婪",当前领导干部中的腐败现象,绝大多数是由极度膨胀的贪婪以及物欲引起的。下列这些现象,当是廉政的大敌。

(1) 贪钱:视财如命

领导干部是全体人民的公仆,受人民之托,行使公共权力,管理社会事务,为公民服务,所以决不能以权谋私与民争利。贪官一般都有着超乎常人的高消费、贪享受、追求财富最大化的愿望,说白了就是追求金钱、财富的欲望和冲动,有在行政职位上"致富"的偏好。作为官员要想在自己的职位上"致富"凭借什么?他们的"致富"手段只能是肆意扩大在职消费、公共服务有偿化、送礼受贿、权钱交易等等。

(2) 贪权:疯狂权欲

追逐权力中的腐败现象首先表现为敛财、行贿买官,再受贿,再行贿买更大的官。对于一些贪腐官员,民间流传着这样一句顺口溜:"不跑不送,降职使用;光跑不送,原地不动;又跑又送,提拔重用。"更有甚者,当买官路行不通的时候,有人往往以造谣诬陷等其他的犯罪手法去除掉阻碍自己升迁的"心腹之患",近几年甚至出现了雇人杀害自己的上级或者同事的事。由此看出某些人对权力的欲望到了一种疯狂的状态。

(3) 贪功:推过揽功

某些领导干部对贪婪的另一个表现是邀功。一些富有正义感的领导干部往往是推功揽过，而一些心理阴暗的行政官员则是推过揽功。这些领导干部往往在组织取得成绩时，频繁地出现在鲜花、掌声、闪光灯下，坦然接受人们的歌功颂德；而一旦出现问题、遇到困难时，往往推卸责任，让下属充当替罪羊。

（4）贪色

贪婪的第四个对象是女色。一些领导干部最后都走上了沉湎于女色的颓废之路。由贪欲走向纵欲似乎是一个带有规律性的现象。为满足对女色的需要又回过来追逐钱财，加剧贪欲。

在从贪欲走向纵欲的道路上，某些领导干部首先丧失的是对自我的把握，这就会陷入纵欲，使自己丧失人格，失去尊严，最终彻底丧失理想和目标。试想，一个终日纸醉金迷的人怎么可能有清醒的思考和认真的工作态度。

> 领导干部要做到廉洁奉公，就必须从反对贪婪、节制欲望做起，加强制度建设，把党政领导干部的欲望控制在合理合法的范围之内。

2. 清正廉洁是官德修养的基本要求

清正廉洁作为一种价值观念、一种道德修养，是每一位领导干部应恪守的从政素养和为官准则。

中国共产党成为执政党以来，在60多年的执政历程中，涌现出许许多多清正廉洁的好干部、人民的好公仆。他们用生命践行"清廉"精神，不仅仅洁身自好，更重要的是把它当作共产党人的本色，当作战胜一切困难的精神动力。廉洁即清廉、清白。廉洁是指领导干部保持自身清白正直，以自身修养和道德素质来拒斥各种诱惑，防止为外在环境所驱使、玷污，以致引起变质。**把"清廉"作为一种价值观念、一种道德修养、一种精神追求，甘于"清贫"、廉洁从政，是我们每一位领导干部应该恪守的工作准则和人生标准。它像一根鞭子，狠狠地鞭挞了利欲熏心充满铜臭的贪**

官；又像一面镜子，照出了清廉为民的好干部在人民心中的崇高形象。

根据《国家领导干部行为规范》对"廉"的解释，"廉"的内涵是克己奉公，秉公办事，遵守纪律，不徇私情，不以权谋私，不贪赃枉法；淡泊名利，艰苦奋斗，勤俭节约，爱惜国家资财，反对拜金主义、享乐主义。

提倡廉洁从政主要是针对领导干部勤政为民提出的道德和纪律要求，其内涵是：第一，积极服务群众甘做社会公仆；第二，抑制私欲艰苦朴素不搞特殊化；第三，自觉遵守法纪不贪赃枉法；第四，政务公开透明主动接受监督；第五，勤勉尽职摒除官僚气息。

面对今天这样一个极其复杂、充满诱惑的社会，要想出色地干好工作，每个领导干部必须加强党德修养，廉洁自律，廉洁从政，否则就不配承担领导干部的使命。现代领导干部，要当好人民公仆，就必须具备清正廉洁的品质。在改革开放和发展市场经济条件下，领导干部必须始终坚持清正廉洁、一身正气，经得起改革开放和执政的考验，必须把保持清正廉洁作为领导干部从政的重要任务和廉政建设的核心内容。

中央组织部的一位领导曾对清正廉洁进行了深入解读：

"清"，就是政治上要清醒。要深入学习中国特色社会主义理论体系，增强政治敏锐性，不断提高贯彻落实科学发展观的自觉性和坚定性。要深刻认识经济社会快速发展和急剧转型带来的风险与挑战，冷静对待成绩，清醒分析问题。要永远与人民在一起，把人民群众当主人、当亲人、当老师。

"正"就是要正气在身。做人要正派，办事要公正，从政要走正道。要坚持原则、敢于负责，不以私情废公事，不拿原则做交易。

"廉"就是要为政以廉。要坚守信念防线、道德防线、法纪防线，不用公权谋取私利。要以最坚决的态度和最扎实的措施同不正之风和腐败现象做斗争，一手抓改革，从源头上防范腐败，一手抓整治，坚决不让跑官要官、买官卖官、拉票贿选者得利。

"洁"就是要洁身自好。要加强品行修养，培养健康情趣，节制不良欲望。要择善而交，见贤思齐。

清正廉洁是中国共产党一贯倡导的优良传统和作风，也是对领导干部从政的基本要求。领导干部从自己做起，坚持清正廉洁，更有着十分重要的意义。

（1）保持清正廉洁是为官从政的基本觉悟、基本品德

领导干部要努力做到"权为民所用，情为民所系，利为民所谋"，就必须要高度自觉地拉紧"廉洁"这根弦。为官从政只有把清正廉洁作为"红线""底线"，才能在任何情况下、任何时候，都能严格自律、洁身自好，保持崇高的人生追求。担任领导职务的领导干部，更要慎用手中之权，要自觉抵御腐朽思想和生活方式的侵蚀，始终保持高尚的道德情操，始终追求积极向上的生活情趣，常修"为官"之德，常怀律己之心。要自觉地见微知著，防微杜渐，自觉接受组织和群众的监督，保持良好的节操，耐得住寂寞，经得住诱惑，不以物喜，不以己悲，不为名利所惑，不为浮华所动，堂堂正正做人，清清白白从政，真正体现出厚德养廉、一股正气、拒腐蚀永不沾的高风亮节。

（2）守为政之德，是对领导干部工作的基本要求

领导干部在从事政务与社会管理工作过程中，只有廉洁方能聚人，身正方能带人，律己方能服人，无私方能感人。注重操守，注重气节，是我们中华民族的一项基本道德要求。前人留下的许多以德养廉的格言警句，时时刻刻在提醒着领导干部："**权为民用，纵然是两袖清风，自当流芳百世；利于己谋，即便有豪宅千顷，也会遗臭万年。**"

（3）廉洁自律是领导干部从政的必备素质

领导干部是一支特殊的社会力量，在整个社会生活中拥有支配的权利，对社会生活的各个方面将产生巨大的影响。领导干部是否廉洁，直接关系到党和政府的形象和威望。因此，领导干部在惩治腐败和加强廉政建设中，要起表率作用，正确对待和运用人民赋予的权力，保持清正廉洁，勤政为民。要切实做到管好自己的嘴，管住自己的手，管好自己的腿。不吃不该吃的饭，不拿不该拿的钱，不去不该去的地方。同时还要管好自己

的亲属和身边的工作人员。

由于种种原因，在今天的领导干部队伍中，一些人经受不住诱惑，违法乱纪，蜕变成为世人所不齿的腐败分子，沦为党和人民的罪人。广大领导干部对此应当在思想上警钟长鸣，在行为上避免重蹈覆辙。

3. "人民公仆"必须要做到廉洁奉公

清廉自守虽贫而荣，贪污受贿虽富犹耻。一心为公，无私奉献的领导干部，才是名副其实的人民公仆。

当好人民公仆的先决条件，就是要廉洁奉公，勤政为民。这是广大领导干部必须具备的行为规范和执政素质。甘当人民公仆并忠实实践的领导干部，往往最受群众的欢迎，也最能凝聚民心。"勤"有多重含义：勤快、勤勉、勤恳、勤俭。领导干部的勤政，就是要提高工作效能，要以最小的人力、物力投入取得最大、最好的工作效果。如何做到廉政奉公、勤政为民呢？

首先要有为国为民的忠诚意识。广大领导干部要有公正执政的高尚精神，要有廉洁奉公的优秀品质，但这一切最后都要通过勤政为民体现出来，都要以勤政为民为归宿。

从古至今，廉洁都是对为官者的起码要求。廉洁只是一般的要求，距离奉公和为民还有一定的差距。对领导干部而言，廉洁既是道德规范，也是法律规范，不廉洁就要受到法律制裁，所以为官从政者为了洁身自保，不得不廉洁的人也为数不少。而勤政为民在道德层次上与廉洁有一定的区别，勤政为民很难依赖法律来规范。通过对道德义务与法律义务进行仔细地区分就会发现，法律义务是由社会共同体带来的一种外在的强制力，道德义务则是一种内在的强制力，它的权威源于每个自律者自己。勤政为民更需要依赖广大领导干部的良知，一种内在的强制力，它更具有道德义务的特点。

勤政为民强调要全心全意地为人民群众服务。廉洁奉公就是强调领导干部要清廉自守，两袖清风。要做到勤政为民，领导干部就必须确立"全心全意为人民服务"和"做人民的公仆"的人生观和价值观。不求有功但求无过的洁身自保者，是不可能做到"全心全意为人民服务"的。

其次，要有全心全意为人民服务的高度自觉性。全心全意为人民服务，勤政为民，充分体现了每个领导干部都是以人民利益为根本宗旨的，这是与以往任何时代、任何阶级的官吏从政道德的本质区别所在。

甘当人民公仆，全心全意为人民服务，是领导干部的职责和宗旨，是我国党和政府与人民群众关系的集中反映。从行政地位看，是官高民低；从历史地位看，是官小民大；从彼此关系上看，民是主，官是仆。

> 作为领导干部，就应做人民的服务员，应当具有爱民的道德热情、为民的道德意志，要把自己定位在勤勤恳恳为人民服务的公仆这一点上。

中国在社会主义建设发展的不同时期，涌现出许许多多人民好公仆的光辉典范和杰出代表，他们以自己勤政为民的突出事迹感动了中国，也得到了人民群众最真挚的热爱。可见，唯有心里永远装着人民、一生为人民奉献的领导干部，才是真正勤政为民的好领导，才是广大群众真心爱戴和拥护的好干部。

最后，要树立领导干部在人民群众心中应有的清廉形象。从古至今，人民群众最敬仰的就是清廉自守的为官从政者。领导干部更应当成为百姓欢迎的好官和清官。提起清官，人们往往会想到包公、海瑞。历史上那些清廉自守的清官典范，千百年来一直受到人们的赞颂，特别是受到老百姓的敬仰。翻阅史籍，由于受中华民族克己奉公传统道德的影响，清白廉洁、自觉守节的官吏和贤达志士历代都有。他们当中有的主理财务多年，整天和大宗钱财打交道，却纤尘不染；有的掌管人事大权，面对不断的请托送礼却从不动心；有的负责审批紧俏物资，闻风而来的行贿者却休想用钱、物打通关节……有人说："常在河边走，哪能不湿鞋？"而清白廉洁、自觉守节、守法，却使许多领导干部做到了"常在河边站，就是不湿鞋"。每位领导干部要自觉地抵制金钱和物质的引诱，保持和发扬艰苦奋斗、勤俭为民的优良传统，一心为公，无私奉献，永远做一个名副其实的人民公仆。

4. 为官清廉者才能赢得人心

古往今来的无数事实表明，不论是多高级别的领导干部，都不可与贪沾边，否则就会祸害临头。道理如此简单，为什么仍有许多人如苍蝇嗜血、飞蛾扑火般涌向贪欲呢？答案也很简单，贪者都为了尽情享乐，永远享福。殊不知，客观规律往往将他们抛向反面，有的撤职，有的坐牢，有的甚至掉了脑袋，弄得身败名裂，既无乐，又无福。这就是历史，它像一面明镜，映照着每一个人。

为官不廉，烦恼就会跟随。贪官虽然表面过得光鲜，内心深处却时时警惧法纪的惩处，承受道德的审判，非常小心地防范着或明或暗，或可预知或不可预知，或精神或物质的打击……这些人也知"人多欲必有私，有私必在关键时低头"，于是担心着"拿人钱财"还要"替人消灾"，忐忑着"吃了人的嘴短，收了人的手软"，紧张着党纪、政纪和法律的追究。于是会有一种如临深渊却没有退路的危机感，心神不宁、神志不清，心中没有安全感，当然过得也不会开心，活得很烦、很累、很没情趣，寝食难安，惶惶不可终日。

为官不廉，就会损害健康。心病往往比肌体的病更折磨人。或食言未诺，于情有亏；或制冤未平，于理有亏；或玩忽职守，造成的损失未曾处理；或触犯法律，造成很坏影响，暂时未被追究，表面虽然假装平安无事，内心又岂能真的无负担？内心自然是诚惶诚恐，坐卧不安，担心被检举揭发，被查处法办。这样，心理承受着巨大的压力，长此以往，生疾害病，自是在所难免。

最终，留给自己的是痛苦，留给父母及妻儿的是悲剧，留给他人的是教训，留给社会的是思考。人也只有到这个时候往往才会深切地感悟到，活得富有不如活得清廉。

若为官清廉，则不会有这些烦恼，就能活得舒坦，过得平安。

清廉可以赢得人民群众的拥戴尊敬。**公生廉，廉生威。政风廉洁从来都是赢民心、得民意的重要一环**。因为你清廉，你会视名利淡如水，视金钱轻如粪，而视百姓重如山，走得端、行得正，所到之处，人们就会以诚相待，尊敬有加，在群众的心目中你就是他们可以信赖、可以信托的伙伴，是能与他们同甘共苦、同船共渡的朋友，他们也会无条件地拥护你、支持你、帮助你。得到了群众的理解，你的事业也会蒸蒸日上，前途将一片光明。

5. 身居官位，需淡泊名利、不事奢华

一个人的欲望，如果任其放纵而不加约束，必将导致堕落，最终步入歧途。所以，一个领导干部，必须磨炼自己的意志，制订一个可行的计划，认真按计划做，从而遏制自己贪欲心的萌发。

《菜根谭》中这样说："此身常放在闲处，荣辱得失谁能差遣我；此身常放在静中，是非利害谁能瞒昧我。"意思是说，经常把自己的身心放在安闲的环境中，世间所有的荣华富贵和成败得失都无法左右我，经常把自己的身心放在安宁的环境中，人间的功名利禄和是是非非就不能欺骗蒙蔽我。

领导干部也是咽食人间五谷的凡俗之子而非神圣，有着常人常态、七情六欲。即便如此，也当洁身自好。即便没有"圣人"之志，起码的君子之道还是应遵循。君子之道其一便是为官清廉。思想家爱默生曾说过，人的伟大并不在于一定要有多高的地位，而在于生活在一个更高的精神境界。因为名利是渺小的，事业是伟大的；职位是暂时的，人格才是长久的。人生的幸福未必就是权倾一世、荣华富贵，真正的幸福是一种满足，一种平淡，只要人们用心感受，哪怕是一小片阳光，也能为你带来幸福的暖意。

灵魂是人的自我精神的栖息地，**领导干部所寻求的是自我规范和人生的信念，关注的是生命意义的实现**。只有严于律己，善于把握自己，才能守住自我底线，达到崇高的思想、情操、道德境界，在各种风浪和考验面前，"猝然临之而不惊"，"无故加之而不怒"，遇事拿得起、放得下、想得开，淡泊名利，随遇而安，让平凡的工作填满每一个日子。这样，才能过得充实、满足且有成就感。

对一个身居充满诱惑的现代社会的领导干部来说，更应保持崇高的精

神境界，保持自己完整独立的人格，以当清官为乐，淡泊名利，乐守清贫。

> 人们常说做清官难，其实，做贪官更难，他们一旦误入歧途，要难一辈子。所以，只有在各种不良诱惑的面前，自觉做到廉洁自律，一尘不染，两袖清风，才能心地坦荡，无私无畏，快快乐乐。

《庄子》里有这样一个故事：

有一次，市南子去见鲁侯，发现鲁侯心情不好，满脸忧郁，就问他为什么，鲁侯回答说："我做每件事的时候都够小心谨慎的了，可是仍不能避免祸患的发生，所以很担心，很忧愁。"市南子问："你知道狐狸和豹子吗？它们隐居山洞密林，昼伏夜行，即使饥饿，也要到远离人群的地方觅食，然而它们仍不能逃脱罗网陷阱之灾，这是因为它们身上有着人们所需求的美丽皮毛。现在鲁国就是你的皮毛，我希望你剖开形体，舍去皮毛，洗净内心，摒除欲望，而遨游于无人的旷野。"

在这里，庄子告诉我们，过分的欲望使人烦恼，会给人带来灾祸，但欲望又常常在人的内心作祟，使人对它难以割舍得下，从而派生出烦恼。最好的办法就是抛开对荣辱得失的忧患，清心寡欲，从而做到无欲则刚。因此，平淡是红尘的淡化剂，能让人们心如止水、沉稳恬静。拥有平淡，就会不拘泥人言是非，不沉迷利禄功名，脱离尘世喧嚣之境，视悲欢荣辱如过眼烟云，不为权势所羁绊，不为物欲所拖累，以一颗平常心直面人生，以出世的精神做人世的事业，追求人格的独立和灵魂的自由。

"心底无私天地宽。"很多人迫切追求的是私欲、私利，私欲多了，就会目光短浅，私欲少了，就会有胸怀天下、造福人类的宽大胸襟。心怀天下、志在四海，只有这样的人才能流芳百世。

6. 一身正气，公正无私做清官

一身正气，就是清正廉洁，就是行为品行正派，清正无私，克己奉公，不贪污腐化、奢侈浪费，也不以权谋私、贪赃枉法。

古往今来，有无数清正廉洁、务实为民的清官，备受百姓的尊敬与爱戴，他们的形象深入人心，他们的故事广为传颂。

史书中有不少备受称道的清廉佳话，颇值得当今领导干部深思。许许多多古代廉吏洁身自好的高尚节操，如包拯、海瑞、林则徐等，无不有口皆碑。他们以其清正廉洁、高风亮节的品质名垂史册，成了老百姓心目中的清官榜样。

在社会主义建设和改革开放的各个时期，涌现出了焦裕禄、孔繁森、郑培民等一大批先进典型，他们的事迹震撼人心。这些先进人物的共同点就是两袖清风、秉公用权、清正廉洁、勤勤恳恳、一心为民。

是的，无论时代怎样发展，廉洁永远是时代的需要，清正永远是人民的期盼。廉洁自律、清正自守的品质，历来为人民所称道。

而今同样，对于一个政党、一个政府而言，廉则信，信则立。只有廉洁了才能取信于民，才能在人民群众中树威立信。党的执政地位不是与生俱来的，也不是一劳永逸的。

> 党执政60多年的实践反复告诉我们，永葆清廉本质、铭记为人民服务的宗旨，对于巩固党的执政地位至关重要。有强烈的清廉意识，才会有政党和政府的自觉；没有强烈的清廉意识，就可能导致政息国亡和改朝换代。

（1）为官清廉，需要立志高远

清廉是领导干部的立身之本，高远是领导干部的境界所在，领导干部如果没有一种清明清廉、自律自控的修养，没有一种不以物喜、不以己悲的襟怀，就不可能深刻地认识到自己所肩负的政治和社会责任，不可能具有坚定的政治信念和高尚的情操，也就不可能成为"一个高尚的人，一个纯粹的人，一个有道德的人，一个脱离了低级趣味的人，一个有益于人民的人"。因此，领导干部想要有高尚的人生追求，就要涵养淡泊，甘守宁静，少一点计较，多一点大度；少一点浮躁，多一点务实；少一点杂念，多一点公心。要有超越功利的境界，在腐朽思想和灯红酒绿的考验面前，真正抗得住诱惑、耐得住寂寞、顶得住歪理、管得住小节。

（2）为官清廉，需要树立正确的权力观

领导干部应经常思考"参加革命为什么？现在当官做什么？将来身后留点什么"的问题，树立群众观和宗旨观。要时刻牢记手中的权力是人民给的，是用来为人民服务的工具。也就是说，**权力只能用来为人民谋利益，而不能为个人、为小团体所用**。要尽心竭力干事业，以社会发展和人民富裕为己任。要立志做大事，而不是立志做大官。要把人民群众的安危冷暖放在心上，把人民拥护不拥护、赞成不赞成、高兴不高兴、答应不答应，作为想问题、办事情的出发点和落脚点，摒弃私欲，成为为民解难、为民造福的人。

（3）为官清廉，需要保持清醒头脑

在工作中，领导干部要经常自我反省、检查和剖析，对自身的不良思想言论和行为进行自我否定，这既是党性修养的一种境界，也是以德从政的基本途径。人非圣贤，孰能无过？有过不可怕，怕的是有过不知过、有过不改过。市场经济条件下，领导岗位已成为"高危职业"，领导职位越高，承担的责任越大，一旦决策失误，给事业造成的损失就越大，面临的责任追究也越多；同时，身处要害部门、权力特别集中的领导干部遇到形形色色诱惑的机会更多，思想上稍有放松，就极有被"糖衣炮弹"击中的危险。因此，领导干部时常要保持清醒的头脑，按照"吾日三省吾身"的要求，善于剖析自己，敢于否定自己。感觉自身出现了缺点、毛病、错误的时候，不应遮遮掩掩，而要"闻过则喜""闻过则改"，勇于正视问题、克服问题。只有这样才能不断战胜自我，净化灵魂，提升自身道德水准，使自己能够始终保持思想道德的纯洁性。

（4）为官清廉，需要做到"四慎"

贪欲是腐败的根源，因此，领导干部要经常性地进行自我监督，自觉抵制不良思想的侵蚀。大量案例表明，一些不法分子正是利用部分领导干部贪图享受这个弱点而投其所好、拉拢腐蚀。因此，领导干部要树立端正的生活态度和积极健康的生活习惯，加强道德修养，坚持人格操守，努力做到"四慎"。

①慎初。从手中有权的第一天开始，就谨慎起来。违犯党纪国法的口子一次也不能开，不能有侥幸心理，不搞下不为例。著名作家柳青说过："人生的道路漫长，但关键的时候只有几步。"走错了"第一步"，便有可能"一失足成千古恨"。领导干部务必扎紧思想的篱笆，心不贪、手莫伸，严防走向自我毁灭的"第一步"。

②慎微。要从小事做起。廉洁习惯的养成，应该从小事开始、从小节着眼、从自身做起。腐败的缺口，往往从小事、小节打开，从"小节不保"到"大节丧失"是走向腐败的普遍规律。其实，因贪污腐败而落马的领导干部，大都是从吃别人一顿饭，收别人一些土特产开始的，总认为这是人之常情，礼尚往来，可到头来正是开始的这些"小吃小占"逐渐诱使自己走上了不归路。所以，**为官者最忌在小节上不慎，特别是在生活作风问题上。**领导干部要真正做到勿以恶小而为之，勿以善小而不为。

③慎独。在个人独处、无人监督时，也要自觉遵守党纪国法和道德准则，做到台上台下一个样。

④慎终。一个正直的人就要活到老、学到老、改造到老，一辈子做好事，不做坏事。

> 有些领导干部在任职开始或以后的相当长时间里，表现是好的，但最后还是没能经受住"有权不用，过期作废"等不良思想的影响，导致晚节不保，栽了跟头。

（5）为官清廉，需要自觉接受监督

领导干部要牢固树立自觉接受监督的意识，把党和人民交给自己行使的权力置于法规制度的约束之下，把自己置身于党组织和广大群众的监督之中。能否接受党和群众的监督，能不能做到清正廉洁，关键靠自觉。"物必自腐，而后虫生。"离开了自觉，再多的规定也难以奏效。纵观近年来发生在国内的桩桩腐败大案，无一例外地说明了领导干部自觉主动接受监督，在"做人""做官""做事"中的重要性。因此，党员干部要把监督看作是对自己的一种爱护、一种信任、一种净化，而不是"和自己过不去"，虚心接受来自各方面的批评和监督，以利于集思广益、取长补短、克服缺点、减少错误,保持清廉本色。

7. 防微杜渐,管住小节守大德

古人讲,"贪不在多,一二分钱,便如千百万"。逾越了这个原则界限,一念之差,性质就变了。小节的贪念和千百万的贪念并没有分别。所以,**守住小节对于领导干部而言往往很重要。许多人走上违纪违法道路,往往是从生活中的小事、小节开始的。**领导干部要算好"人生大账",时时刻刻、事事处处把握好自己,认真做好每件小事、管好每个小节,见微知著、防微杜渐、洁身自好,不以善小而不为,不以恶小而为之,切实做到不该说的话不说、不该拿的东西不拿、不该去的地方不去、不该办的事情不办。

一些领导干部在锒铛入狱后才猛醒:原来世界上最可贵的是自由,贪那么多钱财有什么意义呢?失去自由就什么都没有了,人总是在失去之后才懂得珍惜。领导干部肩负人民的重托,责任重大,应该算好政治账、经济账、亲情账、自由账,从小节处自觉慎始慎初,而且善始善终。

然而,现实中,许多领导干部却对此并没有清醒的认识。他们在大是大非面前往往能够把握自己,维护自身形象,但在小节上却漫不经心、疏于防范:有的警惕性不高,认为吃点、喝点、拿点是区区小事;有的心存侥幸,认为只要不犯大错误,出点小问题影响不了大局。诸如此类,其结果常常是"小节"不保,导致"大节"丧失!

> 对于领导干部而言,小节并不小。在修养上,大节、小节,大事、小事,本质上都是一样的。无数事实说明,一个在小节、小事上过不了关的人,也很难在大节上过得硬。

古人说"千里之堤,溃于蚁穴"、"小洞不补,大洞吃苦"、"勿以恶小而为之,勿以善小而不为",这些至理名言都说明慎微的重要性和必要性。人民群众评论领导干部的操守品行,也总是从看得见、摸得着的小事情进行判断的。

小事小节既是对领导干部个人品德的反映，也是领导干部作风建设的一面镜子。要成为一名值得人民拥戴的干部一定要管住小节，安于清贫，耐得清苦，洁身自好，时刻严于律己，既要把握大节，更要在日常小事和细节问题上提高警惕，坚守住心灵的"防护堤"，防微杜渐，加强修养，小处不可随便。面对形形色色的诱惑时，要做到"任凭风吹浪打，我自岿然不动"。

8. 牢牢把好人生五个重要关口

坚守廉洁，把好五个关口；永葆本色，杜绝一念之差。

古往今来，政风好则人心齐，吏治清则国运盛。领导干部是否洁身自好直接关系到党和国家的命运与长治久安。

作为一名领导干部是廉还是贪仅一念之差。在市场经济的大潮中，如何树立社会主义荣辱观，筑牢思想道德防线，充分发挥领导干部的先锋模范作用，最根本的就是要修好党性。领导干部要常思贪欲之害、常怀律己之心、常除非分之想、常修为政之德，过好"五关"，永葆领导干部本色。

(1) 过好金钱关

"奢靡之风可以灭国，贪官污吏可以亡党。"考验一个人的意志，决定一个人的命运，最关键的是要看一个人如何面对金钱的诱惑。"贪如火，不遏则自焚；欲如水，不遏则自溺。"每位领导干部都要自觉抵制"私欲"膨胀，摒弃"利欲"攀比，战胜"物欲"诱惑，把廉洁从政视为"仁者之德，为官之宝，从政之本"，克己奉公，持正守白，拒腐防变。

(2) 过好名位关

领导干部一旦被名利、地位、私情所累，心中便装不下百姓利益。就会急功近利搞"形象工程""面子工程"，自觉不自觉地成为"官本位"意识的俘虏。诚如一位哲学家所言："鸟翼系上了黄金，这鸟便永远不能在天上翱翔。"每位领导干部一定要牢记先贤的谆谆教导，要立志做大事，不要立志当大官。**在"官"与"民"的问题上确立正确的名位观，常思人民的养育之恩，置个人得失于度外，明心如镜，甘于奉献**。

（3）过好权力关

"官"是为人民服务的岗位，"权"是为人民服务的工具。作为领导干部，要常思百姓疾苦、常怀为民之心、常谋富民之策、常兴富民之举，把权力用在维护群众利益上，落实在为群众排忧解难的实际行动中。恪守"用权不滥，理财不贪，见色不迷"的人生观，做到心系群众，甘当"孺子牛"。

（4）过好美色关

许多领导干部的"落马"都是与女色有关，领导干部要从一个个发人深思的警示中悟出真谛，做到"心不动于微利之诱，目不眩于五色之惑"，顶得住歪理，管得住小节，珍名节、重形象、讲分寸、不轻浮、不流俗，自觉抵御美色的诱惑和腐蚀，严加管束自己的欲求，净化心灵，不奢侈、不越轨、不堕落。

（5）过好人情关

领导干部也是有血有肉的人，也有七情六欲，也有自己的感情世界。作为领导干部，心中不仅要装着自己的家人、亲戚和朋友，更要装着人民群众，装着党的事业，更要正确处理感情与工作、亲情与公情的关系，处理好集体利益和个人利益的关系，摒弃重关系讲人情、不讲原则的传统陋习，淡化办事中的"人情"因素。对人不以原则作为交易，而要讲原则不讲情面；对事以政策原则为尺度，该肯定的充分肯定，该批评的严厉批评。要始终做到对事不对人。

对领导干部来说，搞一次特殊，就毁掉一分威信；破一次规矩，就留下一个污点；谋一次私利，就失去一片民心。因此，对个人的行为一定要慎之又慎，防止"一着不慎"。每位领导干部一定要以清醒的心智、恬淡的心态，加强修养，心系群众，淡泊名利，迈着从容的步履走过人生岁月，永葆共产党员本色，做一位得民心的领导干部。

9. 学会自敛，利益面前要止步

所谓自敛，就是面对物质利益和精神利益时都能够自我约束和自我克制的品格，这是做官的基础品德。自敛，是开启廉洁政治的锁钥；自敛，是厚养为官之德的法宝。

在中国，老百姓习惯把好的官员称为清官，而清官又是贪官的对立面。可见，中国人首先把廉洁与否作为评判一个官员好坏的标准。廉洁是在物质利益面前的自我约束和自我克制。除了物质利益之外，还有精神利益，其中有些精神利益也具有排他性，如获得某种特定的荣誉等。在排他性精神利益面前的自我约束和自我克制就是谦让。廉洁加上谦让就构成了自敛。

> 自敛是做官的基础品德。贪婪为败坏官德之源。领导干部要用廉洁遏制贪欲、用谦让对待争夺，在心中筑起反腐倡廉的长城。面子，越争越少，越谦虚越多。

具有完美的自敛品格的人，就是圣贤。尧舜是中国古代的圣贤之首。**之所以称他们为圣贤，就是因为他们在领导人民的过程中表现出节俭、谦让的品格**，他们以"禅让"的方式处理领导权的移交也是谦让品格的一种表现。

领导干部能够自觉地培育自敛的品格，就是在走圣贤之路。人们经常讲"人非圣贤，孰能无过"，这是说人都会有缺点、难免犯错误。然而，圣贤也是人，并非神仙。只要具备了自敛的品格，就近乎圣贤了。领导干部近乎圣贤，会在组织中产生极大的威信。自敛是重要的做人之道，同时也是重要的做官之道。领导干部学会了自敛，就走上了正确做人和正确做官的道路，就会产生强大的人格磁性，成为组织的凝聚核心。

自敛也是正直的支撑。自觉地约束自我的利益需求就是无私，自觉地克制贪婪的欲望就是无欲。无私则正，无欲则刚，刚正不阿才能正直。

自敛的品格，还表现在具有廉洁的意识上。"手莫伸，伸手必被捉"，陈毅的这句诗就是对廉洁意识的最好诠释，是一个领导干部最应给自己的告诫。领导干部就像舞台上聚光灯下的演员，一举一动都在众目睽睽之下。如果有了"多吃多占"或"索吃索占"的行为，即使法纪部门没看见，也不等于大家都没看见，即使今天没被捉，也不等于永远不被捉。有了这种意识，培育廉洁的品格就容易多了。

自敛是克服公款吃喝的法宝。用公费为个人消费买单是"白吃白占"，再往前走就会演变成"多吃多占"和"索吃索占"。"多吃多占"就是贪污，"索吃索占"就是受贿。摆在领导干部面前的，除了与普遍人一样强的利益诱惑外，还有普遍人沾不到边的"公费买单"惯例。因此，领导干部就应该特别注意对自敛品格的培养，为此进行更多的思考、付出更大的毅力。

"贪"是人民群众对领导干部最不能容忍的品行。无论一位领导干部能力多强、贡献多大，只要成为贪官，就没有人会同情他、支持他。为什么会这样？因为大家希望得到公平。如果按照一些大家公认的原则来分配利益的话，有差别大家也能接受。但如果超出了这些原则，某个人或某些人巧立名目甚至不立名目就擅自多吃多占，哪怕多那么一点点，也会引起大家的强烈反对。大家反对的主要原因不是那多吃多占的一点东西，而是感到不公平，大家会把这种行为与偷盗等同起来比较。

二、把好欲望关，抵制各种诱惑

领导干部要"每日三省吾身"，要抵得住诱惑，耐得住寂寞，多问问自己的工作是否对得起党和人民给予的这份信任，是否正确地运用了人民赋予我们的权力为人民办了实事，是否恪尽职守、明明白白做事，是否廉洁奉公、为人民群众做了表率。

领导干部要时刻严格要求自己，不论官位大小、职务高低，切不可拿权力做交易，以权谋私，贪图享受，玩忽职守。

1. 抑制贪欲，筑牢思想道德防线

贪欲是为官之害，罪恶之首。贪欲是潜在人们心底的毒蛇，在它冬眠冻僵时，不会伤害你，但当它苏醒时，就会放出毒素。抵不住诱惑，抗不住私欲，禁不住贪婪，手握重权就危险；忍不住清苦，耐不住寂寞，守不

住名节，身居高位即是绝境。抵制诱惑，才可防止引火烧身；抑制贪欲，才能坚守廉洁本色。

古人云："**贪似火，无制则燎原；欲如水，不遏必自溺。**"

正当的欲望与入邪的诱惑，其距离有时仅一箭之遥：前者像春天辛勤播种的期盼，向往着累累硕果；后者如迷茫中见到了魔鬼撒下的澄澄黄金。

古人云："人从欲中生，孰能无欲？"我们不能否认，领导干部也是凡人，也有着七情六欲。

然而人的欲望虽多，获取欲望的"道"也多，但若正道取之，可谓"人间正道是沧桑"；邪道取之，可谓"多行不义必自毙"。古往今来，许多为官者总是回避不了趋易避难这个游戏规则。因为，领导干部一旦打开贪婪的欲望就会无法自拔，陷入饮鸩止渴的悲哀结局。

俗话说："苍蝇不叮无缝的蛋。"一些贪官的"落马"，都是因不能自我克制私欲而致其人格、操守等退化甚至变质的。**领导干部如果丧失警惕，放纵私欲，恣意妄为，就会在危害党、国家和人民的同时，也为自己营造了"囚牢"。**因贪污而落马的李真在临刑前幡然醒悟地对采访的记者说："我要让我儿子知道，他的爸爸是被贪权、贪钱、贪色毁掉的。那威力无比的权力是一把闪着寒光的'双刃剑'。令人心旌摇曳的金钱是一沓送你上西天的纸钱；令人垂涎欲滴的美色是一把杀人不见血的利刃。"可见领导干部要时刻警醒自己，抑制贪欲，筑起一道思想道德防线。领导干部只有时刻追求一种无私奉献的精神，才能得到百姓的认可与赞赏。

（1）抑制贪欲，要提高自我修养

古人云："不矜细行，终累大德。"治国先治腐，治腐先治人，治人先治心，治心先治欲。欲而有节，犹如清茶一杯，其味虽淡，却能滋润心田、滋养生命；而过度的贪欲则是一杯咸水，其味虽浓，却只会越喝越渴、越渴越喝。人人都有欲望，而控制欲望靠的是领导干部的自我节制。领导干部只有在小事小节上加强自身修养，从生活中的一点一滴改造世界观和人生观，从小处培养自己的为官之德与为官之廉，才能抵住诱惑，才能干大事、成大业。

> 保持清醒是廉政的良方，节制欲望是防变的闸门，练好内功是抗拒诱惑的根本。领导干部只有对欲望适度节制并保持道德上的自律，才能较好地引导欲望，使它保持进步和向善的方向。

从一些落马贪官的人生轨迹中可以看出，人的私欲膨胀，是从突破自我底线开始的；一些领导干部走上腐化堕落、违法犯罪的道路，往往是从贪图安逸、追求享乐开始的。领导干部如果欲望过于旺盛而意志过于薄弱，就会成为欲望的俘虏，就会挡不住贪权、贪财、贪色的诱惑，最终走向犯罪的深渊。领导干部要懂得，只有自重、自省、自警、自励，才能保持公仆本色；只有慎独、慎权、慎欲、慎初，才能抵制各种诱惑，真正做到"常在河边走，就是不湿鞋"。为此，领导干部一定要加强学习，提高自我修养，加强党性锻炼，坚定正确的理想信念，牢固树立马克思主义的世界观、人生观、价值观、权力观、荣辱观，严于律己，克制贪欲，将精力转到为人民服务上来，这样才能守好自己的底线。

（2）抑制贪欲，要遵守党纪国法

古人云："将帅能严纪律，赏罚明信，则人人自奋。"抑制贪欲除了练好自我修养这个内功外，还要用好党纪国法这个外部力量。一般来说，人们在没有监督的时候，则容易放纵自己，出现越轨的情况，甚至全然不顾道德、公德、制度、纪律和法律的约束。作为领导干部更应该自觉接受有效的监督和制约，因为在纪律面前过不了关的领导干部，也很难在大事大节上有过硬的处理能力。

冰冻三尺，非一日之寒。腐败分子也不是突然间就走向堕落的。许多贪官"落马"的沉痛教训是由敢于违反纪律这一贪欲下引发的思想观念的驱使，并涉险后形成的，只要缺口已被打开，哪怕当初仅小如"蚁穴"，如果不及时察觉和修补，最后就难免导致"千里之堤，溃于蚁穴"。**无视纪律的高压线，再牢固的"精神防线"也会悄然失守，再高的"道德堤坝"也会逐渐崩溃**。领导干部无论在何时何地何种情况下，都要一丝不苟地按照道德公德、法律法规和党纪政纪来规范行为，约束自己，努力做到固本守节、清正廉明，即使在那些不为人知的事情上也要如此。领导干部还要在纷繁复杂的社会生活中始终以党纪国法来规范自己的言行，始终保持高尚的气节和情操。因此，领导干部无论从事什么工作，无论职务高低，资历深浅，功劳大小，都要增强自律意识，自觉遵纪守法，自觉用党纪、党规、政纪和国法来规范自己的行为，不做出格事，不做违心事，自觉维护领导干部为民、务实、清廉的良好形象。

(3) 抑制贪欲，要保持健康心态

知足常乐，勤俭崇廉。古人云："欲而不知止，失其所以欲；有而不知足，失其所以有。"知足是最高的境界，知足是最美的享受。"非淡泊无以明志，非宁静无以致远。"所谓淡泊，就是清简素朴，少一点私欲。对名利、金钱、官位，应当看得开一些，看得淡一些，千万不要放纵自己的私欲。不论处于何时何地，面对那些"身外之物"，都不要低下高贵的头颅。人的一生，既是赤裸裸地来，又是赤裸裸地去，各种欲望是无止境的，多少财富都是带不进坟墓的。功名利禄皆为身外之物，品格事业才是立身之本。

要懂得，人生志趣不是无聊的放纵、简单的潇洒、惺忪的醉态和刻意的雕琢，而是为达到那种有理想、有干劲、有情趣、会工作、会生活和会休息的境界而用心经营的过程的综合反映。领导干部面对监督不到位的考验，要有不伸、不抓、手不痒的坚决心态；面对行贿送礼的考验，要有不沾、不占、心不动的淡然心态；面对勤政廉政漫长时间的考验，要有不漂、不浮、志不移的坚定心态。要以良好的人品官德和高尚无私的品格赢得人民群众的公认和赞誉。

领导干部要始终做到面对物质享受的考验，要有不攀、不比、眼不红的平常心态。只有心安无欲、以勤为本、勤俭崇廉、清淡俭朴、知足常乐，始终保持平常心态，才能无欲则刚。

2. 遏制贪权之欲，清清白白地做官

远离贪欲，一身正气地工作；保持本分，一生清白地为官。

权力从产生起，就具有鲜明的双重性，是一把"双刃剑"。 领导干部如果正确行使权力，既能造福社会，服务人民，又可以大有作为，取得政绩，获得人民的认可与信赖。如果滥用手中的权力，以权谋私，与民争利，贪财贪色，就必然既损害党，危害国家，为害社会，侵害人民，又会使人腐化堕落，自我毁灭，身败名裂，遭到世人唾骂。领导干部如果以权谋私，贪赃枉法，就不仅会失去民意和公信力，被民意淘汰出局，而且会被视为以身试法、咎由自取的典型，必受到法律的制裁。

领导干部作为权力的行使者，在施政的舞台自我展现，是否廉洁从政，是否能遏制贪权之欲，其他干部以及群众看得一清二楚。领导干部如何才能遏制贪权之欲呢？必须要做到如下几点。

（1）牢固树立正确的权力观

权力是实现责任的手段与工具。没有权力，责任无法落实；没有责任，权力就不可能得到正确运用。两者相辅相成。官位越大，所掌握的权力就越大，肩负执政为民的责任就越重，应尽执政为民的义务就越多，付出执政为民的贡献就越大，其在人民心目中的价值就越高。

如今一些领导干部个人升官发财的思想滋长，导致其把党和人民的利益抛到了脑后。在这种念头的驱使下，有的到处拉关系、找靠山、跑官要官、买官卖官、造假骗官，甚至杀人谋官；有的贪图享乐、花天酒地、贪赃枉法；有的拉帮结派、任人唯亲、搞裙带关系，等等。领导干部的官职如果不是靠为国家和人民的利益服务干出来的，而是靠"跑""要""买"来的，那么其官位必将不稳。所以，**领导干部要把心用在工作上，用在为人民群众谋取利益上**，至于个人升降去留，应坦然地接受党和人民的评判和选择，党和人民把自己摆在什么位置上，自己就在那个位置尽心尽力、发光发热。应该肯定的是，绝大多数领导干部，都是勤奋敬业、锐意进取、政绩突出、群众公认，并取得领导的信任和组织的重用才获得领导职权的。领导干部要以高尚无私的人品、优秀的人格魅力和显著的政绩取得人民群众的认可和组织的信任。从政为官的人如果缺乏人生追求，胸无大志，无所作为，当一天和尚撞一天钟，就不仅会被人鄙视，没有人生价值，而且会失去被委以重任和升迁的机会。权力的诱惑力之所以大，是因为它掌握着对国家人力、财力和物力资源的控制权、决策权和支配权，而且权力越大,所控制和支配的资源就越多。没有正确的权力观作为引导,领导干部的官欲就会无法控制,部分官员甚至不惜血本铤而走险地买官卖官。因此,领导干部必须要牢固树立正确的权力观,要明白手中的权力来自于人民,权力要用到为人民谋福利的方面,而不能为了一己私欲,违反组织纪律,否则必然会身败名裂。

(2)加强对权力的监督制约

一些领导干部以"官"为本,说到底是以"我"为本,把"官本位"作为人生最高价值追求,以满足个人私欲为最高原则。在他们看来,权力至上,官"通"权,也"通"钱,有了官位权力,就打开了满足个人私欲的通道。贪权滋生蔓延的另一个原因主要是存在监督乏力的问题。**实践证明,不受制约的权力必然产生腐败。那些能够"批发官帽"的贪官,都是管辖一个地区的主要负责人。**这些主要领导卖官时,好像是在"保险箱"里一样,比较安全。对他们工作的监督往往是山高皇帝远,"自身监督空喊,下级监督不敢,同级监督太软,上级监督太远"。尽管如此,为有所建树,领导干部仍需重视监督,远离贪欲,一身正气地工作。一方面,这需要领导干部要对权力有所畏惧。就像人一旦生病了,才知道健康的可贵。一旦坐牢了,才知道自由的珍贵。一旦快死了,才知道生命的宝贵一样。为贪权而涉险必然带来政治上身败名裂、思想上后悔莫及、经济上倾家荡产的后果。领导干部一旦以身试法,必然会受到法律惩处,身陷囹圄,周围都是高墙电网,经受的只有郁闷、悲伤、痛苦和孤独的牢狱之苦。想干的事干不了,想见的人见不了,想去的地方去不了,人生的最大痛苦莫过于失去人身自由。另一方面,要建立健全决策权、执行权、监督权既相互制约又相互协调的权力结构,形成结构合理、配置科学、程序严密、制约有效的权力运行机制,保证人民赋予的权力始终用来为人民谋福利。领导干部要积极推进党务公开,保证党员顺利行使各项民主权利。作为"一把手"要切实加强对权力的全程监督和制约,防止权力失控、决策失误、行为失范。同时,要充分发挥民主监督、群众监督和舆论媒体监督的作用,并与监督职能机关密切配合,通力合作,形成党内、党外和党纪、政纪、法纪以及民主、群众、舆论等多渠道、多层次和全方位的监督制约权力网络,使贪权行为受到有效的监督制约。

> 领导干部必须要正确对待党组织和同志们的监督，及时扫除自己政治上、思想上和人品上沾染的灰尘，在贪权的诱惑面前，始终保持平常心，严格遵守党纪国法，永葆清廉本色。

（3）完善选人用人机制

领导干部要注重选拔任用作风好的人。要坚持德才兼备、任人唯贤，坚持公开、公平和公正的干部选拔任用原则，用好的作风，选拔任用作风好的人。要营造知人善任、选贤任能的社会环境和良好氛围。在干部选拔任用中，必须做到"五坚持、五不准"：坚持任人唯贤，不准任人唯亲；坚持五湖四海，不准搞团伙帮派；坚持公道正派，不准拉关系、徇私情；坚持民主决策，不准少数人说了算；坚持按程序办事，不准搞临时动议。这样才能提高本部门的战斗力与工作效率，要让那些既德才兼备、有执政能力、有领导水平，又能兢兢业业、任劳任怨、求真务实、不图虚名、踏实干事、埋头苦干和不走官场的干部，得到重视和提拔；让那些善于投机钻营、阿谀奉承的干部受到冷落。激励从政为官者以自己为民、务实、清廉的形象和卓有成效的政绩取得人民群众的认可和领导的信任。领导干部应该自觉地置身于党组织的管理约束和群众的监督之下，**在任何情况下，都不可忘记党的教育、制度和纪律，不能忽视群众的意见和社会的舆论。**

（4）始终保持平和的心境

对待权力，领导干部要始终保持一颗宠辱不惊的平常心。平和的心境来自于人性的平和与淡泊。平和就是要正确地看待权力，不计较官场中的一得一失。人生在世，功名利禄是身外之物，生不带来，死不带去，不必要苛求，不必要跟自己过不去，要顺其自然，水到渠成，始终保持淡泊名利地位的心态，不为权所累，不为名所缚，不为利所动。懂得淡泊并能做到固守淡泊的领导干部是幸福的、快乐的。相反，领导干部不懂得淡泊，整天追求权力，只会被各种各样没完没了的焦躁和烦恼所困扰，而享受不到人生应有的快乐。从政为官，有此心态，就会"**无意功名利禄，不肯屈节随俗**"，就不会仅为一己的职务升迁所带来的利益诱惑而劳神费力，就会始终把人民的事当作自己的事来看待，群众的赞赏比任何东西都实在。

为此，领导干部要有良好的心态，自觉抵御官禄虚名的诱惑，拒绝贪权，不辱党的使命，不负人民的重托，堂堂正正做人，清清白白做官，平平淡淡处世，踏踏实实为民，真正做到一个公仆应该做到的一切。

3. 抵御诱惑，拒腐防变品自高

从纪检监察机关查处的违纪案件看，腐败已经渗透党政领导机关、行政执法机关、司法机关和经济管理部门，案件的性质从单一性向多重性发展。经济领域的犯罪分子不失时机地拉拢腐蚀掌握一定权力的领导干部。他们因人制宜，投其所好，拉干部下水，主要的拉拢手段是金钱和美色。

清代史学家在总结历代贿赂的现象后，得出一个结论，叫作"**贿随权集**"。意思是行贿围绕权力而运行。这个结论，在今天同样适用。各级领导干部手中的权力，仍是不法分子追逐和进攻的重点目标。

因此，**作为领导干部，必须树立正确的权力观**。必须明白以下三点：一是我们手中的权力谁给的；二是权力的本质和作用是什么，为谁掌权，为谁用权；三是在一定职位上权力运用的法律范围。只有树立正确的权力观，才能增强公仆意识，才能强化遵纪守法、廉洁奉公、勤政为民的观念。相反，如果把权力作为等价交换的商品，就会以权谋私，搞权钱交易、权色交易。这不仅对党、对国家、对人民是犯罪，而且最终也会毁了自己。

社会上的一些不法分子为了达到自己的罪恶目的，往往把进攻的目标放在领导干部的家属身上，利用本身的职权，与其配偶和子女勾结在一起，共同进行犯罪活动。因此，领导干部一定要管好自己的配偶和子女。**中国早就有"修身、齐家、治国、平天下"的古训。只有管好自己，管好家，才能治理国家。自己和家人都管不好，何谈治党治国执政？**

如果对金钱、美色的诱惑做一下分析，可以得出以下两种情况：一种是"设诱者"，即以金钱、美色作诱饵，拉领导干部下水；一种是"寻诱者"，即有的领导干部自寻"糖衣炮弹"，不用拉就自动下水了。所以，要防诱惑，净化、清理外部环境固然重要，但关键是清理自己头脑中容易被诱惑的因素。也就是说，能不能经得起权力、金钱、美色的考验，决定的因素是内因。也就是人们的世界观、人生观和价值观。**领导干部在忙于工作的同时，千万不要忘记改造自己的主观世界**。千万不能忘记，在新形势下，会经常遇到诱惑，但我们要经常反诱惑；会经常遇到腐蚀，但我们要经常反腐蚀。从而增强拒腐防变的抵抗力。

> 世上最难过的可能就是金钱美女关。面对金钱美女的考验时，人类贪婪的本性显露无遗，而领导干部在不理智情况下所做出的反应往往可能使自己跌入陷阱。

沈阳市国税局原局长赵士春，因犯受贿罪、巨额财产来源不明罪，被判处有期徒刑十五年零六个月。他曾写下自己的堕落之路：

我曾经有过令人羡慕的过去。党和人民给了我许多荣誉，但是随着地位的提高，手中权力的增大，我逐渐放松了世界观的改造，放松了自我约束，价值观念开始倾斜，最终陷入犯罪的泥潭。

我不是法盲。我的堕落始于没有过好金钱关、人情关，最终成为金钱、人情的俘虏。

我为一些有事相求之人办了一些事情，事成之后难免有些答谢。后来我能办到的不再是些鸡毛蒜皮的小事，安排工作、职务升迁，这些难题只要不出大格我都会"帮忙"，我和这些人的交往也就逐渐变厚，其实真正变厚的是礼金。利用职务"帮助"他人再接受对方的答谢，成为我走向犯罪的第一步。我的权力被加进了无原则的情感，对"帮忙"后的"回报"贪婪攫取，使我在罪恶的泥潭里越陷越深，最终不能自拔。

我当上局长后，权力的监督形同虚设，小事说了算，大事不研究，我混淆了自己的权力和能力，混淆人们对我权力的青睐和对我人格的看中，以为自己能办事，是群众信赖我、支持我，朋友之间的往来"过一点"也没事，最后被"感情投资""套牢"——收了人家的礼，花了人家的钱，自然什么忙都得帮，我得到的是充满铜臭的情感，给出的是腐败变质的权力。有人遇到难题，我用权力为其沟通联络；有人犯了错误，我为其说情开脱；有人犯了法，我也利用权力尽量使"大事化小"……

有些人搞所谓的"感情投资"，看中的不是我赵士春"乐于助人"的品德，而是我手中的权力，事实上也是由于我的以权谋私给沈阳市国税局，乃至全国税务系统百万税务干部丢了脸，给党的事业造成了无法估量的损失，同时也给家庭、给亲人带来了无尽的伤痛。

回顾我走过的罪恶之路，我深深懂得，一个人不论官职多大，如果不注意学习，不注意执政过程中的思想改造，那就什么错都可能犯，什么事都可能干。

1996年，一位年轻干部在春节期间给我送来2000元钱，说是拜年，我实在推脱不过，收下了。正是这2000元钱没有拒绝，我同该干部的"感情"在不断加深。到我被捕前，他几乎每年都要给我拜年，前后共送了1万余元，我也再没有了开始往兜里揣钱时的忐忑不安。后来以各种各样"得体"理由来给我送钱的人越来越多，一次生病住院，我收受20万元；一次出国，我收受近万元的美金⋯⋯从忐忑不安地收下人家的烟酒，到心安理得地将万元美金揣入腰包，是人的罪恶积累。开始是收单位同事的钱，后来是收企业纳税人的钱，以权谋私的雷池就这样轻松越过，也一步步陷入泥潭。我的罪恶一直持续到被查处前的最后一刻。如果我再干三五年，后果不堪设想，到那时，我恐怕是要掉脑袋了。

人常说。人生老来夕阳红，可我如今却是泪洒黄昏悔已迟，羞愧、悲伤、孤独不时地噬咬我的心。

这个案例告诉广大领导干部：作为领导，要正确看待金钱。马克思说，金钱是"人情的离心力"、"白衣天使和白袍恶魔的分水岭"。

金钱，可以使穷人变成富人，也可以使常人变成魔鬼。自古以来没有几个做官的死于饥寒，但死于贪婪的却不乏其人。腐败分子的"覆灭"，无不是为金钱所累。钱财乃身外之物，家有黄金数吨，吃饭不过三顿；人不能把金钱带进坟墓，但金钱却能把人送入坟墓。所以，领导干部对钱财不能看得太重。

在金钱美女的诱惑面前，谁能在领导岗位守住"寂寞"，谁就能立于不败之地，就能赢得民心与威望。

> 每个领导干部都要自觉抵制拜金主义思想，通过正当合法的途径获得收入；时刻做到见钱想后果，不违原则；见钱想廉洁，不坏形象；见钱想未来，不陷深渊，不做金钱的俘虏。

4. 克制色欲，培养健康的生活情趣

领导干部的生活情趣低下，并非小事。领导干部如果精神空虚，思想颓废，甚至不惜以权谋色，进行权色交易，以致腐化堕落，就会带来很大的危害和负面影响，既严重损害党的事业，动摇党的执政之基，破坏党和政府的形象，导致社会风气败坏，又导致家破人亡、妻离子散、身败名裂。

陕西省政协原副主席庞家钰淫欲膨胀，包养多名情妇。2002年冬，庞家钰在任陕西省宝鸡市委书记位置上时，率领6名情妇到南非"考察招商"，其胆量之大，其情妇之多，其行为之卑劣，恐怕是前无古人，后无来者了。庞家钰因霸占人妻，最终被11名情妇联名告倒"落马"。从近年来查处的领导干部违纪违法案件看，贪官与情妇、"二奶"都没有好下场，因为女色"落马"的官员不在少数。

中央一再强调：各级领导干部要生活正派、情趣健康，讲操守，重品行，注重培养健康的生活情趣，保持高尚的精神追求。**腐败分子走上违法犯罪的道路，大都是从道德品质上出问题开始的，而道德品质上的问题又是从不健康的生活情趣开始的**。玩乐奢靡成风极易销蚀一个人的理想信念和进取心，使人变得精神空虚、意志消沉、思想颓废、行为猥琐，并可能同时引发权钱交易和权色交易。领导干部培养健康的生活情趣，保持高尚的精神追求，最根本的是要坚定马克思主义信念和共产主义理想，不断加强党性锻炼，加强思想政治修养，树立马克思主义的世界观、人生观和价值观，牢固构筑起拒腐防变的思想道德防线，在灯红酒绿的侵蚀影响面前，要始终保持高尚的气节和情操，维护党和政府的良好形象。

(1) 克制色欲，要牢固树立社会主义荣辱观

古人云："人不可以无耻，无耻之耻，无耻也。"人都要有自尊、自爱之心，不要做出令自己感到羞耻的事情。**人一旦不知羞耻，丧失了耻辱心，做人便难以做好人、办事便难以办好事、从政就难以当好官。**权力一旦与色情结合起来，领导干部心里为人民服务的责任就从神圣的殿堂堕落，领导干部也就到了不知廉耻的地步，就会变成"沉迷的色鬼"，无耻地发泄淫欲，不再有进取精神，最终导致对社会的不可估量的危害。"以艰苦奋斗为荣、以骄奢淫逸为耻"，是对中华民族优秀道德文化的直接传承，并成为社会主义思想道德体系的基本内容，是各级领导干部为官从政的是非标准、行为规范和价值尺度。人们把那些沉迷美色、养情妇以及"包二奶"的领导干部视为"色鬼""花花公子"，他们受公众鄙视。但在一些人的意识中，出现了一些是非不明、荣辱颠倒的现象。有些领导干部沉迷骄奢淫逸却不知羞耻，还认为自己"不同凡响"，显示自己威风、仪态、荣耀。这些人把骄奢淫逸作为"潇洒和荣耀"，混淆了是非。荣辱非小事，是做人的最低线；不知羞耻是罪恶之源。明是非，辨善恶，知荣辱，不但是人之所以为人的基础，而且是人之所以为情趣健康之人的前提。因此，领导干部要树立社会主义荣辱观，洁身自好，不喜新厌旧，秉承"糟糠之妻不可丢"的理念，维护家庭和睦、和谐，争当净化社会和树立良好道德风尚的表率。

领导干部应当把知与行、说与做统一起来，努力做到明荣知耻、崇荣贬耻、行荣拒耻。领导干部作为经济社会发展的组织者、领导干部，应始终坚持自重、自省、自警、自励，防止以耻为荣、避免自取其辱，以自省打扫思想灰尘、分清荣辱界限，以自警远离低级趣味、抵制各种诱惑，以自励激发进取精神、争取更大光荣。应常修为政之德，常思贪欲之害，常怀律己之心，真正懂得光荣的价值、光荣的珍贵、光荣的力量，不为情色所迷，牢固树立和自觉实践社会主义荣辱观。这既是时代发展的要求，也是人民群众的期望。

(2) 克制色欲，要严于律己

古人云："正直者顺道而行，顺理而言，公平无私，不为安肆志，不

为危易行。"领导干部要增强纪律观念，严于律己，自觉地置身于党组织的管理约束和群众的监督之下，在任何情况下，都不可忘记党的教育、制度和纪律。党的纪律是党组织和党员必须遵守的行为准则，是维护党的统一和确保党的路线、方针、政策贯彻落实的重要保证。在反腐倡廉方面，为确保领导干部廉洁自律，党中央先后出台了许多党纪条规，以规范领导干部的行为。**作为领导干部要明确"有所为、有所不为"，不做出格的事，不做违心的事，不做违反纪律的事**。对违反纪律的事，要有一种畏惧心理，违纪违法的"地雷区"踩不得。一个人如果无视党纪国法，恣意妄为，就终将以身试法，受到惩处，身陷囹圄，失去自由，甚至走上一条不归之路。

> 历史经验和现实反复昭示，领导干部只有敬畏法律，明镜高悬，才能与女色划分界线。领导干部要懂得，如果存在侥幸心理，进行权色交易，突破党纪国法防线，最终只会受到法律严惩。

"珠莹则尘埃不能附，性明而情欲不能染。"领导干部只要筑牢思想道德防线和党纪国法防线，始终保持生活正派、情趣健康，讲操守，重品行，注重培养健康的生活情趣，保持高尚的精神追求，就能在任何情况下，顶得住歪风，经得起诱惑，做到见权不争、见钱不贪、见色不迷，一身正气，两袖清风，树立起领导干部的良好形象。

5. 算好"四本账"，走在河边不湿鞋

领导干部管好自己，是对自己亲人和家庭负责，更是对国家和人民负责。

领导干部走上违法违纪道路，除了严重损害组织的形象，具有严重的社会危害性以外，也严重影响了自己的发展前途、经济待遇和家庭生活，甚至也影响到了身体的健康。自己付出巨大努力换来的前程，如果一朝因贪念萌发而身败名裂，这实在是得不偿失的。作为一名领导干部一定要算好"四本账"，即政治账、经济账、家庭账、健康账，才能为官一任，造

福一方。

作为领导干部，要坚定以下意识。

一是爱护政治前途。俗话说："十年树木，百年树人。"组织培养一个干部不容易，但从优秀领导干部到人所不齿的腐败分子有时只是一念之间，从功臣到罪犯往往也只是一步之遥，于公于私，代价都是十分惨重的。这不仅折送了自己的前程，自己十几年甚至几十年的努力也都将付诸流水，而且严重损害了党和政府的形象。

领导干部一定要切实增强廉洁奉公意识，从大处讲，要为组织负责、为人民负责；从小处讲，要为家庭负责、为自己和亲人负责。

二是不为经济伸手。一般来说，领导干部都有着稳定的收入和良好的待遇，有着较高的社会地位和较好的办公条件。但如果想入非非，自甘堕落，利用职权捞取不义之财，最终不仅要受牢狱之苦，还要丢失现有的工作和待遇，使自己晚年的生活没有保障，这是典型的得不偿失。

三是不可拖累家庭。一个人廉洁自律，心底无私，就会迎来工作顺心的局面，使家人团圆，上贤下孝，既有事业成功的欣慰，又可尽享天伦之乐，这应该是人生幸福的一种体现。而领导干部一旦违法违纪，不仅会使自己身败名裂，而且会使家庭变得支离破碎，给亲人带来痛苦。

在走向腐败的道路上，某些领导干部首先丧失的是对自我的把握，这就会陷入纵欲，使自己丧失人格，失去尊严，丧失理想和目标。一个终日纸醉金迷的领导干部只会耽误党和人民的事业。一些领导干部为了一己私欲，置国家的前途、人民的命运和行政责任、社会责任以及法律责任于脑后，丧失了真正的人生追求。领导干部要做到廉洁奉公，就必须从反对贪婪、节制欲望做起，加强制度建设，把自己的欲望控制在合理合法的范围之内。

在建立社会主义市场经济的今天，人们每天都面临种种诱惑，领导干部也不例外。在现实利益面前，党的每一位领导干部都应认真思索：我能不能得，该不该得。对利与义做出正确的抉择与合理的取舍，才能肩负起时代赋予的重任，不辜负党和人民的期望，才能做到"常在河边走，就是不湿鞋"。

任何一个领导干部，只要做到上述几点，即使"常在河边走"，也是完全可以"不湿鞋"的。这就要靠领导干部以具备过硬的品质做保证。诚如古人所说："酌贪泉而觉爽，处涸辙以犹欢。"领导干部只要做到了这几点，无论在什么情况下，都能确保清正廉洁、刚正不阿。

6. 管住嘴：不吃不该吃的饭

作为领导干部，要做到能吃而不贪吃，要管住嘴，不吃不该吃的饭。当领导干部爱吃什么的秘密被部属、对手知道后，他就已经暴露了致命的弱点，别人可以利用他在吃上的喜好来影响甚至是控制他。到时候，不但可能"祸从口出"，更可怕的是"祸从口入"了。

（1）摆脱无谓的吃喝应酬

领导应酬不能过繁、过杂、过度。拒绝无谓的应酬，要果断、坚决、彻底。犹犹豫豫、拖泥带水只会让自己陷入进退两难的尴尬境地。

应酬作为人们交往的一种最为常见的方式，在日常生活中不可或缺。作为社会关系中的一分子，每个人都有应酬，领导干部也不例外。领导干部由于掌握一定权力，负一些责任或尽一份义务，应酬自然更多一些。尤其是随着我国对外开放程度的不断加大，需要协调和沟通领域的日益广泛，使领导干部的应酬不断增加也在情理之中。它能从一个侧面反映出一个地方和部门的事业兴旺程度，折射出一个领导干部的敬业精神。但是，凡事都有一个度，应酬也不能过繁、过杂、过度。

领导干部最重要的任务是为人民服务，应将主要的精力放在为群众办实事上。有些领导干部整天忙于应酬，忙于迎来送往，放着手中的工作不做，利用公款吃喝玩乐。为了让上级领导住好、喝好、玩好，还利用公款送礼行贿，铺张浪费。更为严重的是，在一些领导干部眼中，吃喝玩乐并不算腐败，和贪污受贿并不是一个性质，也因此放松了自己的警惕。领导干部必须严格执行中央的八项规定等纪律要求，才能成为群众拥护的好干部。

领导干部的人脉关系网络都很广。但也正因为人际关系铺得很广，如果不能做到有效掌控的话，就反而会为人脉网络所累。结交的人多了，各种应酬也会纷至沓来，每天都要应付各个方面的人际交往，往往令领导干部身心俱疲。所以很多时候，领导干部要学会拒绝无谓的应酬。

> 管住嘴，就会避免吃喝背后的交易；管住手，就不会伸手索取不义之财；管住腿，就不会跌落于贪腐陷阱。领导干部"养廉"，需要严格"三管"。唯有拒腐不沾，才能以正压邪。

总之，廉洁为官，在今天的社会环境中格外的不容易。领导干部常常要在欲望与职责之间、诱惑与使命之间做出正确的抉择。如果领导干部能把仕途看轻一些，把名利看淡一些，把事业看重一些，把人民看重一些，就比较容易抵制一些无谓的应酬。

（2）办事不喝酒，喝酒不办事

办事不喝酒，事情照样办得利索圆满；喝酒不办事，不给不法分子以可乘之机。人们常说："酒后吐真言。"一旦在醉意朦胧之下，不管面前是谁，都可能轻易向对方说出自己的秘密，更严重的是可能透露党和国家的机密，给党和国家造成难以估量的损失。

领导干部少不了吃喝应酬，与同事、下属聚会，招待上级领导，或工作上的往来，大家都难免要共同坐在一个桌上吃饭。在这种场合下，酒固然是一定要喝的，但要适可而止，切忌贪杯。否则，酒醉之后容易生事，不仅损害自身的形象，还会对党和政府的形象造成恶劣的影响。

喝酒过多，往往会使人失去理智，管不住自己，就难免会说错话。这会让人日后后悔。一些应酬往往是别人有求于领导干部。他们为了促成领导干部答应办事，就劝领导干部多喝。别有用心的人会找美女来陪领导干部。喝酒易于近色，历来"酒色"并称。一旦有别有用心之人对此加以利用，那就更为害不浅了。如果领导干部酒后失态，陷入别人圈套，近了女色，不仅会受到别人的威逼利用，还会对自己的家庭和人民的事业产生影响。

所以，喝酒是必须要注意适度的，而且如果你真的不想喝，想必别人也不会非得勉强你。

在应酬喝酒时更应注意醉酒两忌。

①忌酒后失言，祸从口出。喝酒过多容易失态，说话也就随口而出，

即使是平日敬服你的人，此时心中也不免生厌。这会降低领导干部的权威。人们常说"酒后吐真言"，一旦酒醉，不管面前是谁，就容易说出自己的秘密，或者轻易答应别人的无理请求，导致日后后悔万分。正所谓"祸从口出"，这也正为领导干部所忌。

②忌酒后失态，有失大雅。有些领导干部在酒桌上大喝特喝，醉酒后行为往往不再听使唤，站立不稳，东倒西歪，极不雅观。有些领导干部醉后如一堆烂泥，伏地不起；还有些领导干部醉后向人大倒苦水，呜呜大哭。这些在酒后难以自持的行为发生在一般人身上，都不会给人留下好印象，更不用说领导了。

在酒桌上，说一些祝愿的话，或者就这个机会对下属称赞一番，再加上适当的鼓励，是可以的。但如果在酒桌上不注意检点自己的言行，那么以前所有的努力都可能毁于一旦。因此，**领导干部必须充分重视"办事不喝酒、喝酒不办事"这个原则**。

7. 管住手：不花赃钱，不收赃物

领导干部作为一定范围内公共权力与公共资源的掌握者和分配者，可以直接或间接地掌握和接触到巨额金钱。面对诱惑，领导干部应做到不该伸的手不伸、不该要的东西绝对不要、不该拿的东西绝对不拿，管住自己的手，不花赃钱，不收赃物。

（1）别让钱动摇了你的心理防线

君子爱财，取之以道。领导干部应坚守心理防线，杜绝权钱交易。

领导干部常常因为钱而出事。有些领导干部一旦权力大了、地位高了之后，面临的诱惑就会增多，就难以控制自己的贪欲。一旦贪欲之门打开，就无所顾忌，无法无天。最终跌落到罪恶的深渊，也毁了自己的后半生。

任何一个人，都可能有经受不住诱惑的时候。"三万的时候不收，五万的时候不收，但人家出手十万，够自己一家吃喝享用一辈子了，收还是不收？"其实，很多因受贿而"落马"的领导干部，也都有过这种类似的经历。所以，领导干部应加强党性修养，不断提高自我节操，要有自己的心理底线，要经受得住诱惑。

> 作为领导干部，一定要始终保持清醒的头脑，拒绝金钱的诱惑，一定要警钟长鸣，记住比钱更强大的力量是坚定的信念。

(2) 见钱不乱心，挣钱不越轨

心处常态，爱财应取之有道；淡泊名利，廉洁是为政之要。

在现实生活中，金钱与人们的日常生活密切相关。人们吃饭穿衣要钱，看病购物要钱，生活的方方面面都要钱。领导干部也是人，生活中自然也离不开钱。**对于领导干部来说，要适应市场经济条件下的新形势，为政清廉，做到见钱不乱心，挣钱不越轨**，应做到以下四点。

①谈钱心不乱。随着各种经济关系、利益关系的调整和不同社会群体收入差距的产生，领导干部面临的金钱诱惑更甚于从前。对此，有一些领导干部羡慕一些大款奢靡的生活方式，心态失去了平衡，就会忍不住伸出贪婪之手。**领导干部作为人民的公仆，应始终坚持立党为公，执政为民，在其位谋其政，正确对待权力和金钱。**做到见钱不眼开、谈钱心不乱，明确自己的职责，不为金钱所左右，要保持一颗平和的心态，始终耐得住寂寞，清廉自守。

②见钱不贪婪。领导干部作为权力资源的掌握者与分配者，与金钱接触的机会很多。比如在工程建设、企业重组、招商引资等过程中，就会有一些心术不正之徒，想方设法投机取巧，送礼行贿，以谋取暴利；有些人为了得到提拔也会向领导干部送礼行贿。面对这些，领导干部切不可见钱贪婪，应该做到"三不"。

一是不违原则。必须想一想如果拿了钱，是否违背了党性原则？凡违背了党性原则的，必须坚决拒之。

二是不损形象。领导干部是党和政府形象的体现者，领导干部代表人民行使权力，必须正确使用好人民给予的权力，坚持勤政为民，廉洁奉公。

三是不陷深渊。**拿了来路不正的钱不会有好的结果**，心存侥幸地认为是"偶一为之"，最后必然导致"溃堤之危"，逃不出法律的严惩，悔之晚矣。

③有钱不奢侈。奢侈往往与金钱有关。领导干部因为奢侈，抵挡不住灯红酒绿的诱惑，会促使自己追求腐朽糜烂的生活；因为奢侈，生活消费高，花费大，势必会去损公肥私，损人利己。因此，领导干部必须始终保持艰苦奋斗的优良作风，以俭为本、以俭防奢、以俭治奢，即使随着经济的发展，物质条件改善了，也要力戒奢侈，把钱用到最应该用的地方上，用到最需要的地方上去。

④赚钱不越轨。古语有云："君子爱财取之有道。"其实，问题并不在于领导干部是不是可以爱财，关键是怎么取财。随着改革的推进，人们致富的机会和途径越来越多。在这种情况下，**领导干部也必须做到赚钱不越轨，取之有道，对各种各样的赚钱途径，要慎重对待，不能放弃原则。要做到"三坚持"**。

一是坚持政治标准。凡赚钱都要坚持有利于经济的发展、有利于多数人的利益、有利于国家和集体，决不能单纯的局限于以酬付劳，钱权交易，更不能变应尽之职为"有偿服务"。

二是坚持政策标准。要在法律和政策允许的范围内行事，而不能闯红灯，钻空子，更不能铤而走险，以身试法。

三是坚持道德标准。赚钱也应该有个道德标准，这就是坚决不能唯利是图，金钱至上。

总之，在市场经济条件下，领导干部只有不为令钱所动，不为令钱所惑，淡泊金钱、物欲，远离不义之财，始终保持健康正常的心态，知足常乐，才能顶得住诱惑、抗得住腐蚀，才能真正守住一方清廉的圣堂。

（3）不花赃钱，睡得安稳，吃得香甜

对赃钱应拒之千里，对赃款应一查到底，铲除腐败蛀虫。

一些领导干部有了贪财的思想，就会置国家和组织的利益于不顾，化大公为小公，化小公为己私，化全民为集体，化集体为自己。有了贪财的思想，就有苍蝇可叮的缝隙，那些蝇营狗苟的人就可能利用这一缺口，用小失换取大得。正因为如此，**身为领导干部就要牢固地树立讲究职业道德，按规则办事的思想，决不能做那种唯利是图、见利忘义之人。**

在市场经济浪潮的冲击之下，一些人信奉"有钱能使鬼推磨"。一些领导干部原有的理想信念也开始动摇起来，开始对金钱顶礼膜拜，花赃钱习以为常。比如有的进行权钱交易，唯钱是图；有的以权谋私，贪污受贿；有的明索暗要，贪赃枉法；有的涉嫌诈骗，巧取私利。当然，最终这些人的下场都以失败而告终，更别提能够给人留下什么好的形象了。

因此，**作为领导干部在金钱面前，绝对不能为了钱而不顾一切，不讲道义，不要良心，不思事业，不顾身份。**

> 对金钱欲望的恶性膨胀，必然使人丧失理智，不顾道义，无视人格和法律的约束。领导干部要谨防成为金钱的奴隶，要把握权力观，不花赃钱，将精力投入到为人民服务中去。

（4）防范"节日腐败"，每逢佳节倍思"清"

拒绝腐败，清清白白地过年过节；严查腐败，慎防"节日腐败"。

近年来，许多贪官倒在了"节日腐败"上，尽管中央三番五次地重申各级领导干部要预防"节日腐败"，但"节日腐败"的现象屡禁不止甚至还有愈演愈烈的趋势，使节日反腐难见实效。

翻看诸多贪官腐败案例不难发现，在节日前后收受"红包"的占有很大比例，有的贪官受贿所得绝大部分就发生在这一特殊时间段里。有些领导干部认为，过节时别人送点礼只是为了联系感情，收下来无可厚非，殊不知正是这种想法逐渐导致自己走向贪婪的道路。

有句俗话说："廉不廉，看过年；洁不洁，看过节。"

令人担忧的是，"节日腐败"离我们并不远。有些领导干部平日里还能严格要求自己，可是一到节假日期间就把持不住了，总认为上下级联络感情，收点礼送点情也是人之常情，没有什么大不了的。殊不知，"节日腐败"往往都披着一层温情的面纱，这层温情的面纱，掩饰着贪欲、淫欲、权欲、奢欲。那些别有用心的人考虑到平时给有关领导送钱送物有贿赂之嫌，怕对方板着面孔不接受，于是便利用元旦、春节登门拜访，将贿赂说成是人之常情。而少数领导干部也混淆感情与法纪的界限，"引狼入室"收下"贺礼"。有了第一次，就难守住第二次，以至一发而不可收，最后使自己滑向罪恶深渊。

领导干部还要大力发扬艰苦奋斗、勤俭节约的优良传统,坚决反对铺张浪费,抵制享乐主义和奢靡之风。更应当严禁用公款大吃大喝,严禁用公款搞相互走访、相互送礼、相互宴请等拜年活动。严格执行财经纪律,严禁以各种名义年终突击花钱和滥发津贴、补贴、奖金和实物,把有限的资金和资源用在发展经济、改善民生上。众多领导干部贪污腐败案例表明:领导干部要管住自己的手,对于赃物要拒之千里。否则会让自己失去清廉之身,进而走向腐败堕落的深渊。

8. 管住脚,不去不该去的地方

领导干部由于掌握着一定的权力,被邀请的机会相对而言也较多。他们如果不能管住自己的脚,什么场合都去就容易被腐蚀。因此**领导干部要不断提醒自己,做到不该去的地方绝对不去**。领导干部应当将主要精力投入到为人民服务中去,到群众中去,到困难大、矛盾多的地方去,到工作情况复杂的地方去,用自己的实际行动为人民群众办好事、办实事,赢得人民群众的拥护。

首先,要坚决刹住"三陪"之风。

"三陪"即陪吃、陪会、陪玩。近些年,官场上"三陪"之风虽然有所收敛,但仍有少数领导干部沉迷于迎来送往中,不为老百姓办正事。这种不良现象已经成为社会各界关注的焦点,给领导干部和政府形象造成了恶劣的影响。

这股"三陪"歪风,与我们党"立党为公、执政为民"的立党之本相违背,与发扬党的艰苦奋斗的优良传统和优良作风相抵触,领导干部如果不加以遏制,就会在潜移默化的"三陪"潜规则中蜕化变质,走上违法犯罪的歧途。这样不仅损害党和政府的形象,更损害党群、干群关系。

遏制官场中的"三陪"歪风,需要各级领导干部严于律己,以身作则。因为官场中的"三陪"对象主要是上级领导干部,官场"三陪"之风的兴起,也源于上级领导干部。如果这些领导干部无所事事,闲得无聊,或重形式,搞花架子,滥用手中的权力,下基层不搞轻车简从,习惯于前呼后拥,满足于听汇报、要数据、看"盆景",喜欢接受下级"三陪"以及巧立名目的各种馈赠，下级领导则不得不动用大笔公款用于应酬接待，迎合这类领导干部的欲望。如果上级领导干部严于律己，不喜欢"三陪"，作为应酬接待的下级领导干部，谁敢胡作非为搞"三陪"？对于这种公开的腐败，一些上级领导干部心安理得、心照不宣地乐意接受。这样，一些上级领导干部下基层就成了催生公开腐败的源头。

其次，领导要"慎行"，出行独处要自律。

慎独自律，面对诱惑应耐得住寂寞；清正廉洁，歪风吹来须守得住清贫。

锒铛入狱的贪官中，很多都是管不住自己的脚，去了不该去的地方。领导干部不仅要在八小时工作内管住自己，认真负责。八小时之外同样要严于律己，不能放纵自己。作为领导干部，要做到慎行，不该去的地方不去，做到没有监督和有监督一个样；作为领导干部，更要在那些别人看不见、听不到的地方约束自己，管住自己。

三、廉洁守法，坚守法纪的底线

我国是人民民主专政的国家，法律是人民的意志和利益的体现，是由国家制定，靠国家的强制力来执行，以保护广大人民利益的工具。

由于工作任务多，领导干部交往的人员相当复杂。其中有些别有用心的人为达到自己的目的，不惜使出各种手段来拉拢、腐蚀领导干部，拖其"下水"。所以每一个领导干部在工作中都要坚守党纪国法的底线，抵抗住各种各样的诱惑。

1. 领导干部要认真学法，严格守法

学法才能知法，知法才会守法。领导干部只有带头学法、守法，才能依法执政、依法管理。

三国时期的曹操擅长从严治军，而且能够以身作则。一次，他率领部

队经过一片庄稼地,传令小心行军,不许踩坏庄稼,违令者斩。谁知途中他的马惊了,踩坏了不少庄稼。曹操拔剑横在自己的脖子上,部下连忙制止。曹操说,马惊了虽情有可原,但军令如山,不能不加以惩罚,决定割发代首。曹操把头发割下,当时对他这样一位统帅来说,也是一种严厉的惩罚了。

加强法制学习,强化广大领导干部的法制理论素养、宪法观念和与本职工作相关的法律知识,有助于培养领导干部依法运用权力、依法制约权力的意识;有助于提高领导干部遵纪守法、廉洁奉公的自觉性;有助于提高领导干部依法决策、依法行政、依法管理、依法办事的能力和水平;有助于领导干部克服以言代法、以情代法、以权压法的现象,以自己的模范行动带动广大人民群众,在全社会形成学法、用法、守法、护法的良好风气。

对于领导同志来说,学习法律可以采取这样三种方式:一是集中学习。各级党校、行政学院等干部培训院校要把领导干部法律知识教育培训纳入计划,把法制课列入领导干部的必修课程,举办适合各级领导干部和领导干部需要的法制讲座。二是党委(党组)中心组学习。建立健全党委(党组)中心组学法、政府办公会前学法制度,充分发挥法学专家、政府法律顾问的作用。三是自学。领导干部要结合自身的工作性质与特点,联系工作实际,确定学习内容,坚持自学,持之以恒,并主动接受各种形式的辅导,提高学习效果。要组织领导干部学习通用法律知识以及与本职工作有关的专门法律知识。通用法律知识主要包括:我国宪法与宪法的实施,依法行政基本原理,行政许可法、行政处罚法、行政复议法、行政诉讼法、国家赔偿法、行政监察法、领导干部法,我国刑法与领导干部职务犯罪,市场经济法律制度以及与领导干部本职工作相关的法律知识。专门法律知识主要是与领导干部职位有关的规范专门行政管理的法律法规知识,并根据国家立法进程,有计划、有重点地安排具体学习的内容。

在行政机关,领导干部的职位要求与一般领导干部不同,其工作不仅有实施或执行的职责,而且有行政决策、宏观规划和监督管理等职责。领导干部的管理幅度加大、决策层次提高,面临的问题更加复杂、综合和宏观,需要其具有更高的素质和更强的能力:不仅要求本人要做到依法办事，还应以身作则，抓好执法队伍建设，提高执法队伍整体素质，等等。

作为领导干部，尤其要带头学法、守法、用法，增强法制观念，做到依法执政、依法决策、依法管理。各级领导干部应当深入学习、熟练掌握与本职工作相关的法律法规，做到处处依法办事。各级政府和政府部门应从战略的高度充分认识对领导干部进行依法行政培训的重要性，把领导干部的依法行政培训摆上重要议事日程，定期或者不定期对领导干部进行多种形式的依法行政知识培训。

对于一般领导干部，要加强法律知识的培训，把领导干部在培训期间的学习成绩和鉴定作为其任职和晋升职务的依据之一。

各级领导干部通过学习宪法和法律以及政策法规，要树立三种观念：一是树立职权法定和权责统一的观念。任何行政职权的取得和行使都必须符合法律。**承担责任是现代法治政府的第一要义，政府的权力来源于人民，政府理应承担起与权力对等的责任，对人民负责。**政府违法行使权力要承担责任，不作为也要承担责任。二是树立法律权威的观念。各级领导干部要带头尊重法律、崇尚法律、遵守法律，维护法律的权威，严格在宪法和法律的范围内活动。任何机关和个人都不能有超越于宪法和法律或者凌驾于宪法和法律之上的特权，不得以权代法、以权压法、以权乱法、以权废法。三是依程序行政的观念。在当前情况下，依法行政特别要树立依程序行政的观念，完善行政程序方面的法律制度，任何行政机关及其工作人员在做出影响行政相对人的行为时，必须遵守法定程序；行政机关在行政决定过程中应当平等对待行政管理相对人；与相对人存在利害关系时应当回避；在做出不利于相对人的行政决定时应当给予陈述和申辩的机会。

2. 遵纪守法是领导干部必须要守住的底线

祸患常积于忽微，如果领导干部失去了法纪的底线，就会让自己缺失了做人为官的资格。**失去法纪底线的领导干部会让自己变得自私自利、卑鄙腐败。**这往往都有一个从量变到质变的过程，从一次宴请、一个红包开始，逐渐发展到以权谋私、违法乱纪，最后成为"阶下囚"。

作为党和国家的领导干部，违犯党纪国法的事坚决不干。但事实并非如此。河南省三任交通厅长的"前腐后继"足以说明这一点。因此，遵纪守法的底线意识还得不停强调，警钟长鸣。

古人云："勿以善小而不为，勿以恶小而为之。"细节虽小见风骨。小事、小节中有政治、有方向、有形象、有人格。因此，坚守底线，要慎微。

一般来说，翻船大都在"平流无石处"。心理学告诉我们，人在逆境时，往往比较谨慎小心，因而也会平安无恙；而在顺境中，则容易麻痹、骄傲，也就容易出问题。愈是身居高位、成长进步顺利之时，愈是要保持清醒的头脑，坚守党纪国法。

> 现代社会生活越来越纷繁复杂，领导干部所面临的诱惑也越来越多。在这样的环境下，领导干部如果不以党纪国法严格要求自己，就很难把握住自己，使自己不陷入腐败的泥潭。

领导干部如果不能守住底线而干出违法乱纪的事，终究有一天要受到法律的制裁，因而这样的人也就没有自由可言。

江苏省邳州市一名领导干部因犯受贿罪，被判处有期徒刑10年。他的96岁高龄的母亲后来听说儿子犯法，被罢官入牢，顿时急出了一场大病。他在母亲乘面包车颠簸数百公里来探监时，心如刀绞，泪如泉涌。他告诉记者，有多少个夜晚，他想起老母，就泪湿枕巾，难以入眠。他对自己的犯罪行为痛悔不已，悔不该贪图享受，做金钱的俘虏；悔不该不好好学法，跌入犯罪的深渊。他让记者转告世人：一个人什么事都可以做，就是不能违法犯罪；什么都可以失去，就是不能失去自由。

违法违纪害人害己，不仅断送了自己的前途，还很有可能锒铛入狱，失去自由，甚至被送上断头台。不但连累家人，自己也备受精神上的煎熬。美国一位科学家经多年研究得出结论，多数违法犯罪人员不能长寿，其寿命要比正常人大大缩短。因为作案人心理压力很大，时刻担心东窗事发，因而惶惶不可终日，一有风吹草动就如惊弓之鸟。可见，违法乱纪是对自己生命的一种不负责的短期行为。

3. 让权力运行在法律的轨道上

领导用权要在"公意"基础上行使,应在法律的"轨道"中活动。

一般来说,法律是和公意直接相关的。公意通过国家主权权力确认后,就自然成了法律。服从法律就是服从人民自己的意志,因而也获得了自由,从这一点上来说,服从法律就等于服从自己。理论逻辑和事实逻辑都把法律建构在公意之上,行使权力者要在公意的基础上行使权力,就应该在法律的"轨道"中活动,如果离开了这个"轨道"就会受到法律的惩罚。

"深刻剖析自己的犯罪教训时,我发现自己致命的问题就是不知法、不懂法。今天反思,人不学习不是要落后的问题,而是要违法犯罪的问题。"这是一位贪官的反思,而在这之前,他曾被群众评为最为"独裁"的卖官书记,在很多问题上其他人"不准发杂音"。如果领导干部无视手中权力的公意基础,不知道依法规范地行使手中的权力,那么,这种行为的后果及其危险性是可想而知的。那么,如何才能做到依法用权呢?

(1) 要有法律思维

法律思维是以合法性判断为重心的思维方式。领导干部要有法律思维,具体来说,就是领导干部在决策和用权过程中,按照法律的逻辑分析和思考方式来解决各种问题。这不仅体现了党依法执政的要求,也符合依法治国方略。

(2) 要有法治观念

领导干部要形成运用法律思维的习惯,这不是一朝一夕形成的,因此**领导干部首先要树立"宪法和法律至上"的理念,主动带头维护法律的权威**。正如有的领导干部所谈到的,"正确处理权与法、情与法、利与法的关系,杜绝以权压法、以言代法、徇私枉法,自觉养成学法、守法、用法的行为习惯,真正做到心中有法,虑必及法,言必合法,行必依法"。

> 各级领导干部在工作中必须要做到坚持依法用权，以法律规范作为行使权力的依据、评判是非的标准、履行职责的要求，在法律面前不变通，在权利面前不滥用，在义务面前不逃避。

（3）在工作实践中自觉遵守法律

作为领导干部，要主动地在依法办事中探索执行法律法规的新经验、新做法，着力构建有法可依、有法必依、执法必严、违法必究的法治秩序，维护司法公正，保障公民的合法权益，使"法律面前人人平等"的法治精神在社会管理的各个领域、各个层面得到充分贯彻和体现。

4. 把党的纪律化为反腐的内在自觉

一个先进的政党，一定是纪律严明的组织。任何组织，若没有了纪律的约束，便会是一盘散沙。

十八大通过的《中国共产党章程》指出："党组织必须严格执行和维护党的纪律，共产党员必须自觉接受党的纪律的约束。"**作为党员干部，在任何时候、任何情况下，都要有遵守纪律的修养。**

纪律，一般来说是指"政党、机关、部队、团体、企业等为了维护集体利益并保证工作的正常进行而制定的要求每个成员遵守的规章、条文"。中国共产党的纪律是执行党的路线的保证，是维护党的团结统一的有力武器，是巩固党与群众密切联系的重要条件，是维护党员权利的根本保障。

对于一个组织而言，没有了纪律，便没有了一切。中国共产党从最初的50多人发展到现在的8500多万人，从最初的几个党小组发展到现在的400多万个基层党组织。如此庞大的基层党组织，中国共产党却能把他们建设成践行宗旨的坚强堡垒而不是一盘散沙，如果没有严明的纪律，是根本做不到的。

一个先进的政党，一定是纪律严明的组织。纪律首先是服从，"个人服从组织，下级服从上级，少数服从多数，全党服从中央"。人们不会忘记，那些大无畏的共产党员为了确保党的路线、方针、政策的贯彻执行，坚决服从党的纪律，甚至不惜牺牲个人的生命。这正是一个共产党人先进性的突出体现。

自确立市场经济体制之后，纪律的重要性更加凸显。强调"不准把经营、管理活动中收取的折扣、中介费、礼金据为己有，不准违反规定领取兼职职务工资、奖金"，是干好工作的一个前提。党的各级纪律检查机关肩负的任务中，强调要监督和制约党组织和党员特别是领导干部，是否认真贯彻执行党章和其他党内法规，正确运用人民赋予的权力，同时按照从严治党的方针，依据党章和其他党内法规，严肃查处党员的违纪案件。这些严肃党的纪律的工作，直接关系党的执政基础和执政地位，马虎不得。在这方面，革命导师和领袖是我们学习的榜样。

有一次，周恩来同志坐车到政协礼堂开会，司机因违反交通规则被民警卡住迟迟没有放行。眼看开会时间就要到了，随行人员十分着急，想去和民警说明情况。没想到却被周恩来同志严厉制止，说："这怎么行！法律是政府颁布的。政府总理应该带头遵守，总理不守法律，便是带头破坏法制。"周恩来同志深知群众的眼睛都盯着领导干部，深知只有领导干部带好头了，才能为群众树立起学习的榜样。

每一个领导干部都应做到把他律转化为自律、把纪律约束化作内在自觉。这是一种应当努力追求的境界。当广大共产党员都获得这样一种智慧，达到这样一种境界，我们党就一定能始终保持勃勃生机与活力，就一定能带领各族人民实现中华民族的伟大复兴。

5. 唯有遵守法律，才会有自由与快乐

领导干部的自由与快乐，是在党纪国法的框架内活动中实现的。

在《明史杂俎》中曾经记载过这样一个故事：

一日早朝，朱元璋突然问身边的群臣："普天之下何种人生活得最快活？"群臣们个个绞尽脑汁，给出了不同的答案。有一位大臣说，功高盖世的人生活最快活；有一位大臣说，位居显赫的人生活快活；有一位大臣说，能够金榜题名的人最感到快活；还有一位说，拥有大量财富，富甲一

方的人一定最快活。朱元璋听后对这些大臣的回答都不满意。

这时，一个叫万钢的大臣答道："天下守法度者最快活。"朱元璋顿时龙颜大悦："甚是独到！"

万钢的回答的确很有见地。时至今日，此话也是至理名言。

原河北省国税局局长李真因贪污入狱，他在狱中时，新华社记者乔云华曾经问他："现在什么对你还有诱惑？"李真一字一顿地说："生命和自由。"

李真多次感慨："自由，真是别时容易见时难呀！"他还对记者乔云华说："我现在什么都可以不要，只要自由，哪怕是一个月的自由，甚至是一天的自由。"

的确，每一个人都珍惜生命，渴望自由。然而，对于广大领导干部来说，"自由之屋必须盖在限制的围墙里"，只有严格遵守党纪国法，才能真正地保障自由。正如马克思所言："法典就是人民自由的圣经。"

领导干部要想真正拥有自由和快乐，必须在党纪国法的框架内活动；否则，超越了这个框架，践踏党纪国法，终将失去自由和快乐。

> 领导干部要想自由快乐地生活，享受生命的阳光，就必须严格地遵守党纪国法。唯有遵纪守法，才能保证自己永远的自由。党纪国法是领导干部拥有自由快乐的"圣经"。

全国检察系统业务专家、吉林省检察院反贪局局长姜德志曾办过很多大案、要案，如原沈阳市市长慕绥新腐败案、全国人大常委会原副委员长成克杰腐败案等。他在接受记者采访时，曾对记者讲过一段话：

"慕绥新对我说：'自从中纪委开始调查以来，我就没过过一天安生的日子。藏着这些赃钱，就像拿着一件传家之宝，捧着怕掉地上，放下怕被偷走，折磨得寝不安眠，食不甘味，突然你老姜拿个棒子来，一捅，哗啦一下子掉地上碎了，我心里倒踏实了，本来就应该是没有的嘛。'我觉得他这段话说得挺深刻。"

"我审讯成克杰的时候说：'你虽然不是国家领导人了，但你还是一位为国家做出过贡献的老人，你有什么要求可以提，我们尽量满足。他提出三条：第一是监舍的灯太亮，晚上不适应，睡不好觉；第二是他去卫生间的时候，有三个武警战士跟进去，方便的时候也不太适应；第三是在一个上边没有盖的小斗室放风时得到的阳光太少。他说：'四个武警战士，算我五个人，阳光瞬间就从我脸上移走，跑到别人脸上去了。'我跟监狱长商量，把灯给他调暗一点儿，能保证他的安全就行了，要保证他睡眠，配合审讯。其他两条不行。我告诉他慢慢适应吧，得保证他的安全。他说他理解，慢慢适应。一个曾经的高级领导人，因为一缕阳光，也要向组织提出请求。

"成克杰、慕绥新都跟我提出过：'能不能向中央反映一下，一分钱也不要了，什么官也不要了，到偏远地区盖个小房，做老百姓行不行？'我告诉他们：'不行，你已经犯罪了，你必须为你的罪行承担法律责任。'无论级别多高的官员只要犯了国法，想回到原来的起点只能是一种不能实现的奢望。"

无论是成克杰，还是慕绥新，他们都曾身居高位，担任过地方要职，可是因为践踏了党纪国法，最终自己剥夺了自己自由快乐的权利。

6. 牢记：莫伸手，伸手必被捉

心怀侥幸常使一些领导干部做出一种误判，以为贪腐人不知，从而误入歧途，愈陷愈深，最终失足成恨，悔之晚矣。

"莫伸手，伸手必被捉"，其实这是简单而又易见的道理，不属于自己的，怎能将其据为己有呢？每一个身处要职或是重要岗位的人员，都应当牢记这个道理。

1954年陈毅元帅写下《七古·手莫伸》诗：

手莫伸，伸手必被捉。党与人民在监督，万目睽睽难逃脱。汝言惧捉手不伸，他道不伸能自觉，其实想伸不敢伸，人民咫尺手自缩。岂不爱权位，权位高高耸山岳。岂不爱粉黛，爱河饮尽犹饥渴。岂不爱推戴，颂歌盈耳神仙乐。第一想到不忘本，来自人民莫作恶。第二想到党培养，无党岂能有所作？第三想到衣食住，若无人民岂能活？第四想到虽有功，岂无过失应惭怍。吁嗟乎，九牛一毫莫自夸，骄傲自满必翻车。历览古今多少事，成由谦逊败由奢。

陈毅元帅的这一首诗给我们一种告诫、一种警示、一种责任，几十年来这首诗一直教育着领导干部。

安徽省巢湖市原市委书记周光全涉嫌受贿，巨额财产来源不明案；深圳市委原副书记、原市长许宗衡涉嫌严重违纪案；公安部原部长助理郑少东涉嫌严重违纪案；天津市委原常委、滨海新区原工委书记兼管委会主任皮黔生严重违纪被开除党籍案；浙江温州市旧城改建指挥部原党委书记、副指挥吴权书被温州市人民检察院依法逮捕案；浙江省政协原常委、人口资源环境委原主任戴备军在其任省技监局局长、环保局局长期间以权谋利，非法收受他人财物被开除党籍、公职案等这一系列的腐败大案正应了陈毅元帅那句千古绝唱："手莫伸，伸手必被捉。"

"权""钱""色"自古以来就是从政道路上的三大陷阱。但总是有人明知有陷阱，偏向陷阱行。我们这里所说的"权""钱""色"，是指滥用职权、贪得无厌、寻欢作乐。这三者之首是"权"，因为"权"可生钱，亦可揽"色"。这就不难理解为什么有人为了权利而雇凶杀人；也不难理解为什么官场上总是有一些阿谀逢迎者。有位老干部深有感触地说："要警惕那些吹喇叭抬轿子的，今天把你吹得昏昏沉沉，明天可能把你摔得半死不活，而贪官大多是吹喇叭抬轿子出身的。"

郑板桥的一首《道情》，很值得那些功名利禄思想重、尚未成为贪官的人读一读："老书生，白屋中，说黄虞，道古风；许多后辈高科中。门前仆从雄如虎，陌上旌旗去似龙。一朝势落成春梦，倒不如蓬门僻巷，教几个小小蒙童。"《红楼梦》中跛足道人的"好了歌"也值得一读，前两句是："世人都晓神仙好，唯有功名忘不了！古今将相在何方，荒冢一堆草没了。世人都晓神仙好，只有金银忘不了！终朝只恨聚无多，及到多时眼闭了。"当然，对古人、古书中的这些话，要从积极的意义上去理解，至少它告诫你：不要过度地追逐名利，更不要贪婪。

"手莫伸，伸手必被捉。"这是千古以来许多人告诫自己不要占小便宜或心存侥幸的警语。侥幸心理常常使人做出一种错误的判断，从而迷失方向，误入歧途。领导干部要自觉排除侥幸心理；否则，一失足成千古恨，

第七章 清廉自律，抵制形形色色的诱惑

悔之晚矣！现在有些人总存侥幸心理，认为占点小便宜不会被抓住，这实质上是一种自欺欺人的不健康心理的表现。

官德修养——领导者的人格提升与完善

参考文献

［1］中共中央宣传部宣传教育局．中国古代道德故事．北京：中共中央党校出版社，2006.

［2］高占祥，王青青．道德力．北京：北京大学出版社，2010.

［3］龚群．以德治国论．沈阳：辽宁人民出版社，2002.

［4］杨建祥．儒家官德论．南昌：江西人民出版社，2007.

［5］刘玉瑛．领导者公信力．北京：新华出版社，2010.

［6］李小三．从政之基．南昌：江西人民出版社，2008.

［7］司马哲．官箴全书．北京：中国长安出版社，2009.

［8］王易．职业道德．北京：中国人民大学出版社，2009.

［9］张建华．公务员的三大纪律八项注意．北京：机械工业出版社，2011.

［10］王石．中华廉政文化读本．北京：人民出版社，2007.

［11］蒋周明．腐败探源与反腐败研究．北京：中国检察出版社，2012.

［12］张振学．官德修养读本．北京：中国商业出版社，2012.

编写说明

《〈毛泽东思想和中国特色社会主义理论体系概论〉学习指导》（第三版）是四川大学精品立项教材，是"毛泽东思想和中国特色社会主义理论体系概论"课程学习的配套用书。本书以党的十九大精神为指导，以 2018 年新版教材为依据，着力将教材内容转化为教师的教学参考和学生的可读可练的内容，着力将四川大学马克思主义中国化教研室近年来的教学研究成果与实践指导经验转化为大学生"毛泽东思想和中国特色社会主义理论体系概论"课学习的可操作性方案。本书以章为单位，每章设置了七个专栏，分别是学习目的与基本要求、重点难点问题解析、扩展阅读、理论前沿、案例剖析、实践指导、练习与思考。通过这些专栏内容的学习，学生能进一步把握"毛泽东思想和中国特色社会主义理论体系概论"课的教学内容。同时，本书也可作为大学生参加研究生政治课考试的参考读物。

编　者
2020 年 5 月

项目策划：毕　潜
责任编辑：毕　潜
责任校对：杨　果
封面设计：墨创文化
责任印制：王　炜

图书在版编目（CIP）数据

《毛泽东思想和中国特色社会主义理论体系概论》学习指导 / 羊绍武，李红主编． — 3 版． — 成都：四川大学出版社，2020.5
　ISBN 978-7-5614-8168-4

　Ⅰ．①毛… Ⅱ．①羊… ②李… Ⅲ．①毛泽东思想－高等学校－教学参考资料②中国特色社会主义理论体系－高等学校－教学参考资料 Ⅳ．① A84 ② D610

中国版本图书馆 CIP 数据核字（2020）第 074992 号

书　　名	《毛泽东思想和中国特色社会主义理论体系概论》学习指导（第三版）
主　　编	羊绍武　李　红
出　　版	四川大学出版社
地　　址	成都市一环路南一段24号（610065）
发　　行	四川大学出版社
书　　号	ISBN 978-7-5614-8168-4
印前制作	四川胜翔数码印务设计有限公司
印　　刷	郫县犀浦印刷厂
成品尺寸	185mm×260mm
印　　张	13
字　　数	330千字
版　　次	2020年5月第1版
印　　次	2020年5月第1次印刷
定　　价	55.00元

◆ 版权所有 ◆ 侵权必究

◆ 读者邮购本书，请与本社发行科联系。
　电话：(028)85408408/(028)85401670/
　(028)86408023　邮政编码：610065
◆ 本社图书如有印装质量问题，请寄回出版社调换。
◆ 网址：http://press.scu.edu.cn

四川大学出版社
微信公众号

·四川大学精品立项教材·

（第三版）

《毛泽东思想和中国特色社会主义理论体系概论》学习指导

*MAO ZEDONG SIXIANG HE ZHONGGUO TESE SHEHUI ZHUYI LILUN TIXI GAILUN》XUEXI ZHIDAO

主　编　羊绍武　李　红
副主编　张仁枫
编委会成员（按姓氏拼音为序）
陈　媛　邓宗豪　何洪兵　纪志耿　李　红
刘汝如　吕志辉　史海燕　王洪树　吴　炎
肖孟夏　熊　广　羊绍武　杨　璐　尤思锦
张仁枫　张学昌　张晓磊　郑　晔　周　璟

四川大学出版社

目 录

第一章 毛泽东思想及其历史地位 ……………………………………（1）
　　一、学习目的与基本要求 ………………………………………（1）
　　二、重点难点问题解析 …………………………………………（1）
　　三、扩展阅读 ……………………………………………………（3）
　　四、理论前沿 ……………………………………………………（6）
　　五、案例剖析 ……………………………………………………（7）
　　六、实践指导 ……………………………………………………（8）
　　七、练习与思考 …………………………………………………（9）

第二章 新民主主义革命理论 ……………………………………（13）
　　一、学习目的与基本要求 ………………………………………（13）
　　二、重点难点问题解析 …………………………………………（13）
　　三、扩展阅读 ……………………………………………………（15）
　　四、理论前沿 ……………………………………………………（17）
　　五、案例剖析 ……………………………………………………（18）
　　八、实践指导 ……………………………………………………（21）
　　七、练习与思考 …………………………………………………（22）

第三章 社会主义改造理论 ………………………………………（30）
　　一、学习目的与基本要求 ………………………………………（30）
　　二、重点难点问题解析 …………………………………………（30）
　　三、扩展阅读 ……………………………………………………（31）
　　四、理论前沿 ……………………………………………………（33）
　　五、案例剖析 ……………………………………………………（34）
　　六、实践指导 ……………………………………………………（38）
　　七、练习与思考 …………………………………………………（39）

第四章 社会主义建设初步探索的理论成果 ……………………（44）
　　一、学习目的与基本要求 ………………………………………（44）
　　二、重点难点问题解析 …………………………………………（44）
　　三、扩展阅读 ……………………………………………………（46）
　　四、理论前沿 ……………………………………………………（49）
　　五、案例剖析 ……………………………………………………（50）

六、实践指导……………………………………………………………（52）
　　七、练习与思考…………………………………………………………（52）
第五章　邓小平理论……………………………………………………………（57）
　　一、学习目的与基本要求………………………………………………（57）
　　二、重点难点问题解析…………………………………………………（57）
　　三、扩展阅读……………………………………………………………（59）
　　四、理论前沿……………………………………………………………（61）
　　五、案例剖析……………………………………………………………（63）
　　六、实践指导……………………………………………………………（65）
　　七、练习与思考…………………………………………………………（66）
第六章　"三个代表"重要思想…………………………………………………（71）
　　一、学习目的与基本要求………………………………………………（71）
　　二、重点难点问题解析…………………………………………………（71）
　　三、扩展阅读……………………………………………………………（73）
　　四、理论前沿……………………………………………………………（75）
　　五、案例剖析……………………………………………………………（77）
　　六、实践指导……………………………………………………………（80）
　　七、练习与思考…………………………………………………………（81）
第七章　科学发展观……………………………………………………………（84）
　　一、学习目的与基本要求………………………………………………（84）
　　二、重点难点问题解析…………………………………………………（84）
　　三、扩展阅读……………………………………………………………（86）
　　四、理论前沿……………………………………………………………（87）
　　五、案例剖析……………………………………………………………（90）
　　六、实践指导……………………………………………………………（92）
　　七、练习与思考…………………………………………………………（93）
第八章　习近平新时代中国特色社会主义思想及其历史地位…………………（98）
　　一、学习目的与基本要求………………………………………………（98）
　　二、重点难点问题解析…………………………………………………（98）
　　三、扩展阅读……………………………………………………………（101）
　　四、理论前沿……………………………………………………………（103）
　　五、案例剖析……………………………………………………………（104）
　　六、实践指导……………………………………………………………（106）
　　七、练习与思考…………………………………………………………（107）
第九章　坚持和发展中国特色社会主义的总任务………………………………（112）
　　一、学习目的与基本要求………………………………………………（112）
　　二、重点难点问题解析…………………………………………………（112）
　　三、扩展阅读……………………………………………………………（114）

四、理论前沿……………………………………………………(116)
　　五、案例剖析……………………………………………………(118)
　　六、实践指导……………………………………………………(119)
　　七、练习与思考…………………………………………………(120)

第十章　"五位一体"总体布局………………………………(126)
　　一、学习目的与基本要求………………………………………(126)
　　二、重点难点问题解析…………………………………………(126)
　　三、扩展阅读……………………………………………………(128)
　　四、理论前沿……………………………………………………(131)
　　五、案例剖析……………………………………………………(132)
　　六、实践指导……………………………………………………(137)
　　七、练习与思考…………………………………………………(139)

第十一章　"四个全面"战略布局……………………………(147)
　　一、学习目的与基本要求………………………………………(147)
　　二、重点难点问题解析…………………………………………(147)
　　三、扩展阅读……………………………………………………(148)
　　四、理论前沿……………………………………………………(151)
　　五、案例剖析……………………………………………………(152)
　　六、实践指导……………………………………………………(154)
　　七、练习与思考…………………………………………………(155)

第十二章　全面推进国防和军队现代化………………………(158)
　　一、学习目的与基本要求………………………………………(158)
　　二、重点难点问题解析…………………………………………(158)
　　三、扩展阅读……………………………………………………(159)
　　四、理论前沿……………………………………………………(161)
　　五、案例剖析……………………………………………………(163)
　　六、实践指导……………………………………………………(165)
　　七、练习与思考…………………………………………………(166)

第十三章　中国特色大国外交…………………………………(168)
　　一、学习目的与基本要求………………………………………(168)
　　二、重点难点问题解析…………………………………………(168)
　　三、扩展阅读……………………………………………………(170)
　　四、理论前沿……………………………………………………(172)
　　五、案例剖析……………………………………………………(173)
　　六、实践指导……………………………………………………(176)
　　七、练习与思考…………………………………………………(176)

第十四章　坚持和加强党的领导………………………………(181)
　　一、学习目的与基本要求………………………………………(181)

二、重点难点问题解析 …………………………………………………………（181）
三、扩展阅读 ……………………………………………………………………（183）
四、理论前沿 ……………………………………………………………………（186）
五、案例剖析 ……………………………………………………………………（187）
六、实践指导 ……………………………………………………………………（189）
七、练习与思考 …………………………………………………………………（190）

选择题参考答案 ……………………………………………………………………（195）

第三版后记 …………………………………………………………………………（198）

第一章 毛泽东思想及其历史地位

一、学习目的与基本要求

本章是《毛泽东思想和中国特色社会主义理论体系概论》（以下简称《概论》）课的开篇，与书名相呼应，全书以毛泽东思想及其历史地位为起点进行阐述。近代以来，在中国社会发展进步波澜壮阔的伟大进程中，历史和人民选择了马克思主义、选择了中国共产党。马克思主义在与中国实际相结合的过程中，产生了两大理论成果：毛泽东思想和中国特色社会主义理论体系。毛泽东思想是中国共产党实现马克思主义与中国实际相结合第一次历史性飞跃的理论成果。在毛泽东思想的指引下，中国共产党领导中国人民，"经过长期浴血奋斗，完成了新民主主义革命，建立了中华人民共和国，确立了社会主义基本制度，成功实现了中国历史上最深刻最伟大的社会变革，为当代中国一切发展进步奠定了根本政治前提和制度基础"①。《概论》课程首先要解决的问题就是从中国化马克思主义的理论起点上把握毛泽东思想的形成过程、科学体系、主要内容及其历史地位。

二、重点难点问题解析

1. 如何理解毛泽东思想形成的历史条件

毛泽东思想是马克思列宁主义基本原理同中国革命具体实践相结合的产物。这个命题不仅概括了毛泽东思想的本质特征，而且指明了毛泽东思想产生的社会历史条件。毛泽东思想作为中国化的马克思主义，是历史发展的产物，是应时代的呼唤在一定的社会历史条件下产生的。

第一，毛泽东思想是世界无产阶级革命运动的产物。19世纪末20世纪初，世界进入帝国主义战争与无产阶级革命时代。1917年俄国十月革命的胜利开辟了世界无产阶级革命的新纪元。十月革命给中国送来了马克思列宁主义，中国革命从此有了崭新的指导思想。中国在革命取得胜利后，又经历了第二次世界大战后两大阵营的对立与斗争，西方国家不仅对我国实行持续的封锁禁运，还极力推行和平演变策略。毛泽东思想正是在这样的时代条件下形成和发展起来的。

---

① 习近平在庆祝改革开放40周年大会上的讲话［N］. 人民日报，2018-12-19（2）.

第二，毛泽东思想是中国共产党人不断探索中国革命和建设的产物。中国共产党领导人民进行革命和建设的成功实践是毛泽东思想形成和发展的基础。以毛泽东为代表的中国共产党人，正是在运用马克思列宁主义指导中国革命和建设的丰富实践过程中，在总结中国革命和建设的丰富历史经验基础上，实现了马克思列宁主义和中国实际的完美结合，创造性地发展了马克思列宁主义，形成了毛泽东思想。

把马克思列宁主义基本原理运用到中国革命具体实践当中，解决中国革命实践中提出的各种问题，是毛泽东思想产生的直接推动力；对中国革命伟大实践经验的科学总结，是毛泽东思想产生并形成科学体系的最直接的源泉。

2. 如何把握毛泽东思想的主要内容和活的灵魂

毛泽东思想紧紧围绕着中国革命和建设这个主题，提出了一系列相互关联的重要理论观点，构成了一个完整的科学思想体系。毛泽东思想具有丰富的内容，主体框架为六大基础理论和一个活的灵魂。六大基础理论包括新民主主义革命的理论、社会主义革命和社会主义建设的理论、革命军队建设和军事战略的理论、政策和策略的理论、思想政治工作和文化工作的理论、党的建设理论。而毛泽东思想的活的灵魂，是贯穿于上述各个理论组成部分的立场、观点和方法，它们有三个基本方面，即实事求是、群众路线、独立自主。除上述几个方面外，毛泽东思想体系中还有关于国际战略和外交工作的理论，关于思想方法和工作方法的理论，等等。

3. 如何把握毛泽东思想的历史地位

毛泽东思想的历史地位可以从三个维度予以认识：第一，从马克思主义发展史的历史维度。毛泽东思想是马克思主义中国化第一次历史性飞跃的理论成果，它以独创性的理论丰富和发展了马克思列宁主义。第二，从中国革命史的历史维度。毛泽东思想是中国革命和建设的科学指南。在毛泽东思想的指引下，中华人民共和国得以建立，中国人民从此站立起来，中华民族的发展开启了新的纪元。新中国成立以后，以毛泽东为核心的党中央带领全国人民，对社会主义建设道路进行了初步探索并形成了重要的思想成果，创造性地完成了由新民主主义革命向社会主义革命的转变，实现了中国历史上最深刻、最伟大的社会变革。虽然今天的形势有了重大变化，但是毛泽东思想中关于中国革命和建设的科学论述，特别是其中所包含的中国化的马克思主义立场、观点和方法，为我们正在进行的中国特色社会主义建设事业继续提供着十分宝贵的理论指导。第三，从当代中国的历史发展维度。毛泽东思想是党和人民的宝贵精神财富。当今的时代主题和实践任务与毛泽东所处的时代相比发生了重大变化，但是毛泽东思想的基本理论、基本原则和科学方法，仍然具有普遍的和长久的指导意义，依然是中国人民不断奋进的强大精神动力，并将长期激励和指导我们前进。党坚持把经过长期历史考验形成为科学理论的毛泽东思想，同毛泽东晚年所犯的错误区别开来，为我们正确评价毛泽东的历史地位、完整准确地理解毛泽东思想、自觉坚持和发展毛泽东思想指明了方向。正如邓小平所指出的：我们还要继续坚持毛泽东思想。毛泽东思想是毛主席一生中正确的部分。毛泽东思想不仅在过去引导我们取得革命的胜利，现在和将来还应该是党和国家的宝贵财富。

三、扩展阅读

1. 经典论述

毛泽东思想是我们党的宝贵的精神财富，它将长期指导我们的行动。由马克思列宁主义、毛泽东思想培育的党的领导者和大批干部，过去是我们的事业取得巨大胜利的基本骨干，现在和今后仍然是社会主义现代化建设事业的宝贵中坚。毛泽东同志的重要著作，有许多是在新民主主义革命时期和社会主义改造时期写的，但仍然是我们必须经常学习的。这不但因为历史不能割断，如果不了解过去，就会妨碍我们对当前问题的了解；而且因为这些著作中包含的许多基本原理、原则和科学方法，是有普遍意义的，现在和今后对我们都具有重要的指导作用。因此，我们必须继续坚持毛泽东思想，认真学习和运用它的立场、观点和方法来研究实践中出现的新情况，解决新问题。毛泽东思想为马克思列宁主义的理论宝库增添了许多新的内容，我们应该把学习毛泽东同志的科学著作同学习马克思、恩格斯、列宁、斯大林的科学著作结合起来。因为毛泽东同志晚年犯了错误，就企图否认毛泽东思想的科学价值，否认毛泽东思想对我国革命和建设的指导作用，这种态度是完全错误的。对毛泽东同志的言论采取教条主义态度，以为凡是毛泽东同志说过的话都是不可移易的真理，只能照抄照搬，甚至不愿实事求是地承认毛泽东同志晚年犯了错误，并且还企图在新的实践中坚持这些错误，这种态度也是完全错误的。这两种态度都是没有把经过长期历史考验形成为科学理论的毛泽东思想，同毛泽东同志晚年所犯的错误区别开来，而这种区别是十分必要的。我们必须珍视半个多世纪以来在中国革命和建设过程中把马克思列宁主义普遍原理和中国实际相结合的一切积极成果，在新的实践中运用和发展这些成果，以符合实际的新原理和新结论丰富和发展我们党的理论，保证我们的事业沿着马克思列宁主义、毛泽东思想的科学轨道继续前进。

——《中国共产党中央委员会关于建国以来党的若干历史问题的决议》，人民出版社，1981年版，第50~51页。

奥琳埃娜·法拉奇：天安门上的毛主席像，是否要永远保留下去？

邓小平：永远要保留下去。过去毛主席像挂得太多，到处都挂，并不是一件严肃的事情，也并不能表明对毛主席的尊重。尽管毛主席过去有段时间也犯了错误，但他终究是中国共产党、中华人民共和国的主要缔造者。拿他的功和过来说，错误毕竟是第二位的。他为中国人民做的事情是不能抹杀的。从我们中国人民的感情来说，我们永远把他作为我们党和国家的缔造者来纪念。

奥琳埃娜·法拉奇：对西方人来说，我们有很多问题不理解。中国人民在讲起"四人帮"时，把很多错误都归咎于"四人帮"，说的是"四人帮"，但他们伸出的却是五个手指。

邓小平：毛主席的错误和林彪、"四人帮"问题的性质是不同的。毛主席一生中大部分时间是做了非常好的事情的，他多次从危机中把党和国家挽救过来。没有毛主席，至少我们中国人民还要在黑暗中摸索更长的时间。毛主席最伟大的功绩是把马列主义的原理同中国革命的实际结合起来，指出了中国夺取革命胜利的道路。应该说，在六十年代以前或五十年代后期以前，他的许多思想给我们带来了胜利，他提出的一些根本的原理是非常正确的。他创造性地把马列主义运用到中国革命的各个方面，包括哲学、政治、军事、文艺和其他领域，都有创造性的见解。但是很不幸，他在一生的后期，特别在"文化大革命"中是犯了错误的，而且错误不小，给我们党、国家和人民带来许多不幸。你知道，我们党在延安时期，把毛主席各方面的思想概括为毛泽东思想，把它作为我们党的指导思想。正是因为我们遵循毛泽东思想，才取得了革命的伟大胜利。当然，毛泽东思想不是毛泽东同志一个人的创造，包括老一辈革命家都参与了毛泽东思想的建立和发展。主要是毛泽东同志的思想。但是，由于胜利，他不够谨慎了，在他晚年有些不健康的因素、不健康的思想逐渐露头，主要是一些"左"的思想。有相当部分违背了他原来的思想，违背了他原来十分好的正确主张，包括他的工作作风。这时，他接触实际少了。他在生前没有把过去良好的作风，比如说民主集中制、群众路线，很好地贯彻下去，没有制定也没有形成良好的制度。这不仅是毛泽东同志本人的缺点，我们这些老一辈的革命家，包括我，也是有责任的。我们党的政治生活、国家的政治生活有些不正常了，家长制或家长作风发展起来了，颂扬个人的东西多了，整个政治生活不那么健康，以至最后导致了"文化大革命"。"文化大革命"是错误的。

——邓小平：《答意大利记者奥琳埃娜·法拉奇问》，《邓小平文选》第 2 卷，人民出版社，1994 年版，第 344～345 页。

人世间没有一帆风顺的事业。综观世界历史，任何一个国家、一个民族的发展，都会跌宕起伏甚至充满曲折。"艰难困苦，玉汝于成。""多难兴邦，殷忧启圣。""失败为成功之母。"毛泽东同志也常说，前途是光明的，道路是曲折的。这是一切正义事业发展的历史逻辑。我们的事业之所以伟大，就在于经历世所罕见的艰难而不断取得成功。

不能否认，毛泽东同志在社会主义建设道路的探索中走过弯路，他在晚年特别是在"文化大革命"中犯了严重错误。对毛泽东同志的历史功过，党的十一届六中全会作出的《关于建国以来党的若干历史问题的决议》进行了全面评价。邓小平同志说，毛泽东同志的功绩是第一位的，他的错误是第二位的，他的错误在于违反了他自己正确的东西，是一个伟大的革命家、伟大的马克思主义者所犯的错误。

在中国这样的社会历史条件下建设社会主义，没有先例，犹如攀登一座人迹未至的高山，一切攀登者都要披荆斩棘、开通道路。毛泽东同志晚年的错误有其主观因素和个人责任，还在于复杂的国内国际的社会历史原因，应该全面、历史、辩证地看待和分析。

对历史人物的评价，应该放在其所处时代和社会的历史条件下去分析，不能离开对历史条件、历史过程的全面认识和对历史规律的科学把握，不能忽略历史必然性和历史偶然性的关系。不能把历史顺境中的成功简单归功于个人，也不能把历史逆境中的挫折简单归咎于个人。不能用今天的时代条件、发展水平、认识水平去衡量和要求前人，不能苛求前人干出只有后人才能干出的业绩来。

革命领袖是人不是神。尽管他们拥有很高的理论水平、丰富的斗争经验、卓越的领导才能，但这并不意味着他们的认识和行动可以不受时代条件限制。不能因为他们伟大就把他们像神那样顶礼膜拜，不容许提出并纠正他们的失误和错误；也不能因为他们有失误和错误就全盘否定，抹杀他们的历史功绩，陷入虚无主义的泥潭。

前事不忘，后事之师。一个马克思主义政党对自己的错误所抱的态度，是衡量这个党是否真正履行对人民群众所负责任的一个最重要最可靠的尺度。我们党对自己包括领袖人物的失误和错误历来采取郑重的态度，一是敢于承认，二是正确分析，三是坚决纠正，从而使失误和错误连同党的成功经验一起成为宝贵的历史教材。

历史就是历史，历史不能任意选择，一个民族的历史是一个民族安身立命的基础。不论发生过什么波折和曲折，不论出现过什么苦难和困难，中华民族5000多年的文明史，中国人民近代以来170多年的斗争史，中国共产党90多年的奋斗史，中华人民共和国60多年的发展史，都是人民书写的历史。历史总是向前发展的，我们总结和吸取历史教训，目的是以史为鉴、更好前进。

——习近平：《在纪念毛泽东同志诞辰120周年座谈会上的讲话》，《人民日报》，2013年12月27日，第2版。

2. 阅读推荐

（1）迪克·威尔逊著，中共中央文献研究室译：《国外研究毛泽东思想资料选辑》编辑组的作品：《毛泽东传》，国际文化出版公司，2013年版。

【推荐理由】《毛泽东传》是由外国知名学者迪克·威尔逊撰写的。作为全球毛泽东研究领域里最权威、最畅销的作品之一，《毛泽东传》以毛泽东的政治生涯为主线，兼顾其他领域并穿插个人生活，揭秘了他的那些思想是如何形成的，他是如何为此而奋斗的。作者精心研究了大量最新的文献资料，完整、准确、生动地再现毛泽东这位历史人物的本来面貌，并对其功过是非做出令人信服的评说。《毛泽东传》具有极高的历史价值和可读性，对世人重新理解、认识和评价毛泽东大有裨益。

（2）毛泽东：《毛泽东选集》，人民出版社，1991年版。

【推荐理由】《毛泽东选集》是人民出版社出版的图书，是毛泽东思想的重要载体，是毛泽东思想的集中展现，是对20世纪中国影响最大的书籍之一。新中国成立后两个版本的《毛泽东选集》，均由人民出版社出版。在新中国成立前的1944年于邯郸创建的晋察冀日报社出版首版《毛泽东选集》。新中国成立后出版的《毛泽东选集》一至四卷，编入的是毛泽东同志在新民主主义革命时期的主要著作。第一版《毛泽东选集》一至四卷，分别于20世纪50年代初和60年代初出版。1991年7月1日，《毛泽东选集》一至四卷第二版正式出版发行。邓小平同志为新版《毛泽东选集》题写了书名。本书也被誉为"中国革命的辉煌总结，社会主义建设的定海神针"。

（3）习近平：《在纪念毛泽东同志诞辰120周年座谈会上的讲话》，人民出版社，2013年版。

【推荐理由】对于毛泽东的评价不仅具有深远的历史意义，而且具有强烈的现实意义和影响，仍然是当代中国社会发展进程中不容回避的重大问题。习近平总书记在纪念毛泽东同志诞辰120周年大会上的讲话中强调指出，革命领袖是人不是神，尽管他们拥有很高的理论水平、丰富的斗争经验、卓越的领导才能，但这并不意味着他们的认识和行动可以不受时代条件的限制。习近平总书记的讲话站在历史唯物主义的理论高度，选取我国近代以来历史发展的宏大维度，从四个方面为新的历史条件下全面、历史、辩证地评价毛泽东及其对中国特色社会主义道路的探索提供了基本遵循。

四、理论前沿

毛泽东思想与习近平新时代中国特色社会主义思想的关系

毛泽东思想与习近平新时代中国特色社会主义思想的关系，既是一个重大的政治问题、理论问题，也是一个重大的历史问题。这是显而易见、毋庸置疑的。仔细思考，这个问题还蕴含着一定的逻辑关系。这主要是由习近平新时代中国特色社会主义思想与中国特色社会主义理论体系、毛泽东思想三者理论层次性关系及其模式化理解导致的。

党的十九大报告对习近平新时代中国特色社会主义思想有一个重要理论定位，即它是中国特色社会主义理论体系的重要组成部分，是马克思主义中国化最新成果。因此，毛泽东思想与习近平新时代中国特色社会主义思想的关系实质上仍属于毛泽东思想与中国特色社会主义理论体系的关系之内。正如有学者所说，虽然其形成的时代条件、所要解决的社会主要矛盾、所要回答的时代课题都已经发生了重大变化，但"这些方面的变化并没有改变我们所处的社会主义初级阶段的基本国情，并没有改变中国特色社会主义这一共同的理论主题。这就从根本上决定了习近平新时代中国特色社会主义思想并不是完全超越了中国特色社会主义理论体系的思想理论，更不是外在于中国特色社会主义理论体系的思想理论体系，而是中国特色社会主义理论体系在中国特色社会主义不同发展阶段的理论成果，因而它仍然是中国特色社会主义的重要组成部分"。

（节选自王文兵：《论毛泽东思想与习近平新时代中国特色社会主义思想的关系》，《湖南科技大学学报（社会科学版）》，2018年5月，第21卷，第3期）

毛泽东的历史贡献

一、永远铭记的历史性贡献。毛泽东为新中国的发展进步，为最终找到中国特色社会主义道路，做出了不可磨灭的历史贡献。邓小平说过，如果没有毛泽东，中国人民还将在黑暗中摸索更长时间。同样可以说，如果没有毛泽东的"凤凰涅槃"式的曲折探索，要找到中国特色社会主义道路，还会经历更长的艰难探索，甚至还会付出更大的代价。毛泽东的历史贡献可归纳为以下五个方面：第一个历史性贡献，创造性地探索出具有中国特点的社会主义改造道路，成功地在一个经济文化落后的东方大国确立了社会主义基本制度。第二个历史性贡献，毛泽东在国际共产主义运动出现混乱之际，正确评价斯大林的是非功过，科学总结苏联社会主义建设的经验教训，捍卫了社会主义阵营的根本利益，开启了"以苏为鉴"的思想解放运动。第三个历史性贡献，率先开启了对中国社会主义建设道路的独立探索，并先后发表了两篇划时代的科学社会主义文献。第四个历史性贡献，毛泽东在认真纠正和反思"大跃进"错误中继续探索，阐明中国社会主义建设必须遵循的若干原则。第五个历史性贡献，在初步总结中国社会主义建设规律性认识的基础上，逐步形成中国社会主义现代化建设的完整设想。

三、不容否定的历史地位。毛泽东是伟大的马克思主义者，伟大的无产阶级革命家、战略家和理论家，是中国共产党、中国人民解放军、中华人民共和国的主要缔造者，是近代以来中国伟大的爱国者和民族英雄，是领导中国人民彻底改变自己命运和国家面貌的一代伟人。就毛泽东一生来说，他的功绩是第一位的。就毛泽东在新中国成立后的政治生涯来说，他的贡献也是第一位的。毛泽东是中国社会主义制度的创始人；是中国社会主义建设道路的开辟者；是中国社会主义现代化事业的奠基人；是中国国防现代化和人民军队建设的创始人；是新中国外交的奠基人和国家利益的坚定维护者；毛泽东是前无古人的中华民族英雄。

（摘编自李捷：《毛泽东在开创中国特色社会主义道路中的历史功绩和地位》，《马克思主义研究》，2013年第6期，第17~25页）

五、案例剖析

案例：

毛泽东关于群众路线的论述

毛泽东在《〈农村调查〉的序言和跋》中指出："群众是真正的英雄，而我们自己则往往是幼稚可笑的，不了解这一点，就不能得到起码的知识。"他指出："人民，只有人民，才是创造世界历史的动力。"（《毛泽东选集》第3卷，人民出版社1991年版，第1031页）他还把群众形象地比作共产党的后台，后台一折，什么戏都唱不成了。

在民主革命时期，毛泽东就指出："共产党员是一种特别的人，他们完全不谋私利，而只为民族与人民求福利。"（《毛泽东文集》第3卷，人民出版社1996年版，第47页）他告诫全党："全心全意地为人民服务，一刻也不脱离群众；一切从人民的利益出发，而不是从个人或小集团的利益出发；向人民负责和向党的领导机关负责的一致性；这些就是我们的出发点。"（《毛泽东选集》第3卷，第1094~1095页）

新中国成立后，针对党员干部队伍中存在的问题，他强调指出："共产党就是要奋斗，就是要全心全意为人民服务，不要半心半意或者三分之二的心三分之二的意为人民服务。"（《毛泽东文集》第7卷，人民出版社1999年版，第285页）端正为人民服务的思想和态度，对人民负责，善于为人民服务，是毛泽东关于党的群众路线重要思想的核心内容，阐明了党的基本立场和核心价值。

毛泽东高度重视人民群众在革命战争中的作用，他指出："真正的铜墙铁壁是什么？是群众，是千百万真心实意地拥护革命的群众。这是真正的铜墙铁壁，什么力量也打不破的，完全打不破的。"（《毛泽东选集》第1卷，第139页）他强调："革命战争是群众的战争，只有动员群众才能进行战争，只有依靠群众才能进行战争。"（《毛泽东选集》第1卷，第136页）在社会主义革命和建设时期，他强调："人民群众有无限的创造力"（《毛泽东文集》第6卷，人民出版社1999年版，第457页），"共产党基本的一条，就是直接依靠广大革命人民群众"（《建国以来毛泽东文稿》第12卷，中央文献出版社1998年版，第581页）。

毛泽东指出："在我党的一切实际工作中，凡属正确的领导，必须是从群众中来，到群众中去。这就是说，将群众的意见（分散的无系统的意见）集中起来（经过研究，化为集中的系统的意见），又到群众中去作宣传解释，化为群众的意见，使群众坚持下去，见之于行动，并在群众行动中考验这些意见是否正确。然后再从群众中集中起来，再到群众中坚持下去。如此无限循环，一次比一次地更正确、更生动、更丰富。这就是马克思主义认识论。"（《毛泽东选集》第3卷，第899页）虚心向人民群众学习，善于从群众的议论中发现问题，提出解决问题的方针和政策，这是我们党开展各项工作的正确途径和有效方法。

【思考讨论】

结合书本知识，试分析毛泽东群众路线思想的内涵。

【要点提示】

党的群众路线概括地说就是："一切为了群众，一切依靠群众，从群众中来，到群众中去，把党的正确主张变成群众的自觉行动。"毛泽东关于党的群众路线的重要思想，正是围绕这些内容展开的。

首先，群众是真正的英雄。马克思主义关于人民群众是历史的创造者这个历史唯物主义的基本观点，是党的群众路线的哲学基础。

其次，一切为了群众。党的一切工作都是为了人民群众，都要以人民的根本利益为最高标准。这是党的群众路线的首要内容，是党的各项工作的出发点和归宿。

再次，一切依靠群众。充分相信群众，紧紧依靠人民群众，是党的群众路线的重要内容，是党密切联系群众的思想基础。

最后，从群众中来，到群众中去。从群众中来，到群众中去的过程，也就是"实践—认识—再实践—再认识"的过程，是党的实事求是的思想路线与党的根本工作路线的有机统一，是马克思主义认识论在党的工作中的创造性运用。

六、实践指导

方案一：开展学习"党的群众路线"社会实践调研活动

【实践目的】通过对有典型性实践地的调研，将群众路线思想与实际情况相结合，作出符合实际情况的情况报告。

【实践方式】组织学生以小组为单位活动，通过参与社会实践调研收集资料和查阅文献，围绕本章课程内容，提交调研报告，制作PPT，在课堂上展示并讲解。

【实践步骤】

（1）小组确定调研目的、调研主题，并进行分工。

（2）收集相关文字、图片、音频、视频资料，小组讨论学习。

（3）小组课堂PPT展示、视频展示。

【实践成果】视频音频资料、采访报告、收入学生社会实践资料汇编，对有重要价值的实践报告可公开出版。

方案二：寻找身边"实事求是"的典型案例

【实践目的】认知能力目标：进一步加深对"实事求是"思想路线的理论认知。实践能力目标：通过对身边"实事求是"典型案例的找寻，不断学习普通民众践行"实事求是"原则的方法，进一步提高践行"实事求是"的能力。

【实践方式】学生自由组队，深入基层一线，搜集并整理身边普通民众坚持"实事求是"的典型案例。

【实践步骤】

（1）学生自由组队，以小组形式参与实践。

（2）利用老师、家长、朋友等社会资源搜集典型案例。

（3）整理案例，推荐小组最佳案例。

【实践成果】

（1）形成典型案例文字材料，并制作 PPT。在时间允许的情况下可在所在教学班进行展示，评选班级最佳案例。

（2）收入学生社会实践资料汇编，对有重要价值的实践报告可公开出版。

七、练习与思考

（一）单项选择题

1. 毛泽东思想形成的时代条件是（　　）。
   A. 中国沦为半殖民地半封建社会
   B. 十月革命开辟的世界无产阶级革命新时代
   C. 第一次世界大战的爆发
   D. 中国工人阶级的成长壮大

2. 毛泽东思想形成和发展的实践基础是（　　）。
   A. 鸦片战争以来的人民反帝反封建斗争
   B. 清末农民运动
   C. 辛亥革命的斗争和实践
   D. 中国共产党领导的中国革命与建设的实践

3. 党的（　　）将毛泽东思想确立为党的指导思想。
   A. 七大　　　　　　　　　　B. 八大
   C. 十二大　　　　　　　　　D. 七届二中全会

4. 毛泽东思想初步形成于（　　）。
   A. 国民革命时期
   B. 土地革命战争时期
   C. 抗战时期
   D. 解放战争时期

5. 毛泽东思想成熟于（　　）。
   A. 国民革命时期　　　　　　　　B. 土地革命战争时期
   C. 遵义会议至抗战时期　　　　　D. 解放战争时期
6. 毛泽东提出并阐述了（　　），标志着毛泽东思想的初步形成。
   A. 农村包围城市、武装夺取政权的思想
   B. 正确处理敌我矛盾和人民内部矛盾的思想
   C. 实事求是的思想路线
   D. 群众路线是我们党的生命线和根本工作路线
7. "实事求是"中的"是"是指（　　）。
   A. 客观存在着的一切事物　　　　B. 我们去研究
   C. 客观事物的内部联系　　　　　D. 客观事物的本来面目
8. "实事求是"中的"实事"是指（　　）。
   A. 客观存在着的一切事物　　　　B. 客观事物的内部联系
   C. 客观事物的外部联系　　　　　D. 我们去研究
9. 马克思主义的根本观点是（　　）。
   A. 实事求是　　B. 独立自主　　C. 群众路线　　D. 党的领导
10. 中国共产党的根本宗旨是（　　）。
    A. 实现中国梦　　　　　　　　　B. 实事求是
    C. 全心全意为人民服务　　　　　D. 国富民强
11. 马克思主义中国化的第一次飞跃的理论成果是（　　）。
    A. 邓小平理论　　　　　　　　　B. 毛泽东思想
    C. "三个代表"重要思想　　　　　D. 科学发展观
12. （　　）是第一个明确提出了"马克思主义中国化"的科学命题和重大任务。
    A. 李大钊　　B. 陈独秀　　C. 董必武　　D. 毛泽东
13. 党的文献（　　）对毛泽东和毛泽东思想的历史地位作出了科学的、实事求是的评价。
    A. 《关于建国以来党的若干历史问题的决议》
    B. 《解放思想，实事求是，团结一致向前看》
    C. 《科学对待马克思主义》
    D. 《党和国家领导制度的改革》

（二）多项选择题

1. 提出并阐述了农村包围城市、武装夺取政权的思想，标志着毛泽东思想初步形成的主要著作是（　　）。
   A. 《中国的红色政权为什么能够存在？》
   B. 《井冈山的斗争》
   C. 《星星之火，可以燎原》
   D. 《反对本本主义》

2. 标志着毛泽东思想得到系统总结和多方面展开从而达到成熟的主要著作是（　　）。
   A. 《〈共产党人〉发刊词》　　　B. 《论十大关系》
   C. 《中国革命和中国共产党》　　D. 《新民主主义论》

3. 科学阐述了新民主主义革命的对象、动力、领导力量、性质和前途等基本问题的著作是（　　）。
   A. 《〈共产党人〉发刊词》　　　B. 《论联合政府》
   C. 《中国革命和中国共产党》　　D. 《新民主主义论》

4. 体现毛泽东思想的丰富和发展的著作是（　　）。
   A. 《〈共产党人〉发刊词》
   B. 《论人民民主专政》
   C. 《论十大关系》
   D. 《关于正确处理人民内部矛盾的问题》

5. 中国共产党在中国革命中战胜敌人的三大法宝是（　　）。
   A. 统一战线　　　　　　　　　B. 武装斗争
   C. 农村包围城市　　　　　　　D. 党的建设

6. 毛泽东指出中国共产党区别于其他任何政党的显著标志是（　　）。
   A. 理论和实践相结合的作风
   B. 和人民群众紧密地联系在一起的作风
   C. 自我批评的作风
   D. 艰苦朴素的作风

7. 毛泽东思想的活的灵魂，是贯穿于各个理论的立场、观点和方法。它们有三个基本方面，即（　　）。
   A. 实事求是　　B. 群众路线　　C. 独立自主　　D. 解放思想

8. 群众路线的主要内容包括（　　）。
   A. 一切为了群众，一切依靠群众　　B. 从群众中来，到群众中去
   C. 代表最广大人民的根本利益　　　D. 独立思考，走自己的路

9. 毛泽东为中国革命和建设事业建立了不可磨灭的功勋，主要表现在（　　）。
   A. 中国共产党的建立和发展
   B. 中国人民解放军的建立和发展
   C. 中华人民共和国的缔造
   D. 社会主义制度的确立与社会主义建设的探索

10. 毛泽东思想的科学含义是（　　）。
    A. 马克思列宁主义在中国的运用和发展
    B. 被实践证明了的关于中国革命和建设的正确的理论原则和经验总结
    C. 中国共产党集体智慧的结晶
    D. 建设有中国特色社会主义的理论

（三）论述题

1. 毛泽东思想形成和发展的社会历史条件是什么？
2. 如何把握毛泽东思想的主要内容和活的灵魂？
3. 如何科学认识毛泽东思想的历史地位？

（四）材料分析题

结合下列材料回答问题。

材料一： 革命和建设长期实践中，以毛泽东同志为主要代表的中国共产党人，根据马克思列宁主义基本原理，形成了适合中国情况的科学指导思想，这就是毛泽东思想。毛泽东思想以独创性理论丰富和发展了马克思列宁主义。毛泽东思想教育了几代中国共产党人，它培养的大批骨干，不仅在新民主主义革命、社会主义革命、社会主义建设时期发挥了重要作用，也为新的历史时期开创和建设中国特色社会主义发挥了重要作用。

（摘自习近平：《在纪念毛泽东同志诞辰120周年座谈会上的讲话》，新华社，2013年12月26日）

材料二： 毛泽东同志是伟大的马克思主义者，是伟大的无产阶级革命家、战略家和理论家。他虽然在"文化大革命"中犯了严重错误，但是就他的一生来看，他对中国革命的功绩远远大于他的过失。他的功绩是第一位的，错误是第二位的。他为我们党和中国人民解放军的创立和发展，为中国各族人民解放事业的胜利，为中华人民共和国的缔造和我国社会主义事业的发展，建立了永远不可磨灭的功勋。他为世界被压迫民族的解放和人类进步事业作出了重大的贡献。

（摘自《三中全会以来重要文献选编》下，人民出版社，1982年版，第825页）

请回答：

（1）联系课本及所学知识：怎样认识毛泽东思想？
（2）结合所学知识，你认为应该如何正确评价毛泽东同志？

第二章　新民主主义革命理论

一、学习目的与基本要求

新民主主义革命理论是中国革命取得胜利的指南，是毛泽东思想走向成熟的主要标志，也是毛泽东思想六个方面内容中最为重要、最为突出且为中国革命的实践反复证明了的真理性思想理论。党的十九大报告强调，为推翻压在中国人民头上的帝国主义、封建主义、官僚资本主义三座大山，实现民族独立、人民解放、国家统一、社会稳定，我们党团结带领人民找到了一条以农村包围城市、武装夺取政权的正确革命道路，进行了二十八年浴血奋战，完成了新民主主义革命，建立了中华人民共和国，实现了中华民族从几千年封建专制政治向人民民主的伟大飞跃。通过本章的学习，将有助于学生进一步了解近代中国革命发生的客观条件，掌握中国半殖民地半封建社会的基本特征、主要矛盾和历史任务，并在此基础上认识农村包围城市、武装夺取政权道路的历史意义和理论启迪。

二、重点难点问题解析

1. 如何理解新民主主义革命的总路线

1939 年，毛泽东在《中国革命和中国共产党》一文中第一次提出了"新民主主义革命"的科学概念。1948 年，他《在晋绥干部会议上的讲话》中完整地表述了总路线的内容，即无产阶级领导的，人民大众的，反对帝国主义、封建主义和官僚资本主义的革命。新民主主义革命总路线反映了中国革命的基本规律，指明了中国革命的对象、动力、领导力量，是新民主主义革命的指导路线。

（1）新民主主义革命的对象。从总体上说，中国革命的对象是帝国主义、封建主义和官僚资本主义。在不同历史阶段，随着社会主要矛盾的变化，革命的主要对象有所不同。国共合作的大革命时期，革命的主要对象是帝国主义支持下的北洋军阀；土地革命战争时期，革命的主要对象是国民党新军阀；抗日战争时期，革命的主要对象是日本帝国主义；解放战争时期，革命的主要对象是美帝国主义支持下的国民党反动派。

（2）新民主主义革命的动力。新民主主义革命的动力包括无产阶级、农民阶级、城市小资产阶级和民族资产阶级。无产阶级是中国革命最基本的动力，是中国革命的领导力量。农民是中国革命的主力军，其中的贫雇农是无产阶级最可靠的同盟军，中农是无产阶级可靠的同盟军。城市小资产阶级是无产阶级的可靠同盟军，包括广大的知识分子、小商人、手工业者和自由职业者。民族资产阶级也是中国革命的动力之一，因其具有两面性，中国共产党对民族资产阶级在经济上实行保护民族工商业的政策，政治上争取它，对其动摇性和妥协性进行批评和斗争。

（3）新民主主义革命的领导力量。无产阶级的领导权是中国革命的中心问题，也是新民主主义革命的理论的核心问题。区别新旧两种不同范畴的民主主义革命的根本标志，是革命的领导权是掌握在无产阶级手中还是掌握在资产阶级手中。

（4）新民主主义革命的性质和前途。近代中国半殖民地半封建社会的性质和中国革命的历史任务，决定了中国革命的性质不是无产阶级社会主义革命，而是资产阶级民主主义革命。毛泽东指出，既然中国还是一个封建经济占明显优势的半殖民地半封建社会，而现阶段的革命是为了终结这个半殖民地半封建社会形态，既然中国革命的对象主要是帝国主义和封建主义势力，革命的任务就是推翻这两个主要敌人，既然这个革命还有资产阶级参加，它还曾领导过这个革命，既然这个革命的经济政策不是一般地废除私有财产，而是一般地保护私有财产，具体地说就是要把封建地主土地私有制变为农民土地所有制，为民族资本主义的发展扫清道路并保护之，所以，现阶段中国革命的性质，就不是无产阶级社会主义革命，而是资产阶级民主主义革命。但是，中国革命已不是旧式的、一般的资产阶级民主主义的革命，而是新的民主主义革命。新民主主义革命的前途是社会主义而不是资本主义。

2. 如何理解农村包围城市、武装夺取政权道路形成的必然性

中国革命必须走农村包围城市、武装夺取政权的道路，是由中国所处的时代特征和具体国情决定的。第一，在半殖民地半封建的中国社会，内无民主制度而受封建主义的压迫，外无民族独立而受帝国主义的压迫。中国的无产阶级根本不可能像在资本主义国家那样，在城市经过长期的、公开的合法斗争，然后再组织武装起义，夺取政权。中国革命的主要斗争形式只能是武装斗争，以革命的武装消灭反革命的武装，相应的主要组织形式必然是军队。第二，近代中国是一个农业大国，农民占全国人口的绝大多数，是无产阶级可靠的同盟军和革命的主力军。第三，国民党强大的武装力量长期占据着中国的中心城市，革命力量在准备和积蓄过程中，主要集中在敌人统治较为薄弱的农村。因此，在中国开展革命斗争，就要求无产阶级及其政党必须深入农村，从解决农民的土地问题入手，组织、发动和武装农民，使革命战争获得广大农民的支持和参加，为最后夺取全国政权奠定基础。

中国共产党之所以能够深入农村积蓄革命力量，建设农村革命根据地，最终实现农村包围城市并夺取政权，是因为：第一，近代中国是多个帝国主义间接统治的经济落后的半殖民地国家，社会政治经济发展极端不平衡，军阀割据，存在不少的统治薄弱环节，为党在农村开展革命斗争、建设革命根据地提供了缝隙和可能；第二，近代中国的广大农村深受反动统治阶级的多重压迫和剥削，人民革命愿望强烈，加之经历过大革命的洗礼，革命的群众基础好；第三，全国革命形势的继续向前发展，为在农村建设革命根据地提供了客观条件；第四，相当力量正式红军的存在，为农村革命根据地的创立、巩固和发展提供了坚强后盾；第五，党的领导的有力量及其政策的正确性，为农村革命根据地建设和发展提供了重要的主观条件。

3. 如何理解新民主主义革命的三大法宝及其相互关系

三大法宝是新民主主义革命胜利的基本经验。

统一战线是无产阶级政党策略思想的重要内容。建立最广泛的统一战线，首先是由中国半殖民地半封建社会的阶级状况所决定的。中国社会是一个两头小中间大的社会，无产阶级和地主大资产阶级都只占少数，最广大的人民是农民、城市小资产阶级以及其他的中间阶级。作为无产阶级先锋队的中国共产党所领导的革命力量，要战胜作为地主阶级和官僚资产阶级集中代表的国民党所领导的强大的反革命力量，就必须把农民、城市小资产阶级以及其他中间阶级都团结在自己的周围，结成最广泛的统一战线。

武装斗争是中国革命的特点和优点之一。与资本主义国家不同，在半殖民地半封建的旧中国，无产阶级和广大人民群众无议会民主可以利用，无组织工人举行罢工的合法权利。帝国主义和封建主义总是凭借着反革命暴力对革命人民实行残暴的镇压。革命人民只有武装起来，以武装的革命反对武装的反革命。

中国共产党要领导革命取得胜利，必须不断加强党的思想建设、组织建设和作风建设。在党内农民和小资产阶级出身的党员占多数，各种非无产阶级思想，特别是小资产阶级思想必然反映到党内来，党内无产阶级思想和非无产阶级思想之间的矛盾成为党内思想上的主要矛盾。加之党长期在农村发展，且处于战争环境之中，必须不断地结合革命形势的发展需要加强党的建设。

毛泽东系统地论述了统一战线、武装斗争和党的建设三者之间的关系。他指出，统一战线和武装斗争是中国革命的两个基本特点，是战胜敌人的两个基本武器。统一战线是实行武装斗争的统一战线，武装斗争是统一战线的中心支柱，党的组织则是掌握统一战线和武装斗争这两个武器以实行对敌冲锋陷阵的英勇战士。

三、扩展阅读

1. 经典论述

（1）关于新民主主义革命总路线和基本纲领的论述。

不是别的，就是帝国主义和封建主义，就是帝国主义国家的资产阶级和本国的地主阶级。因为，在现阶段的中国社会中，压迫和阻止中国社会向前发展的主要的东西，不是别的，正是它们二者。二者互相勾结以压迫中国人民，而以帝国主义的民族压迫为最大的压迫，因而帝国主义是中国人民的第一个和最凶恶的敌人。

——毛泽东：《中国革命和中国共产党》，《毛泽东选集》第2卷，人民出版社，1991年版，第633页。

中国革命的两大任务，是互相关联的。如果不推翻帝国主义的统治，就不能消灭封建地主阶级的统治，因为帝国主义是封建地主阶级的主要支持者。反之，因为封建地主阶级是帝国主义统治中国的主要社会基础，而农民则是中国革命的主力军，如果不帮助农民推翻封建地主阶级，就不能组成中国革命的强大的队伍而推翻帝国主义的统治。所以，民族革命和民主革命这样两个基本任务，是互相区别，又是互相统一的。

——毛泽东：《中国革命和中国共产党》，《毛泽东选集》第 2 卷，人民出版社，1991 年版，第 637 页。

（2）关于新民主主义革命道路和基本经验的论述。

中国的特点是：不是一个独立的民主的国家，而是一个半殖民地的半封建的国家；在内部没有民主制度，而受封建制度压迫；在外部没有民族独立，而受帝国主义压迫。因此，无议会可以利用，无组织工人举行罢工的合法权利。在这里，共产党的任务，基本的不是经过长期合法斗争以进入起义和战争，也不是先占城市后取乡村，而是走相反的道路。

——毛泽东：《战争和战略问题》，《毛泽东选集》第 2 卷，人民出版社，1991 年版，第 542 页。

十八年的经验，已使我们懂得：统一战线、武装斗争、党的建设是中国共产党在中国革命中战胜敌人的三个主要法宝。这是中国共产党的伟大成绩，也是中国革命的伟大成绩……在中国，离开了武装斗争，就没有无产阶级的地位，就没有人民的地位，就没有共产党的地位，就没有革命的胜利。

——毛泽东：《〈共产党人〉发刊词》，《毛泽东选集》第 2 卷，人民出版社，1991 年版，第 606 页、第 610 页。

一个有纪律的，有马克思列宁主义的理论武装的，采取自我批评方法的，联系人民群众的党。一个由这样的党领导的军队。一个由这样的党领导的各革命阶级各革命派别的统一战线。这三件是我们战胜敌人的主要武器。这些都是我们区别于前人的。依靠这三件，使我们取得了基本的胜利。

——毛泽东：《论人民民主专政》，《毛泽东选集》第 4 卷，人民出版社，1991 年版，第 1480 页。

2. 阅读推荐

（1）毛泽东：《星星之火，可以燎原》，《毛泽东选集》第 1 卷，人民出版社，1991 年版，第 97~108 页。

【推荐理由】本文是毛泽东于 1930 年 1 月针对党内对时局估量的悲观思想为回答"红旗到底打得多久"的疑问而写的。毛泽东科学地分析了中国社会的各种深刻矛盾，认为现时的红色政权虽然还很小，但引起革命高潮的各种矛盾正在一天天地激化，必然会促使中国革命很快发展起来。这篇文章首次提出了以乡村为中心、先在农村建立和发展红色政权，待条件成熟时再夺取全国政权的思想。这无疑为中国革命道路的探索指明了方向。

（2）毛泽东：《论持久战》，《毛泽东选集》第 2 卷，人民出版社，1991 年版，第 439~518 页。

【推荐理由】本文是毛泽东于 1938 年 5 月针对中国共产党内弥散的"速胜论"观点以及国民党内弥散的"亡国论"观点而做出的明确回答。毛泽东科学地分析了中日矛盾的四个特点，指出中国抗战是持久战。同时，阐述了人民是胜利之本，战争的伟力之最深厚的根源存在于民众之中，由此形成一套"以少胜多，以弱胜强"的人民战争的理论和一系列的战略战术原则。持久战和人民战争理论的提出,极大地鼓舞了全国人民的抗战信心,为广泛动员全民族抗战奠定了理论基础。

(3) 毛泽东:《中国革命和中国共产党》,《毛泽东选集》第2卷,人民出版社,1991年版,第621~656页。

【推荐理由】本文是1939年冬季毛泽东和其他几个在延安的同志合作写作的一个课本。这篇著作系统地阐述了近代中国半殖民地和半封建社会性质的国情及其特点,明确指出了中国革命的对象、任务、动力、性质、前途以及中国共产党所担负的两重任务,成为新民主主义理论的重要组成部分。

(4) 毛泽东:《〈共产党人〉发刊词》,《毛泽东选集》第2卷,人民出版社,1991年版,第602~614页。

【推荐理由】本文是1939年10月毛泽东为党内刊物《共产党人》写的发刊词。毛泽东对中国共产党所走过的十八年革命历程及正反两方面经验作了总结,概括了"统一战线、武装斗争和党的建设"是中国共产党在中国革命中战胜敌人的三大法宝,并阐述了三者的相互关系。文章揭示了中国革命的客观规律,是新民主主义革命胜利的基本经验。

(5) 毛泽东:《新民主主义论》,《毛泽东选集》第2卷,人民出版社,1991年版,第662~711页。

【推荐理由】本文是1940年1月毛泽东在陕甘宁边区文化协会第一次代表大会所作的演讲。毛泽东依据中国的历史特点,提出中国革命分两步走,即新民主主义革命和社会主义革命,而中国的新民主主义革命不同于旧民主主义革命,它属于无产阶级社会主义世界革命的一部分,并系统地阐述了新民主主义革命的政治、经济和文化纲领。文章标志着新民主主义理论的形成,为新民主主义革命实践提供了理论指导。

四、理论前沿

中国共产党是如何实现马克思主义中国化的
——以新民主主义革命为例

以毛泽东为代表的中国共产党人把马克思主义基本原理与中国国情实际相结合,从总结经验教训中形成了新民主主义革命理论,并不断完善,创造了具有中国特色的革命理论体系和取得新民主主义革命伟大胜利的实践成果,建树了马克思主义中国化的第一座伟大丰碑。这就是说,新民主主义革命是中国共产党在没有马克思主义具体理论指导,没有成功的实践经验可以借鉴的条件下,在马克思主义的一般原理指导下,从中国国情出发进行独创性的创造,经过漫长的理论实践的求索而取得成功的。新民主主义革命的理论的最大贡献就在于填补了马克思主义的革命理论空白,它的实践意义是为像中国这样的经济落后、农民为主体的封建的政治压迫经济剥削非常残酷,同时又受到帝国主义侵略控制的半封建半殖民地国家的国家独立、民族解放,找到了一条崭新的革命道路。中国共产党认为,像中国这样的半封建半殖民地国家不能直接进行社会主义革命,但也不必先搞旧式的资产阶级民主革命,而可以先搞新式的资产阶级民主革命,再进行社会主义革命,这既避开了资本主义的前途,也避免了一步进入社会主义的失败冒险,为类似中国国情的国家找到了一条崭新的革命道路。中国共产党创造性地提出了新民主主义革命的理论,半封建半殖民地的落后国家可以经过新民主主义革命走向社会主义。把新民主主义革命理论加入马克思主义的革命理论宝库,极大地丰富了马克思主义革命理论的内容。十月革命把马克思主义社会主义革命理论变成了现实,产生了第一个社会主义国家,具有示范的意义;而中国的新民主主义革命则为全世界受封建主义和殖民主义压迫剥削的贫穷落后的民族指明了一条过渡到美好社会的现实之路。

新民主主义革命的性质就是在马克思主义指导下、由无产阶级领导的新式的资产阶级民主革命。前面说到,马克思主义并没有提出和阐明有关新民主主义革命的问题,在理论上是个空白,怎么又说新民主主义革命是在马克思主义指导下的革命实践?诚然,马克思主义的经典著作中的确没有新民主主义革命的思想内容,甚至连"新民主主义革命"这个概念都没有提到,但马克思主义的基本原理即马克思主义的精神实质可以成为中国进行新民主主义革命的逻辑前提,即新民主主义革命的思想理论依据。我们说新民主主义革命对马克思主义经典革命理论来说是"无中生有",这个"无"即空白,是指没有对新民主主义革命的理论给予具体说明,但马克思主义基本原理即马克思主义精神存在,可以将它们与中国国情、中国实践结合起来,找到新民主主义革命理论和实践的根据。"无"并不是一无所有,"空白"也不是空空如也。新民主主义革命就是在马克思主义基本原理即马克思主义精神指导下分析中国国情而形成的解决中国问题的革命理论和实践。新民主主义革命就是中国共产党受十月革命的启发,用马克思主义的宇宙观观察中国命运解决中国问题的理论和实践的成果。毛泽东这里准确地说明了新民主主义革命是在马克思主义的宇宙观即马克思主义精神启示之下找到的解决中国问题的出路,并不是从马克思主义理论中的具体结论和俄国革命的具体经验中找到的答案。

(节选自刘林元:《中国共产党是如何实现马克思主义中国化的——以新民主主义革命为例》,《山东社会科学》,2017 年第 11 期)

五、案例剖析

案例一:

农村包围城市　　武装夺取政权

材料一:去当红色"山大王"

秋收起义几仗打下来,部队相继失利,损失很大,队伍"竟至溃不成军"。毛泽东在文家市里仁学校召开了前敌委员会会议,讨论部队的进军方向问题。到什么地方比较适宜呢?毛泽东拿着一份从学校借来的地图,指着湘赣边界山形最宽的部分,用生动形象的比喻说:这里像眉毛一样的地方,是罗霄山脉中段,最适合做我们的落脚点,我们要到那里去当"山大王"。听了毛泽东的分析,在经过激烈争论后,大多数同志同意毛泽东的主张,也有一些同志不同意毛泽东的意见,师长余洒度就竭力反对,他说,攻打长沙是省委决定了的,我们现在全军会师了,就应该立即反攻浏阳,直取长沙,不反攻浏阳直取长沙,革命了半天,却退到农村,革到山上做"山大王"了,这叫什么革命呢?毛泽东耐心地说:我们这个"山大王"是红色的"山大王",而不是过去的"山大王",是代表人民利益的工农武装,是共产党领导的,有主义、有政策、有办法的"山大王"。中国政治不统一,经济发展不平衡,矛盾很多,我们要找敌人统治薄弱的地方。毛泽东的话,通俗易懂,包含着极其丰富的深刻的真理。卢德铭总指挥坚决支持毛泽东的主张,他说:毛委员讲得对,现在交通要道和城市不是我们占领的地方。如果攻打长沙,就有全军覆没之险。

(摘自苏扬:《中国出了个毛泽东——中外名人的评说》,解放军出版社,1991年版)

材料二:1927年在党的八七会议上毛泽东着重谈到军事问题。他说,从前我们责备孙中山专做军事运动,而我们恰恰相反,不做军事运动。但蒋介石、唐生智等都是拿枪杆子起家的,而我们独不管,现在我们虽然注意了,但仍没有坚决的思想。毛泽东在会上尖锐提出,例如秋收暴动,就非依靠军队不可。为此,他提出这次会议应重视这个问题,新的政治局常委应更加坚决地注意这个问题。他着重地指出这次湖南所以失败,主要是由于主观上的错误。因此,他认为以后"要非常注意军事,须知政权是由枪杆子中取得的。"这句话发展成为后来的"枪杆子里面出政权"这个著名的论断。这是毛泽东高瞻远瞩、胜人一等之处。

(摘自金春明、陈登才:《毛泽东思想发展史》,中共中央党校出版社,1993年版,第134页)

【思考讨论】

(1) 中国革命的发展道路是在什么样的历史背景下开始探索的?
(2) 井冈山革命根据地是怎样建立起来的?对中国革命有何重大意义?
(3) 结合文家市前敌委员会会议上的争论,分析"城市中心论"对中国革命的影响。

【要点提示】

大革命失败后,轰轰烈烈的国民革命陷入低潮,中国共产党人面对大革命的失败,积极地思索着中国革命的出路,湘赣边界秋收起义为这一探索提供了契机。当进攻大城市受挫后,革命道路问题凸现出来,是依然按照原先的计划准备攻打长沙,在敌我力量悬殊的局势面前冒全军覆没的危险,还是顶着被扣上右倾的大帽子?中国革命的道路究竟应该怎么走?面对艰难的局面,以毛泽东为代表的中国共产党人高瞻远瞩,果断决定向敌人统治力量薄弱的农村"退却",向井冈山进军,这一退,退出了中国革命一个突破性的进展;这一退,有了农村包围城市、武装夺取政权的新起点。从实践上看,去当红色"山大王",创建井冈山革命根据地,在全国树立了一面旗帜,点燃了"工农武装割据"的星星之火,指明了中国民主革命走向胜利的正确道路;从理论上看,这一抉择也为探索中国革命的特殊规律,为农村包围城市、武装夺取政权的中国革命道路理论的形成做出了卓越的贡献。

毛泽东提出"枪杆子里面出政权"的思想,不是偶然的,是和他对中国国情的深刻认识，是和他在国民革命斗争中的实践紧密联系在一起的。"四一二"反革命政变和"马日事变"后，大批优秀共产党员和革命群众被杀害，湖南的一些同志逃到武汉向他慷慨陈述。面对统治阶级的残暴现实，毛泽东对军事力量和武装斗争重要性的认识发生了质的飞跃。1929年9月，毛泽东亲自领导了湘赣边界起义，从而将"枪杆子里面出政权"的思想付诸实践，在实践中解决了八七会议提出、过去长期未能解决的重大问题。此后，中国共产党的发展，人民力量的壮大，革命根据地的创立和建设，革命政权的建立和发展，直至政权的取得都离不开武装斗争。因此，毛泽东将武装斗争称为中国共产党战胜敌人的三大法宝之一。

案例二：

毛泽东亲批枪毙黄克功

1937年10月17日，中华苏维埃共和国高等法院在延安召开公审大会，审判一起红军史上骇人听闻的情杀案。被审判者叫黄克功，因此，人们把这个案件叫"黄克功案件"。黄克功，河北邯郸人，是一位从井冈山参加革命的老红军战士，他跟着毛泽东、共产党，用自己的双脚，一步一步走完了二万五千里长征。为中国人民的解放事业，爬雪山，过草地，忍饥挨饿，吃苦耐劳，他身经百战，英勇无畏，浑身布满了枪伤，为革命作出了贡献。红军长征到达陕北后，黄克功被党组织送入延安军政大学第二期学习，编入第三大队，任副大队长。他当时才26岁，长得很英俊，能干又活泼，吹拉弹唱无所不会，还会唱京剧，深受大家喜爱，可谓前途无量。就是这样一位堪称革命功臣的青年红军军官，因为恋爱不成，枪杀了一名女青年，将被押上审判台，因此，引起了整个延安乃至全国的关注。在延安和各解放区，对黄克功如何处理，该不该处以极刑，无论党内党外，都存在两种尖锐对立的意见。一些人认为，自古以来就是杀人者必须偿命，黄克功杀了刘茜，应处以极刑；另一些人则认为，黄克功是经历了二万五千里长征的老红军，对革命有功，身经百战作战勇敢，是红军队伍中久经考验的领导干部，目前正在进行激烈的民族解放战争，急需这样的指挥骨干，从革命需要出发，应该给他个戴罪立功的机会，两种意见，各执一词，谁也说服不了谁。黄克功本人以及陕甘宁地区高等法院院长雷经天分别给中华苏维埃临时政府主席毛泽东写了信，都希望从毛主席那里得到一个明确的答复。毛泽东主张依法办事。事后，他特别关照有关部门，要安顿好家属，要为黄克功买一副好棺材，好好安葬。黄克功被处决后，老百姓无不称颂共产党坚决依法办事，为人民群众树立了严守法纪的榜样。不少民主人士更是交口称赞：像黄克功这样的革命功臣，一旦犯罪就坚决处决，共产党的纪律如此严明，真是古今罕见，伟大！伟大！就连那些一开始就借"黄克功案件"拼命鼓舌摇唇、大作攻击文章的反动报刊，也哑口无言了。

（摘自《档案时空》，2003年第5期）

【思考讨论】

(1) 结合本案例说明从严治党、从严治军的重要性。

(2) 人们对处理"黄克功案件"的不同看法反映出什么问题？结合新民主主义革命

时期党的建设所面临的难题,谈谈你对毛泽东所说的党的建设是一个"伟大的工程"的认识。

【要点提示】

黄克功过去对革命有大功,但是,他现在犯了大罪,如果赦免,便无以教育党,无以教育红军,无以教育革命者,并无以教育一个普通的人。故此,毛泽东亲批枪毙黄克功,并要求一切共产党员,一切红军指挥员,一切革命分子,都要以黄克功为前车之鉴。这一案件的处理体现了中国共产党人从严治党、从严治军的决心。不管他过去对革命有多么大的功劳,一旦犯了罪,绝不以功顶罪或罪减三分。黄克功案件的公正处理对于教育广大干部认清中国共产党的先锋队性质,自觉克服各种非无产阶级的思想和行为,产生了极大的震动和影响,同时也为教育、挽救更多干部提供了反面教材。中国共产党之所以能久经磨难而不衰,一个重要的原因就在于党始终把自身建设放在至关重要的地位,坚持从严治党、党要管党的方针,重视加强党的各方面建设。

六、实践指导

方案一:课余观看电影《井冈山》,课堂讨论观看后的心得体会

【实践目的】通过观看电影《井冈山》,了解井冈山革命根据地巩固、革命队伍扩大的历史过程,从而认识"农村包围城市,武装夺取城市"正确革命路线的艰辛探索历程。

【实践方式】

(1) 以小班讨论的形式,通过观看电影,制作PPT展示心得体会。

(2) 以话剧形式在课堂还原历史事件,通过表演展现电影中的一个片段。

(3) 以辩论形式,分组讨论"星星之火,可以燎原"的原因和意义。

【实践步骤】

(1) 课余时间观看电影《井冈山》。

(2) 安排学生组成课后学习小组,每个小组5~8人,由小组组长分配和安排组员工作。

(3) 小组选取课堂展现形式,展示观影感受。

【实践成果】每个小组上交一份观看心得体会,每个班评选出1~2个PPT展示,优秀的小组在大班中展示,或者在任课教师的其他班级展示。

方案二:参观当地革命历史纪念馆

【实践目的】参观当地革命历史纪念馆,使同学们了解中国近代的国情和老一辈无产阶级革命家的革命经历、革命事迹,感受革命斗争的艰苦卓绝,领悟新中国胜利的来之不易,明确当代大学生的使命,坚定理想信念。

【实践方式】班级活动或小组活动。

【实践步骤】

(1) 了解当地有哪些革命历史纪念馆和博物馆,收集资料,包括参观的内容、地点、有何规定、是否需要预约等。

（2）制订参观活动的详细计划，包括时间、组织方式、参加人员，以及人员分工、交通工具、安全保障等。

（3）撰写活动报告。

【实践成果】每个小组撰写活动报告一份，优秀小组可以PPT的形式在课堂展示。

方案三：学习"井冈山精神"，开展爱国主义主题征文比赛

【实践目的】通过此次征文比赛，加深对"井冈山革命根据地"的了解，学习和弘扬"井冈山精神"，培养学生坚定不移的革命信念，关心祖国命运，热爱祖国，报效祖国，努力成长为国家需要的建设性人才。

【实践方式】主题征文。

【实践步骤】

（1）以教学班为单位提前通知征文比赛的主题、规则和奖励。

（2）征集作品，在班级内部首先初选，每班选出优秀作品若干，再邀请教研室老师担任评委评选出作品的优秀等级。

（3）备好活动所需用品，如海报、奖品证书等。

（4）甄选出获奖作品在网站或者教学楼进行展示。

【实践成果】选出优秀作品，通过朗诵的形式在班级展示。将获奖同学的优秀作品编辑印刷成书并出版。

七、练习与思考

（一）单项选择题

1. 认清和解决革命问题的基本依据是（　　）。
   A. 认清革命对象　　　　　　　　B. 认清革命动力
   C. 认清国情　　　　　　　　　　D. 认清革命阶段

2. 近代中国的最基本国情是（　　）。
   A. 半殖民地半封建社会　　　　　B. 半殖民地社会
   C. 半封建社会　　　　　　　　　D. 新民主主义社会

3. 近代中国社会的诸矛盾中最主要的矛盾是（　　）。
   A. 帝国主义和中华民族的矛盾　　B. 封建主义和人民大众的矛盾
   C. 无产阶级和资产阶级的矛盾　　D. 地主阶级和农民阶级的矛盾

4. 近代中国革命进入新民主主义革命阶段的标志是（　　）。
   A. 新文化运动　　　　　　　　　B. 马克思主义的传播
   C. 五四运动　　　　　　　　　　D. 十月革命

5. 中国无产阶级开始以独立的政治力量登上历史舞台，由自在阶级转变为自为阶级是在（　　）。
   A. 新文化运动之后　　　　　　　B. 马克思主义的传播之后
   C. 五四运动之后　　　　　　　　D. 十月革命之后

6. 近代中国革命的性质是（　　）。
   A. 旧民主主义革命　　　　　　　　B. 资产阶级领导的民主革命
   C. 新民主主义革命　　　　　　　　D. 社会主义革命
7. 毛泽东总结大革命失败的教训，提出"须知政权是由枪杆子中取得的"著名论断是在（　　）。
   A. 古田会议上　　B. 八七会议上　　C. 秋收起义中　　D. 三湾改编中
8. 具有中国特点的民主革命道路理论是（　　）。
   A. 统一战线理论
   B. 党的建设理论
   C. 农村包围城市，武装夺取政权理论
   D. 武装斗争理论
9. 第一次明确提出坚持无产阶级领导权和农民同盟军思想的是（　　）。
   A. 中共一大　　B. 中共二大　　C. 中共三大　　D. 中共四大
10. 明确提出中国共产党在民主革命时期纲领的是（　　）。
    A. 中共一大　　B. 中共二大　　C. 中共三大　　D. 中共四大
11. 第一次提出新民主主义革命的科学概念和总路线基本内容的文章是（　　）。
    A.《新民主主义论》　　　　　　　B.《中国革命和中国共产党》
    C.《论新阶段》　　　　　　　　　D.《论人民民主专政》
12. 完整地表述新民主主义革命总路线内容的文章是（　　）。
    A.《新民主主义论》　　　　　　　B.《中国革命和中国共产党》
    C.《论新阶段》　　　　　　　　　D.《在晋绥干部会议上的讲话》
13. 革命的首要问题是（　　）。
    A. 认清革命性质　　　　　　　　B. 认清革命对象
    C. 分清敌友　　　　　　　　　　D. 明确革命任务
14. 中国革命的首要对象是（　　）。
    A. 资产阶级　　　　　　　　　　B. 帝国主义
    C. 封建主义　　　　　　　　　　D. 官僚资本主义
15. 中国革命的主力军是（　　）。
    A. 工人　　　　　　　　　　　　B. 农民
    C. 城市小资产阶级　　　　　　　D. 民族资产阶级
16. 中国革命战争的实质是（　　）。
    A. 中国共产党领导下的土地战争
    B. 中国共产党领导下的革命战争
    C. 中国共产党领导下的农民战争
    D. 中国共产党领导下的游击战争
17. 新民主主义革命理论的核心问题是（　　）。
    A. 农民　　　　　　　　　　　　B. 土地
    C. 无产阶级的领导权　　　　　　D. 统一战线

18. 区分新旧两种不同范畴的民主主义革命，其根本标志是（　　）。
    A. 革命领导权掌握在哪个阶级手里　　B. 革命对象不同
    C. 革命动力不同　　　　　　　　　　D. 革命任务不同

19. 无产阶级及其政党坚持领导权的基本策略是（　　）。
    A. 建立以工农联盟为基础的广泛的统一战线
    B. 建立一支无产阶级领导的以农民为主体的强大的革命武装
    C. 加强无产阶级政党的建设
    D. 在同资产阶级建立统一战线时，坚持独立自主的原则，同时实行又联合又斗争的方针

20. 无产阶级及其政党实现领导权的根本保证是（　　）。
    A. 建立以工农联盟为基础的广泛的统一战线
    B. 建立一支无产阶级领导的以农民为主体的强大的革命武装
    C. 加强无产阶级政党的建设
    D. 在同资产阶级建立统一战线时，坚持独立自主的原则，同时实行又联合又斗争的方针

21. 新民主主义革命的前途是（　　）。
    A. 共产主义　　B. 社会主义　　C. 新民主主义　　D. 民主主义

22. 新民主主义革命的最直接目标是建立（　　）。
    A. 共产主义
    B. 社会主义
    C. 新民主主义共和国
    D. 无产阶级专政的共和国

23. 新民主主义经济纲领中极具特色的一项内容是（　　）。
    A. 没收封建阶级的土地归农民所有
    B. 没收蒋、宋、孔、陈的垄断资本归新民主主义的国家所有
    C. 保护民族工商业
    D. 发展资本主义

24. 中国革命的主要形式是（　　）。
    A. 统一战线　　　　　　　　　　　　B. 土地革命
    C. 武装斗争　　　　　　　　　　　　D. 农村革命根据地

25. 农村革命根据地能够在中国存在和发展的根本原因是（　　）。
    A. 全国革命形势的继续向前发展
    B. 相当力量正式红军的存在
    C. 党的领导及其正确的政策
    D. 近代中国是一个政治、经济、文化发展极不平衡的半殖民地半封建的大国

26. 中国共产党在领导建立和巩固抗日民族统一战线的实践中，强调必须坚持的原则是（　　）。
    A. 坚持党的领导　　B. 独立自主　　C. 实事求是　　D. 自力更生

27. 新民主主义革命时期，党领导的统一战线积累了丰富的经验，其中最根本的经验就是（　　）。
   A. 正确处理好与资产阶级的关系　　B. 坚持党的领导
   C. 独立自主　　D. 发展进步力量

28. 人民军队的唯一宗旨是（　　）。
   A. 实现共产主义　　B. 建设社会主义
   C. 全心全意为人民服务　　D. 坚持党对军队的绝对领导

29. 建设新型人民军队的根本原则是（　　）。
   A. 实现共产主义　　B. 建设社会主义
   C. 坚持全心全意为人民服务的宗旨　　D. 坚持党对军队的绝对领导

30. 毛泽东强调，中国共产党的建设必须始终放在首位的是（　　）。
   A. 思想建设　　B. 组织建设
   C. 作风建设　　D. 政治建设

31. 新民主主义革命时期，中国共产党党内思想上的主要矛盾是（　　）。
   A. 无产阶级思想和人民群众思想的矛盾
   B. 无产阶级思想内部的矛盾
   C. 无产阶级思想和资产阶级思想的矛盾
   D. 无产阶级思想和非无产阶级思想之间的矛盾

（二）多项选择题

1. 鸦片战争后中国社会性质发生的两个根本性的变化是（　　）。
   A. 独立的中国逐步沦为半殖民地的中国
   B. 封建的中国逐步变为半封建的中国
   C. 独立的中国逐步沦为殖民地的中国
   D. 封建的中国逐步变为资本主义的中国

2. 近代中国半殖民地半封建的社会性质，决定了近代中国的社会主要矛盾是（　　）。
   A. 帝国主义和中华民族的矛盾　　B. 封建主义和人民大众的矛盾
   C. 无产阶级和资产阶级的矛盾　　D. 地主阶级和农民阶级的矛盾

3. 1948年，毛泽东《在晋绥干部会议上的讲话》中完整地表述了新民主主义革命总路线的内容，即（　　）。
   A. 无产阶级领导的革命
   B. 人民大众的革命
   C. 反对帝国主义、封建主义和官僚资本主义的革命
   D. 反对民族资产阶级的革命

4. 中国革命的对象是（　　）。
   A. 资产阶级　　B. 帝国主义
   C. 封建主义　　D. 官僚资本主义

5. 新民主主义革命的动力主要包括(　　)。
   A. 工人阶级
   B. 农民阶级
   C. 城市小资产阶级
   D. 民族资产阶级

6. 中国无产阶级独特的优点主要包括(　　)。
   A. 坚决的斗争性和彻底的革命性
   B. 分布集中
   C. 出身于破产的农民，便于和农民结成亲密的联盟
   D. 与先进的生产方式相联系

7. 毛泽东指出："领导的阶级和政党，要实现自己对于被领导的阶级、阶层、政党和人民团体的领导，必须具备两个条件。"这两个条件是(　　)。
   A. 建立人民的武装
   B. 率领被领导者（同盟者）向着共同敌人作坚决的斗争，并取得胜利
   C. 对被领导者给以物质福利，至少不损害其利益，同时对被领导者给以政治教育
   D. 解决农民的土地问题

8. 新民主主义革命与旧民主主义革命相比有其新的内容和特点，集中表现在(　　)。
   A. 中国革命处于世界无产阶级社会主义革命的时代
   B. 革命的领导力量是中国无产阶级及其先锋队——中国共产党
   C. 革命的指导思想是马克思列宁主义
   D. 革命的前途是社会主义而不是资本主义

9. 新民主主义革命经济纲领的主要内容是(　　)。
   A. 没收封建阶级的土地归农民所有
   B. 没收官僚资产阶级的垄断资本归新民主主义的国家所有
   C. 保护民族工商业
   D. 发展资本主义

10. 分析了处于白色政权包围的环境中，农村革命根据地政权发生、发展的原因和条件以及提出了"工农武装割据"的思想，为农村包围城市道路理论的形成奠定基础的文章是(　　)。
    A. 《中国的红色政权为什么能够存在？》　B. 《井冈山的斗争》
    C. 《星星之火，可以燎原》　D. 《战争和战略问题》

11. 红色政权能够存在和发展的主观原因和条件有(　　)。
    A. 全国革命形势的继续向前发展
    B. 相当力量正式红军的存在
    C. 党的领导及其正确的政策
    D. 近代中国是一个政治、经济、文化发展极不平衡的半殖民地半封建的大国

12. 红色政权能够存在和发展的客观原因和条件有(　　)。
    A. 全国革命形势的继续向前发展
    B. 相当力量正式红军的存在

C. 受过大革命影响的地方，为农村革命根据地的建立奠定了较好的群众基础
D. 近代中国是一个政治、经济、文化发展极不平衡的半殖民地半封建的大国

13. 中国共产党在中国革命中战胜敌人的三个法宝是（   ）。
    A. 统一战线   B. 武装斗争   C. 党的建设   D. 群众路线

14. 毛泽东指出："中国社会是一个两头小中间大的社会"，那么小的两头是指（   ）。
    A. 无产阶级   B. 地主大资产阶级
    C. 农民   D. 城市小资产阶级

15. 新民主主义革命时期，党领导的统一战线，先后经过的几个时期是（   ）。
    A. 第一次国共合作的统一战线   B. 工农民主统一战线
    C. 抗日民族统一战线   D. 人民民主统一战线

16. 中国共产党在抗日战争时期坚持的策略方针是（   ）。
    A. 发展进步势力   B. 争取中间势力
    C. 孤立顽固势力   D. 巩固工农联盟

17. 中国共产党领导的革命统一战线，包含着两个联盟，它们是（   ）。
    A. 工农联盟
    B. 工人阶级和非劳动人民的联盟
    C. 工人阶级同农民阶级、广大知识分子及其他劳动者的联盟
    D. 工人阶级、农民阶级和全体劳动者同一切可以联合的非劳动者的联盟

18. 中国共产党要领导革命取得胜利，必须不断加强党的建设，党的建设的主要内容有（   ）。
    A. 思想建设   B. 组织建设   C. 作风建设   D. 政治建设

19. 中国共产党区别于其他任何政党的显著标志是（   ）。
    A. 独立自主的作风
    B. 理论和实践相结合的作风
    C. 和人民群众紧密地联系在一起的作风
    D. 自我批评的作风

20. 1949年，毛泽东在《论人民民主专政》一文中指出："这三件是我们战胜敌人的主要武器。这些都是我们区别于前人的。依靠这三件，使我们取得了基本的胜利。"这三件是指（   ）。
    A. 中国共产党   B. 实事求是   C. 人民军队   D. 统一战线

（三）论述题

1. 毛泽东在《〈共产党人〉发刊词》中指出："统一战线和武装斗争是中国革命的两个基本武器，而党的组织是掌握这两个武器对敌冲锋陷阵的英勇战士。统一战线、武装斗争和党的组织是中国共产党在中国革命中战胜敌人的三个法宝，三个主要的法宝。"请说明为什么正确地理解统一战线、武装斗争、党的建设三者关系就正确理解了中国的革命。

2. 毛泽东指出：中国革命的特点是"基本地不是经过长期合法斗争以进入起义和战争，也不是先占城市后取农村，而是走相反的道路"。请结合近现代中国社会和革命的实际阐述毛泽东这一思想的基本依据。

（四）材料分析题

结合下列材料回答问题。

材料一： 我们现在干的是资产阶级性质的民主主义的革命，我们所做的一切，不超过资产阶级民主主义革命的范围。现在还不应该破坏一般资产阶级的私有财产制，要破坏的是帝国主义和封建主义，这就叫做资产阶级性质的民主主义革命。但是这个革命，资产阶级已经无力完成，必须靠无产阶级和广大人民的努力才能完成。

（摘自毛泽东：《青年运动的方向》，《毛泽东选集》第2卷，人民出版社，1991年版，第561页）

材料二： 现时的资产阶级民主主义革命，已不是旧式的一般的资产阶级民主主义革命，这种革命已经过时了，而是新式的特殊的资产阶级民主主义的革命。这种革命正在中国和一切殖民地半殖民地国家发展起来，我们称这种革命为新民主主义革命。这种新民主主义革命是世界无产阶级社会主义革命的一部分，它是坚决地反对帝国主义即国际资本主义的。它在政治上是几个革命阶级联合起来对于帝国主义者和汉奸反动派的专政，反对把中国社会造成资产阶级专政的社会。它在经济上把帝国主义者和汉奸反动派的大资本大企业收归国家经营，把地主阶级的土地分配给农民所有，同时保存一般的私人资本主义的企业，并不废除富农经济。因此，这种新式的民主革命，虽然在一方面是替资本主义扫清道路，但在另一方面又是替社会主义创造前提。中国现时的革命阶段，是为了终结殖民地、半殖民地、半封建社会和建立社会主义社会之间的一个过渡阶段，是一个新民主主义的革命过程。这个过程是从第一次世界大战和俄国十月革命之后才发生的，在中国则是从一九一九年五四运动开始的。所谓新民主主义革命，就是在无产阶级领导之下的人民大众的反帝反封建的革命。中国的社会必须经过这个革命，才能进一步发展到社会主义的社会去，否则是不可能的。

（摘自毛泽东：《中国革命和中国共产党》，《毛泽东选集》第2卷，人民出版社，1991年版，第621页）

材料三： 迷惑于所谓"一次革命论"，迷惑于所谓"举政治革命与社会革命毕其功于一役"的纯主观的想头；而不知革命有阶段之分，只能由一个革命到另一个革命，无所谓"毕其功于一役"。这种观点，混淆革命的步骤，降低对于当前任务的努力，也是很有害的。如果说，两个革命阶段中，第一个为第二个准备条件，而两个阶段必须衔接，不容横插一个资产阶级专政的阶段，这是正确的，这是马克思主义的革命发展论。如果说，民主革命没有自己的一定任务，没有自己的一定时间，而可以把只能在另一个时间去完成的另一个任务，例如社会主义的任务，合并在民主主义任务上面去完成，这个叫做"毕其功于一役"，那就是空想，而为真正的革命者所不取的。

（摘自毛泽东《新民主主义论》，《毛泽东选集》第2卷，人民出版社，1991年版，第662页）

材料四：新民主主义革命，不是任何别的革命，它只能是和必须是无产阶级领导的，人民大众的，反对帝国主义、封建主义和官僚资本主义的革命。这就是说，这个革命不能由任何别的阶级和任何别的政党充当领导，只能和必须由无产阶级和中国共产党充当领导者。这就是说，由参加这个革命的人们所组成的统一战线是十分广大的，这里包括了工人、农民、独立劳动者、自由职业者、知识分子、民族资产阶级以及从地主阶级分裂出来的一部分开明绅士，这就是我们所说的人民大众。由这个人民大众所建立的国家和政府，就是中华人民共和国和无产阶级领导的各民主阶级联盟的民主联合政府。这个革命所要推翻的敌人，只能是和必须是帝国主义、封建主义和官僚资本主义。

（摘自毛泽东《在晋绥干部会议上的讲话》，《毛泽东选集》第4卷，人民出版社，1991年版，第1305页）

请回答：

（1）根据材料一、材料二指出新民主主义革命的基本特征是什么。

（2）根据材料二、材料三分析新民主主义革命与社会主义革命的关系是什么。所谓"毕其功于一役"或"一次革命论"思想错误的症结何在？

（3）根据材料四回答新民主主义革命的总路线是什么。它正确解决了民主主义革命的哪些基本问题？

第三章 社会主义改造理论

一、学习目的与基本要求

社会主义革命是中国革命的一个重要组成部分,社会主义改造理论是马克思主义基本原理与中国实际相结合的重大理论成果。通过本章的学习,学生能了解和认识新民主主义社会的过渡性,掌握党在过渡时期总路线的基本内容和理论依据,弄清社会主义改造的路线、原则、方针、道路,理解社会主义基本制度确立的重大意义,真正懂得我国实现从新民主主义向社会主义的转变,走上社会主义建设道路是历史的选择,实现中华民族伟大复兴,必须建立符合我国实际的先进社会制度。

二、重点难点问题解析

1. 如何理解新民主主义社会的过渡性质

1949年新中国成立后,中国并没有直接进入社会主义,而是经历了一个过渡性的阶段,这就是1949—1956年的新民主主义社会阶段。这一阶段在新中国迈向社会主义的进程中具有非常重要的作用。

第一,从新民主主义社会存在的经济成分及其对新中国的影响来看,需要逐步确立社会主义经济的基础地位,推动中国社会向社会主义转变。当时存在的经济成分包括社会主义性质的国营经济、农民和手工业者的个体经济、私人资本主义经济、半社会主义性质的合作社经济以及国家资本主义经济。其中前三种形式为基本经济成分,后两种为向社会主义过渡的成分。

第二,从新民主主义的阶级构成及主要矛盾来看,要解决当时国内外的主要矛盾,也需要推动中国社会向社会主义的转变。与基本经济成分对应,有工人阶级、民族资产阶级、农民阶级、小资产阶级四个阶级。其中农民阶级和小资产阶级可以倒向社会主义,也可以倒向资本主义,并没有独立方向,所以剩下的只有工人阶级和民族资产阶级。于是,中国社会的主要矛盾就是工人阶级和民族资产阶级的矛盾,这是国内矛盾。国内主要矛盾的解决,需要壮大社会主义的力量。从对外关系来看,在冷战背景下,中国同帝国主义国家的矛盾并不完全属于正常国家之间的矛盾,其中包含着两种制度、两条道路之间的矛盾。为应对西方国家对新中国的封锁和制裁,在"一边倒"的外交政策下,新中国必须尽快过渡到社会主义社会。

第三，在新民主主义社会中，社会主义的因素不论在经济上还是在政治上都已经居于领导地位，但非社会主义因素仍占有很大比重。社会主义因素居于领导地位，加上当时有利于发展社会主义的国际条件，决定了社会主义因素将不断增长并获得最终胜利，非社会主义因素将不断受到限制和改造。社会主义因素与资本主义因素之间，不可避免地存在着限制与反限制、改造与反改造的斗争。这种斗争的结果，决定着中国社会在一定历史条件下的发展方向。为了促进社会生产力的进一步发展，为了实现国家富强、民族复兴、人民幸福，我国新民主主义社会必须适时地逐步过渡到社会主义社会。

2. 如何理解我国社会主义改造的历史经验及评价

（1）我国社会主义改造的历史经验。

①坚持社会主义工业化建设与社会主义改造同时并举。

②采取积极引导、逐步过渡的方式。

③用和平方法进行改造。

（2）如何评价我国的社会主义改造。

①我国社会主义改造的基本完成是一个伟大的历史性胜利。

主要表现为在一个几亿人口的大国中比较顺利地实现了如此复杂、困难和深刻的社会变革，不仅没有造成生产力的破坏，反而促进了工农业和整个国民经济的发展。这样的变革没有引起巨大的社会动荡，反而极大地加强了人民的团结，并且是在人民普遍拥护的情况下完成的。

②我国的社会主义改造也存在失误与偏差。

在1955年夏季以后，农业合作化以及对手工业和个体商业的改造要求过急，工作过粗，改变过快，形式也过于简单划一，以致遗留了一些问题。1956年资本主义工商业改造基本完成以后，对于一部分原工商业者的使用和处理也不适当。

原因在于一是指导思想上急于求成、不够谨慎以及工作方法上过于简单等因素，二是受当时历史条件限制而产生的认识上的一些问题，主要是：在社会主义经济模式的选择和理解上过于单一，追求纯粹的单一的社会主义经济成分；在公有制实现形式的选择和理解上过于简单化，只注意到集体所有制和全民所有制这两种基本形式，而对社会主义改造基本完成以后公有制经济可以和非公有制经济共同发展缺乏认识。

党在实际工作过程中曾对这些问题有所觉察，对某些失误和偏差也做过纠正，但毕竟认识不深。更重要的是，当时党对我国社会主义发展阶段问题还没有形成科学的理论，对什么是社会主义还没有完全搞清楚，致使一些遗留问题长期没有得到解决。

三、扩展阅读

1. 经典论述

目前我国正处在伟大的社会主义革命的高潮中。中华人民共和国的成立标志着中国革命由资产阶级民主革命阶段转变到社会主义革命阶段，即进入由资本主义到社会主义的过渡时期。在过去的六年中，前三年的工作主要是恢复国民经济和进行前一革命阶段中没有完成的各项社会改革，主要是土地改革。从去年夏季以来，社会主义改造，也就是社会主义革命就以极广阔的规模和极深刻的程度展开起来。大约再有三年的时间，社会主义革命就可以在全国范围内基本上完成。社会主义革命的目的是为了解放生产力。农业和手工业由个体的所有制变为社会主义的集体所有制，私营工商业由资本主义所有制变为社会主义所有制，必然使生产力大大地获得解放。这样就为大大地发展工业和农业的生产创造了社会条件。我们进行社会主义革命所用的方法是和平的方法。对于这种方法，过去在共产党内和共产党外，都有许多人表示怀疑。但是从去年夏季以来，由于农村中合作化运动的高潮和最近几个月以来城市中社会主义改造的高潮，他们的疑问已经大体解决了。在我国的条件下，用和平的方法，即用说服教育的方法，不但可以改变个体的所有制为社会主义的集体所有制，而且可以改变资本主义所有制为社会主义所有制。过去几个月来社会主义改造的速度大大超过了人们的意料。过去有些人怕社会主义这一关难过，现在看来，这一关也还是容易过的。

——毛泽东：《社会主义革命的目的是解放生产力》，《毛泽东文集》第7卷，人民出版社，1999年版，第1页。

新中国成立后，以毛泽东同志为核心的党的第一代中央领导集体带领人民，……不失时机提出了过渡时期总路线，创造性地完成了由新民主主义革命向社会主义革命的转变，使中国这个占世界四分之一人口的东方大国进入了社会主义社会，成功实现了中国历史上最深刻最伟大的社会变革。新民主主义革命的胜利，社会主义基本制度的确立，为当代中国一切发展进步奠定了根本政治前提和制度基础。

——习近平：《在纪念毛泽东同志诞辰120周年座谈会上的讲话》，《人民日报》，2013年12月27日，第2版。

我们党深刻认识到，实现中华民族伟大复兴，必须建立符合我国实际的先进社会制度。我们党团结带领人民完成社会主义革命，确立社会主义基本制度，推进社会主义建设，完成了中华民族有史以来最为广泛而深刻的社会变革，为当代中国一切发展进步奠定了根本政治前提和制度基础，实现了中华民族由近代不断衰落到根本扭转命运、持续走向繁荣富强的伟大飞跃。

——习近平：《在中国共产党第十九次代表大会上的报告》，《人民日报》，2017年10月19日，第2版。

2. 阅读推荐

（1）中国共产党史中央委员会：《关于建国以来党的若干历史问题的决议》，中共党史出版社，2012年版。

【推荐理由】《关于建国以来党的若干历史问题的决议》是中国共产党历史上具有深远意义和重大影响的重要文件，对新中国成立32年来党的重大历史事件包括社会主义改造都做出了正确的总结，科学地分析了在这些事件中党的指导思想的正确和错误，分析了产生错误的主观因素和社会原因，实事求是地评价了毛泽东在中国革命中的历史地位，充分论述了毛泽东思想作为我们党的指导思想的伟大意义。

（2）柳青：《创业史》，中国青年出版社，2009年版。

【推荐理由】《创业史》是一部反映农业合作化运动的史诗式巨著，通过我国西北地区一个小村落蛤蟆滩的生活演变,广阔地概括了我国农业合作化运动初期的社会矛盾冲突,着重表现了在这场变私有制为公有制的革命中社会的、思想的和心理的变化过程。

(3) 周而复:《上海的早晨》,人民文学出版社,2013 年版。

【推荐理由】《上海的早晨》是一部以对资本主义工商业进行社会主义改造为题材的长篇小说。本书以解放初期的上海为背景,形象地描绘了改造民族资产阶级这一重大历史过程,深刻地指出了中国民族资产阶级从"子夜"走向黎明后唯一的一条光明前途:接受改造、弃旧图新,走为人民服务的社会主义道路。作品成功地塑造了一组民族资产阶级人物形象,其中犹以全书的中心人物徐义德刻画得最为出色。

四、理论前沿

毛泽东与中国特色社会主义

毛泽东同志不仅是人民共和国的主要缔造者,也是中国社会主义制度的主要奠基者之一。对于新中国来说,走向社会主义是必然选择。早在民主革命时期,毛泽东同志在经过反复比较和深刻思考后,就曾深刻阐明了中国革命分两步走、新民主主义革命的最终方向是社会主义的重大思想。新中国成立后,在党中央、毛泽东同志领导下,建立了人民民主专政的国家政权,完成了民主革命遗留任务,恢复和发展了国民经济。在此基础上,1953 年 6 月,党中央正式制定了党在过渡时期的总路线。毛泽东同志提出:"党在过渡时期的总任务,是要经过三个五年计划,基本上完成社会主义工业化和对农业、手工业、资本主义工商业的社会主义改造。"党中央、毛泽东同志坚持把马克思列宁主义基本原理同中国实际相结合,采取社会主义工业化和社会主义改造同时并举的方针,实行逐步改造生产资料私有制的具体政策,创造性地开创了一条适合中国国情的社会主义改造道路,实现了从新民主主义到社会主义的转变。在对资本主义工商业的改造中,党和政府创造了委托加工、计划订货、统购包销、委托经销代销、公私合营、全行业公私合营等一系列由低级到高级的国家资本主义形式,并成功实现了马克思、列宁曾经设想过但却未曾实行过的对资产阶级的和平赎买。邓小平同志曾高度评价这种和平赎买政策,指出:"我们对资本主义工商业采用了和平改造的办法。实践证明,这样做的结果,我们的生产不仅没有受到破坏,而且得到了发展,既消灭了资本主义,又教育了资产阶级。"在对农业的社会主义改造中,党和政府制定了积极引导、稳步前进的方针,采取自愿互利、典型示范、国家帮助、逐步过渡的办法,经过互助组、初级合作社、高级合作社这三种由低级到高级的形式,把农民个体经济逐步改造成了集体所有制经济。对手工业的改造,采取了与农业改造大体相同的形式。到 1956 年,社会主义改造基本完成,确立起以生产资料公有制为主体的社会主义基本经济制度。在政治领域,毛泽东同志主持制定第一部社会主义类型的宪法。1954 年 9 月第一届全国人民代表大会召开,通过了这部宪法,作为新中国根本政治制度的人民代表大会制度正式确立。同时,中国共产党领导的多党合作和政治协商制度、民族区域自治制度等基本政治制度逐步稳固并继续发展。党还确立了马克思主义在意识形态领域的指导地位。社会主义基本制度在中国落地生根，使中国这个占世界人口 1/4 的东方大国进入社会主义社会，为当代中国一切发展进步奠定了根本的制度基础。

（摘编自欧阳淞：《毛泽东与中国特色社会主义》，《中共党史研究》，2017 年第 12 期，第 15~16 页）

五、案例剖析

案例一：

痛苦、无奈、挣扎与新生
——和平赎买下民族资产阶级的社会心态

"和平赎买"政策是无产阶级在取得政权后，消灭资产阶级的一种有效手段，1953 年 6 月中旬，毛泽东确立了经过国家资本主义改造私营工商业的方针，即通过"利用、限制、改造"的和平赎买形式，对资本主义工商业进行社会主义改造。

民族资产阶级对于这样的方针，心态是很复杂的，一方面，他们在建国初体会到了共产党保护民族工商业政策给他们带来的好处，从切身体验中感受到了新民主主义的"优越性"，以至有人提出："让我们多喊几声新民主主义万岁吧！"但另一方面，他们对社会主义改造也存在不满情绪，作为中国历史上最后一个剥削阶级，他们对退出历史舞台充满了哀怨和无奈，对和平赎买充满了矛盾与忐忑。

面对强大的总路线和合作化的攻势，出于自我防御的心理需要，私营工商业者不得不小心翼翼地把自己的心理忐忑掩盖起来。表面上对总路线热烈拥护，一片欢呼之声，背地里却是牢骚满腹，流露出极大的不满情绪。但是，不同的资本家由于其社会角色认知的不同，其反应的程度和方式也是不同的。大致来说，可以分为四种类型：

第一类是小业主。这类人大都具备小私有者和劳动者的双重性格。自身社会角色的模糊性导致了他们角色定位的迷失与困惑，因而在行动上缺乏方向感。他们认为总路线与己无关，手工业搞合作化还可以干几年，万一没有出路，可以敛起棉袄打倒轮，再当工人。

第二类是中小企业主，他们是资产阶级的多数。这部分人的特点是对自己所扮演的社会角色认知模糊，无法对自己进行恰当的社会定位，因而有一种强烈的自我丧失感。合作社"没有我的事"，公私合营"没有我的份"，心里"搅拌，矛盾很大"，感到身不由己，前途迷茫，抱着能躲就躲的态度。他们大多对社会主义改造怀有较大的顾虑，担心企业的前途和个人的生活。

第三类是资本家的中上层。这一类是私营工商业的主体，其情况也最为复杂，在他们中间又可以分为四个层次：一是带有较强功利性的"进步分子"。他们大都有一定地位，有的早已实行了公私合营，认为总路线是大势所趋，与其让别人用鞭子赶着走，不如自己走，"晚合不如早合"。二是中间分子。这部分大都在国家和个人前途关系上存在模糊认识，不愿主动接受改造，但能随大流，具有较强的从众心理。三是落后分子。这些人对社会主义改造有明显的抵触和不满情绪，心理上有一种巨大的挫折感，说自己是

"上了贼船"。四是顽固分子。这部分人为数很少，但态度顽固，对社会主义改造政策存在着严重的抵触情绪，采取各种手段抗拒和破坏社会主义改造。总的来说，资本家中上层对社会主义改造的态度是：表现积极接受改造的和表现坚决反抗的均占少数，绝大多数是有不同程度的不满和疑惧。

第四类是商业资本家。由于当时对商业资本主义的积极作用认识不足，国家对私营商业的改造主要是采取排挤的方式，因此在社会主义改造过程中表现在商业资本家身上的身份危机现象最为突出。这些人大多怨天尤人，不满情绪强烈，认为国家"待遇不平"，前途"漆黑一片"。许多资本家对社会主义改造采取消极抗拒的态度，宁愿坐耗资金，迟迟不肯行动。有的资本家虽已表示愿意接受改造，但情绪自始至终是抵触的；有的提难题，说怪话，散布不满；有的出于趋利避害的心理支配，表面上假装积极，私下里却在忙着"安排后事"，抱着能拖一天是一天的态度。

在上述种种心态的驱使下，不同阶层的资本家自觉或不自觉地、主动或被动地、自愿或勉强地加入了公私合营的高潮。到1956年底，全国已实行公私合营的工业企业占年初原资本主义工业总户数和职工人数的99%，占生产总值的99.6%。这个速度不仅使资本家和在一线工作的领导干部始料不及，而且也超出毛泽东本人的预料。通过全行业的公私合营，国家最终实现了对私营工商业的和平赎买，中国历史上最后一个剥削阶级也随之走向消亡。民族资产阶级在完成这一脱胎换骨改造的同时，其内心世界经历了痛苦、无奈、挣扎与新生的复杂过程。

（摘编自董宝训：《和平赎买与民族资产阶级的社会心态》，《文史哲》，2004年第4期）

【思考讨论】

（1）新中国成立初期资本主义工商业者的心态如何？对此中国共产党采取了哪些解决问题的对策？结合案例思考为什么资本家说出"让我们多喊几声新民主主义万岁吧"这样的话。

（2）怎样认识对资本主义工商业的社会主义改造？

【要点提示】

逐利性是资本的根本属性，也是决定改造中私人企业主心态的关键因素。在国内经历长期的动荡走向和平之后，新中国实施的保护民族工商业的政策给民族资产阶级带来了利益上的好处，满足了私人企业主对利益的追逐，因此他们喊出了"新民主主义万岁"。不过，社会主义改造为大势所趋，资产阶级退出历史舞台为历史必然，从长远来看，私人企业主的逐利性必须让位于国家发展的大格局。因此，一些私人企业主才出现了不满和矛盾的心态。

这在一定程度上也体现了民族资产阶级的两面性。在社会主义革命阶段，民族资产阶级既有剥削工人取得利润的一面，又有要求革命、拥护宪法、愿意接受社会主义改造的一面。因此，在面对社会主义改造时，资本主义工商业者在心态上也充满了这样的两面性。

案例中根据手工业者、资本家等面对改造的反应程度和方式的差异，将私人企业主分为四种类型：小业主、中小企业主、资本家的中上层和商业资本家。面对改造，他们心态各异。小业主的想法是"万一没有出路,可以敛起棉袄打倒轮,再当工人";中小企业主"能躲就躲";资本家的中上层"绝大多数是有不同程度的不满和疑惧",商业资本家或者"采取消极抗拒的态度,宁愿坐耗资金,迟迟不肯行动",或者表面上假装积极,私下里却忙着"安排后事"。不同类型的私人企业主面对改造,心态各异的根本原因在于其对生产资料的私人占有的差异及其获得的利润的多寡。小业主本身拥有的生产资料较少,虽可能雇有帮工,但本身也是劳动者,因此对"再当工人"有心理准备,商业资本家生存于流通领域,本身拥有的资本数量较大,在改造中,流通领域的"统购统销"使之成为国营经济首先控制的部分,因此,商业资本家失去了存在的载体,因此他们的不满情绪最为激烈。

案例二:

社会主义改造中的成都资本主义工商业

成都是我国历史文化名城,自古就以精巧的手工制品见称于世,但由于地处内陆,交通闭塞,封建主义的统治影响深远,加之近代以来,四川长期的军阀混战和外国商品涌入的破坏和影响,导致成都地区的资本主义经济发展一直受到严重制约。到解放前夕,成都仍是一座封建色彩十分浓厚,手工业、商业较发达的消费城市。

1949年12月,成都解放时,工业基础差,经济落后,全市有私营工业467户,交通运输业仅有客车91辆、货车922辆,金融业有73户。工业产值只占国民经济总产值38.27%(近代工业产值只占1.9%)。当时成都人民称,近代工业只有"三根半烟囱",即裕华纱厂、启明电灯公司、成都造币厂"三根",民康染厂"半根"。此外,成都作为最后一个解放的大城市,解放前夕,大批国民党的党、政、军、警、宪、特机构溃逃至此,全国许多地方的国民党机关人员和散兵游勇麇集,溃败在成都附近的国民党军队多达40余万,社会秩序混乱。再加上,资本主义工商业者普遍对党的政策不够了解,又受匪特造谣破坏的影响,在生产的恢复和发展上持消极态度。成都经济遭到严重破坏,商品需求结构发生变化及原材料缺乏等多种因素,部分私营工商业又陷于停顿状态,可以说,当时的成都是一个"烂摊子",经济恢复工作困难很大。

为了恢复生产,发展国民经济、安定人民生活,党和政府在优先发展国营经济的前提下,允许资本主义工商业继续存在和发展,同时对其不利于国计民生的消极作用进行了必要的限制。从1950年初到1953年上半年,成都市军管会和市人民政府对资本主义工商业先后采取了一系列重大措施,具体包括:一,没收官僚资本,接管敌伪财产,建立国营经济的领导力量;二,整顿金融、平抑物价;三,扶持、恢复私营工商业;四,开展"五反"运动;五,调整私营工商业,促进经济发展。经过这一系列的举措,成都市的社会经济得到有效的恢复和发展,也为后来成都地区的社会主义改造奠定了基础。

1953年6月,党在过渡时期的总路线公布后,成都市根据党对资本主义工商业实行"利用、限制、改造",对资本主义工商业者实行"团结、教育、改造"的方针,对不同行业、不同类型、不同情况的资本主义工商企业,有计划有步骤地进行全面的社会主义改造。在政治上,认真抓思想教育工作。组织他们学习政治理论、时事政策,树立社会主义的经营思想，批判资产阶级的腐朽意识和资本主义的经营思想，吸收他们的代表人物参加各种政治活动和社会活动。在工作上，对他们进行适当的安排，并注意用其所长，发挥其积极作用。在生活上，除了付给资本家定息外，还对原企业的资方从业人员和资方代理人安排适当的工作，并保留他们原有的工资。经过几年的团结、教育、改造，资本主义工商业者中大部分人的觉悟都有了提高，一部分人成为工商界的骨干分子，带头接受社会主义改造，发挥了积极作用。到1956年初，在全行业公私合营的高潮中，全市资本主义工商业的社会主义改造任务基本胜利完成。

对资本主义工商业的社会主义改造，使成都市的公私合营企业逐年增加，资本主义企业逐年减少，社会主义经济基础不断壮大，1956年公私合营高潮后，资本主义企业完全消失。在改造过程中，劳动生产率不断提高。1951年公私合营工业企业的生产率为100%，1952年则为174%，到1957年上升为248%。在生产发展的基础上，职工工资全部都有了提高，福利待遇普遍得到改善。

成都市在解放后的7年间，以党的方针政策为指导，将资本主义工商业引导到为新中国的建设事业服务的轨道上来，最终完成了对它们的社会主义改造，从根本上确立了社会主义制度，为成都市全面建设社会主义奠定了坚实的基础，这是成都社会主义革命历史上的一件大事。

（摘编自中共成都市委党史研究室：《中国资本主义工商业的社会主义改造（四川卷成都分册）》，中共党史出版社，2003年版）

【思考讨论】

（1）结合材料，从成都解放7年后的发展，谈谈资本主义工商业改造的重大历史意义。

（2）为什么中国共产党对成都资本主义工商业实行和平的社会主义改造能够取得成功？

【要点提示】

与全国一样，党对成都市资本主义工商业的改造，首先，壮大了社会主义经济基础。到1956年公私合营高潮后，资本主义企业完全消失，社会主义经济基础得以建立。其次，促进了经济的发展。通过社会主义改造，成都市的企业劳动生产率大幅度提升，职工工资提高、福利改善，这都表明社会主义改造给企业和职工带来了实实在在的好处。最后，实现了对生产资料和对人的改造的双胜利。成都市在进行社会主义改造时，在政治上开展思想教育工作，在工作上发挥其所长，在生活上除了付给资本家定息外还保留他们原有的工资，这些都极大地加快了对资本家的改造。

中国共产党对成都市资本主义工商业的和平改造能够取得成功，首先是全国范围内社会主义改造的大势所趋。从全国来看，1953年开始，党领导的社会主义改造运动在全国展开，从农村到城市，从个体农业、手工业到资本主义工商业的改造如火如荼进行，这都是成都市开展对资本主义工商业的改造的外部大环境，也是成都市对资本主义工商业和平改造取得胜利的根本原因。其次是从1950年到1953年成都市军管会和人民政府所采取的一系列措施，为社会主义改造创造了条件。通过没收官僚资本，建立了国有经济的领导力量；通过扶持、恢复私营工商业，让私人资本家对未来中国的发展有了信心；通过统购统销等措施，逐步取得了流通领域的控制权。最后是因为在改造中，成都市针对不同类型、不同情况的资本主义工商企业，采取不同的方式有针对性地进行改造，从政治、工作以及生活等多方面开展工作，因此，社会主义改造工作能够顺利推进。

六、实践指导

方案一：观看电视剧——《上海的早晨》

【实践目的】十八集电视连续剧《上海的早晨》，是根据周而复的同名长篇小说改编的。此剧较为深刻地反映了新中国成立初期，中国共产党和各级人民政府对上海民族资产阶级进行社会主义改造的伟大历程。全剧透过徐义德及其复杂的家庭，在这个历史性变革中的情感纠葛、命运沉浮和精神裂变，艺术地展示了一个民族大资本家接受社会主义改造的痛苦曲折的思想变化过程。通过观看视频，学生能够了解新中国成立初期，中国城市社会的巨大变迁，感受新中国城市发展在社会主义改造过程中翻天覆地的变化，深刻认识到我国实现从新民主主义向社会主义的转变，走上社会主义建设道路是历史的选择。

【实践方式】利用网络或电视观看视频。

【实践步骤】

（1）安排学生组成课后学习小组，每个小组 3~5 人，自由安排观看视频。

（2）小组成员在观看完视频后，自行组织课后的小组讨论，小组成员彼此分享观后感受。

（3）小组成员每人撰写一份观后感，字数 1500~2500 字左右。

【实践成果】根据学生课堂的学习表现和文章的质量计分，分数计入学生平时成绩。

方案二："新中国建设"社区调研活动——那些我们未曾经历的难忘岁月

【实践目的】本次实践深入社区或敬老院，采访社区或敬老院中居住的老年人，使学生了解社会发展历程和当年人民的生活境遇，重温中华人民共和国建立之初国家建设的艰难岁月，感受新中国建设七十多年来的巨大变化，认识社会主义建设道路中的曲折与艰辛，体验中国特色社会主义的时代变迁。

【实践方式】组织学生实地考察和采访。

【实践步骤】

（1）以教学班为单位，确定每班参与活动的学生名单。安排学生组成课后实践小组，由任课教师和助教担任活动负责人。

（2）确定需要走访的社区或敬老院，活动负责人与社区相关负责人取得联系，说明活动目的，确定受访老人的住址或采访地点、活动时间、接待安排。

（3）准备好活动所需用品，如照相机、录音笔、摄像机、纸笔及活动慰问品等。

（4）了解该社区或敬老院中受访老人的生活背景，准备好采访问题。

（5）按照计划走访社区或敬老院，采访老人。与老人聊天，了解他们的身体及生活状况；向老人讲述同学们自己的校园生活；听老人们对城市发展和新中国建设的感悟和经历；赠送慰问品。

(6) 回校后，汇总采访内容、照片和视频等材料，撰写活动感悟，提交调研报告。

【实践成果】根据学生实践活动的表现和调研报告的质量进行计分，分数计入学生平时成绩。

方案三：观看系列纪录片《复兴之路》第三集——中国新生

【实践目的】《复兴之路》是中央电视台第一部全面、系统地梳理中国近现代历史的系列节目。该片以鸦片战争以来一百多年的重大事件为视角，应用生动详细的历史资料，向我们展示一幅幅振兴图强的全景画面，使我们在历史的长河中体味百年祖国的沧桑巨变，体味民族的奋斗历程。

【实践方式】利用网络或电视观看视频。

【实践步骤】

(1) 安排学生组成课后学习小组，每个小组 3~5 人，自由安排观看视频。

(2) 小组成员在观看完视频后，自行组织课后的小组讨论，小组成员彼此分享观后感受。

(3) 小组成员每人撰写一份观后感，字数 1500~2500 字左右。

【实践成果】根据学生课堂的学习表现和文章的质量计分，分数计入学生平时成绩。

方案四：读书交流活动，感受社会主义改造的难忘岁月

【实践目的】学生通过阅读文献，并在课堂上和活动中分享、交流自己对社会主义改造的理解，感受那个难忘的岁月，认识到社会主义改造是伟大的胜利，为当代中国坚持社会主义性质和走中国特色社会主义道路奠定了前提和基础。

【实践方式】推荐学生阅读书目，组织学生进行主题交流。

【实践步骤】

(1) 给学生推荐参考书目。

(2) 学生自行阅读，阅读完之后组织"我眼中的社会主义改造"主题讨论交流活动。

(3) 将讨论交流的内容撰写成文章，并在班内展示。

【实践成果】根据学生课堂的学习表现和文章的质量计分，分数计入学生平时成绩。

七、练习与思考

（一）单项选择题

1. 从 1949 年中华人民共和国成立到（   ），是我国从新民主主义到社会主义的过渡时期。
   A. 1952 年底全国土地改革基本完成　　B. 1953 年过渡时期总路线的提出
   C. 1954 年新中国第一部宪法颁布　　　D. 1956 年社会主义改造基本完成

2. 中国的新民主主义社会属于（   ）。
   A. 封建主义体系　　　　　　　　　　B. 资本主义体系
   C. 社会主义体系　　　　　　　　　　D. 共产主义体系

3. 新民主主义社会中,处于领导地位的经济成分是(　　)。
   A. 国营经济　　　　　　　　　　B. 个体经济
   C. 私营经济　　　　　　　　　　D. 国营经济与合作社经济
4. 党在过渡时期的总路线的主要内容被概括为"一化三改","一化"指(　　)。
   A. 社会主义农业化　　　　　　　B. 社会主义信息化
   C. 社会主义工业化　　　　　　　D. 社会主义现代化
5. 在我国从新民主主义社会到社会主义社会的过渡时期,个体经济向社会主义集体经济过渡的形式是(　　)。
   A. 国营经济　　　　　　　　　　B. 私人资本主义经济
   C. 合作社经济　　　　　　　　　D. 国家资本主义经济
6. 我国对农业进行社会主义改造的方式是(　　)。
   A. 公私合营方式　　　　　　　　B. 合作化方式
   C. 赎买方式　　　　　　　　　　D. 土地改革方式
7. 我国对农业的社会主义改造采取的过渡形式是(　　)。
   A. 初级社、互助组、高级社　　　B. 高级社、初级社、互助组
   C. 互助组、高级社、初级社　　　D. 互助组、初级社、高级社
8. 对农业的社会主义改造,下列说法中不正确的是(　　)。
   A. 积极引导农民组织起来,走互助合作道路
   B. 遵循自愿互利、典型示范和国家帮助的原则
   C. 采取快速前进的方针,一蹴而就的步骤
   D. 正确分析农村的阶级和阶层状况,制定正确的阶级政策
9. 在农业合作化进程中,具有半社会主义性质的组织形式是(　　)。
   A. 临时互助组　　B. 常年互助组　　C. 初级合作社　　D. 高级合作社
10. 手工业社会主义改造中建立的手工业供销合作社属于(　　)。
    A. 新民主主义性质　　　　　　　B. 社会主义萌芽性质
    C. 半社会主义性质　　　　　　　D. 社会主义性质
11. 我国对资本主义工商业进行社会主义改造的方法是(　　)。
    A. 加工订货　　B. 统购统销　　C. 和平赎买　　D. 暴力剥夺
12. 对资本主义工商业的社会主义改造经历了三个步骤,第一步是(　　)。
    A. 实行初级形式的国家资本主义　B. 采取和平赎买的方式
    C. 实行个别企业的公私合营　　　D. 实行全行业的公私合营
13. 在资本主义工商业的社会主义改造中,实行个别企业的公私合营是(　　)
    A. 初级形式的国家资本主义　　　B. 高级形式的国家资本主义
    C. 合作化的最初表现形式　　　　D. 合作化的最高表现形式
14. 我国在对资本主义工商业改造的过程中创造了国家资本主义的各种形式,其中高级形式的国家资本主义是(　　)。
    A. 委托加工,计划订货　　　　　B. 统购包销
    C. 经销、代销　　　　　　　　　D. 公私合营

15. 社会主义基本制度在我国初步确立的标志是（　　）。
    A. 1956年底三大改造基本完成　　B. 着手对农业的改造
    C. 着手对手工业的改造　　　　　D. 着手对资本主义工商业的改造
16. 社会主义改造基本完成后，我国社会的经济基础是（　　）。
    A. 个体经济　　　　　　　　　　B. 私营经济
    C. 混合所有制经济　　　　　　　D. 社会主义公有制
17. 20世纪50年代中期，我国社会主义改造基本完成，下列说法中对三大改造基本完成的评价错误的是（　　）。
    A. 标志着社会主义制度在我国已经确立
    B. 标志着我国进入了社会主义初级阶段
    C. 标志着我国步入了社会主义改革时期
    D. 标志着我国实现了新民主主义向社会主义的过渡
18. 我国新民主主义革命阶段的基本结束和社会主义革命阶段开始的标志是（　　）
    A. 新中国的成立　　　　　　　　B. 土地改革的完成
    C. 社会主义改造的完成　　　　　D. 过渡时期的结束
19. 中国社会主义改造的道路是（　　）。
    A. 照搬马克思主义的结论
    B. 马克思主义与中国实际相结合的产物
    C. 与马克思主义无关
    D. 背离了马克思主义

（二）多项选择题

1. 在新民主主义社会中，存在五种经济成分，主要的经济成分是（　　）。
    A. 社会主义经济　　　　　　　　B. 个体经济
    C. 合作社经济　　　　　　　　　D. 资本主义经济
2. 中国民族资产阶级在社会主义改造时期具有的两面性是指（　　）。
    A. 拥护宪法，愿意接受社会主义改造　B. 剥削工人获取利润
    C. 动摇性　　　　　　　　　　　D. 妥协性
3. 对于工人阶级和社会主义革命来说，民族资产阶级是（　　）。
    A. 剥削阶级　　B. 被消灭对象　　C. 团结对象　　D. 合作对象
4. 党在过渡时期的总路线的主要内容被概括为"一化三改"，"三改"指（　　）。
    A. 对个体农业的改造　　　　　　B. 对制造业的改造
    C. 对手工业的改造　　　　　　　D. 对资本主义工商业的改造
5. 关于对过渡时期总路线的表述正确的是（　　）。
    A. 过渡时期总路线实行社会主义建设和社会主义改造同时并举
    B. 过渡时期总路线体现了社会主义工业化和社会主义改造的紧密结合
    C. 过渡时期总路线体现了解放生产力与发展生产力的有机统一
    D. 过渡时期总路线体现了变革生产关系与发展生产力的有机统一

6. 我国对个体农业进行社会主义改造的成功经验主要有（　　）。
   A. 积极引导农民组织起来，走互助合作道路
   B. 遵循自愿互利、典型示范和国家帮助的原则
   C. 正确分析农村的阶级和阶层状况，制定正确的阶级政策
   D. 坚持积极领导、稳步前进的方针，采取循序渐进的步骤
7. 在对个体农业进行社会主义改造过程中遵循的原则有（　　）。
   A. 自愿互利　　　　　　　　　B. 典型示范
   C. 国家帮助　　　　　　　　　D. 和平赎买
8. 对资本主义工商业的社会主义改造经历了（　　）三个步骤。
   A. 初级形式的国家资本主义　　B. 采取和平赎买
   C. 个别企业的公私合营　　　　D. 全行业的公私合营
9. 我国对资本主义工商业的改造采取赎买的方针，所谓赎买就是（　　）
   A. 国家有偿的将私营企业改为国有企业
   B. 由国家支付一笔巨额补偿资金
   C. 让资本家在一定年限内从企业经营所得中获取一部分利润
   D. 国家把私营企业改变为集体企业
10. 我国进行社会主义改造的历史经验主要有（　　）。
    A. 遵循自愿互利、典型示范、国家帮助的原则
    B. 坚持社会主义工业化建设与社会主义改造同时并举
    C. 采取积极引导、逐步过渡的方式
    D. 用和平方法进行改造

（三）论述题

1. 为什么说新民主主义社会是一个过渡性的社会？
2. 怎样理解党在过渡时期的总路线？
3. 如何认识具有中国特色的社会主义改造道路？
4. 如何认识中国确立社会主义基本制度的重大意义？

（四）材料分析题

1. 结合下列材料回答问题

材料： 我国过渡时期的基本特点是什么呢？第一，我们的国家是一个工业落后的国家。为了建设社会主义社会，必须发展社会主义的工业，首先是重工业，使我们的国家由落后的农业国变为先进的工业国，而这是需要一个相当长的时间的。第二，在我们的国家里，工人阶级的同盟者不但有农民和城市小资产阶级，而且有民族资产阶级。因此，为了改造旧经济，不但对于农业和手工业需要采取和平改造的方法，而且对于资本主义工商业，也要采取和平改造的方法，而这就需要逐步进行，需要时间。

（摘自刘少奇：《刘少奇选集》下卷，人民出版社，1985年版，第205~206页）

请回答:
(1) 为什么说新民主主义社会是一个比较长的历史时期?
(2) 为什么我党可以对资本主义工商业实行和平改造的方针并能够取得成功?

2. 结合下列材料回答问题

材料一:中国革命是在主要由农民组成的中国共产党的领导下进行的,是通过动员千百万农民完成的。不论党本身在50年代初期多么城市化了,它在农村仍保留了根深蒂固的组织根基,到1955年,这些基层组织恢复了实际。中国农村的社会主义化是由党的地方干部和积极分子完成的。他们出身于贫穷的农民家庭,和农民保持着密切的联系。如此大规模的社会改造这样迅速地、相对和平地完成,如果没有大量普通农民的支持和参加那是不可思议的。如果没有中国共产党农村革命的遗产,农民能被组织起来,如此彻底地实现他们社会生活的转变,同样是不可思议的。

(摘自莫里斯·梅斯纳若著,张瑛等译:《毛泽东的中国及其发展——中华人民共和国史》,社会科学出版社,1992年版,第176、177页)

材料二:"有人说,过去搞社会主义改造,速度太快了。我看这个意见不能说一点道理也没有。比如农业合作化,一两年一个高潮,一种组织形式还没有来得及巩固,很快又变了。从初级合作化到普遍办高级社就是如此。如果稳步前进,巩固一段时间再发展,就可能搞得更好一些。""农村政策放宽以后,一些适宜搞包产到户的地方搞了包产到户,效果很好,变化很快。安徽肥西县绝大多数生产队搞了包产到户,增产幅度很大。"

(摘自《邓小平文选》第2卷)

材料三:"中国社会主义农业的改革和发展,从长远的观点看,要有两个飞跃:第一个飞跃,是废除人民公社,实行家庭联产承包为主的责任制。这是一个很大的前进,要长期坚持不变。第二个飞跃,是适应科学种田和生产社会化的需要,发展适度规模经营,发展集体经济。这又是一个很大的前进,当然这是很长的过程。"

(摘自《邓小平文选》第3卷)

请回答:
(1) 结合材料一的内容,试说明中国共产党是如何成功引导农民进行农业社会主义改造的。
(2) 为什么说农业社会主义改造"稳步前进,巩固一段时间再发展,就可能搞得更好一些"?

第四章 社会主义建设初步探索的理论成果

一、学习目的与基本要求

在社会主义制度基本建立以后,如何建设社会主义是我党面临的全新课题。通过本章的学习,帮助学生了解我党独立自主探索适合中国情况的社会主义建设道路的历史背景,以及初步探索阶段所取得的重要思想成果,使他们能够正确认识社会主义建设道路初步探索的重要意义和经验教训。具体地说,就是要帮助他们了解毛泽东同志发表《论十大关系》《关于正确处理人民内部矛盾的问题》等一系列重要讲话的时代背景,把握其中"调动一切积极因素为社会主义事业服务""正确认识和处理社会主义社会矛盾""走中国工业化道路"等理论要点,进而正确认识社会主义建设道路初步探索的意义,同时正确看待这一探索中的经验教训,明确社会主义建设初步探索的理论与实践是毛泽东思想在新中国成立以后的进一步丰富和发展,是中国特色社会主义理论体系的重要思想来源。

二、重点难点问题解析

1. 如何理解毛泽东发表《论十大关系》和《关于正确处理人民内部矛盾的问题》的历史背景

一是苏共二十大批判斯大林从而引发波匈事件,引起了党中央的极大重视。1956年2月,苏共召开第二十次代表大会,赫鲁晓夫在会上作报告,尖锐地批评斯大林在领导苏联社会主义建设中的严重错误。这一报告引发了国际共产主义运动一系列政治事件和政治风暴,如波兰事件和匈牙利事件,在我们国家也发生了一些罢工罢课等问题,毛泽东对此十分关心。1956年3月17日召开了中央书记处会议,3月19日和3月24日又召开了中央政治局会议,讨论赫鲁晓夫秘密报告、斯大林的错误、个人迷信等问题。毛泽东认为,共产主义运动不可能不犯错误,问题在于共产党能够通过批评和自我批评改正自己的错误;社会主义社会仍然存在矛盾;斯大林犯过错误,但也有伟大功绩;赫鲁晓夫的报告破除了那种认为苏联、苏共和斯大林一切都是正确的迷信,有利于反对教条主义,不要再硬搬苏联的一切了,应该用自己的头脑思索了。应该把马列主义的基本原理同中国革命和建设的具体实际结合起来,探索自己的道路了。(吴冷西:《回忆毛泽东》,新华出版社,1985版,第6~7页)

毛泽东进一步指出，斯大林的错误认识之一，就是"混淆敌我矛盾和人民内部矛盾，拿对付敌人的办法来对待人民"，思想上陷入了主观性、片面性，脱离了客观的实际状况，脱离了群众。斯大林的错误并不是由社会主义制度造成的，为了纠正这些错误当然不需要去"纠正"社会主义制度。但是在基本制度适合需要的情况下，生产关系和生产力之间、经济基础和上层建筑之间，也仍然存在着一定的矛盾，这种矛盾表现为经济制度和政治制度的某些环节上缺陷，需要及时加以调整。这里实际上已提出了社会主义社会基本矛盾的性质和特点问题。

二是我国由革命时期转入全面建设社会主义时期，我国历史发展进入一个新的时期，出现了许多新情况和新问题。

首先，我党的主要任务由革命转向建设，向自然开战，发展经济和文化。从1955年底到1956年上半年，毛泽东、刘少奇以及中央领导同志多次同各部委的有关同志进行谈话，了解情况，并到一些省市进行了大量调研工作。1956年初，毛泽东花了一个半月的时间，听取了中央工业、农业、商业、运输业、财政等34个部门的工作汇报，讨论社会主义建设中的问题。毛泽东指出："我们的根本任务已经由解放生产力变为在新的生产关系下面保护和发展生产力。"（《毛泽东著作选读》下册，人民出版社，1986年版，第771~772页）要实现这个转变，建设社会主义新国家，就要"调动一切积极因素，团结一切可能团结的人，并尽可能地将消极因素转变为积极因素，为建设社会主义这个伟大事业服务"。（《毛泽东著作选读》下册，人民出版社，1986年版，第782页）

其次，阶级斗争向人民内部矛盾转变。所有制改造基本完成后，革命时期大规模的急风暴雨似的群众阶级斗争，即敌我矛盾、阶级剥削与被剥削的矛盾基本解决，人民内部矛盾逐渐大量显露出来。但一些人特别是党员干部的思想、观念适应不了变化的形式，赶不上时代发展的潮流，把群众中一些尖锐批评和退社、罢工、罢课等行为，一概视为阶级斗争的表现，习惯用革命时期对付敌人的办法对待人民群众。1957年1月27日，毛泽东在省市自治区党委书记会议上的讲话中指出："现在我们有些同志，对待人民内部问题动不动就想'武力解决'，这是非常凶险的，必须坚决纠正的。"1957年5月2日根据毛泽东个人意见撰写的《人民日报》社论《为什么要整风？》指出："所谓团结全体人民，所谓调动一切积极力量，将消极力量化为积极力量，无非是要正确处理人民内部的矛盾。"这里，正确处理人民内部矛盾同动员人民群众建设社会主义就紧密联系起来了。

2. 如何正确认识毛泽东探索社会主义社会矛盾问题的理论贡献

毛泽东以探索适合中国国情的社会主义建设道路为己任，在20世纪50年代中期对社会主义社会矛盾问题进行了不懈开拓，提出了许多有独创性的思想。首先，运用唯物辩证法的对立统一规律和矛盾学说，深入剖析社会主义社会的实际状况，并吸取斯大林在这个问题上的严重教训，在科学社会主义理论的发展史上，创立了社会主义社会矛盾的学说。其次，在现实生活的各种错综复杂的矛盾中，找出最具有本质特征和影响全局的矛盾，进一步创立了关于社会主义两类矛盾的学说。第三，根据统一战线的历史经验，特别是民族资产阶级和各民主党派在社会主义改造中的积极表现，提出了"工人阶级同民族资产阶级的矛盾属于人民内部的矛盾""工人阶级同民族资产阶级的阶级斗争一般地属于人民内部的阶级斗争"的论断,为在社会主义条件下坚持和发展人民民主统一战线奠定了新的理论依据。最后,以"百花齐放,百家争鸣"的方针为指导,提出了在思想和意识形态领域里正确处理人民内部矛盾的基本方法。

(参见冉昌光:《毛泽东对中国社会主义模式的探索》,西南财经大学出版社,2001年版,第9~10页)

三、扩展阅读

1. 经典论述

各国应根据自己国家的特点决定方针、政策,把马克思主义同本国特点结合起来。中国的经验,有好的也有不好的,有成功的也有失败的。即使是好的经验,也不一定同别的国家的具体情况相适合。照抄是很危险的,成功的经验,在这个国家是成功的,但在另一个国家如果不同本国的情况相结合而一模一样地照搬就会导向失败。照抄别国的经验是要吃亏的,照抄是一定会上当的。这是一条重要的国际经验。

——毛泽东:《要团结一切可以团结的力量》,《毛泽东文集》第7卷,人民出版社,1999年版,第64页。

我们必须把马克思列宁主义的普遍真理同中国社会主义建设的具体实际,并且同今后世界革命的具体实际,尽可能好一些地结合起来,从实践中一步一步地认识斗争的客观规律。要准备着由于盲目性而遭受到许多的失败和挫折,从而取得经验,取得最后的胜利。由这点出发,把时间设想得长一点,是有许多好处的,设想得短了反而有害。

——毛泽东:《在扩大的中央工作会议上的讲话》,《毛泽东文集》第8卷,人民出版社,1999年版,第302页。

提出这十个问题,都是围绕着一个基本方针,就是要把国内外一切积极因素调动起来,为社会主义事业服务。过去为了结束帝国主义、封建主义和官僚资本主义的统治,为了人民民主革命的胜利,我们就实行了调动一切积极因素的方针。现在,为了进行社会主义革命,建设社会主义国家,同样也实行这个方针。但是,我们工作中间还有些问题需要谈一谈。特别值得注意的是,最近苏联方面暴露了他们在建设社会主义过程中的一些缺点和错误,他们走过的弯路,你还想走?过去我们就是鉴于他们的经验教训,少走了一些弯路,现在当然更要引以为戒。

——毛泽东:《论十大关系》,《毛泽东文集》第7卷,人民出版社,1999年版,第23页。

国家的统一,人民的团结,国内各民族的团结,这是我们的事业必定要胜利的基本保证。但是,这并不是说在我们的社会里已经没有任何的矛盾了。没有矛盾的想法是不符合客观实际的天真的想法。在我们的面前有两类社会矛盾,这就是敌我之间的矛盾和人民内部的矛盾。这是性质完全不同的两类矛盾。

 …………

被剥削阶级和剥削阶级之间说来,除了对抗性的一面以外,还有非对抗性的一面。

人民内部的矛盾不是现在才有的，但是在各个革命时期和社会主义建设时期有着不同的内容。在我国现在的条件下，所谓人民内部的矛盾，包括工人阶级内部的矛盾，农民阶级内部的矛盾，知识分子内部的矛盾，工农两个阶级之间的矛盾，工人、农民同知识分子之间的矛盾，工人阶级和其他劳动人民同民族资产阶级之间的矛盾，民族资产阶级内部的矛盾，等等。我们的人民政府是真正代表人民利益的政府，是为人民服务的政府，但是它同人民群众之间也有一定的矛盾。这种矛盾包括国家利益、集体利益同个人利益之间的矛盾，民主同集中的矛盾，领导同被领导之间的矛盾，国家机关某些工作人员的官僚主义作风同群众之间的矛盾。这种矛盾也是人民内部的一个矛盾。一般说来，人民内部的矛盾，是在人民利益根本一致的基础上的矛盾。

在我们国家里，工人阶级同民族资产阶级的矛盾属于人民内部的矛盾。工人阶级和民族资产阶级的阶级斗争一般地属于人民内部的阶级斗争，这是因为我国的民族资产阶级有两面性。在资产阶级民主革命时期，它有革命性的一面，又有妥协性的一面。在社会主义革命时期，它有剥削工人阶级取得利润的一面，又有拥护宪法、愿意接受社会主义改造的一面。民族资产阶级和帝国主义、地主阶级、官僚资产阶级不同。工人阶级和民族资产阶级之间存在着剥削和被剥削的矛盾，这本来是对抗性的矛盾。但是在我国的具体条件下，这两个阶级的对抗性的矛盾如果处理得当，可以转变为非对抗性的矛盾，可以用和平的方法解决这个矛盾。如果我们处理不当，不是对民族资产阶级采取团结、批评、教育的政策，或者民族资产阶级不接受我们的这个政策，那么工人阶级同民族资产阶级之间的矛盾就会变成敌我之间的矛盾。

——毛泽东：《关于正确处理人民内部矛盾的问题》，《毛泽东文集》第7卷，人民出版社，1999年版，第204~206页。

社会主义社会的矛盾同旧社会的矛盾，例如同资本主义社会的矛盾，是根本不相同的。资本主义社会的矛盾表现为剧烈的对抗和冲突，表现为剧烈的阶级斗争，那种矛盾不可能由资本主义制度本身来解决，而只有社会主义革命才能够加以解决。社会主义社会的矛盾是另一回事，恰恰相反，它不是对抗性的矛盾，它可以经过社会主义制度本身，不断地得到解决。

在社会主义社会中，基本的矛盾仍然是生产关系和生产力之间的矛盾，上层建筑和经济基础之间的矛盾。不过社会主义社会的这些矛盾，同旧社会的生产关系和生产力的矛盾、上层建筑和经济基础的矛盾，具有根本不同的性质和情况罢了。

——毛泽东：《关于正确处理人民内部矛盾的问题》，《毛泽东文集》第7卷，人民出版社，1999年版，第213~214页。

毛泽东同志为中国新民主主义革命的胜利、社会主义革命的成功、社会主义建设的全面展开，为实现中华民族独立和振兴、中国人民解放和幸福，作出了彪炳史册的贡献。毛泽东同志毕生最突出最伟大的贡献，就是领导我们党和人民找到了新民主主义革命的正确道路，完成了反帝反封建的任务，建立了中华人民共和国，确立了社会主义基本制度，取得了社会主义建设的基础性成就，并为我们探索建设中国特色社会主义的道路积累了经验和提供了条件，为我们党和人民事业胜利发展、为中华民族阔步赶上时代发展潮流创造了根本前提，奠定了坚实的理论和实践基础。

——习近平:《在纪念毛泽东同志诞辰 120 周年座谈会上的讲话》,新华社,2013年12月26日。

2. 阅读推荐

(1) 毛泽东:《毛泽东文集》第 7 卷,人民出版社,1999 年版。

【推荐理由】《毛泽东文集》第 7 卷收录了毛泽东同志 1956 年 1 月至 1958 年 12 月间的文章、讲话和批示 39 篇,其中包括《论十大关系》《不要迷信在社会主义国家里一切都是好的》《同音乐工作者的谈话》《我们党的一些历史经验》《在省市自治区党委书记会议上的讲话》《关于正确处理人民内部矛盾的问题》等一系列社会主义建设初步探索的理论成果,有助于我们全面把握毛泽东思想在这一时期的发展变化。

(2)《中国共产党第八次全国代表大会关于政治报告的决议》《中国共产党第八次全国代表大会文献》,人民出版社,1957 年版。

【推荐理由】该决议于 1956 年 9 月 27 日在中国共产党第八次全国代表大会上通过,主要反映了大会的成果。大会完全肯定了党中央从"七大"以来的路线,同时正确地分析了社会主义改造基本完成以后,中国阶级关系和国内主要矛盾的变化,确定把党的工作重点转向社会主义建设。

(3) 邓小平:《关于修改党的章程的报告》,《邓小平文选》第 1 卷,人民出版社,1989 年版。

【推荐理由】中共第八次全国代表大会通过的《中国共产党章程》,是中国共产党执政以后制定的第一部党章。新党章根据执政党的特点,提出了全面开展社会主义建设的任务。党章对贯彻党的民主集中制的根本原则做出了许多新规定。此外,八大党章对党的组织机构也作了一些新的规定。对此,邓小平在 1956 年 9 月 16 日中共八大上所作题为《关于修改党的章程的报告》中都做出了说明,有助于我们进一步认识党在革命和建设的不同时期主要任务和执政方针的变化发展。

(4) 石仲泉:《我观毛泽东》(增订本),济南出版社,2014 年版。

【推荐理由】该书原名《毛泽东的艰辛开拓》,1990 年由中共党史出版社出版。本书汇集作者近年来的研究成果,多角度地论述毛泽东在政治和理论方面对中国革命和建设事业的主要贡献及晚年的明显失误,披露了许多珍贵的第一手资料。

(5) 许全兴:《毛泽东晚年的理论与实践》(1956—1976),中国大百科全书出版社,1995 年版。

【推荐理由】该书系国家项目"晚年毛泽东研究"课题的最终成果。该书全面系统研究了毛泽东晚年的理论和实践,有诸多值得人们注意的地方。该著作体现出较强烈的哲学反思和哲学批判精神,运用了大量的第一手材料,有助于我们弄清领袖活动的规律,了解我们党和社会主义建设的历史。

四、理论前沿

正确看待改革开放前后两个历史时期
——学习习近平总书记关于"两个不能否定"的重要论述（节选）

习近平总书记深刻指出，我们党领导人民进行社会主义建设，有改革开放前和改革开放后两个历史时期，这是两个相互联系又有重大区别的时期，但本质上都是我们党领导人民进行社会主义建设的实践探索。他强调，对改革开放前的历史时期要正确评价，不能用改革开放后的历史时期否定改革开放前的历史时期，也不能用改革开放前的历史时期否定改革开放后的历史时期（以下简称"两个不能否定"）。

一、新中国成立以来的历史包括改革开放前后两个历史时期，两个时期都不能否定

（一）改革开放前的历史，是党领导全国各族人民进行社会主义革命和建设并取得巨大成就的历史

社会主义制度基本建立后，如何在中国建设社会主义，是党面临的崭新课题。党曾经号召学习苏联经验，但很快察觉到苏联模式的局限。毛泽东同志提出把马克思列宁主义同中国实际进行"第二次结合"的任务，要以苏联的经验教训为鉴戒，独立探索适合中国国情的社会主义建设道路。经过实践探索，党积累了领导社会主义建设的重要经验。党团结带领人民全力推进社会主义建设，取得了巨大成就。对改革开放前历史时期的探索成果和巨大成就，必须充分肯定。

（二）改革开放后的历史，是党领导全国各族人民成功开创和发展中国特色社会主义的历史

1978年党的十一届三中全会重新确立解放思想、实事求是的思想路线，作出把党和国家工作中心转移到经济建设上来、实行改革开放的历史性决策，实现了新中国成立以来党的历史上具有深远意义的伟大转折。第一次比较系统地初步回答了在中国这样一个经济文化比较落后的国家如何建设社会主义、如何巩固和发展社会主义的一系列基本问题，用新的思想观点继承和发展了马克思列宁主义、毛泽东思想，开拓了马克思主义新境界，把对社会主义的认识提高到新的科学水平，成功开创了中国特色社会主义。

二、改革开放前后两个历史时期本质上都是党领导人民进行社会主义建设的实践探索，不能相互否定

（一）改革开放前社会主义的实践探索为改革开放后社会主义的实践探索提供了重要条件

中国特色社会主义是在改革开放历史新时期开创的，但也是在新中国已经建立起社会主义基本制度并进行20多年建设的基础上开创的。党的十八大高度评价以毛泽东同志为核心的党的第一代中央领导集体对探索适合中国国情的社会主义建设道路作出的重要贡献，强调党在社会主义建设中取得的独创性理论成果和巨大成就，为新的历史时期开创中国特色社会主义提供了宝贵经验、理论准备、物质基础。这是完全符合历史事实的正确结论。

（二）改革开放后社会主义的实践探索是对改革开放前社会主义实践探索的坚持、改革、发展

早在改革开放初期，邓小平同志就指出："现在我们还是把毛泽东同志已经提出、但是没有做的事情做起来，把他反对错了的改正过来，把他没有做好的事情做好。今后相当长的时期，还是做这件事。"事实正是如此，党在改革开放前的社会主义实践探索中提出的许多正确主张，在改革开放后得到了真正贯彻；改革开放后的社会主义实践探索，是对改革开放前社会主义实践探索的坚持、改革、发展。历史就是这样在矛盾运动中发展进步的。

（三）坚持用历史的观点、实践的观点、辩证的观点正确看待改革开放前后两个历史时期

改革开放前后两个历史时期是两个相互联系又有重大区别的时期。看到相互联系，就是说这种联系并不只是时间上的顺延和承续，而是在坚持社会主义发展方向、基本制度、根本任务、奋斗目标基础上的联系，两个历史时期之间决不是彼此割裂的，更不是根本对立的；看到重大区别，主要是指在进行社会主义建设的思想指导、方针政策、实际工作上有着很大差别，也包括进行社会主义实践探索的内外条件、实践基础等方面存在很大差别。其中，有的差别是具有转折意义的，比如，从"以阶级斗争为纲"到"以经济建设为中心"，从高度集中的计划经济体制到社会主义市场经济。而前后两个时期的联系则大多是本质的、内在的，都是党领导人民进行社会主义建设的实践探索。

（节选自中共中央党史研究室：《正确看待改革开放前后两个历史时期——学习习近平总书记关于"两个不能否定"的重要论述》，《人民日报》，2013年11月18日，第6版）

五、案例剖析

案例：

于敏：惊天的事业　沉默的人生
（节选）

1926年8月16日，于敏生于河北省宁河县芦台镇（今属天津市）。他在天津耀华中学念高中时，就以各科第一闻名全校。1944年，他顺利考入北京大学工学院机电系。后来于敏发现，因为是工学院，老师讲课更强调知识的运用，而他对新知偏偏喜欢寻根探源。他喜欢沉浸在"纯粹"的理论之中，高深的物理学像一块巨大的磁石吸引着他。于是，1946年于敏转到理学院物理系，将自己的专业方向定为理论物理。他在理论物理方面的天赋很快展现出来，并以惊人的记忆力和领悟力赢得教授们的欣赏。1949年于敏本科毕业，随后考取研究生，两年后以优异的成绩毕业。很快，他被慧眼识才的钱三强、彭桓武调到中科院近代物理研究所，专心从事"原子核理论"研究。

这期间，于敏与杨立明教授合著了我国第一部原子核理论专著《原子核理论讲义》。彭桓武称赞于敏是"国际上一流的"核物理学家。曾有一位日本专家来中国访问，听了

于敏关于核物理方面的报告后问道:"于先生是从国外哪所大学毕业的?"于敏风趣地说:"在我这里,除了ABC外,基本是国产的!"这位日本专家赞叹道:"你不愧是中国国产专家一号!"

1961年1月的一天,于敏奉命来到钱三强的办公室。一见到于敏,钱三强就直截了当地对他说:"经所里研究,请报上级批准,决定让你参加热核武器原理的预先研究,你看怎样?"

"我不能有另一种选择。"于敏毫不犹豫地表示服从分配。

"这个决定改变了我的一生。"从此,从事氢弹研究的于敏便隐姓埋名,全身心投入到深奥的核理论研究工作中。

研制工作初期,于敏几乎是从一张白纸开始。他拼命学习,在当时中国遭受重重封锁的情况下,尽可能多地搜集国外相关信息,并依靠自己的勤奋进行艰难的理论探索。从原子弹到氢弹,按照突破原理试验的时间比较,美国用了七年零三个月,英国用了四年零三个月,法国用了八年零六个月,苏联用了四年零三个月。其中一个重要原因,就在于计算的繁复,而我们的设备更无法与他们比。国内当时仅有一台每秒万次的电子管计算机,并且95%的时间分配给有关原子弹的计算,只剩下5%的时间留给于敏用来氢弹设计。不过,穷人有穷办法,于敏记忆力惊人,他领导下的工作组人员,人手一把计算尺,废寝忘食地计算。一篇又一篇的论文交到了钱三强的手里,一个又一个未知的领域被攻克。四年中,于敏、黄祖洽等人提出研究成果报告69篇,对氢弹的许多基本现象和规律有了深刻的认识。

1964年10月16日,我国第一颗原子弹爆炸成功,在世界上引起轰动。1965年1月,毛主席在听取国家计委关于远景规划设想的汇报时指出:"原子弹要有,氢弹要快。"周恩来总理代表党中央和国务院下达命令:把氢弹的理论研究放首位。这年,于敏调入二机部第九研究院。9月,38岁的于敏带领一支小分队赶往上海华东计算机研究所,抓紧设计了一批模型。但这种模型重量大、威力比低、聚变比低,不符合要求。于敏带领科技人员总结经验,随即设计又一批模型,发现了热核材料自持燃烧的关键,解决了氢弹原理方案的重要课题。年底,于敏开始从事核武器理论研究,在氢弹原理研究中提出了从原理到构形基本完整的设想,解决了热核武器大量关键性的理论问题,并在平均场独立粒子方面做出了令人瞩目的成绩。

1967年6月17日早晨,载有氢弹的飞机进入罗布泊上空。8时整,随着指挥员"起爆!"的指令,机舱随即打开,氢弹携着降落伞从空中急速落下。十几秒钟后,一声巨响,碧蓝的天空随即翻腾起熊熊烈火,传来滚滚的雷鸣声……当日,新华社向全世界庄严宣告:中国的第一颗氢弹在中国的西部地区上空爆炸成功!多年后,诺贝尔奖得主、核物理学家玻尔访华时,同于敏晤面,称赞于敏是"一个出类拔萃的人",是"中国的氢弹之父"。

(摘自《于敏:惊天的事业　沉默的人生》,《北京日报》,2015年1月13日)

【思考讨论】

(1) 在和平的年代里,在改革开放的今天,学习于敏事迹有何现实意义?

(2) 谈谈两弹一星元勋的人生经历对我们个人成长成才有何启发。

【要点提示】

两弹一星元勋于敏的事迹从一个侧面反映了我国在社会主义建设之初,自主探索发展道路的艰辛历程。正是在这一时期,我国在"一穷二白"基础上建立了独立的比较完整的工业体系和国民经济体系,科技实力、国防实力显著增强,使古老的中国以崭新的姿态巍然屹立于世界东方。这些成就的取得,与毛泽东同志领导的党中央积极探索有中国特点的社会主义建设道路的智慧和勇气是分不开的,也与我国人民拥护党的领导,团结一心,奉献祖国的伟大精神是分不开的。改革开放后的历史时期所赖以进行社会主义现代化建设的物质技术基础,是在这个时期建设起来的;经济文化建设等方面的骨干力量和他们的工作经验也是在这个时期培养和积累起来的。

六、实践指导

方案:社会主义建设道路初步探索时期成果展

【实践目的】通过对社会主义建设道路初步探索时期所取得成就的深入了解,以更为具体形象的方式帮助学生全面理解毛泽东思想,正确认识改革开放前后两个历史时期的关系。

【实践方式】小组活动。

【实践步骤】

(1) 小组明确主题、PPT 结构、各部分大致内容并进行分工。

(2) 课外收集相关文字、图片、音频、视频资料。

(3) 课堂 PTT 展示。

【实践成果】制作 PPT、图片资料、视频音频资源。

七、练习与思考

(一) 单项选择题

1. 下述哪条不属于毛泽东在正确处理人民内部矛盾问题上所提出的具体方针(　　)。

    A. "长期共存,互相监督"　　　　B. "专政的方法"

    C. "团结—批评—团结"　　　　　D. "百花齐放,百家争鸣"

2. 中共八大和十一届三中全会的相同点是(　　)。

    A. 都肯定了实事求是的马克思主义的思想路线

    B. 都做出了改革开放的伟大决策

    C. 都把发展生产力作为党和国家的重点

    D. 都结束了长期以来的"左"倾错误

3. 毛泽东在《关于正确处理人民内部矛盾的问题》中指出,工人阶级同民族资产阶级之间的矛盾属于(　　)。

    A. 敌我矛盾　　　　　　　　　　B. 人民内部矛盾

    C. 对抗性矛盾　　　　　　　　　D. 不可调和的矛盾

4. 1956年4—5月，毛泽东先后在中共中央政治局扩大会议和最高国务会议上作的《论十大关系》报告中指出"最近苏联方面暴露了他们在建设社会主义过程中的一些缺点和错误，他们走过的弯路你还想走？过去，我们就是鉴于他们的经验教训，少走了一些弯路，现在当然更要引以为戒"，这表明以毛泽东为主要代表的中国共产党（　　）。
   A. 实现了马克思主义同中国实际的第二次结合
   B. 已经找到自己的一条适合中国特点的道路
   C. 开始探索适合本国情况的社会主义建设道路
   D. 已经突破社会主义苏联模式的束缚

5. 毛泽东提出马克思主义与中国实际"第二次结合"的命题是在（　　）。
   A. 1938年　　　B. 1949年　　　C. 1956年　　　D. 1957年

6. 标志着党探索中国社会主义建设道路良好开端的著作是（　　）。
   A. 《关于正确处理人民内部矛盾的问题》
   B. 《论十大关系》
   C. 《关于无产阶级专政的历史经验》
   D. 《为建设一个伟大的社会主义国家而奋斗》

7. 毛泽东强调，社会主义国家政治生活的主题是（　　）。
   A. 大力发展生产力　　　　　　B. 实现共产主义
   C. 实现人民当家作主　　　　　D. 正确处理人民内部矛盾

8. 《论十大关系》论述了我国社会主义建设所需要重点把握的一系列重大关系，其中不包括（　　）。
   A. 经济建设和国防建设的关系　　B. 汉族与少数民族的关系
   C. 工人、农民和知识分子的关系　D. 中央和地方的关系

9. 新中国成立以来我们在社会主义建设中所经历的曲折和失误归根结底在于没有完全搞清楚（　　）。
   A. 阶级斗争和经济建设的关系
   B. 解放生产力和发展生产力的关系
   C. 什么是社会主义、怎样建设社会主义
   D. 计划与市场的关系

（二）多项选择题

1. 社会主义建设开始后，我国社会的基本矛盾是（　　）。
   A. 生产力与生产关系的矛盾
   B. 经济基础与上层建筑的矛盾
   C. 无产阶级与资产阶级的矛盾
   D. 社会主义道路与资本主义道路的矛盾

2. 毛泽东指出在第二个五年计划和第三个五年计划期间，我国国民经济发展的总方针应当是（　　）。

A. 以农业为基础，以农轻重为顺序发展
B. 以工业为主导，以重农轻为顺序发展
C. 以农业为基础，以农重轻为顺序发展
D. 以工业为主导，以农轻重为顺序发展

3. 毛泽东指出，敌我矛盾和人民内部矛盾的性质和解决方法分别是（   ）。
   A. 前者是分清是非的问题，后者是分清敌我的问题
   B. 前者是分清敌我的问题，后者是分清是非的问题
   C. 前者采用专政方法，后者采用民主方法
   D. 前者采用民主方法，后者采用专政方法

4. 陈云在中共八大提出了关于社会主义经济制度实行"三个主体，三个补充"的设想，即（   ）。
   A. 国家经济和集体经济是主体，一定数量的个体经济为补充
   B. 计划生产是主体，按照市场变化在国家计划许可范围内的自由生产为补充
   C. 国家市场是主体，一定范围内的国家领导的自由市场为补充
   D. 国有经济是主体，非公有制经济为补充

5. 毛泽东提出一整套"两条腿走路"的工业化发展思路，具体包括（   ）。
   A. 重工业和轻工业同时并举
   B. 中央工业和地方工业同时并举
   C. 沿海工业与内地工业同时并举
   D. 大型企业和小型企业同时并举

6. 毛泽东提出的"两步走"战略，具体是指（   ）。
   A. 第一步建成一个独立的比较完整的工业体系和国民经济体系
   B. 第一步目标，1981年到1990年实现国民生产总值比1980年翻一番，解决人民的温饱问题
   C. 第二步全面实现工业、农业、国防和科学技术现代化，使中国走在世界前列
   D. 第二步目标，1991年到20世纪末国民生产总值再增长一倍，人民生活达到小康水平

7. 关于社会主义发展阶段，毛泽东提出（   ）。
   A. 社会主义可分为不发达的社会主义和比较发达的社会主义两个阶段
   B. 比较发达的社会主义阶段可能比不发达的社会主义阶段需要更长的时间
   C. 我国仍然处于新民主主义革命发展阶段
   D. 我国现在处于并将长期处于社会主义初级阶段

8. 1957年2月，毛泽东在《关于正确处理人民内部矛盾的问题》的讲话中系统阐述的社会主义社会基本矛盾的理论的基本观点是（   ）。
   A. 社会主义社会的基本矛盾可以通过社会主义制度本身不断地得到解决
   B. 社会主义社会基本矛盾是在人民利益根本一致基础上的非对抗性矛盾
   C. 社会主义社会的基本矛盾具有基本适应、部分不适应的特点，又统一又斗争，推动社会主义不断完善巩固
   D. 社会主义社会的基本矛盾仍然是生产关系和生产力，上层建筑和经济基础之间的矛盾

9. 社会主义建设道路初步探索的重要理论成果包括（　　）。
   A. 调动一切积极因素为社会主义事业服务的思想
   B. 正确认识和处理社会主义社会矛盾的思想
   C. 做出了工作重心转移到经济建设上来，实行改革开放的决策
   D. 走中国工业化道路的思想

10. 社会主义建设道路初步探索的重大意义有（　　）。
    A. 巩固和发展了我国的社会主义制度
    B. 丰富了科学社会主义的理论和实践
    C. 为开创中国特色社会主义提供了宝贵经验、理论准备、物质基础
    D. 为其他国家的社会主义建设提供了中国模式

（三）论述题

1. 《论十大关系》和《关于正确处理人民内部矛盾的问题》对新时代建设中国特色社会主义有何借鉴意义？
2. 试析社会主义建设初步探索理论成果如何体现了马克思主义与中国现实的结合。

（四）材料分析题

结合下列材料回答问题。

材料一：下面这则图表反映了我图 1958 年计划钢产量变化情况：

1957 年	我国的钢产量是 535 万吨
1958 年 2 月	计划钢产量增长 19.2%
1958 年 3 月	计划钢产量增长 33.5%
1958 年 5 月下旬	钢产量指标提到 800 万吨至 850 万吨
1958 年 6 月中旬	提出有可能达到 850 万吨至 900 万吨
1958 年 6 月 18 日	提出能达到 1000 万吨
1958 年 6 月 19 日	毛泽东提出 1958 年钢产量翻番，达到 1070 万吨

材料二：大办人民公社中出现的最突出的问题，是刮共产风的问题。当时，各地领导干部对中央建立人民公社的决议里的最后几句话"看来共产主义在我国的实现，已经不是什么遥远将来的事情了，我们应该积极地运用人民公社的形式，探索出一条过渡到共产主义的具体途径"十分注意，并且进行了片面理解。各地在大办人民公社的过程中，都在加大共产主义因素。为了扩大共产主义因素，各地都出现了取消自留地、副业生产、集市贸易，搞供给制、集体过渡到全民、消灭工资制、消灭商品货币关系，搞吃饭不要钱，破除资产阶级法权等现象。为了扩大共产主义因素，各地普遍搞了平调，在生产中搞强迫命令和瞎指挥。在向上级报的数字中，也出现了严重的浮夸现象。

（摘自霞飞：《毛泽东调整办人民公社思路前后》，中国共产党新闻网，2014 年 10 月 11 日，http://dangshi.people.com.cn/n/2014/1011/c85037－25814126.html）

请回答：

结合上述材料，分析我国对社会主义建设道路的初步探索有哪些经验教训。

第五章 邓小平理论

一、学习目的与基本要求

党的十一届三中全会以来,以邓小平同志为主要代表的中国共产党人,总结新中国成立以来正反两方面的经验,解放思想,实事求是,实现全党工作中心向经济建设的转移,实行改革开放,开辟了社会主义事业发展的新时期,逐步形成了建设中国特色社会主义的路线、方针、政策,阐明了在中国建设社会主义、巩固和发展社会主义的基本问题,创立了邓小平理论。通过本章的学习,帮助学生了解邓小平理论的形成、基本问题、主要内容和历史地位,认识到邓小平理论是马克思列宁主义的基本原理同当代中国实践和时代特征相结合的产物,是毛泽东思想在新的历史条件下的继承和发展,是马克思主义在中国发展的新阶段,是当代中国的马克思主义,是中国共产党集体智慧的结晶,引导着我国社会主义现代化事业不断前进。进而,使学生深刻理解当代中国发生历史性巨变的原因,认识到改革开放为中国和世界带来的变化,把握改革开放新时期党和国家全部理论和实践的主题。

二、重点难点问题解析

1. 为什么说"什么是社会主义、怎样建设社会主义"是邓小平理论回答的基本问题

社会主义由理论到实践后,无论是苏联、东欧等社会主义国家,还是中国在建立社会主义制度后,由于教条式理解马克思主义经典著作的有关论述,照搬苏联社会主义建设模式,都没有完全搞清楚"什么是社会主义、怎样建设社会主义"这一基本问题。"什么是社会主义、怎样建设社会主义",是邓小平在领导改革开放和社会主义现代化建设这一新的革命过程中,不断提出和反复思考的首要的基本的理论问题。

第一,"什么是社会主义、怎样建设社会主义"是邓小平理论的核心和主题。"什么是社会主义"是对社会主义的性质的认识和判断,"怎样建设社会主义"是对中国特色社会主义建设的方法,前者侧重理论,后者侧重实践,两者紧密联系。

第二,对社会主义进行再认识这一任务,是邓小平在对社会主义发展的历史经验教训进行深刻总结的基础上提出来的。我国社会主义在改革开放前所经历的曲折和失误,归根结底就是对这个问题没有完全搞清楚;改革开放以来在前进中遇到的一些困惑和问题，归根结底也是对这个问题没有完全搞清楚。邓小平反复对这一问题进行思索，正是在对这一重大课题的回答和解决中，产生了邓小平理论。

第三，"什么是社会主义、怎样建设社会主义"是邓小平理论的基石，邓小平正是在回答这一基本理论问题的基础上，形成了在社会主义发展道路、发展阶段、根本任务、发展动力、外部条件、政治保证、战略步骤、领导力量、祖国统一等一系列相互联系的观点，创立了邓小平理论的科学体系。

第四，搞清楚"什么是社会主义、怎样建设社会主义"这一根本问题，在理论上是对科学社会主义的进一步发展，在实践上指明了中国特色社会主义发展道路和建设方向，对建设中国特色社会主义具有重大的理论意义和实践意义。

2. 如何理解社会主义本质的概念及其内容

社会主义本质理论是对社会主义性质的认识，社会主义初级阶段理论是对社会主义发展程度的认识，两者共同回答了"什么是社会主义"的问题，为回答"怎样建设社会主义"问题指明了方向。

第一，社会主义本质概念的提出。

改革开放前，我国关于社会主义的传统认识来自马克思主义经典著作的有关论述和苏联的社会主义模式。就经济方面来说，就是公有制、按劳分配和计划经济，历史证明，在中国具体条件下，我们越是努力在实践中实现社会主义的这些特征，努力把各种被认为是不符合社会主义特征的东西从社会生活中排除出去，结果离社会主义要达到的目标越远。理论和实际的这种严重反差告诉我们，仅仅了解什么是社会主义的基本特征是不足以完全搞清楚什么是社会主义的。社会主义基本特征的范畴，是反映社会主义本质的一个范畴，但还不是表现社会主义本质的最深层次的概念，在它以外还存在更深层次的本质有待发现。

邓小平之所以把社会主义的本质和它的基本特征区分开来，针对的正是过去我们只是着重于关注社会主义的基本特征，把形成这种特征当作目的本身，而忽视了比形成基本特征更为根本的目的和目标，使我国的社会主义建设没有能够找到一条正确的道路。邓小平提出社会主义本质理论，正是为了寻找一种能够从更深层次上把握住社会主义的本质，从而为中国的社会主义建设探索出一条发展更快，人民享受到社会主义建设成果最大，能够充分体现出社会主义优越性的道路。

第二，社会主义本质的科学内涵。

1992年初，邓小平在南方谈话中对社会主义本质问题做出了总结性的理论概括，他指出："社会主义的本质，是解放生产力，发展生产力，消灭剥削，消除两极分化，最终达到共同富裕。"

邓小平对社会主义本质的新概括包含两个方面：一是强调生产力在社会主义本质中的地位；二是突出消灭剥削，消除两极分化，最终达到共同富裕。这体现了社会主义社会生产力与生产关系的统一，建设社会主义的根本任务和根本目标的统一，建设社会主义的手段和价值的统一。对社会主义来说，离开经济建设这个中心，不发展生产力，就不能摆脱贫穷，建不成社会主义；而只讲生产力，不讲生产关系，离开共同富裕这个目标，导致两极分化，也不能建成社会主义。

邓小平之所以把解放和发展生产力纳入社会主义本质之中，一是对我国社会主义建设历史经验的总结；二是从中国的具体国情出发；三是适应当前的时代特征的要求。

消灭剥削，消除两极分化，最终达到共同富裕，是从生产关系方面来表达社会主义的本质的。用共同富裕作为社会主义的目标，体现了马克思主义同当代中国实际的结合。马克思主义关于共产主义的最终目的是实现人的全面而自由的发展。共同富裕则是在中国具体条件下邓小平对建设有中国特色的社会主义提出的目标。实现人的自由而全面的发展需要高度发展的社会生产力，不是短期能够达到的。共同富裕是在我国具体条件下经过努力能够争取实现的，它是实现人的自由而全面发展所必经的阶段。要实现共同富裕，除要解决如何解放和发展生产力，不断增加社会物质财富的问题外，从生产关系方面来说，还有一个消灭剥削，消除两极分化，使社会生产力发展的成果为全体人民所享有的问题。

三、扩展阅读

1. 经典论述

我坚信，世界上赞成马克思主义的人会多起来的，因为马克思主义是科学。它运用历史唯物主义揭示了人类社会发展的规律。封建社会代替奴隶社会，资本主义代替封建主义，社会主义经历一个长过程发展后必然代替资本主义。这是社会历史发展不可逆转的总趋势，但道路是曲折的。

——邓小平：《在武昌、深圳、珠海、上海等地的谈话要点》，《邓小平文选》第3卷，人民出版社，1993年版，第382~383页。

群众是我们力量的源泉，群众路线和群众观点是我们的传家宝。党的组织、党员和党的干部，必须同群众打成一片，绝对不能同群众相对立。如果哪个党组织严重脱离群众而不能坚决改正，那就丧失了力量的源泉，就一定要失败，就会被人民抛弃。

——邓小平：《贯彻调整方针，保证安定团结》，《邓小平文选》第2卷，人民出版社，1994年版，第368页。

我们的改革要达到一个什么目的呢？总的目的是要有利于巩固社会主义制度，有利于巩固党的领导，有利于在党的领导和社会主义制度下发展生产力。

——邓小平：《改革的步子要加快》，《邓小平文选》第3卷，人民出版社，1993年版，第241页。

搞社会主义现代化建设是基本路线。要搞现代化建设使中国兴旺发达起来，第一，必须实行改革、开放政策；第二，必须坚持四项基本原则，主要是坚持党的领导，坚持社会主义道路，反对资产阶级自由化，反对走资本主义道路。这两个基本点是相互依存的。

——邓小平：《我国方针政策的两个基本点》，《邓小平文选》第3卷，人民出版社，1993年版，第248页。

过去很长一段时间，我国忽视了发展生产力，所以现在我们要特别注意建设物质文明。与此同时，还要建设社会主义的精神文明，最根本的是要使广大人民有共产主义的理想,有道德、有文化、守纪律。国际主义、爱国主义都属于精神文明的范畴。

——邓小平:《建设社会主义的物质文明和精神文明》,《邓小平文选》第3卷,人民出版社,1993年,第28页。

现在旧的格局在改变中,但实际上并没有结束,新的格局还没有形成。和平与发展两大问题,和平问题没有得到解决,发展问题更加严重。美苏垄断一切的情况正在变化。世界格局将来是三级也好,四级也好,五级也好,苏联总还是多级中的一个,不管它怎么削弱,甚至有几个加盟国退出去。所谓多级,中国算一级。中国不要贬低自己,怎么样也算一级。

——邓小平:《国际形势与经济问题》,《邓小平文选》第3卷,人民出版社,1993年版,第353页。

我们党的十三大要阐述中国社会主义是处在一个什么阶段,就是处在初级阶段,是初级阶段的社会主义。社会主义本身是共产主义的初级阶段,而我们中国又处在社会主义的初级阶段,就是不发达的阶段。一切都要从这个实际出发,根据这个实际来制订规划。

——邓小平:《一切从社会主义初级阶段的实际出发》,《邓小平文选》第3卷,人民出版社,1993年版,第252页。

从根本上说,没有党的领导,就没有现代中国的一切。当然也就没有刚才我们说的三件大事和四个前提。没有党的领导,就没有一条正确的政治路线;没有党的领导,就没有安定团结的政治局面;没有党的领导,艰苦创业的精神就提倡不起来;没有党的领导,真正又红又专、特别是有专业知识和专业能力的队伍也建立不起来。这样,社会主义四个现代化建设、祖国的统一、反霸权主义的斗争,也就没有一个力量能够领导进行。这是谁也无法否认的客观事实。

——邓小平:《目前的形势和任务》,《邓小平文选》第2卷,人民出版社,1994年版,第267~268页。

邓小平同志留给我们的最重要的思想和政治遗产,就是他带领党和人民开创的中国特色社会主义,就是他创立的邓小平理论。马克思说:"人们自己创造自己的历史,但是他们并不是随心所欲地创造,并不是在他们自己选定的条件下创造,而是在直接碰到的、既定的、从过去承继下来的条件下创造。"邓小平同志最鲜明的思想和实践特点,就是从实际出发、从世界大势出发、从国情出发,始终坚持我们党一贯倡导的实事求是、群众路线、独立自主。

——习近平:《在纪念邓小平同志诞辰110周年座谈会上的讲话》,《人民日报》,2014年8月21日,第2版。

2. 阅读推荐

(1) 邓小平:《在武昌、深圳、珠海、上海等地的谈话要点》,《邓小平文选》第3卷,人民出版社,1993年版。

【推荐理由】1992年初,邓小平视察武昌、深圳、珠海、上海等地,发表重要谈话,史称"南方谈话"。1993年11月6日,《人民日报》第1版刊载邓小平署名文章《在武昌、深圳、珠海、上海等地的谈话要点》,这也是邓小平在《人民日报》发表的最后一篇署名文章。全文整理自"南方谈话"的内容，科学地总结了十一届三中全会以来党的基本实践和基本经验，从理论上深刻地回答了当时困扰和束缚人们思想的一系列重大问题，对整个社会主义现代化建设事业具有深远指导意义。

（2）邓小平：《一切从社会主义初级阶段的实际出发》（1987年8月29日），《邓小平文选》第3卷，人民出版社，1993年版。

【推荐理由】这是1987年党的十三大召开之前邓小平会见意大利共产党领导人约蒂和赞盖里时的一个谈话内容，文中除了强调经济体制改革和政治体制改革的重要性，更强调了我国正处在社会主义初级阶段，一切都要从这个实际出发，根据这个实际来制定规划。谈话为党的十三大社会主义初级阶段理论的形成奠定了基础。

（3）习近平：《在纪念邓小平同志诞辰110周年座谈会上的讲话》，人民出版社，2014年版。

【推荐理由】这是习近平总书记于2014年8月20日在纪念邓小平同志诞辰110周年座谈会上的讲话，高度评价了邓小平同志和邓小平理论的历史地位和历史功绩，从信念坚定、热爱人民、实事求是、开拓创新、战略思维、坦荡无私等方面深刻阐述了邓小平同志的崇高精神风范，强调了把邓小平同志开创的中国特色社会主义事业推向前进。

（4）中共中央宣传部：《邓小平同志建设有中国特色社会主义理论学习纲要》，学习出版社，1995年版。

【推荐理由】本书由中共中央宣传部组织编写，比较全面、准确地反映了《邓小平文选》的思想，是学习《邓小平文选》和邓小平理论的重要辅助材料，有助于系统地理解邓小平理论。

四、理论前沿

邓小平社会主义改革思想的基本内容

1. 中国为什么要实行改革？

第一，提出了"改革是社会主义现代化建设必然要求"的重要观点。邓小平指出，再不实行改革，我国的现代化事业和社会主义事业就会被葬送，强调改革是决定中国命运的一招，"只有深化改革……才能够保证本世纪内达到小康水平，而且在下个世纪更好地前进"。这些论述从现代化建设角度出发，深刻阐述了社会主义改革的历史必然性和时代紧迫性，从而把改革的重要性和必要性提升到空前认识的高度。

第二，形成了"改革是社会主义发展的直接动力"的重要思想。邓小平明确提出"改革是中国发展生产力的必由之路""所有的改革都是为了一个目的，就是扫除发展社会生产力的障碍"等重大论断，并在深入分析和准确把握社会主义本质和根本任务的基础上，形成了"改革是社会主义发展的直接动力"的思想。这就从根本上解决了社会主义社会的发展动力问题，为深刻认识改革在社会主义进程中的战略地位提供了理论依据。

第三，提出"改革也是解放生产力"的思想，进一步从发展生产力的角度论证了实行社会主义改革的必要性。邓小平在肯定社会主义制度建立以后党和国家的主要任务是保护和发展生产力这一重要观点的同时，提出社会主义条件下还要通过生产关系尤其是体制机制的变革来进一步解放生产力，不但阐明了社会主义改革的出发点和归宿是解放和发展生产力，还进一步强调了改革对于推进社会主义事业发展所发挥的动力作用及其战略地位，从而在理论层面说明了中国实行社会主义改革的必要性。

2. 中国应该实行什么样的改革？

第一，将"改革"同"革命"联系起来，形成了"改革是一场新的革命"的重要思想。邓小平主要从改革扫除发展生产力障碍、推动生产力的"革命性变革"这个意义上，将改革当作一场革命。改革的"革命性含义"还体现在它的广度和深度上，它不但涉及到经济、政治、文化、社会等诸多领域，而且促进社会生活的各方面和人们的思想观念发生了广泛而深刻的变化。改革这场"革命"所具备的前所未有的广度和深度还表现在将"开放"也纳入了改革的范畴。

第二，把生产关系的变革同上层建筑的变革联系起来，形成了"改革是社会主义制度的自我完善和发展"的思想。在邓小平看来，改革的主要目的和性质是坚持和完善社会主义，而不是放弃社会主义，这是充分发挥社会主义制度优越性的必然要求，也是有效应对各种风险考验、战胜各种困难和挑战的现实需要。

第三，把经济体制改革的目标同改革的含义联系起来，形成了建立社会主义市场经济体制的重要思想。邓小平突破了把市场经济与社会主义对立起来、认为市场经济是资本主义的东西的固定观念，为我国经济体制的改革指明了方向。从计划经济体制向社会主义市场经济体制的过渡，就社会主义的基本制度而言，不是质变，但就经济体制而言，就经济的运行机制而言，则是质变，是一场革命性的变革。

3. 中国应该怎样实行改革？

第一，要有一种敢于走新路的勇气，有敢于创新的精神。改革要破除过去几十年形成的旧的经济体制，建立适应生产力发展的新的经济体制，同时，对其他方面的体制也要进行必要的改革，这就不可避免地涉及已有权力和利益格局的调整。在改革开放的过程中，既要坚持科学社会主义的基本原理，又要敢于突破传统的社会主义模式和观念的束缚；既要坚决纠正过去长期存在并且不可能很快根除的"左"的错误，又要警惕右的资产阶级自由化的倾向；既要大胆吸收和借鉴包括当今资本主义发达国家先进经营方式、管理方法在内的一切人类文明成果，又要防止滑入资本主义邪路。

第二，要善于总结经验，注意体现干部和群众的创造性。改革开放是一个很大的试验，"不仅在中国，而且在国际范围内也是一种试验"，没有可以直接借鉴的成功的经验，没有现成的答案。邓小平要求一定要在敢于试验的基础上注意随时总结经验。他还非常强调尊重群众的首创精神，反复说明，改革是为了人民群众，改革要依靠人民群众，改革越深入，越要注意把干部和群众的积极性、创造性引导好、保护好、发挥好。

第三，推行改革，要允许看，不搞强迫，不搞运动，同时不争论。邓小平指出：对改革开放，一开始就有不同意见，这是正常的。我们的政策就是允许看。允许看，比强制好得多。我们推行三中全会以来的路线、方针、政策，不搞强迫，不搞运动，愿意干就干，干多少是多少，这样慢慢就跟上来了。对于不同意见分歧，采取"不搞争论"，

"拿事实来说话"的办法，让改革的实际进展去说服持怀疑态度的人。他说：不搞争论，是我的一个发明。不争论，是为了争取时间干。"不争论，大胆地试，大胆地闯。农村改革是如此，城市改革也应如此。"改革是前所未有的重大变革，没有成功的经验可以借鉴，邓小平还进一步强调，我国改革应该采取"摸着石头过河"的方法，不断解决改革中遇到的问题。

第四，判断改革中的是非得失，只能以"是否有利于发展社会主义社会的生产力，是否有利于增强社会主义国家的综合国力，是否有利于提高人民的生活水平"作为标准。邓小平认为，我国现阶段的根本任务是实现社会主义现代化，最基本的方针是改革开放，最终目的是达到人民的共同富裕，是为了人民的根本利益。从这样一些基本要求来看，"三个有利于"的标准，实际上是把实践标准（判断认识真理性的标准）、生产力标准（判断发展经济的路线、方针、政策的标准）、人民利益标准（判断人心所向的标准）完全统一起来了。按照这个根本标准，我们就既不会把那些合乎"三个有利于"本来姓"社"的东西，错误地划定为姓"资"的东西而加以排斥，也不会把那些合乎"三个有利于"，既可为"资"所用又可为"社"所用的东西错误地加以排斥。坚持"三个有利于"的标准，就可以不断解放思想，克服"姓社姓资"的纠缠，不断地把改革开放和现代化建设推向前进。

（节选自田克勤：《邓小平社会主义改革思想的形成及其当代价值》，《思想政治教育研究》，2018年第5期）

五、案例剖析

案例：

向我们共同的四十年致敬

曙光升腾，万物生长。从1978年开始，40年来，中国实现了GDP年均增长9.5%的发展奇迹，创造了世界上覆盖人口最多的社保体系的民生奇迹，书写了贫困人口减少7.4亿的减贫奇迹……风雨中驰而不息，奋斗中砥砺前行，中华大地发生了感天动地的伟大变革。党的十八大以来，以习近平同志为核心的党中央，带领亿万人民以更大勇气和智慧推进改革开放进程，把历史性的变革和成就写在广袤的大地上，让中华民族迎来了从站起来、富起来到强起来的伟大飞跃，迎来了实现中华民族伟大复兴的光明前景。

这个40年，改革让中国活力奔涌、万马奔腾。从一辈子"面朝黄土背朝天"，到进入城市追逐梦想；从力求端上"铁饭碗"、吃上"商品粮"，到"互联网+"激荡创业潮，40年改革走过的每一步，都不断打开着新的可能性。补齐民生短板、改善法治环境、支持创新创业、提升公共服务……新时代改革开放，为每个人奋斗提供了更宽广的舞台、最有力的支撑。改革开放这股40年不息的热潮席卷神州大地，催开无数梦想的花朵，凝聚起亿万人民共同奔向美好生活的磅礴之力。

这个40年，开放让中国打开大门、拥抱世界。中国从"微笑曲线"的底端起步，在承接国际产业转移、参与国际经济循环中，把握住了工业化、信息化的时代潮流，与经济全球化的历史大势一起浩荡前行。今天的中国,日益走近世界舞台中央,"一带一路"蓝图铺展开来,"人类命运共同体"凝聚世界共识……大门越开越大的中国,不仅给世界以增长贡献、减贫贡献,更显示出中国发展的全球影响,以经验贡献、制度贡献为世界提供中国智慧、中国方案。

致敬这个40年,是致敬一个国家步履坚定的前行。40年风雨兼程,从排除万难在沿海建立经济特区,到历经长达15年的谈判加入WTO;从迎击1997年、2008年的金融风暴,到2018年应对中美经贸摩擦,我们呛过水,遇到过漩涡和风浪,但是在游泳中学会了游泳。改革开放40年,我们以坚定的改革决心、开放姿态,把一个历史悠久的古国,带上现代化轨道;把一个幅员辽阔的大国,带到世界面前;把一个饱经沧桑的民族,定格在复兴图景上。美国《时代》周刊如此评价中国的改革开放:这是我们时代的伟大故事。

致敬这个40年,是致敬一条道路艰辛探索的成功。中国的"伟大故事",背后究竟潜藏着怎样的成功密码?坚持党的领导,以强大的领导力量确保改革开放在正确的轨道前行;社会主义与市场经济有机结合,让"看不见的手"和"看得见的手"相得益彰;以实现共同富裕为目标,让改革发展成果更多更公平惠及全体人民;推动形成绿色生产方式和生活方式,破解发展的"环境魔咒"……在改革开放实践中我们开辟了中国特色社会主义道路,党的十八大以来的成功实践推动中国特色社会主义进入了新时代,证明这条道路是一条胜利之路,更是一条希望之路。

改革开放激情永在,改革开放境界常新。邓小平同志曾期许,"改革不只是看三年五年,而是要看二十年,要看下世纪的前五十年"。40年来,我们也曾遭遇挑战,面对"发展起来之后的问题","改不改""怎么改"的困惑一度出现,"改革无望""改也没用"的言论一度流布。但推开新时代的大门,大刀阔斧的改革智慧、斩钉截铁的改革决心、念兹在兹的改革情怀,点燃了亿万人民奋斗的激情。我们有"从'赶上时代'到'引领时代'"的信心,有"创造让世界刮目相看的新的更大奇迹"的壮志!新时代改革开放扬帆起航,正是要"将改革进行到底",用改革开放为中国打开更大发展空间。

改革不停顿,开放不止步!从2012到2018,习近平总书记两次来到"得风气之先"的广东考察,向世界宣示将改革进行到底的信念。向这一个40年致敬,向下一个40年进发,中国一定会有让世界刮目相看的新的更大奇迹!

(摘编自人民日报评论部:《向我们共同的四十年致敬》,《人民日报》,2018年12月11日,第5版)

【思考讨论】

(1) 改革开放40年中国取得了伟大成绩,请你谈谈,这对你最大的影响是什么。

(2) 请谈谈新时代如何继承改革开放40年积累的宝贵经验,继续坚持和推进改革开放。

【要点提示】

我们党作出实行改革开放的历史性决策,是基于对党和国家前途命运的深刻把握,是基于对社会主义革命和建设实践的深刻总结,是基于对时代潮流的深刻洞察,是基于对人民群众期盼和需要的深刻体悟。邓小平同志指出:"贫穷不是社会主义","我们要赶上时代，这是改革要达到的目的"。40年来改革开放的伟大实践，使中国的整体面貌焕然一新！事实雄辩地证明，改革开放是决定当代中国命运的关键抉择，是党和人民事业大踏步赶上时代潮流的重要法宝。改革开放是我们党的一次伟大觉醒，正是这个伟大觉醒孕育了我们党从理论到实践的伟大创造。改革开放是中国人民和中华民族发展史上一次伟大革命，正是这个伟大革命推动了中国特色社会主义事业的伟大飞跃！

改革开放40年积累的宝贵经验是党和人民弥足珍贵的精神财富，对新时代坚持和发展中国特色社会主义有着极为重要的指导意义，必须倍加珍惜、长期坚持，在实践中不断丰富和发展。第一，必须坚持党对一切工作的领导，不断加强和改善党的领导。第二，必须坚持以人民为中心，不断实现人民对美好生活的向往。第三，必须坚持马克思主义指导地位，不断推进实践基础上的理论创新。第四，必须坚持走中国特色社会主义道路，不断坚持和发展中国特色社会主义。第五，必须坚持完善和发展中国特色社会主义制度，不断发挥和增强我国制度优势。第六，必须坚持以发展为第一要务，不断增强我国综合国力。第七，必须坚持扩大开放，不断推动共建人类命运共同体。第八，必须坚持全面从严治党，不断提高党的创造力、凝聚力、战斗力。第九，必须坚持辩证唯物主义和历史唯物主义世界观和方法论，正确处理改革发展稳定关系。全党全国各族人民要更加紧密地团结在党中央周围，高举中国特色社会主义伟大旗帜，不忘初心，牢记使命，将改革开放进行到底，不断实现人民对美好生活的向往，在新时代创造中华民族新的更大奇迹！创造让世界刮目相看的新的更大奇迹！

六、实践指导

方案一：寻找身边"解放思想，实事求是"的典型案例

【实践目的】认知能力目标：进一步加深对"解放思想，实事求是"思想路线的理论认知。实践能力目标：通过找寻身边"解放思想，实事求是"典型案例，不断学习普通民众"解放思想，实事求是"思想路线的方法，进一步提高践行"解放思想，实事求是"思想路线的能力。

【实践方式】学生自由组队，深入基层，搜集并整理身边普通民众坚持"解放思想，实事求是"的典型案例。

【实践步骤】

（1）学生自由组队，以小组形式参与实践。

（2）利用老师、家长、朋友等社会资源搜集典型案例。

（3）整理案例，推荐小组最佳案例。

【实践成果】

（1）形成文字材料，并制作PPT。在时间允许的情况下可在所在教学班进行展示，评选班级最佳案例。

（2）收入学生社会实践资料汇编，对有重要价值的实践报告可公开出版。

方案二：社会主义初级阶段的基本国情讨论

【实践目的】为本章社会主义初级阶段理论学习提供实践依据，增强同学们对自己国家国情的认知,在团队合作中提升同学们的组织、协调能力,并在实践过程中增进同学们的集体主义和爱国主义意识。

【实践方式】在任课老师规定的时间段利用课余时间以不超过十人为一组,收集、整理材料,以小组为单位制作PPT并在课堂上展示汇报(不超过6分钟)。

【实践步骤】

(1) 学生自由组队,以小组形式参与实践。

(2) 收集资料,寻找典型案例,制作PPT或视频。

(3) 以小组为单位,推选代表进行交流和展示。

【实践成果】根据汇报情况计入平时成绩,汇报同学酌情加分。每个小组上交一份PPT和汇报提纲。

七、练习与思考

(一) 单项选择题

1. 邓小平在( )上首次提出"建设有中国特色的社会主义"的科学命题。
   A. 党的十一届三中全会　　　　B. 党的十二大
   C. 党的十二届三中全会　　　　D. 党的十三大

2. ( )将邓小平理论正式确立为党的指导思想。
   A. 党的十二大　　　　　　　　B. 党的十三大
   C. 党的十四大　　　　　　　　D. 党的十五大

3. 检验真理的唯一标准是( )。
   A. 马克思主义的基本原理　　　B. 解放思想
   C. 实践　　　　　　　　　　　D. 经验

4. 邓小平理论形成和发展的时代主题是( )。
   A. 战争与革命　　　　　　　　B. 战争与和平
   C. 和平与发展　　　　　　　　D. 改革与发展

5. 邓小平理论形成的历史依据是( )。
   A. 对真理的科学认识
   B. 社会主义建设的经验教训
   C. 和平与发展的时代主题
   D. 改革开放和现代化建设的实践

6. ( )提出"社会主义经济是公有制基础上的有计划的商品经济"。
   A. 党的十一届三中全会　　　　B. 党的十二大
   C. 党的十二届三中全会　　　　D. 党的十三大

7. ( )明确概括和全面阐发了党的"一个中心、两个基本点"的基本路线。
   A. 党的十一届三中全会　　　　B. 党的十二大
   C. 党的十二届三中全会　　　　D. 党的十三大

8. (　　)是邓小平理论的集大成之作，从理论上深刻地回答了当时困扰和束缚人们思想的一系列重大问题，推进改革开放和社会主义现代化建设进入新阶段，邓小平理论也逐步走向成熟。
   A. 解放思想、实事求是的思想路线
   B. 社会主义初级阶段理论
   C. 党的基本路线
   D. 南方谈话

9. 邓小平理论回答的首要的基本理论问题是(　　)。
   A. 什么是解放思想，怎样坚持解放思想
   B. 什么是实事求是，怎样坚持实事求是
   C. 什么是改革开放，怎样实施改革开放
   D. 什么是社会主义，怎样建设社会主义

10. 弄清楚什么是社会主义、怎样建设社会主义，关键是要在坚持社会主义基本制度的基础上进一步认清社会主义的(　　)。
    A. 本质　　　B. 特征　　　C. 目标　　　D. 原则

11. 邓小平说："在改革中，我们始终坚持两条根本原则，一是以社会主义公有制经济为主体，一是(　　)。"
    A. 社会主义民主　　　　　　B. 人的自由全面发展
    C. 共同富裕　　　　　　　　D. 非公有制经济共同发展

12. 在改革中，公有制的实现形式和以公有制为主体的所有制结构，归根结底只能根据(　　)的实际要求，根据逐步实现共同富裕的实际进程来确定。
    A. 生产力解放和发展　　　　B. 解放思想、实事求是
    C. 社会主义初级阶段　　　　D. 改革开放

13. 在"文化大革命"结束后中国向何处去的重大历史关头，邓小平首先抓的是(　　)的拨乱反正。
    A. 政治路线　　　　　　　　B. 思想路线
    C. 组织路线　　　　　　　　D. 行动路线

14. (　　)基于对中国国情的准确把握，揭示了当代中国的历史方位，是建设中国特色社会主义的总依据，是对马克思主义关于社会主义发展阶段理论的重大发展和重大突破。
    A. 社会主义市场经济理论　　B. 社会主义本质理论
    C. 改革开放理论　　　　　　D. 社会主义初级阶段理论

15. (　　)是党和国家的生命线、人民的幸福线。
    A. 党的群众路线　　　　　　B. 党的组织路线
    C. 党的基本路线　　　　　　D. 党的思想路线

16. 社会主义的根本任务是(　　)。
    A. 阶级斗争　　　　　　　　B. 社会主义意识形态建设
    C. 发展生产力　　　　　　　D. 生态文明建设

17. 社会主义社会发展的直接动力是（　　）。
    A. 改革　　　　　B. 发展　　　　　C. 阶级斗争　　　D. 革命
18. 邓小平指出："中国的事情要按照中国的情况来办，要依靠中国人自己的力量来办。（　　）无论过去、现在和将来，都是我们的立足点。"
    A. 解放思想，实事求是　　　　　B. 改革开放，求是创新
    C. 以我为主，兼容并蓄　　　　　D. 独立自主，自力更生
19. （　　）确定了建立社会主义市场经济体制的改革目标。
    A. 党的十二大　　B. 党的十三大　　C. 党的十四大　　D. 党的十五大
20. "一国两制"的伟大构想的提出是从（　　）开始的。
    A. 台湾问题　　　　　　　　　　B. 香港问题
    C. 澳门问题　　　　　　　　　　D. 祖国统一问题

（二）多项选择题

1. 邓小平理论的形成条件包括（　　）。
    A. 和平与发展成为时代主题是邓小平理论形成的时代背景
    B. 社会主义建设的经验教训是邓小平理论形成的历史根据
    C. 改革开放和现代化建设的实践是邓小平理论形成的现实依据
    D. 科学判断党的历史方位和总结历史经验是理论依据
2. 邓小平关于社会主义本质的论断体现了（　　）。
    A. 生产力与生产关系的统一
    B. 发展生产力与实现共同富裕的统一
    C. 过程与目标的统一
    D. 社会主义根本任务与发展目标的统一
3. 邓小平关于社会主义本质概括的理论意义包括（　　）。
    A. 深化了对科学社会主义的认识
    B. 廓清了不合乎时代进步和社会发展规律的模糊观念
    C. 摆脱了长期以来拘泥于具体模式而忽略社会主义本质的错误倾向
    D. 是探索建设有中国特色社会主义的重大理论成果
4. 社会主义的根本任务是发展生产力，是因为（　　）。
    A. 合乎科学社会主义基本原则
    B. 是中国特色社会主义的根本任务
    C. 体现了中国社会主义初级阶段发展实践的迫切要求
    D. 高度发达的生产力是发展社会主义的物质基础
5. 党的十三大提出的党的基本路线包括（　　）。
    A. 建设"富强民主文明的社会主义现代化国家"
    B. "一个中心、两个基本点"
    C. "领导和团结全国各族人民"
    D. "自力更生，艰苦创业"

6. 1987年10月，党的十三大把邓小平"三步走"的发展战略构想确定下来，这一战略的内容包括（　　）。
   A. 从1981年到1990年实现国民生产总值比1980年翻一番，解决人民的温饱问题
   B. 从1991年到20世纪末，使国民生产总值再翻一番，达到小康水平
   C. 到2020年实现全面建成小康社会宏伟目标
   D. 到21世纪中叶，国民生产总值再翻两番，达到中等发达国家水平，基本实现现代化，然后在这个基础上继续前进

7. 改革的实质和目的是（　　）。
   A. 加强社会主义精神文明建设
   B. 要从根本上改变束缚我国生产力发展的经济体制，建立充满生机和活力的社会主义新经济体制
   C. 相应地改革政治体制和其他方面的体制，以实现中国的社会主义现代化
   D. 建设美丽中国

8. 邓小平提出的"两手抓"思想包括（　　）。
   A. 一手抓物质文明，一手抓精神文明
   B. 一手抓建设，一手抓法制
   C. 一手抓改革开放，一手抓惩治腐败
   D. 一手抓改革发展，一手抓团结稳定

9. 党的十一届三中全会以来，邓小平和党中央提出的加强党的制度建设的一系列方针原则包括（　　）。
   A. 党领导人民制定了宪法和法律，党必须在宪法和法律的范围内活动
   B. 党章是最根本的党规党法，各级党组织和每个党员都要按党章办事
   C. 废除实际存在的干部领导职务终身制，逐步形成优秀人才能够脱颖而出、富有生机与活力的用人机制
   D. 把政治建设摆在党的建设首位

10. 邓小平理论的历史地位是（　　）。
    A. 新时代的精神旗帜
    B. 马克思列宁主义、毛泽东思想的继承和发展
    C. 中国特色社会主义理论体系的开篇之作
    D. 改革开放和社会主义现代化建设的科学指南

（三）论述题

1. 试分析邓小平理论形成的社会历史条件。
2. 试分析邓小平理论的历史地位。
3. 试分析社会主义的根本任务为何是发展生产力。

(四) 材料分析题

结合下列材料回答问题。

材料一： 近一个世纪以来，我国先后发生3次伟大革命。第一次革命是孙中山先生领导的辛亥革命，推翻了统治中国几千年的君主专制制度，为中国的进步打开了闸门。第二次革命是中国共产党领导的新民主主义革命和社会主义革命，推翻了帝国主义、封建主义、官僚资本主义在中国的统治，建立了新中国，确立了社会主义制度，为当代中国一切发展进步奠定了根本政治前提和制度基础。第三次革命是我们党领导的改革开放这场新的伟大革命，引领中国人民走上了中国特色社会主义广阔道路，迎来中华民族伟大复兴光明前景。

（摘自胡锦涛：《在纪念改革开放30周年大会上的讲话》，《人民日报》，2008年12月18日）

材料二： 我们党领导人民进行社会主义建设，有改革开放前和改革开放后两个历史时期，这是两个相互联系又有重大区别的时期，但本质上都是我们党领导人民进行社会主义建设的实践探索。中国特色社会主义是在改革开放历史新时期开创的，但也是在新中国已经建立起社会主义基本制度、并进行了20多年建设的基础上开创的。虽然这两个历史时期在进行社会主义建设的思想指导、方针政策、实际工作上有很大差别，但两者决不是彼此割裂的，更不是根本对立的。不能用改革开放后的历史时期否定改革开放前的历史时期，也不能用改革开放前的历史时期否定改革开放后的历史时期。要坚持实事求是的思想路线，分清主流和支流，坚持真理，修正错误，发扬经验，吸取教训，在这个基础上把党和人民事业继续推向前进。

（摘自习近平：《习近平在新进中央委员会的委员、候补委员学习贯彻党的十八大精神研讨班开班式上的讲话》，《解放军报》，2013年1月6日）

请回答：

（1）结合材料分析改革开放前和改革开放后两个时期的联系和区别在哪里。

（2）结合教材内容，谈谈你对"不能用改革开放后的历史时期否定改革开放前的历史时期，也不能用改革开放前的历史时期否定改革开放后的历史时期"这一论断的理解。

第六章 "三个代表"重要思想

一、学习目的与基本要求

十三届四中全会以来,以江泽民同志为主要代表的中国共产党人,在建设中国特色社会主义的实践中,加深了对什么是社会主义、怎样建设社会主义和建设什么样的党、怎样建设党的认识,积累了治党治国新的宝贵经验,形成了"三个代表"重要思想。通过本章的学习,帮助学生了解"三个代表"重要思想形成发展的社会历史条件,把握"三个代表"重要思想的科学内涵和精神实质;认识"三个代表"重要思想的丰富内容;理解"三个代表"重要思想的历史地位和指导意义。进而,全面、深刻领会"三个代表"重要思想是对马克思列宁主义、毛泽东思想、邓小平理论的继承和发展,反映了当代世界和中国的发展变化对党和国家工作的新要求,是加强和改进党的建设、推进我国社会主义自我完善和发展的强大理论武器,是中国共产党集体智慧的结晶,是党必须长期坚持的指导思想。始终做到"三个代表",是我们党的立党之本、执政之基、力量之源。

二、重点难点问题解析

1. 如何理解"中国共产党要始终代表中国先进生产力的发展要求"

(1) 社会主义的根本任务是发展社会生产力,马克思主义执政党必须高度重视解放和发展生产力。始终代表中国先进生产力的发展要求,大力促进先进生产力的发展,是我们党站在时代前列,保持先进性的根本体现和根本要求。

(2) 我们党建立时就是以中国先进生产力的代表走上历史舞台的。党的一切奋斗,归根结底都是为了解放和发展生产力,党的一切方针政策最终都要促进生产力尤其是先进生产力的不断发展。我们党领导的新民主主义革命,目的是取消帝国主义在中国的特权,消灭地主阶级和官僚资产阶级的剥削和压迫,改变买办的封建的生产关系,以及改变建立在这种经济基础之上的腐朽的政治上层建筑,确立人民民主专政为核心的新的政治上层建筑,从根本上解放被束缚的生产力。新中国成立以后,我们对农业、手工业和资本主义工商业进行社会主义改造,是为了确立社会主义生产关系,并在这种经济基础上进一步健全社会主义上层建筑,以继续解放和发展生产力。十一届三中全会以来,我国进行改革开放,调整和改革社会主义生产关系中不适应生产力发展要求的部分,调整和改革社会主义上层建筑中不适应经济基础的部分，也是为了进一步解放和发展生产力。可以说，我们党领导人民进行革命、建设和改革，都是为了促进生产力特别是先进生产力的解放和发展。

（3）人类社会的发展，是先进生产力不断取代落后生产力的历史过程。社会主义现代化必须建立在发达生产力的基础之上。为实现现代化而奋斗，最根本的就是要通过改革，不断促进先进生产力的发展，使我国形成发达的生产力。我国生产力不发达的情况总体上还没有改变，生产力在不同地区呈现出不同的发展水平，具有不同的发展特点。我们必须坚持不懈地发展生产力。对于仍然存在的不适应先进生产力和时代发展要求的一些落后的生产方式，既不能脱离实际地简单化地加以排斥，也不能采取安于现状、保护落后的态度，而要立足实际，创造条件加以改造和改进，通过长期努力，逐步使它们向先进适用的生产方式转变。

2. 如何理解"中国共产党要始终代表中国先进文化的前进方向"

（1）中国共产党自成为执政党以来，一直是把满足人民群众日益增长的物质和文化需要作为一项根本任务对待的。党的先进性，既体现在物质文明方面，也体现在精神文明方面。一个能够始终代表中国先进生产力发展要求和中国最广大人民根本利益的执政党，必然要能够始终代表着中国先进文化的前进方向，必须能够在领导实现物质生产进步的同时满足人民群众日益增长的文化要求，必须有能力从实际出发，继承和发扬中华民族的优秀文化传统，学习和吸收世界的优秀文化成果，不断地创造和推进中国特色社会主义文化。这是党的先进性的应有之意，也是衡量党的先进性的一个重要标准。不能设想，一个只会领导经济建设，而不会领导文化建设的执政党能够代表最广大人民的根本利益。因此，江泽民同志明确地从党的性质、宗旨的高度提出党必须始终代表中国先进文化的前进方向，这反映了我们党对中国现代社会的发展要求和现代化特征的深刻认识。

（2）党所领导的改革开放和社会主义现代化建设已经使中国社会发生了前所未有的深刻变化。如果说，在以前很长一段时间，我们党所面对的基本任务就是要带领人民解决温饱问题的话，那么，随着小康社会的到来和现代化的临近，解决人民的文化需求、提高人民科学文化素质的问题就愈益突出地摆到了党的领导面前。现代社会，先进生产力和先进文化是互动的，共同反映人民的根本利益。把文化建设提高到和经济建设同等重要的高度，是现代社会发展对中国共产党的客观要求。

3. 如何理解"中国共产党要始终代表中国最广大人民的根本利益"

（1）人民是我们国家的主人，是决定我国前途和命运的根本力量，是历史的真正创造者。建设中国特色社会主义，是我国各族人民实现自己利益、创造美好生活的共同事业，是亿万人民群众广泛参与的创造性事业。我们全部工作的出发点和落脚点，就是不断实现好、维护好、发展好最广大人民的根本利益。

（2）我们党来自于人民，根植于人民，服务于人民。党的全部任务和责任，就是为实现人民群众的根本利益而奋斗。我们党作为执政党，面临的最根本的课题，是能不能始终代表最广大人民的根本利益，始终全心全意为人民服务。江泽民同志总结国内外正反两方面的历史经验,深刻指出,纵观历史,不少政治组织和政治集团,在夺取政权的阶段,其政策主张或多或少地代表了人民群众的利益,但是在取得政权之后,就忘乎所以,骄傲起来,久而久之,就脱离了人民群众,不再代表群众的利益,最后被群众所抛弃。它们垮台的原因尽管很复杂,但人心向背的变化是一个根本原因。"人心向背,是决定一个政党、一个政权兴亡的根本因素。""一个政权也好,一个政党也好,其前途命运最终取决于人心向背,不能赢得最广大群众的支持,就必然垮台。"我们党作为执政党,必须高度关注人心向背问题。从根本上说,政治问题主要是对人民群众的态度问题、同人民群众的关系问题。一切为了群众,一切相信群众,一切依靠群众,我们党就能获得取之不尽的力量源泉。

(3) 我们党始终坚持人民的利益高于一切。党除了最广大人民的利益,没有自己特殊的利益。九十多年来我们党进行的一切奋斗,归根结底都是为了最广大人民的根本利益。党的一切工作,必须以最广大人民的根本利益为最高标准。任何时候都必须坚持尊重社会发展规律与尊重人民历史主体地位的一致性,坚持为崇高理想奋斗与为最广大人民谋利益的一致性,坚持完成党的各项工作与实现人民利益的一致性。

三、扩展阅读

1. 经典论述

我们必须清醒地看到,由于世界力量对比严重失衡,美国在经济、科技、军事上处于超强地位,世界走向多极化的进程不会一帆风顺,将会经历一个较长的发展过程。

——江泽民:《论"三个代表"》,中央文献出版社,2001年版,第28页。

我提出这个问题,是经过了长期思考的,在实行改革开放和发展社会主义市场经济的条件下"建设一个什么样的党、怎么建设党",是一个重大的现实问题,直接关系到我们党和国家的前途命运。

——江泽民:《论"三个代表"》,中央文献出版社,2001年版,第32页。

只要我们党始终成为中国先进社会生产力的发展要求、中国先进文化的前进方向、中国最广大人民的根本利益的忠实代表,我们党就能永远立于不败之地,永远得到全国各族人民的衷心拥护并带领人民不断前进。

——《江泽民在广东考察工作》,《人民日报》,2000年2月26日。

"三个代表"重要思想是对马克思列宁主义、毛泽东思想、邓小平理论的继承和发展,反映了当代世界和中国的发展变化对党和国家工作的新要求,是加强和改进党的建设、推进我国社会主义自我完善和发展的强大理论武器,是中国共产党集体智慧的结晶,是党必须长期坚持的指导思想。始终做到"三个代表",是我们党的立党之本、执政之基、力量之源。

——《全面建设小康社会 开创中国特色社会主义事业新局面》,人民出版社,2002年,第11页。

贯彻"三个代表"重要思想,关键在与时俱进,核心在坚持党的先进性,本质在坚持执政为民。

——《全面建设小康社会　开创中国特色社会主义事业新局面》，人民出版社，2002年，第12页。

"三个代表"重要思想同马克思列宁主义、毛泽东思想和邓小平理论是一脉相承而又与时俱进的科学体系，是马克思主义在中国发展的最新成果。

——《在"三个代表"重要思想理论研讨会上的讲话》，人民出版社，2003年，第4页。

2. 阅读推荐

（1）江泽民：《高举邓小平理论伟大旗帜，把建设有中国特色社会主义事业全面推向二十一世纪》，《江泽民文选》第2卷，人民出版社，2006年版。

【推荐理由】这是江泽民同志在中国共产党第十五次全国代表大会上的报告。报告高度评价邓小平理论的历史地位，确立邓小平理论为党的指导思想，全面阐述了社会主义初级阶段的特征，首次提出社会主义初级阶段的基本纲领，明确了我国改革开放和现代化建设跨世纪发展的宏伟目标，深刻回答了关系党和国家长远发展的一系列重大问题，对建设有中国特色社会主义经济、政治、文化和党的建设等各项工作做出了全面部署。

（2）江泽民：《始终做到"三个代表"是我们党的立党之本、执政之基、力量之源》，《江泽民文选》第3卷，人民出版社，2006年版。

【推荐理由】这是江泽民同志在上海主持召开江苏、浙江、上海党建工作座谈会时的讲话。文中联系古今中外的历史经验教训，论述了三个问题：关于加强新时期党的建设的重要性和紧迫性；关于按照"三个代表"要求切实加强党的建设；关于把"三个代表"要求贯彻落实到党的全部工作中去。文中指出：我们党要带领全国各族人民实现跨世纪发展的宏伟目标，战胜前进道路上可能出现的各种困难和风险，必须进一步增强凝聚力和战斗力，必须抓紧解决党内存在的突出问题，必须适应新情况不断提高领导水平和执政能力；推进党的思想建设、政治建设、组织建设、作风建设，都应该贯穿"三个代表"要求；要坚持把"三个代表"要求落实到坚定正确地执行党的路线方针政策中去，落实到党的各项工作中去，落实到建设一支高素质的干部队伍中去，落实到从严治党中去。

（3）江泽民：《在庆祝中国共产党成立八十周年大会上的讲话》，《江泽民文选》第3卷，人民出版社，2006年版。

【推荐理由】文中系统论述了"三个代表"重要思想，提出一系列马克思主义的新思想、新观点、新论断。文中总结了我们党领导全国各族人民经过八十年的不懈奋斗所取得的伟大业绩和基本经验，阐述了"三个代表"重要思想的科学内涵和精神实质，分析了我们党的队伍、党所处的地位和环境、党所肩负的任务发生的重大变化，回答了在新的历史条件下建设一个什么样的党、怎样建设党这一重大理论和实践问题，提出了按照"三个代表"要求加强和改进党的建设的任务，论述了党的最高纲领与现阶段的基本纲领的辩证统一关系，号召全党继续为实现党的基本路线和历史任务而奋斗。

（4）胡锦涛：《在学习〈江泽民文选〉报告会上的讲话》，《胡锦涛文选》第2卷，人民出版社，2016年版。

【推荐理由】这是对全党认真学习《江泽民文选》提出要求的重要文稿。文中指出：江泽民同志是"三个代表"重要思想的主要创立者。《江泽民文选》全面反映了"三个代表"重要思想孕育、形成、发展的历史轨迹。学习《江泽民文选》，必须牢牢把握建设中国特色社会主义这个主题，紧紧抓住党的建设这个关键，牢牢把握解放思想、实事求是、与时俱进这个活的灵魂，牢牢把握和坚持始终代表中国最广大人民根本利益的马克思主义立场，在新的历史条件下把马克思主义中国化继续推向前进，在思想上不断有新解放、理论上不断有新发展、实践上不断有新创造。

（5）中共中央宣传部：《"三个代表"重要思想学习纲要》，学习出版社，2003年版。

【推荐理由】本书由中共中央宣传部组织编写，比较全面、准确地反映了"三个代表"重要思想的时代背景、实践基础、科学内涵、精神实质和历史地位，是学习"三个代表"重要思想的重要辅助材料，有助于系统地理解"三个代表"重要思想。

四、理论前沿

江泽民对中国特色社会主义道路、理论、制度的贡献

江泽民作为党的第三代中央领导集体的核心，在中国特色社会主义伟大实践中，对于中国特色社会主义道路的"开辟"，中国特色社会主义理论体系的"形成"，中国特色社会主义制度的"确立"，把中国特色社会主义全面推向21世纪作出了重大贡献。

一、坚持社会主义方向，对继续开辟中国特色社会主义道路作出了重大贡献

1. 江泽民认为社会主义是历史的选择，只有社会主义才能使我们立于不败之地

20世纪80年代末90年代初，国际上出现了苏联解体、东欧剧变，西方势力加紧对我国进行西化、分化攻势的"大气候"；而国内也部分出现了否定党的领导，否定社会主义道路，否定改革开放的资产阶级自由化的"小气候"。面对严峻的国际国内形势，我们还要不要继续走社会主义道路，能不能继续坚持社会主义道路？这个问题解决不好，就要出大问题。对此江泽民旗帜鲜明地指出："我们要顶住，硬着头皮顶住，同时要把我们的社会主义事业发展好。"1989年9月29日，江泽民在庆祝中华人民共和国成立40周年大会上更是坚定地表示："中国人民从来没有、今后也决不会屈从于任何外来压力，决不会放弃社会主义道路和民族独立来换取别人的施舍。"江泽民说，我们干的是社会主义事业，"这应该成为广大党员、干部的思想信念和行动方向，做到不管遇到什么困难和风浪都毫不动摇"。

2. 江泽民强调要继续坚持和开辟中国特色社会主义道路

2001年4月，江泽民说：所谓坚持社会主义道路，"这个问题的实质，就是全党同志要坚定不移地走建设有中国特色社会主义道路，充满信心地为建设有中国特色社会主义伟大事业而不懈奋斗"。坚持中国特色社会主义道路，就是坚持社会主义道路。党的十八大评价说，以江泽民为核心的党的第三代中央领导集体，在国内外形势十分复杂、世界社会主义出现严重曲折的严峻考验面前，捍卫了中国特色社会主义，并成功地把中

国特色社会主义推向 21 世纪。

二、创立"三个代表"重要思想，对创建中国特色社会主义理论作出了重大贡献

1. 江泽民认为马克思主义是科学，必须坚持马克思主义

江泽民非常重视理论建设和思想建设。2001 年 4 月，江泽民在全国社会治安工作会议上指出："东欧剧变、苏联解体，最深刻的教训是：放弃了社会主义道路，放弃了无产阶级专政，放弃了共产党的领导地位，放弃了马克思列宁主义。"在改革开放过程中，我们"如果放弃了四项基本原则，也就釜底抽薪了，社会主义中国就不能存在下去"。江泽民旗帜鲜明地坚持马克思主义，维护了马克思主义在我国意识形态领域的指导地位。

2. 江泽民强调要在实践中发展马克思主义，才能真正坚持马克思主义

江泽民认为，马克思主义是不断发展的理论体系，要随着时代、实践和科学的发展而发展，不能停滞。马克思主义的生命力就在于它在指导实践中不断向前发展。"坚持马克思主义，必须坚持马克思主义活的灵魂"，必须发展马克思主义，我们决不能停留在对马克思主义的某些原则、某些本本的教条式的理解上，要"用发展的观点对待马克思主义，在实践中发展、在发展中坚持，就是按规律办事，也是对待马克思主义唯一正确的态度"。

3. 江泽民认为坚持邓小平理论，就是真正坚持马克思主义

1997 年江泽民在党的十五大报告中说，十一届三中全会以来，"我们党总结历史经验和教训，成功地走出了一条建设有中国特色的社会主义的新道路"，制定了"一个中心、两个基本点"的基本路线，形成了建设有中国特色社会主义的理论。江泽民说，我们党所以能够取得巨大成就，根本原因在于我们逐步形成和发展了建设有中国特色社会主义的理论。江泽民认为"坚持邓小平理论，就是真正坚持马克思列宁主义、毛泽东思想"，"坚持十一届三中全会以来的路线不动摇，就是坚持邓小平理论的旗帜不动摇"。

4. 江泽民强调要在新的实践中发展邓小平理论

江泽民指出，马克思主义发展史告诉我们一个深刻的道理，我们的思想认识必须不断根据实践的要求进行创新。马克思、恩格斯、列宁、毛泽东和邓小平都是"发展和完善理论"的典范。江泽民在党的十五大会议上强调："坚持邓小平理论，在实践中继续丰富和创造性地发展这个理论，这是党中央领导集体和全党同志的庄严历史使命"。

5. 江泽民创立"三个代表"重要思想，丰富和发展了邓小平理论

江泽民指出，从党的十五大到党的十六大，我们提出并深刻阐述了"三个代表"重要思想。"三个代表"重要思想是中国特色社会主义理论体系的重要组成部分，居于承前启后的重要地位，是对邓小平理论的继承和发展。在进一步揭示社会主义建设规律的基础上，对新时期党的建设规律予以挖掘，进行了科学探讨和阐述，进一步丰富和发展了中国特色社会主义理论体系。

三、坚持推进制度改革，对健全和完善中国特色社会主义制度作出了重大贡献

1. 江泽民强调要通过改革来完善中国特色社会主义制度

江泽民认为，"社会主义制度已经在中国大地上扎根并初步显示出优越性，但由于它是一个新生的制度，还不成熟、不完善，生产关系和上层建筑中还存在不适应生产力

发展的方面和环节"。党的十一届三中全会开始自觉调整这些"方面和环节","就是我们所说的社会主义改革"。他认为"社会主义制度只有在坚持这种自身改革的进程中,才能逐步走向健全、走向完善、走向成熟"。也只有不断改革,才能"形成比较成熟、比较定型的制度",社会主义制度就是在自身基础上不断发展和完善的制度。他还指出:"社会主义制度的自我完善和发展,说到底,是一个体制创新的问题。"

2. 江泽民推进社会主义市场经济体制建设,确立社会主义初级阶段基本经济制度

江泽民强调,加快经济体制改革的根本任务,是建立同社会主义基本制度结合在一起的社会主义市场经济体制。在探索、创造和借鉴的基础上,党的十四届三中全会通过了《关于建立社会主义市场经济体制若干问题的决定》,对社会主义市场经济体制的基本内容和实施步骤作出总体规划。他提出"公有制为主体、多种所有制经济共同发展,是我国社会主义初级阶段的一项基本经济制度"。党的十五大对此加以确认。由此,非公有制经济变成了我国社会主义市场经济的重要组成部分,而再也不是"补充"了。

3. 江泽民号召加深对中国特色社会主义的认识,为建构"五位一体"的"总布局"作出了重大贡献

江泽民说,我们对中国特色社会主义的探索和认识还在不断继续,永远不能停滞。他认为,社会主义是全面进步的社会,"有中国特色社会主义,是物质文明和精神文明协调发展,经济、政治、文化全面推进的社会主义"。江泽民还重视社会发展,他认为社会发展的根本目标是促进人的全面发展,要不断实现好、发展好、维护好最广大人民的根本利益。江泽民十分重视生态文明建设,提出要把推动整个社会走上生产发展、生活富裕、生态良好的文明发展道路作为全面建设小康社会的奋斗目标。江泽民的上述思想为党的十八大提出"五位一体"的"总布局"战略作出了重大贡献。

(节选自丛松口、刘艳萍:《江泽民对中国特色社会主义道路、理论、制度的贡献》,《扬州大学学报(人文社会科学版)》,2013年第3期)

五、案例剖析

案例:

多极化——不可抗拒的历史潮流

在人类进入21世纪、国际形势发生深刻变化的背景下,多极化成为不可抗拒的历史潮流。

一、多极化趋势没有改变

冷战结束以来,国际形势持续动荡,以不同地缘政治、文化传统、民族宗教为主导的各种力量开始重新排列组合。进入21世纪之时,形势更显错综复杂,重大突发事件频发,不确定因素大量增加,一些长期积聚起来的矛盾呈现激化之势。"9·11"事件就是国际格局转换过程中综合矛盾的一次极端反映,它反过来又强烈冲击着现存的国际秩序,刺激了国际关系中许多深层矛盾的联动与发展。在"9·11"事件的强烈冲击与震

荡之下，全球性和地区性不稳定、不确定因素增多，世界和平与发展面临新的挑战，国际形势正在发生第二次世界大战结束以来最为深刻的变化。即使在这种局面下，我们也必须认识到，从总体上看，和平与发展作为时代的主题没有改变，总体和平、局部战争，总体缓和、局部紧张，总体稳定、局部动荡，仍然是当前和今后一个时期国际形势发展的基本态势，世界多极化的总趋势并没有改变。

二、单极和多极的斗争

多极化是不可抗拒的历史潮流，但近期确实存在多极化进程倒退的现实。"9·11"事件后，国际局势出现的最值得注意的新动向、新特点，就是美国在打击国际恐怖主义组织的同时所表现出的建立单极世界的图谋。

美国想领导全世界、让别人都退居次要地位的念头由来已久。一方面是"冷战"结束后，作为唯一的超级大国，美国在新一轮经济增长与科技进步中实力大为膨胀，想做全球霸主、建立属于美国的单极世界的愿望更加强烈，在全球重大问题上总想自己说了算、大搞单边主义行动的趋势越来越明显；另一方面则是"9·11"事件为美国提供了机会。布什总统在今年1月29日的《国情咨文》中说，美国正面临一个千载难逢的良机，美国一定不能让这个机会错过了。什么样的机会？利用世界各国对反击国际恐怖主义组织的普遍支持，对"国际反恐联盟"的赞成或默许，通过"以霸反恐""以暴制暴""以反恐划线"，利用多边合作的平台大力推行单边主义。

美国的这种做法直接产生了双面效应。一方面是美国利用其经济军事实力和国际影响力，利用冷战遗留下来的双边或多边军事同盟强化单极世界的行径，给当今世界多极化的发展构成了严重障碍，使多极化进程出现了一定程度的倒退；另一方面我们也可以预期，除美国之外，真正主张与赞同单极世界的国家寥寥无几。今后一段时间内，单极和多极的斗争，将成为21世纪前半叶一个反复较量和长期斗争的焦点。

三、国际关系的民主化

多极化就其实质来说，是国际关系的民主化，这是20世纪以来人类命运、国家命运发出的最强烈呼声。人类社会在20世纪遭受了巨大的灾难，也取得了伟大的进步。在双重因素的作用下，今天世界各国人民要和平、求稳定、谋发展的呼声，已经成为国际政治舞台上无法压抑的主旋律。同时，科学技术日新月异的发展，既为人类开发和利用自然提供了空前巨大的能力，也为人类自身能力的发展开辟了广阔的前景。我们看到自西方的殖民体系崩溃以来，参与国际事务的力量越来越多，能力也越来越强，少数大国说了算的局面越来越难以维持。各国的事情要由各国人民作主，国际上的事情要由大家商量解决，已经成为国际政治发展的总趋势。特别是面对发展失衡、环境恶化、武器扩散、国际犯罪、恐怖主义等一系列跨国问题，没有世界各国的通力合作，问题就难以处理，世界也难以发展。解决这些问题的钥匙，日益由少数大国手中转移到世界各国人民手中。在这种情况下，推动建立公正合理的国际政治经济新秩序，真正实现国际关系的民主化，不但成为世界各国认真思考的重大问题，也成为推进多极化发展的强劲动力。

多极化就其广义来说，则意味着世界文明的多样化。江泽民总书记在去年"七一"讲话中说："各国文明的多样性，是人类社会的基本特征，也是人类文明进步的动力。

应尊重各国的历史文化、社会制度和发展模式，承认世界多样性的现实。世界各种文明和社会制度，应长期共存，在竞争比较中取长补短，在求同存异中共同发展。"这一论述为多极化格局的内涵补充了十分重要的内容。世界文明的多样性，就是社会制度和发展模式的多样性。世界过去是丰富多彩的，现在也是丰富多彩的，将来必然更加丰富多彩。任何以单一政治制度和发展模式去规范世界的企图，最终破坏的不仅是国际关系的民主化，而且破坏了世界文明的多样化，从根本上违背了人类进步的规律和世界发展的潮流。

四、多极化的发展前景

在国际政治格局中，相对均衡的多个力量中心的形成和出现，是多极化的重要标志，也是国际战略格局发展中一个需要时间、需要积累的过程。因为能够称为"力量中心"的，要具备较强的综合国力，特别是经济、科技实力；要有较强的运用综合实力的意志和能力，还要有较强的国际影响力和凝聚力，能在地区和全球事务中发挥较为重要的作用。形成多个这样的力量中心还需要成长与积累的时间。同时还要看到，多极化格局的形成不但需要力量的积累，也需要机制的形成。目前多极化的机制尚处于不断探索的阶段，但世界毕竟出现了联合国及其安理会、"七十七国集团""石油输出国组织"这样的国际性组织，出现了"非洲统一组织""欧洲安全会议""美洲国家组织""东南亚国家联盟""亚太经济合作组织"以及最新产生的"上海合作组织"等地区性政治、经济、安全合作组织。这些努力从某种程度上说，都是对多极化机制的有益探索，同时也都是朝多极化方向迈进的实在步骤。

凡有斗争与交锋的地方，都有力量的重新组合。新兴力量崛起的速度越快，世界多极化进程的发展也就越快，这同样不以人的主观意志为转移。

（摘编自金一南：《多极化——不可抗拒的历史潮流》，《人民文摘》，2002 年第 8 期）

【思考讨论】

如何看待 20 世纪 90 年代多极化的国际格局在"三个代表"重要思想形成中的作用？

【要点提示】

上述材料可以使我们了解"三个代表"重要思想形成的时代背景，深刻理解"三个代表"重要思想是适应当时世界发展变化而产生的。

世界政治格局由两极走向多极，国际形势总体上趋向缓和。世界要和平，人民要合作，国家要发展，社会要进步，这已成为时代的潮流。在世界多极化的过程中，由于美国等国家的阻挠，天下仍不太平，走向多极化的路程是曲折、长期的。经济的全球化给我们带来发展机遇的同时，也使我们面临着严峻的挑战。由于科学技术的发展，一些发达国家依靠自己的经济实力和科技优势，正力图发展本国的所谓"新经济"，力争在国际竞争中抢占一席之地。这些新考验，归根结底，就是我们党能不能始终保持先进性和旺盛活力，在世界形势深刻变化的历史进程中始终走在时代前列，在应对国内外各种风险考验的历史进程中始终成为坚强的领导核心。这是时代向我们党提出的课题。以江泽民为核心的党的第三代领导集体，顺应时代潮流，紧扣时代脉搏，进一步回答了什么是社会主义、怎样建设社会主义的问题，创造性地回答了建设什么样的党、怎样建设党的问题，从而提出了"三个代表"重要思想。

六、实践指导

方案一：观看系列纪录片《正道沧桑——社会主义 500 年》第四十三集——薪火传承

【实践目的】电视系列片《正道沧桑——社会主义 500 年》宣传阐释中国特色社会主义的真谛要义，全面反映中国特色社会主义的生动实践，充分展示中国特色社会主义的发展前景，增强广大干部群众坚持中国特色社会主义道路、理论体系、制度的自觉性和坚定性，增强道路自信、理论自信、制度自信、文化自信，为全面建成小康社会、夺取中国特色社会主义新胜利，实现中华民族伟大复兴的"中国梦"提供强大的精神力量。其中，"第四十三集——薪火传承"重点讲述了"三个代表"重要思想的提出过程、科学内涵和基本内容。

【实践方式】利用网络或电视观看视频。

【实践步骤】

（1）安排学生组成课后学习小组，每个小组 3~5 人，自由安排观看视频。

（2）小组成员在观看完视频后，自行组织课后的小组讨论，小组成员彼此分享观后感受。

（3）小组成员每人撰写一份观后感，字数 1500~2500 字左右。

【实践成果】根据学生课堂的学习表现和文章的质量计分，分数计入学生平时成绩。

方案二：读书交流活动

【实践目的】通过学生阅读文献，并在课堂上活动中加以分享、交流自己对"三个代表"重要思想的理解。

【实践方式】推荐学生阅读书目，组织学生进行主题交流。

【实践步骤】

（1）给学生推荐参考书目。

（2）学生自行阅读，阅读完之后组织主题讨论交流活动。

（3）将讨论交流的内容撰写成文章，并在班内展示。

【实践成果】根据学生课堂的学习表现和文章的质量计分，分数计入学生平时成绩。

方案三：采访身边的优秀共产党员

【实践目的】"三个代表"重要思想提出了党的建设的新要求：必须使全党始终保持与时俱进的精神状态，不断开拓马克思主义理论发展的新境界；必须把发展作为党执政兴国的第一要务，不断开创现代化建设的新局面；必须最广泛最充分地调动一切积极因素，不断为中华民族伟大复兴增添新力量；必须以改革的精神推进党的建设，不断为党的肌体注入新活力，充分体现了共产党人的先进性和时代精神，为加强党的建设指明了方向。

我们身边有许多优秀共产党员发挥着先锋模范作用，让大学生通过采访优秀共产党员，感受优秀共产党员的先进性力量，坚定自己的共产主义远大理想和中国特色社会主义共同理想。

【实践方式】学生个人或小组进行采访活动。

【实践步骤】

(1) 确定采访对象。

(2) 制定详细的采访方案。

(3) 实施采访活动。

(4) 撰写采访报告。

【实践成果】评选优秀采访报告，将优秀采访报告汇编成册。

七、练习与思考

(一) 单项选择题

1. 贯彻"三个代表"重要思想，必须把(　　)作为党执政兴国的第一要务，不断开创现代化建设的新局面。
   A. 教育　　　　B. 经济　　　　C. 发展　　　　D. 稳定

2. "三个代表"重要思想创造性地回答了(　　)。
   A. 什么是社会主义、怎样建设社会主义的问题
   B. 建设什么样的党、怎样建设党的问题
   C. 怎样建设中国特色社会主义的问题
   D. 怎样发展马克思主义的问题

3. 贯彻"三个代表"重要思想，核心是坚持党的(　　)。
   A. 阶级性　　　B. 人民性　　　C. 先进性　　　D. 领导

4. (　　)将"三个代表"重要思想与马克思列宁主义、毛泽东思想和邓小平理论一道确立为党必须长期坚持的指导思想，并写入党章。
   A. 党的十四大　　　　　　　　B. 党的十五大
   C. 党的十五届五中全会　　　　D. 党的十六大

5. 在"三个代表"中，发展先进生产力是发展先进文化、实现最广大人民根本利益的(　　)。
   A. 根本前提　　　　　　　　　B. 一般条件
   C. 最终目的　　　　　　　　　D. 基础条件

6. (　　)是生产力中最活跃的因素。
   A. 人　　　　　B. 土地　　　　C. 资本　　　　D. 技术

7. (　　)是第一生产力，是先进生产力的集中体现和主要标志。
   A. 管理　　　　B. 信息　　　　C. 科学技术　　D. 劳动力

8. (　　)是经济工作和其他一切工作的生命线，是我们党和社会主义国家的重要政治优势。
   A. 作风建设　　　　　　　　　B. 思想政治工作
   C. 组织建设　　　　　　　　　D. 军事保障

9. 我们党全部工作的出发点和落脚点就是( )。
   A. "三个代表"重要思想
   B. 全面建设小康社会
   C. 坚持与时俱进
   D. 不断实现好、维护好、发展好最广大人民的根本利益

10. 党和国家的一切工作和方针政策,都要以是否符合( )的利益为最高衡量标准。
    A. 最广大人民群众　　　　　　　　B. 工人阶级
    C. 中华民族　　　　　　　　　　　D. 中国共产党

11. ( )正式把建立社会主义市场经济体制确立为我国经济体制改革的目标。
    A. 党的十三届四中全会　　　　　　B. 党的十四大
    C. 党的十五大　　　　　　　　　　D. 党的十六大

12. 加强党和改进党的作风建设,核心问题是( )。
    A. 保持党同人民群众的血肉联系
    B. 共产党人坚定的共产主义理想和社会主义信念
    C. 坚持解放思想、实事求是、与时俱进
    D. 相信谁、依靠谁、为了谁

13. 我们党的最大政治优势是( )。
    A. 以马克思主义为指导　　　　　　B. 讲大局、讲团结、讲稳定
    C. 密切联系群众　　　　　　　　　D. 从严治党

14. "三个代表"重要思想中,作为中国共产党执政的出发点和归宿的是( )。
    A. 发展先进生产力　　　　　　　　B. 发展先进文化
    C. 人民的根本利益　　　　　　　　D. 按规律办事

15. ( )是党的十六大的灵魂,也是贯穿十六大报告的一条主线。
    A. 与时俱进　　　　　　　　　　　B. "三个代表"重要思想
    C. 全面建设小康社会　　　　　　　D. 总结十三年的基本经验

(二)多项选择题

1. "三个代表"的要求,是我们党的( )。
   A. 立党之本　　B. 时代要求　　C. 执政之基　　D. 力量之源

2. 中国共产党必须始终代表( )。
   A. 中国先进生产力的发展要求　　　B. 中国先进文化的前进方向
   C. 全世界被压迫人民的根本利益　　D. 中国最广大人民的根本利益

3. 党的十六大对"三个代表"重要思想的明确定位是,它( )。
   A. 是对马克思列宁主义、毛泽东思想、邓小平理论的继承和发展
   B. 反映了当代世界和中国的发展变化对党和国家工作的新要求
   C. 是加强和改进党的建设、推进我国社会主义自我完善和发展的强大理论武器
   D. 是中国共产党集体智慧的结晶,是党必须长期坚持的指导思想

4. 党的十六大报告指出，贯彻"三个代表"重要思想，必须(　　)。
   A. 使全党始终保持与时俱进的精神状态，不断开拓马克思主义理论发展的新境界
   B. 把发展作为党执政兴国的第一要务，不断开创现代化建设的新局面
   C. 最广泛最充分地调动一切积极因素，不断为中华民族的伟大复兴增添新力量
   D. 以改革精神推进党的建设，不断为党的肌体注入新活力

（三）论述题

1. 如何把握"三个代表"重要思想形成的社会历史条件？
2. 怎样准确把握"三个代表"重要思想的集中概括？
3. 如何认识建立社会主义市场经济体制的重要性和主要内容？
4. 如何理解"三个代表"重要思想的历史地位？

（四）材料分析题

1. 结合下列材料回答问题

材料一： 人类又来到一个新的世纪之交和新的千年之交。在新的历史条件下，我们党如何更好地做到这"三个代表"，是一个需要全党同志特别是党的高级干部深刻思考的重大课题。

（摘自江泽民：《在新的历史条件下，我们党如何做到"三个代表"》，江泽民同志2000年2月25日在广东省考察工作时讲话，《论三个代表》，中央文献出版社，2001年，第2页）

材料二： 在新的历史条件下，按照"三个代表"的要求来加强党的建设，既是一项紧迫的现实任务，也是一项长期的历史任务，要贯穿于我们党领导人民进行现代化建设的全过程。

（摘自江泽民：《"三个代表"是我们党的立党之本、执政之基、力量之源》，《论三个代表》，中央文献出版社，2001年，第25页）

请回答：
（1）材料中指出的"三个代表"重要思想的主要内容是什么？
（2）"三个代表"重要思想的提出，具有怎样的重要意义？

2. 结合下列材料回答问题

材料： 电视剧《人民的名义》被誉为"史上尺度最大反腐剧"，它以高收视率赢得了各个年龄段观众的追捧，触发了人们的共鸣。据调查，有六成的网友之所以追剧，是因为该剧还原了一个真实的反腐生态，照见了反腐现实。大数据分析显示，自开播以来，该剧的总体播放量和单日播放量均持续领跑，成为名副其实的"反腐题材第一剧"。

请回答：
联系上述材料，从"三个代表"重要思想的角度，说明中国共产党坚决反腐赢得人民赞誉的原因。

第七章 科学发展观

一、学习目的与基本要求

科学发展观是中国共产党在准确把握世界发展趋势、认真总结我国发展经验、深入分析我国发展阶段性特征的基础上提出的重大战略思想。通过本章的学习，我们充分认识到科学发展观是我们党坚持把马克思主义基本原理同当代中国实际和时代特征相结合，在新中国成立以来特别是改革开放以来不懈探索基础上，继续拓展中国特色社会主义实践、探索中国特色社会主义规律的必然结论，是中国特色社会主义理论体系的重要组成部分。我们要充分理解科学发展观形成和发展的社会历史条件，把握科学发展观的科学内涵和精神实质，认识科学发展观的丰富内容，理解科学发展观的历史地位和指导意义，以科学发展观为指导，不断发展中国特色社会主义事业。

二、重点难点问题解析

1. 如何理解科学发展观形成的依据

科学发展观的形成有其丰富的理论基础和深刻复杂的国内国外环境变化的要求。就其理论基础而言，首先科学发展观是对马克思主义发展的世界观和方法论的继承发展，马克思、恩格斯认为物质世界是运动、变化、发展的，他们反对形而上学的世界观，科学发展观就是在辩证唯物主义和唯物辩证法的基础上形成的；其次是对当代中国发展观念的继承和发展，从毛泽东到江泽民三代领导集体形成的发展思想是科学发展观形成的当代理论基础。从国内环境来说，经过几十年的发展，我国在经济、政治、文化等各个方面都取得了显著成就，但是我国仍处于社会主义初级阶段，面临着许多突出矛盾和问题，表现在城乡不和谐、区域不和谐、经济增长和社会发展不和谐等方面。邓小平曾经说过："社会主义本身是共产主义的初级阶段，而我们中国又处在社会主义的初级阶段，就是不发达的阶段。一切都要从这个实际出发，根据这个实际来制订规划。"因此，发展仍然是我们的根本任务，实现现代化仍然是我们奋斗的目标，我们要认清当前中国的国情。从国外环境来说，中国越来越与世界的发展紧密相连，经济全球化对于我国发展而言既是机遇又是挑战，当时国际力量对比发生重大变化，多极化趋势明显，新兴国家在崛起，老牌资本主义国家发展出现很多问题，先污染后治理的发展方式使得环境受到严重污染，日本模式、英美模式的表现也说明没有一种模式是适用于任何一个国家的，中国必须与时俱进地发展适合自己的发展模式,因此结合国内外环境应对国内发展矛盾和问题,以胡锦涛同志为总书记的党中央提出了科学发展观。

2. 如何理解科学发展观的第一要义是发展,核心是以人为本

强调科学发展观的第一要义是发展,其深刻内涵和基本要求是:①解放和发展社会生产力始终是社会主义的根本任务,要牢牢扭住经济建设这个中心,为发展中国特色社会主义打下坚实的物质基础;②以经济建设为中心,全面推进经济建设、政治建设、文化建设和社会建设,按照"五个统筹"的要求,促进经济社会发展和人的全面发展相统一,实现经济发展与人口、资源、环境相协调;③统筹兼顾,总揽全局,充分调动一切积极因素,妥善处理各种利益关系,注重实现良性互动,着力加强经济社会发展的薄弱环节;④加快转变经济发展方式,完善社会主义市场经济体制;⑤始终把实现好、维护好、发展好最广大人民的根本利益作为党和国家一切工作的出发点和落脚点,做到发展为了人民、发展依靠人民、发展成果由人民共享。

以人为本是科学发展观的核心。①以人为本就是以最广大人民的根本利益为本。与中国共产党提出的始终代表中国最广大人民的根本利益和全心全意为人民服务的根本宗旨完全一致。以人为本的人,是指最广大人民群众。在当代中国,就是以工人、农民、知识分子等为主体,包括社会各阶层在内的最广大人民群众。以人为本的本,就是根本,就是出发点和落脚点,就是最广大人民的根本利益。要始终把实现好、维护好、发展好最广大人民的根本利益作为党和国家一切工作的出发点和落脚点。②以人为本体现了立党为公、执政为民的本质要求,是中国共产党的根本宗旨和执政理念的集中体现,是社会主义制度的本质特征,是全面建设小康社会、实现社会主义现代化的根本要求。③坚持以人为本,要在治国理政的过程中充分体现和代表人民的意愿,坚持发展为了人民、发展依靠人民、发展成果由人民共享,不断让人民群众得到实实在在的利益,使全体人民朝着共同富裕的方向稳步前进。④要在经济社会发展的各个环节、各项工作中体现和保障人民群众的权益。经济建设,要着眼于创造更丰富的社会物质财富,改善人民生活,提高人民生活水平。政治建设,要着眼于保障人民当家作主的权利和合法权益,不断发展社会主义民主,健全社会主义法制。文化建设,要着眼于满足人民精神文化需求,提高人民精神生活质量,不断丰富人们的精神世界。社会建设,要着眼于协调好各方面的利益关系、增强全社会的创造活力,不断建设全体人民各尽其能、各得其所而又和谐相处的社会。⑤坚持以人为本,就要把促进人的全面发展作为经济社会发展的最终目的,既着眼于人民现实的物质文化生活需要,又着眼于促进人民素质的提高,把促进人的全面发展落实到经济社会发展的全过程,贯穿到各项工作中去。实现人的全面发展,受到生产力发展水平和社会现实条件的制约,是一个长期的、渐进的过程,不能超越经济社会发展阶段。要从社会主义初级阶段基本国情这个最大的实际出发,从具体事情做起,把促进人的全面发展落实到经济、政治、文化、社会建设的各个方面,推进经济社会全面进步。因此,科学发展观的第一要义是发展,核心是以人为本。

三、扩展阅读

1. 经典论述

科学发展观是指导发展的根本指南。科学发展观不是不要发展，我们党改革开放以来提出的"发展是硬道理""发展是党执政兴国的第一要务"等重要论断，都是科学发展观的本义所在。科学发展观首先还是要发展，其关键在于发展不能再走老路。发展不能脱离"人"这个根本，必须是以人为本的全面发展，这是发展的终极目标。发展要城乡协调、地区协调。发展不能断送了子孙的后路。粗放型增长的路子，"好日子先过"，资源环境将难以支撑。因此，发展必须是可持续的。这些道理一经揭示出来，看似浅显易明；但不揭示出来，可能在实践中就忽略了；一旦忽略，就出现许多问题，有些问题积重难返，就非下"虎狼之药"不可，这就需要宏观调控了。宏观调控是市场经济条件下的一个常态，去年以来"有保有压"的政策是宏观调控，前些年以积极的财政政策来刺激投资和消费也是宏观调控，今后的发展同样离不开宏观调控。

——习近平：《之江新语》，浙江人民出版社，2007年版，第116页。

构建社会主义和谐社会，必须坚持以邓小平理论和"三个代表"重要思想为指导，坚持社会主义的基本制度，坚持走中国特色社会主义道路；必须树立和落实科学发展观，坚持以经济建设为中心，坚持"五个统筹"，促进社会主义物质文明、政治文明、精神文明建设与和谐社会建设全面发展；必须坚持以人为本，始终把最广大人民的根本利益作为党和国家工作的根本出发点和落脚点，在经济发展的基础上不断满足人民群众日益增长的物质文化需要，促进人的全面发展；必须尊重人民群众的创造精神，通过深化改革、创新体制，调动一切积极因素，激发全社会的创造活力；必须注重社会公平，正确反映和兼顾不同方面群众的利益，正确处理人民内部矛盾和其他社会矛盾，妥善协调各方面的利益关系；必须正确处理改革发展稳定的关系，坚持把改革的力度、发展的速度和社会可承受的程度统一起来，使改革发展稳定相互协调、相互促进，确保人民群众安居乐业，确保社会政治稳定和国家长治久安。

——胡锦涛：《在省部级主要领导干部提高构建社会主义和谐社会能力专题研讨班上的讲话》（2005年2月19日），《十六大以来重要文献选编》（中），第707页。

2. 阅读推荐

（1）《胡锦涛文选》第1卷、第2卷、第3卷，人民出版社，2016年版。

【推荐理由】习近平总书记在党的十九大报告中指出："中国特色社会主义进入新时代，我国社会主要矛盾已经转化为人民日益增长的美好生活需要和不平衡不充分的发展之间的矛盾。"但社会主要矛盾的变化没有改变我国仍处于社会主义初级阶段的基本国情，中国特色社会主义的总任务仍然是实现社会主义现代化和中华民族的伟大复兴，要始终牢记科学发展的思想，坚持全面协调可持续地建设中国特色社会主义，《胡锦涛文选》第1、2、3卷集中阐述了科学发展观形成的根本依据、内容、意义、地位，是以胡锦涛同志为总书记的党中央领导集体的思想结晶，是全面了解科学发展观科学内涵的重要渠道。

(2) 卢得志：《从思想路线高度把握科学发展观的精神实质》，《人民日报》，2013年3月1日。

【推荐理由】文章将理解科学发展观提升到思想路线的高度，追溯了党的三代领导集体解放思想、实事求是、与时俱进思想形成的过程，突出了求真务实对于党的先进性和创造性的继承和发展，强调求真务实在整个党的思想路线中的重要作用，有利于从更高层次把握科学发展观的精神实质，克服形式主义，扎实推进各项工作，如期圆满完成全面建成小康社会的任务。

(3) 习近平：在学习《胡锦涛文选》报告会上的讲话（2016年9月29日）。

【推荐理由】面对新的时代条件，在如何对待胡锦涛同志和《胡锦涛文选》的问题上，习近平同志做出了解答，强调学习《胡锦涛文选》是当前和今后一个时期党的思想政治建设和党员、干部理论学习培训的重要任务，通过学习进一步做好党和国家各项工作，有利于更好地处理历史与现实之间的关系，更深刻地了解科学发展观对于当今社会主义建设的意义。

(4) 庞元正：《科学发展观基本问题研究》，人民出版社，2012年版。

【推荐理由】本书对科学发展观提出的国内外背景、理论基础、国外发展的理论演进、科学发展观的当代价值进行了详细的解读，有利于青年学生系统地学习科学发展观的内容，并且能从学者的角度来认识科学发展观。内容详细清晰，语言亲切，容易吸收理解。

四、理论前沿

关于科学发展观的基本内涵

科学发展观包含着丰富的内容，对于其基本内涵国内学者有不同的观点。第一种观点认为可以把握为五个方面：第一，民本发展，就是新世纪中国经济的发展必须坚持以民为本，这是发展的根本要求。第二，全面发展，就是新世纪中国的发展必须涵盖整个社会的各个领域，这是发展的多元内容。第三，协调发展，就是新世纪中国的经济社会发展要保持发展的不同领域、不同方面、不同要素、不同要求的相互适应、有机配合、优势互补与彼此促进，这是发展的基本原则。第四，可持续发展，就是新世纪中国的经济社会发展同人口、生态、环境与资源相互适应，这是发展的重要体现。第五，统筹发展，就是新世纪中国的发展必须遵循统筹城乡发展、统筹区域发展、统筹国内发展和对外开放的要求，这是发展的战略指导。

（摘编自中央党校经济学部课题组：《树立科学发展观要实现十个转向》，《中国党政干部论坛》，2004年1月）

有学者认为，科学发展观的内涵要回答的问题有：要不要发展，为谁发展，发展什么，怎样发展，往哪里发展等问题。具体来说就是：(1) 坚持以人为本是科学发展观的本质和目的，是回答"为谁发展"的问题；(2) 发展是科学发展观的主题，是回答"要不要发展"的问题；(3) 科学发展观要回答"发展什么"的问题，包括经济、政治、文化、社会各个领域的发展；(4) 科学发展观要回答"怎样发展"的问题，这就是统筹兼顾、协调发展，基本内容主要是坚持"五个统筹"；(5) 科学发展观要回答"怎样发展才能保持永续性"的问题，这就是实现可持续发展。

（摘编自吴振坤：《牢固树立和认真落实科学发展观》，《理论学刊》，2004 年第 4 期）

有学者认为，科学发展主要解决了以下四个方面的问题：对于"什么是发展"做出了科学的回答；对于"为什么要发展"做出了科学分析；对于"怎样才能发展"做出了科学的探索；对于评价发展做出了科学判断。还有学者认为，科学发展观内涵丰富，归纳起来是"一个本质""三个基本点""五个基本要求"。以人为本是科学发展观的本质；"全面、协调、可持续发展"是科学发展观的三个基本点；统筹城乡发展、统筹区域发展、统筹经济社会发展、统筹人和自然和谐发展、统筹国内发展与对外开放，是科学发展观的五个基本要求。

（摘编自庞元正：《当代中国的发展实践与科学发展观》，《领导科学》，2004 第 6 期）

五大发展理念与科学发展观的关系

随着马克思主义发展观的不断深入发展，近年来理论界开始关注五大发展理念与科学发展观的关系，对于他们的联系大致有以下两种观点：一是科学发展观是五大发展理念最为直接的思想理论基础，而五大发展理念又是对科学发展观的继续深化和发展。（蒋红群：《五大发展理念与科学发展观之关系探要》，《马克思主义研究》，2016 年第 10 期）二是五大发展理念是科学发展观的升级版，是对"以人为本，全面协调可持续发展"的科学发展观的全面深化：一方面表明了改革对科学发展的持续推动作用，使"以人为本"的科学发展原则得到具体体现，另一方面细化了"全面协调可持续发展"的科学发展原则的内容。（余金成：《五大发展理念是科学发展观的升级版》，《学习论坛》，2016 年第 2 期）

区别上来说，他们的理论和政治定位不同。科学发展观的理论定位是马克思主义关于发展的世界观和方法论的集中体现，政治定位是党必须长期坚持的根本指导思想。而五大发展理念的理论定位是以人民为中心的新发展理念，政治定位是"十三五"时期乃至更长时期中国发展必须坚持的重要遵循。

但并不是说有了科学发展观，五大发展理念就没有提出来的必要；有了五大发展理念就不用再坚持科学发展观，他们是相互辉映又互相补充的关系。科学发展观为发展提供的是世界观和方法论的东西，而五大发展理念是具体的策略和布局，是在世界观和方法论指导下的具体行动，他们统一为中国特色社会主义建设服务。

（摘编自蒋红群：《五大发展理念与科学发展观之关系探要》，《马克思主义研究》，2016 年第 10 期）

科学发展观与社会主义和谐社会建设之间的关系

《中共中央关于构建社会主义和谐社会若干重大问题的决定》中的一句话"社会和谐是中国特色社会主义的本质属性"。科学发展观是在建设中国特色社会主义的过程中提出来的，是对当时社会条件的深刻总结，是社会主义和谐社会建设的理论依据。社会主义和谐社会是一种理想的社会状态，表现了求同存异的人与人之间的关系。科学发展与和谐社会是相互联系和相互结合的，科学发展观的核心是以人为本，社会主义和谐社会的基础是人与人之间的和谐关系。胡锦涛提出了社会主义和谐社会的六个特征，即民主法治、公平正义、诚信友爱、充满活力、安定有序、人与自然和谐相处。构建和谐社会是落实科学发展观的具体实践和生动体现。经济基础决定上层建筑，发展是构建社会主义和谐的前提，只有经济得到充分发展，才能为构建社会主义和谐社会提供雄厚的物质基础，才能满足人民群众日益增长的物质文化需要，以人为本是科学发展观的核心，它同时也是构建社会主义社会的价值取向，发展是为了人民，发展的成果应该惠及全体人民，而同样的构建社会主义和谐社会也是为了广大人民群众，同时也要依靠广大人民群众，统筹兼顾是落实科学发展观的必然要求，也是构建社会主义和谐社会的必然要求和题中应有之义。全面协调可持续是科学发展观的基本要求，也是构建和谐社会的基本要求，只有坚持发展的全面性，才能从经济、政治、文化等各个方面为和谐社会建设提供物质基础、政治保障和精神支撑。我们党提出科学发展观和建设社会主义和谐社会，就是为了把发展与和谐更好地统一起来，实现两者的良性互动。

（摘编自郭建宁：《科学发展观与构建和谐社会》，《北京大学学报（哲学社会科学版）》，2006年第3期）

科学发展观和生态文明

科学发展观的一个重要内容就是处理好人与自然之间的关系，强调社会经济的发展必须与自然生态的保护相协调。建设社会主义的物质文明、政治文明和精神文明，与建设社会主义的生态文明，是互为条件、相互促进、不可分割的一个整体。生态文明是物质文明、政治文明和精神文明的基础和前提，没有生态文明，就不可能有高度发达的物质文明、政治文明和精神文明。也就是说，建设社会主义的物质文明，内在地要求社会经济与自然生态的平衡发展和可持续发展；建设社会主义的政治文明，内在地包含着保护生态、实现人与自然和谐相处的制度安排和政策法规；建设社会主义的精神文明，内在地包含着环境保护和生态平衡的思想观念和精神追求。

（摘编自俞可平：《科学发展观与生态文明》，《马克思主义与现实》，2005年第4期）

五、案例剖析

案例:

构建中国发展型的社会政策——"科学发展与社会政治笔谈"

中国目前的经济已经进入新一轮的快速增长周期,在这样一个关键的发展时期,中共中央关于"五个统筹"(即统筹城乡发展、统筹区域发展、统筹经济社会发展、统筹人与自然和谐发展、统筹国内发展和对外开放的要求)的科学发展观的提出,是对中国社会学者智慧的挑战:科学发展观内涵的明晰和丰富,以及它的落实都需要中国学者,特别是中国的社会学者在对中国经验思考的基础上提出自己的意见。这一切都根植于"中国经验"的特殊性。为什么这样说?对社会学来说,协调发展本身并不是什么新思想,社会学建立的160多年来,经典的社会学家都在反复地重申这个主题:协调、秩序、进步等。在社会科学中,社会学的追求"协调"、经济学的追求"均衡"、法学的追求"公正"、政治学的追求"合作",这都是一贯的学科理念,与科学发展观的基本原则是一致的。但在现实社会中,并不存在绝对的协调、均衡、公正和合作,绝对化的协调、均衡,会沦为缺乏激励和活力的平均主义;在很多情况下,发展的突破和超越,恰恰是打破原有的所谓协调和均衡。中国的改革开放,引入市场机制,打破"大锅饭",让一部分人先富起来,都是要破除绝对平均主义,增加激励,加快发展的速度,甚至是超常规的发展。然而,这种超常规的发展也带来新的问题,就是新的失调和失衡,在某些方面可以说是严重的失调和失衡。正是在这种背景下,我们说科学发展观里的重要价值,它的内涵的精髓,来自"中国经验"的基础。

现在的一个现象是,国外的多数学者比国内的学者似乎更看好中国的发展,认为中国的崛起是不可遏制的趋势。但国内的学者接触现实问题比较多,其经验感受远远超出GDP的增长率,更容易对诸如中国的就业、收入分配、城乡差距、社会保障、腐败等难点问题忧心忡忡。中国是一个人口大国,13亿人口和几百万或几千万人口是不同的量级。很多事物的通行发展规则,放在13亿人口的基数上都会发生新的变化。对一个人口小国来说的辉煌成就,除上13亿人口也许算不上什么,而任何微小差误乘上13亿人口,可能就是天大的问题。比如GDP的增长率,由于中国目前每年仍净增长800多万人,中国的人均GDP只有日本的1/30左右,所以,相对于日本经济增长2%的数字,中国经济增长8%,尽管有"崛起的中国、沉没的日本"的说法,我们自己不能飘飘然。艾滋病、出生婴儿性别比失调这种看似不大的问题,对13亿人口的中国来说,都有可能演变成大问题。以上说的都是强调"中国经验"的重要性,中国经验将来肯定会改写现代化和全球化的理论,会修改社会科学各门学科的一些既有规则,至少从我的专业社会学来看是这样。这是因为一个13亿人口大国的超常规发展,提供了很多超出我们一般所说的"常态社会"的新经验。长期以来,社会学的主流,就是研究"常态社会",即认为在常态的情况下,社会的变迁是按照一定的既有规则进行的,即便是社会的变革和转型,也是长期变化积累的结果。社会学的主流思想,是坚信人的理性力量和社会发展的有序性,认为在社会发展领域不存在无法追寻因果关系的"裂变"和"突进"。所以,即便是专门研究社会问题的"越轨社会学""灾难社会学"等,也都是从"常态社会"的角度来考虑。社会学以往对失业、人口过多、贫富差距、贫困、疾病、犯罪、教育短缺、社会保障不足、环境污染等社会问题的研究,也都是从"常态社会"的假设出发,把这些社会问题视为"常态社会"秩序的"失范"而已。而且,很长一段时期以来,国际社会学界也被一种乐观主义的情绪所笼罩,从贝尔(D. Bell)的《后工业社会的到来》、托夫勒(A. Toffler)的《第三次浪潮》到卡斯特(M. Castells)的《网络社会的兴起》,都在描述一种信息社会的令人振奋的前景。人们一直相信,我们对自然的征服和对社会的控制,将是一路凯歌的,新的技术进步将会自然解决那些我们百思不得其解的问题。当然,国际社会学中过去也一直存在着悲观主义的危机学派,特别是20世纪六七十年代,正当西方发达国家陶醉于高增长、高消费的"黄金时代"时,罗马俱乐部发表了《增长的极限》的研究报告,一些学者从人口激增、资源短缺、环境污染和生态破坏的角度,发出惊世骇俗的警告。近年来也有从文化角度提出预警的,如亨廷顿(S. Huntington)的《文明的冲突与世界秩序的重建》、福山(F. Fukuyama)的《大分裂:人类本性与社会秩序的重建》。但这类危机的判断,常常被学术界主流排除在"规范研究"之外,人们普遍认为,类似的危机预言,虽然轰动一时,但多少总有点危言耸听的味道,而且,那些问题总会有解决的办法,因为人类的理性战无不胜,煤没有了我们有石油,石油没有了我们还有核电。直到德国著名社会学家贝克(U. Beck)和英国著名社会学家吉登斯(A. Giddens)通过"规范研究"提出"风险社会"理论,国际社会学界才开始认真地思考,我们是不是真地面对一个新的不同于传统"常态社会"的"风险社会"。但国内社会学界,由于大家集中关注快速的经济增长和社会开放中的发展问题,还没有来得及反思"风险社会"理论对认识中国发展阶段变化的意义。"中国经验"这个概念,对于真正理解科学发展观的重大意义非常重要。从"中国经验"出发,我们才能真实地了解中国发展中诸多社会风险的临界点在哪里,这些临界点单凭既有的规则是推论不出来的,而不顾前提条件和约束,单从原则推论出的结论往往会是虚假的。比如说贫富差距问题,规则中有一条是差距随发展先扩大后缩小的库兹涅茨(S. Kuznets)"倒U型"曲线,因为其他国家发展到一定阶段(如人均GDP 1000美元),会出现人口增长停滞、劳动力紧缺,劳工的谈判和讨价还价能力大为增强,从而致使劳动力相对收益增长、资本相对收益下降。但中国有劳动力无限供给的特殊情况,所以近10年来在资本和技术收益都大大提高的同时,农民工的非技术工作的工资几乎没有什么变化,农民工的权益也必须由政府出面来加强保护,中国的贫富差距仍然呈现快速加大的趋势。再比如粮食问题,20年前国外就有"谁来养活中国"的说法,中国也的确每年耕地都在大量减少,而人口每年还在大量增加,但20年过去了,粮食没有发生短缺,粮价在没有大幅度增加粮食进口的情况下也没有飞涨。什么原因呢?数亿人的消费结构变化会改变很多问题,水产品、蔬菜、水果、奶制品的大量增产,使城市人均年消费粮食从20年前的150公斤下降到今天的不到80公斤。我并不是说中国的粮食安全问题不重要,但在我看来,对中国粮食安全的最大威胁是"谷贱伤农"造成的抛荒,而不是农民的种植结构变化。又比如艾滋病防治问题,以前中国对这个问题缺乏正视，甚至有点"家丑不可外扬"的心态，现在中国政府公开向艾滋病宣战了，因为 SARS 危机的教训让我们认识到，在中国这样的人口密集大国，虽然 84 万艾滋病病毒感染者对中国来说，成人感染率不到 1‰，但我们并不清楚到什么临界点它就会出现超出常规的几何速度扩散。总之，中国的人口总量对一些既有规则的改变，增加了中国发展中社会风险的"突发性""不确定性""难以预见性"。建立在"中国经验"基础上的科学发展观，意味着中国决心走经济发展和人口、资源、环境相协调的道路，走中国特色的社会主义市场经济道路，走有社会活力的共同富裕道路，坚决防止经济、社会、自然的重大失调，坚决防止一切权贵资本主义的趋向。

科学发展观的提出，是对中国社会学者智慧的挑战，这种智慧包括我们对中国经验的理解力和回应问题的想象力。敏感的学者一定可以感觉到：科学发展观的提出，使中国社会学面临着蓬勃发展和为民族崛起贡献智慧的新的可能性。

（摘自李培林、王思斌、梁祖彬、周弘、张秀兰：《构建中国发展型的社会政策——"科学发展与社会政治笔谈"》，《中国社会科学》，2004 年第 6 期）

【思考讨论】

（1）结合理论知识，回答为什么科学发展观的提出具有根植于中国经验的特殊性。

（2）结合案例内容，谈谈如何运用科学发展观解决中国发展中出现的问题。

【要点提示】

中国经验的特殊性是由于中国在政治、经济、文化、社会等制度上大大不同于西方社会，正如邓小平同志所说"摸着石头过河"，就是说明了中国国情与西方的迥异，导致西方许多经验对中国而言没有可借鉴性，需要自己去探求摸索。因此，联系科学发展观的形成条件，科学发展观是在深刻把握我国基本国情和新的阶段性特征的基础上形成和发展的；是在深入总结改革开放以来特别是党的十六大以来实践经验的基础上形成和发展的；是在深刻分析国际形势、顺应世界发展趋势、借鉴国外发展经验的基础上形成和发展的。这也说明中国改革开放初期的先富带后富的不均衡发展战略所获得的成就以及导致的一系列问题，需要有新的协调性的发展观来进行指导。因此，第一要义是发展，核心立场是以人为本，基本要求是全面协调可持续，根本方法是统筹兼顾的科学发展观应运而生。

阅读案例可知，当前中国存在贫富差距、粮食安全、艾滋病防疫等问题，而这些问题的解决可以联系科学发展观的主要内容，如加快转变经济发展方式、发展社会主义民主政治、建设社会主义文化强国、构建社会主义和谐社会、推进生态文明建设、全面加强党的建设科学化水平等进行阐释。

六、实践指导

方案一：实地调研——现代农村建设情况

【实践目的】通过实地调研，同学们可以清晰直观地感受到在科学发展观指导下的农村经济发展方式的转变，从而深刻理解科学发展观作为指导全面建成小康社会、发展中国特色社会主义必须长期坚持的指导思想的正确性。

【实践方式】以小组为单位，组织学生深入新农村，实地调研。

【实践步骤】

（1）选取学校周边有特点的农村，确定调研地点。

（2）让同学们查找相关资料，制订各自调研内容计划。

（3）制订出行计划，安排车辆。

（4）按计划进行调研，收集相关信息。

（5）以小组为单位，撰写调研报告并提交。

【实践成果】评选优秀调研报告，将优秀调研汇编成册。

方案二：主题演讲——发展是解决中国一切问题的"总钥匙"

【实践目的】发展作为人类文明进步的基础，我们在思考发展的同时也应当思考如何更好地发展。通过演讲比赛，促使同学们对此进行深入思考，并对科学发展观的提出与形成历程有更加深刻的理解。

【实践方式】以班级为单位开展活动，个人报名参赛。

【实践步骤】

（1）制订演讲活动计划，包括演讲内容要求、字数要求、文稿时间、评奖规则、奖励方式等。

（2）确定评委，组织评委对演讲进行评审。

（3）按计划进行演讲比赛，当场公布评审结果。

（4）颁发奖状，并合影留念。

【实践成果】给予获奖同学课程成绩适当加分。

七、练习与思考

（一）单项选择题

1. 科学发展观形成的国情依据是（　　）。
   A. 社会主义初级阶段基本国情和新的阶段性特征
   B. 党带领人民战胜各种风险挑战、坚持和发展中国特色社会主义的成功探索
   C. 当今世界发展大势
   D. 国外发展的经验教训

2. 科学发展观进一步走向成熟的标志是（　　）。
   A. 党的十五大　　B. 党的十六大　　C. 党的十七大　　D. 党的十八大

3. 科学发展观的基本要求是（　　）。
   A. 推动经济社会发展　　　　B. 以人为本
   C. 全面协调可持续　　　　　D. 统筹兼顾

4. 科学发展观指出，马克思主义政党自身建设的根本任务和永恒课题是（　　）。
   A. 加强党的执政能力建设　　B. 保持和发展党的先进性
   C. 保持和发展党的纯洁性　　D. 扩大党的群众基础

5. 科学发展观最鲜明的精神实质是( )。
   A. 解放思想
   B. 解放思想、实事求是
   C. 解放思想、实事求是、与时俱进
   D. 解放思想、实事求是、与时俱进、求真务实

6. 科学发展观的根本方法是( )。
   A. 把发展作为第一要义   B. 以人为本
   C. 统筹兼顾   D. 全面协调可持续

7. 关于发展的本质、目的、内涵和要求的总体看法和根本观点是( )。
   A. 发展战略   B. 发展路径
   C. 发展模式   D. 发展观

8. 坚持科学发展观,其根本着眼点是( )。
   A. 科教兴国
   B. 要用新的发展思路实现更快更好地发展
   C. 统筹兼顾
   D. 发展战略

9. 发展观的第一要义是( )。
   A. 以人为本   B. 全面协调可持续
   C. 发展   D. 统筹兼顾

10. 科学发展观的实质是( )。
    A. 速度至关重要
    B. 以人为本
    C. 要实现经济社会更快更好地发展
    D. 全面、协调、可持续

11. 20世纪( )人们认识到发展应以人的价值、人的需要和人的潜力为发展中心,从而促进生活质量的提高和社会每位成员的全面发展,即发展＝以人为中心＋社会综合发展的发展观。
    A. 60年代   B. 70年代   C. 80年代   D. 90年代

12. 科学发展观的正式提出是在党的十六届( )全会。
    A. 四中   B. 三中   C. 六中   D. 五中

13. 坚持科学发展观,必须加快转变经济发展方式。转变经济发展方式的主攻方向是( )。
    A. 科技进步和创新   B. 经济结构战略性调整
    C. 保障和改善民生   D. 建设"两型"社会

14. 经济发展表示随着( )而同时出现的一系列经济、政治、文化、社会等结构的根本性变化。
    A. 商品发展   B. 物质丰富
    C. 经济增长   D. 制度调整

15. 经济发展与经济增长二者之间有着本质的区别。经济发展以（　　）为物质基础前提条件和基本动力。
    A. 经济增长　　　B. 产品增加　　　C. 劳动增加　　　D. 资本投入
16. 科学发展观是在总结长期以来我国（　　）经验的基础上提出来的。
    A. 发展实践　　　B. 发展模式　　　C. 处理对外关系　　　D. 发展道路
17. 科学发展观是在深刻分析和把握我国发展阶段性（　　）的基础上提出来的。
    A. 教训　　　B. 特征　　　C. 经验　　　D. 规律

（二）多项选择题

1. 科学发展观是在（　　）。
   A. 深刻把握我国基本国情和新的阶段性特征的基础上形成和发展的
   B. 深入总结改革开放以来特别是党的十六大以来实践经验的基础上形成和发展的
   C. 深刻分析国际形势、顺应世界发展趋势的基础上形成和发展的
   D. 借鉴国外发展经验的基础上形成和发展的
2. 2010年10月党的十七届五中全会强调，在当代中国，坚持发展是硬道理的本质要求，就是坚持科学发展，更加注重（　　）。
   A. 以人为本
   B. 全面协调可持续发展
   C. 统筹兼顾
   D. 保障和改善民生，促进社会公平正义
3. 科学发展观创造性地回答了新形势下实现什么样的发展、怎样发展等重大问题。科学发展观的集中概括是（　　）。
   A. 第一要义是发展　　　　　　　　B. 核心立场是以人为本
   C. 基本要求是全面协调可持续　　　D. 根本方法是统筹兼顾
4. 以人为本集中体现了马克思主义历史唯物论的基本原理，体现了我们党全心全意为人民服务的根本宗旨和推动经济社会发展的根本目的，以人为本（　　）。
   A. 是科学发展观的核心立场　　　　B. 是以最广大人民的根本利益为本
   C. "人"是指所有人　　　　　　　　D. "本"是出发点和落脚点
5. 以人为本是科学发展观的核心立场，集中体现了马克思主义历史唯物论的基本原理，体现了我们党全心全意为人民服务的根本宗旨和推动经济社会发展的根本目的。坚持以人为本，就要（　　）。
   A. 坚持发展为了人民
   B. 坚持发展依靠人民
   C. 坚持发展成果由人民共享
   D. 最终是为了实现人的全面发展
6. 科学发展观的基本要求是全面协调可持续。"协调"是指发展要有（　　）。
   A. 持久性　　　B. 协调性　　　C. 连续性　　　D. 均衡性

7. 坚持可持续发展，必须走文明发展道路。这里的文明发展道路的内容有（　　）。
   A. 生产发展　　　　B. 生活富裕　　　　C. 生态良好　　　　D. 以人为本
8. 统筹兼顾是科学发展观的根本方法。坚持统筹兼顾，必须认真考虑和对待各方面的发展需要，正确反映和兼顾各阶层各群体的利益要求，正确处理（　　）。
   A. 中央和地方的关系
   B. 个人利益和集体利益的关系
   C. 局部利益和整体利益、当前利益和长远利益的关系
   D. 国内国际两个大局的关系
9. 社会和谐是中国特色社会主义的本质属性。民主法治、公平正义、诚信友爱、充满活力、安定有序、人与自然和谐相处，是构建社会主义和谐社会的总要求。民主法治，就是（　　）。
   A. 社会主义民主得到充分发扬
   B. 依法治国基本方略得到切实落实
   C. 全体人民平等友爱、融洽相处
   D. 各方面积极因素得到广泛调动
10. 科学发展观是马克思主义同当代中国实际和时代特征相结合的产物，开辟了当代中国马克思主义发展新境界。以下对科学发展观认识正确的是（　　）。
    A. 科学发展观是中国特色社会主义理论体系的接续发展
    B. 科学发展观是发展中国特色社会主义必须长期坚持的指导思想
    C. 科学发展观创造性地回答了什么是社会主义、怎样建设社会主义的问题
    D. 科学发展观贯穿了中国特色社会主义这个主题

（三）论述题

1. 如何理解科学发展观形成发展的社会历史条件？
2. 如何理解以人为本是科学发展观的核心立场？
3. 如何理解科学发展观的历史地位和指导意义？
4. 如何理解科学发展观的提出，进一步系统地回答了什么是发展，为什么发展，怎么样发展的重大问题？

（四）材料题

1. 结合下列材料回答问题

材料一：综合分析国际国内形势和我国发展条件，从2020年到本世纪中叶可以两个阶段来安排。第一个阶段，从2020年到2035年，在全面建成小康社会的基础上，再奋斗十五年，基本实现社会主义现代化。第二个阶段，从2035年到本世纪中叶，在基本实现现代化的基础上，再奋斗十五年，把我国建成富强民主文明和谐美丽的社会主义现代化强国。

（摘自习近平：《决胜全面建成小康社会　夺取新时代中国特色社会主义伟大胜利——在中国共产党第十九次全国代表大会上的报告》）

材料二："两步走"的意义在于：一是完整勾画了我国社会主义现代化建设的时间表、路线图。二是把基本实现社会主义现代化的目标提前了15年。三是第二个百年奋斗目标的表述更加完整。四是不再提GDP翻番类目标。

（摘自杨伟民：《"两步走"战略安排完整勾画我国社会主义现代化建设的时间表、路线图》，新华网，2017年10月26日）

请回答：

(1) 从科学发展观角度出发，分析党中央为何提出"两步走"战略安排。

(2) 以科学发展观的内涵为切入点，分析"两步走"战略安排为何不再提GDP翻番类目标。

2. 结合下列材料回答问题

材料一：抓住了创新，就抓住了牵动经济社会发展全局的"牛鼻子"。抓创新就是抓发展，谋创新就是谋未来。

（摘自习近平：2016年1月18日在省部级主要领导干部学习贯彻党的十八届五中全会精神专题研讨班上的讲话）

材料二：在新的起点上，我们将坚定不移实施创新驱动发展战略，释放更强增长动力。

（摘自习近平：2016年9月3日在二十国集团工商峰会开幕式上发表的主旨演讲）

材料三：随着中国社会经济的发展，中国在世界贸易格局中也正经历着从"中国制造"向"中国标准"的角色转变。

"三流企业做产品，二流企业做品牌，一流企业做标准。"确立标准是企业做大做强的不变信条。

"得标准者得天下。"这句话揭示了标准举足轻重的影响力。而在中国企业"走出去"的过程中，输出"中国标准"一直都被视为最高追求。

从2012年开始，中国铁路总公司在中国开展了"中国标准"动车组研制工作。中国幅员辽阔，地形复杂，气候多变，被极寒、雾霾、柳絮、风沙"淬炼"出的"中国标准"正逐渐超越过去的"欧标"与"日标"，被越来越多的国家采用。

同样，在数字电视领域，中国数字电视标准成为国际电信联盟国际标准后，已被全球14个国家采用，覆盖全球近20亿人口，带动了中国多个数字电视品牌走出国门。

如今，中国在国际标准制定方面的影响力和话语权日益增强，由中国提出和主导制定的国际标准数量逐年增加。截至今年5月，中国已有189项标准提案成为SO的国际标准，特别是在高铁、核电、通信、汽车等领域，中国在国际标准上实现了从跟随到引领的跨越。

（摘自：《从跟随到引领：189项中国标准成为世界标准》，《人民日报》（海外版），2016年9月17日第4版）

请回答：

(1) 结合科学发展观的内涵分析，如何理解"抓住了创新，就抓住了牵动经济社会发展全局的牛鼻子"，以及"抓创新就是抓发展，谋创新就是谋未来"？

(2) 结合材料三，说明中国为什么能在国际标准上"实现了从跟随到引领的跨越"，以及如何进一步实现从"中国制造"向"中国标准"的角色转变。

第八章 习近平新时代中国特色社会主义思想及其历史地位

一、学习目的与基本要求

党的十八大以来，我国发展与改革取得历史性成就，社会主要矛盾发生历史性变化，中国特色社会主义进入新时代。以习近平同志为核心的党中央在继承与发展马克思列宁主义、毛泽东思想、中国特色社会主义理论体系的理论基础上，在不断地实践与理论创新过程中，创立了习近平新时代中国特色社会主义思想。

本章是习近平新时代中国特色社会主义思想的总论章节，是学习与理解习近平新时代中国特色社会主义思想的重要基础。本章的学习目的在于使学生把握好中国特色社会主义进入新时代的历史方位这一重大判断；掌握习近平新时代中国特色社会主义思想的主要内容；认识到习近平新时代中国特色社会主义思想的重要历史地位。在本章学习过程中，学生首先应重点掌握教材理论知识；在此基础上，通过各种渠道关注习近平新时代中国特色社会主义思想的新论断、新阐释、新发展，了解这一理论体系如何在实践中指导治国理政、管党治党的各个方面，以及如何践行坚持和发展中国特色社会主义这一鲜明主题。

二、重点难点问题解析

1. 如何认识中国特色社会主义的历史渊源和发展进程

第一，我们要弄清楚中国特色社会主义来自哪里、到哪里去，必须放到社会主义由空想到科学、由理论到实践、由一国到多国、由传统到特色整个500年的发展历程中来考察。这样才能更加清晰地看到其思想发展的脉络，更加充分地理解中国特色社会主义的历史必然性和科学真理性。

第二，通过对社会主义500年的历史进行系统梳理和分析，我们可以得出这样一个结论：中国特色社会主义是社会主义，不是别的什么主义。说它是社会主义，是因为在它形成和发展过程中始终坚持了科学社会主义的基本原则。我们说中国特色社会主义是社会主义，那就是不论怎么改革、怎么开放，我们都始终坚持了中国特色社会主义道路、中国特色社会主义理论体系、中国特色社会主义制度、中国特色社会主义文化。它们都是根据科学社会主义基本原则确立起来的。正如习近平总书记所指出的:"这些都是在新的历史条件下体现科学社会主义基本原则的内容,如果丢掉了这些,那就不成其为社会主义了。"

第三,中国特色社会主义是科学社会主义理论逻辑和中国社会发展历史逻辑的辩证统一,是根植于中国大地、反映中国人民意愿、适应中国和时代发展进步要求的科学社会主义,具有鲜明的中国特色。历史和现实昭示我们:只有社会主义才能救中国,只有中国特色社会主义才能发展中国。中国特色社会主义这条道路,必须坚定不移走下去,不为任何风险所惧,不为任何干扰所惑,真正做到"千磨万击还坚劲,任尔东西南北风"。

2. 如何认识我国社会主要矛盾发生的新变化

党的十九大报告提出,我国社会主要矛盾已经转化为"人民日益增长的美好生活需要和不平衡不充分的发展之间的矛盾"。我国社会主要矛盾发生的新变化反映了我国发展的实际状况,揭示了制约我国发展的症结所在,指明了解决当代中国发展主要问题的根本着力点,将对我国发展全局产生广泛而深刻的影响,我们需要从新的历史方位、新的时代坐标,科学认识和全面把握我国社会主要矛盾的变化。

我国社会主要矛盾的变化深刻反映了我国社会生产和社会需求的新特点,这是由我国现阶段的客观实际决定的。它主要有以下三条依据:

第一,经过改革开放 40 年的发展,我国社会生产力水平总体上显著提高,社会生产能力在很多方面进入世界前列。我国长期所处的短缺经济和供给不足状况已经发生根本性变化,再讲"落后的社会生产"已经不符合实际。

第二,人民生活水平显著提高,对美好生活的向往更加强烈,不仅对物质文化生活提出了更高要求,而且在民主、法治、公平、正义、安全、环境等方面的要求日益增长。人民群众的需要呈现多样化、多层次、多方面的特点。需求的内容更多、范围更广;需求的层次更高,从数量要求更多向质量要求转变。

第三,影响满足人民美好生活需要的因素很多,但主要是发展不平衡、不充分问题,其他问题归根结底都是由此造成和派生的。习近平总书记在党的十九大报告中指出:我国社会生产力水平总体上显著提高,社会生产能力在很多方面进入世界前列,更加突出的问题是发展不平衡、不充分,这已经成为满足人民日益增长的美好生活需要的主要制约因素。

我国社会主要矛盾的变化是关系全局的一个历史性变化,是党和国家制定正确路线方针政策的基础,是确立正确发展理念和发展战略的依据,具有很强的现实针对性、工作导向和实践要求,对各方面的工作都会产生深远影响。

我国社会主要矛盾的变化没有改变我国社会主义所处历史阶段的判断。在认识理解新时代我国社会主要矛盾时,必须把社会主要矛盾变化问题同我国仍处于并将长期处于社会主义初级阶段没有变、同我国是世界上最大发展中国家的国际地位没有变的问题统一起来思考和研究,把"变"与"不变"统一起来理解和把握。

3. 习近平新时代中国特色社会主义思想是怎么形成的

习近平新时代中国特色社会主义思想是在中国特色社会主义进入新时代、科学社会主义迈向新阶段、当今世界经历新变局、我们党面临执政新考验的历史条件下形成和发展起来的。

(1) 习近平新时代中国特色社会主义思想是在中国特色社会主义进入新时代的历史条件下形成的。这里的新时代具体体现在以下三个"新":一是"新"在我国进入了一个新的发展阶段,发展环境、发展条件都发生了新的变化,目标任务也发生了新的变化。总的来讲,通过几十年来的发展,我国已经从"未发展起来"时期进入到"发展起来"时期。二是"新"在我国有了新的社会主要矛盾。三是"新"在我国迈向新的奋斗目标。中华民族迎来了从站起来、富起来到强起来的伟大飞跃,即将全面建成小康社会、踏上全面建设社会主义现代化国家的新征程,我们比历史上任何时期都更接近、更有信心和能力实现中华民族伟大复兴的目标。习近平新时代中国特色社会主义思想正是在这样的伟大时代中应运而生、在当代中国的新实践新发展中顺势而成的。

(2) 习近平新时代中国特色社会主义思想是在科学社会主义焕发新生机、两种社会制度的较量呈现新态势的时代背景下形成的。改革开放以来,中国不但在世界上举住了、举稳了社会主义旗帜,而且把科学社会主义推向了崭新阶段。人们正在见证"历史终结论"的终结、"中国崩溃论"的崩溃、"社会主义失败论"的失败。今天,中国特色社会主义道路越走越宽广,使得世界上正视和相信马克思主义和社会主义的人多了起来,这不仅对于社会主义在中国的发展,而且对于世界社会主义发展和人类进步,都具有深远意义。

(3) 习近平新时代中国特色社会主义思想是在百年不遇的世界大变局中形成的。当今世界正处于大发展、大变革、大调整时期,世界面临的不稳定性、不确定性特别突出,同时又面临着和平赤字、发展赤字、治理赤字的严峻挑战。在这样的时代背景下,以习近平同志为核心的党中央领导中国前所未有地走近世界舞台中央,中国的发展理念、发展道路的影响力显著增强,中国在国际舞台的话语权显著增强。2017年1月17日,习近平在达沃斯论坛中讲道:世界需要中国理念、中国智慧、中国方案。中国正在发挥着世界和平建设者、全球发展贡献者、国际秩序维护者的重要作用。习近平新时代中国特色社会主义思想正是在这样的时代背景下孕育产生和丰富发展的。

(4) 习近平新时代中国特色社会主义思想是在党的十八大以来党所经历的深刻革命性锻造中形成的。以习近平同志为核心的党中央对党面临的"四大考验""四大危险"进行了清醒分析,带领全党以自我革命的勇气,正风肃纪反腐,使管党治党实现了"宽松软"到"严紧硬"的深刻转变,党内政治生活气象更新,党内政治生态明显好转,党的团结统一更加巩固,党群关系明显改善,全党焕发出新的强大生机活力。

习近平新时代中国特色社会主义思想,深化了对共产党执政规律、党的自身建设规律的认识,是党自我净化、自我完善、自我革新、自我提高的重要成果,展现了新时代马克思主义执政党强大的创造力、凝聚力、战斗力。

习近平新时代中国特色社会主义思想,是党和人民实践经验和集体智慧的结晶,习近平总书记是这一思想的主要创立者,他作为党中央的核心、全党的核心,作为新时代中国特色社会主义的领路人，作为国家和人民的领袖，在领导全党全国各族人民推进党和国家事业的实践中，提出了一系列具有开创性意义的新理念、新思想、新战略，为新时代中国特色社会主义思想的创立发挥了决定性作用、做出了决定性贡献。

三、扩展阅读

1. 经典论述

"8个明确""14个坚持"是习近平新时代中国特色社会主义思想的核心内容。"8个明确"是这一思想最为核心关键的组成部分，是支撑习近平新时代中国特色社会主义思想的四梁八柱。"14个坚持"的基本方略，涵盖坚持党的领导和"五位一体"总体布局、"四个全面"战略布局，涵盖国防和军队建设、维护国家安全、对外战略，是对党的治国理政重大方针、原则的最新概括，是实现"两个一百年"奋斗目标、实现中华民族伟大复兴中国梦的"路线图"和"方法论"。"8个明确"偏重于理论层面的高度概括和凝练，每一个"明确"都是具有原创性的新思想、新观点，集中反映着我们党对科学社会主义在当今时代的理论思考和理论贡献。"14个坚持"偏重于实践层面、方略层面的展开，从结构和逻辑上看，第一条是"坚持党对一切工作的领导"，最后一条是"坚持全面治党"，体现着坚持和加强党的全面领导这一当代中国的最高政治原则，贯穿着以自我革命引领社会革命的内在逻辑。"8个明确""14个坚持"有机融合、有机统一，都凝结着我们党坚持和发展中国特色社会主义的经验总结，特别是凝结着以习近平同志为核心的党中央对中国特色社会主义规律性认识的深化、拓展、升华，体现了理论与实际相结合、战略和战术相一致、认识论与方法论相统一的理论特色。

——《习近平新时代中国特色社会主义思想是党和国家必须长期坚持的指导思想》，《习近平新时代中国特色社会主义思想三十讲》，学习出版社，2018年版，第7页。

习近平新时代中国特色社会主义思想源于实践又指导实践，为新时代坚持和发展中国特色社会主义、推进党和国家事业提供了基本遵循，为发展21世纪马克思主义、当代中国马克思主义作出了历史性贡献。

一是开辟了马克思主义新境界。习近平新时代中国特色社会主义思想贯穿改革发展稳定、内政外交国防、治党治国治军各个领域，既坚持了老祖宗，又谱写了新篇章，实现了马克思主义基本原理与中国具体实际相结合的又一次飞跃，是21世纪中国的马克思主义，是马克思主义中国化最新成果，为发展马克思主义作出了中国的原创性贡献，在马克思主义中国化进程中具有里程碑意义。

二是开辟了中国特色社会主义新境界。习近平新时代中国特色社会主义思想把中国特色社会主义和实现社会主义现代化、实现中华民族伟大复兴有机贯通起来，深刻回答了新时代坚持和发展中国特色社会主义的一系列重大问题，为中国特色社会主义注入了新的科学内涵，进一步彰显了新时代中国特色社会主义的蓬勃生机和活力。

三是开辟了治国理政新境界。在习近平新时代中国特色社会主义思想指引下，我们党团结带领人民推动党和国家事业发生了全方位、开创性、深层次、根本性的历史性变革，解决了许多长期想解决而没有解决的难题，办成了许多过去想办而没有办成的大事，我国经济实力、科技实力、国防实力、综合国力、国际影响力和人民获得感显著提升，党的面貌、国家的面貌、人民的面貌、军队的面貌、中华民族的面貌发生了前所未有的变化。

四是开辟了管党治党新境界。遵循习近平新时代中国特色社会主义思想，我们党以坚强的决心、空前的力度，推进全面从严治党，坚持思想从严、管党从严、执纪从严、治吏从严、作风从严、反腐从严，管党治党实现从宽松软到严紧硬的深刻转变，消除了党和国家内部存在的严重隐患，党内政治生活气象更新，积极健康的党内政治文化得到弘扬，党内政治生态明显好转，党的创造力、凝聚力、战斗力和领导力、号召力显著增强，党的团结统一更加巩固，党群关系明显改善，党在革命性锻造中更加坚强，焕发出新的强大生机活力。

——刘云山：《深入学习贯彻习近平新时代中国特色社会主义思想》，《人民日报》，2017年11月6日。

2. 阅读推荐

(1) 中共中央宣传部：《习近平新时代中国特色社会主义思想三十讲》，学习出版社，2018年版。

【推荐理由】本书全面贯彻党的十九大和十九届一中、二中、三中全会精神，紧紧围绕新时代坚持和发展什么样的中国特色社会主义、怎样坚持和发展中国特色社会主义这个重大时代课题，分三十个专题，阐释了习近平新时代中国特色社会主义思想的重大意义、科学体系、丰富内涵、精神实质、实践要求，强调习近平新时代中国特色社会主义思想是党和国家必须长期坚持的指导思想，号召进一步兴起学习贯彻习近平新时代中国特色社会主义思想新高潮，更加自觉地用习近平新时代中国特色社会主义思想武装头脑、指导实践、推动工作。

(2) 习近平：《习近平谈治国理政》，外文出版社，2014年版。

【推荐理由】《习近平谈治国理政》收入了习近平总书记在2012年11月15日至2014年6月13日这段时间内的讲话、谈话、演讲、答问、批示、贺信等79篇，分为18个专题，全面系统回答了新的时代条件下中国发展的重大理论和现实问题，是国际社会了解当代中国的重要窗口、寻找中国问题答案的一把钥匙。《习近平谈治国理政》生动记录了以习近平同志为核心的党中央团结带领全党全国各族人民在新时代坚持和发展中国特色社会主义的伟大实践，集中反映了习近平新时代中国特色社会主义思想形成发展的轨迹和成果，充分体现了为推动构建人类命运共同体、促进人类和平与发展事业贡献的中国智慧和中国方案。

(3) 人民日报评论部：《习近平用典》，人民日报出版社，2015年版。

【推荐理由】古典名句，是中华文化长河中历经砥砺的智慧结晶，是传承中华民族优秀传统文化的经典载体。在习近平总书记系列重要讲话及文章中多处引经据典，生动传神，寓意深邃，极具启迪意义。《习近平用典》由敬民篇、为政篇、立德篇、修身篇、笃行篇、劝学篇、任贤篇、天下篇、廉政篇、信念篇、创新篇、法治篇、辩证篇等共13个篇章组成，旨在对习近平总书记重要讲话、文章中引用典故追根溯源的同时，并究其现实意义进行解读，能够帮助我们生动学习并深刻把握习近平新时代中国特色社会主义思想的精髓。

(4) 中共中央宣传部理论局：《新时代面对面》，学习出版社，2018年版。

【推荐理由】该书以习近平新时代中国特色社会主义思想为指导，紧密联系新时代中国特色社会主义生动实践，紧密联系干部群众思想实际，对干部群众关心的重大问题作出深入浅出的解读阐释，是干部群众、青年学生开展理论学习和形势政策教育的重要辅导读物。该书延续"理论热点面对面"系列的一贯风格，直面现实热点问题，积极回应百姓最大关切。观点立意高远，内容逻辑缜密，文风清新鲜活，抓热点、析难点、扫盲点，梳辫子、解扣子、指路子，秉持"学思用贯通、知信行相统一"的逻辑，全面系统地宣传阐释习近平新时代中国特色社会主义思想和党的十九大精神。

四、理论前沿

中国特色社会主义进入新时代的历史起点和内涵

党的十九大报告指出："经过长期努力，中国特色社会主义进入了新时代，这是我国发展新的历史方位。"虽然是党的十九大作出了中国特色社会主义进入新时代的重大判断，但不能把党的十九大作为进入新时代的历史起点。

党的十八大以来的5年，是党和国家发展进程中极不平凡的5年，党和国家事业取得了历史性成就，发生了历史性变革。历史性成就是全方位的、开创性的；历史性变革是深层次的、根本性的。我国社会主要矛盾也发生了变化，转化为人民日益增长的美好生活需要和不平衡不充分的发展之间的矛盾。在全面建成小康社会的基础上，把我国建成富强民主文明和谐美丽的社会主义现代化强国，成为全党全国各族人民的奋斗目标。党的十九大回望历史，从治国理政新变化、党和国家事业的历史性变革以及社会主要矛盾的变化等方面得出一个重大结论：从党的十八大起，我国社会发展处在一个新的历史起点上，中国特色社会主义进入了新时代。

在党的历史发展进程中，我们使用过新时期、新阶段、新世纪新阶段等不同的概念。新时期指的是党的十一届三中全会以来开启的改革开放和社会主义现代化建设新时期。新世纪新阶段说的是从20世纪跨入21世纪，就是指21世纪。新阶段用的最广泛。新时代和新时期、新阶段的表述是怎样的关系呢？新时代在一定意义上和新时期、新阶段有相同相通之处，它主要是从党和国家事业的历史性变革，从深刻变化的国际国内形势，从我们所处的历史方位、所肩负的历史使命和历史任务这个角度使用的概念。新时代比新时期、新阶段更鲜明、更响亮、更具感召力，更能反映出时代本质的特征。需要说明的是，这里我们所说的新时代，不是历史学上时代划分的概念。

总之，党的十八大是中国特色社会主义进入新时代的历史坐标点，是重大历史节点。

习近平新时代中国特色社会主义思想和基本方略的内在关系

党的十九大要求全党要深刻领会习近平新时代中国特色社会主义思想的精神实质和丰富内涵，在各项工作中全面准确贯彻落实，并提出了新时代坚持和发展中国特色社会主义的基本方略。我们要认识到，习近平新时代中国特色社会主义思想，同坚持和发展中国特色社会主义基本方略，具有本质上的同一性，是完全一致的。

习近平新时代中国特色社会主义思想是在理论上进行的高度概括和凝练，主要内容体现在"8个明确"，它是指导思想层面的表述。坚持和发展中国特色社会主义基本方略是在实践层面、方略层面的展开，主要表述为"14个坚持"，它是行动纲领层面的表述。

习近平新时代中国特色社会主义思想同坚持和发展中国特色社会主义基本方略是一个有机联系、相互契合的完整理论体系，必须贯通起来把握。不能把习近平新时代中国特色社会主义思想与基本方略分割开来，机械地、呆板地、僵化地理解。当然，思想理论和战略部署可以从不同角度深入学习，加深领会，但必须始终将其作为一个整体来认识、来对待，作为整体的一个系统来统筹、来思考。

习近平新时代中国特色社会主义思想同坚持和发展中国特色社会主义基本方略具有内在的同一性、一致性，不能将"8个明确"和"14个坚持"生搬硬套地一一对应，要抓住最关键最核心最本质的联系，基本方略本身就是习近平新时代中国特色社会主义思想的重要组成部分。

（选自曲青山：《学习领会党的十九大报告需要准确把握的几个重大问题》，《学习时报》，2017年11月13日，第1版）

五、案例剖析

案例：

苏联模式与中国特色社会主义

材料一：事实上，在戈尔巴乔夫上台初期，苏联的社会环境仍有利于实行社会主义改革……在经济上，苏联的许多主要经济指标都已经与美国接近。据统计，1980年苏联的国民收入是美国的67%，工业产值是美国的80%，农业产值是美国的85%。在科学技术方面，苏联的人造卫星上天，载人宇宙飞船遨游太空，空间技术和核力量可以与美国平起平坐，有些方面甚至还处于领先地位。在民心向背方面，苏共中央在广大党员和群众中仍然拥有号召力，大多数苏联人民期望社会主义能够继续进行制度创新。1986年，苏联的国民收入增长了4.1%，工业产值增加了4.9%。这为戈尔巴乔夫领导的苏联社会主义改革提供了良好的条件。在这种条件下，如果苏联领导者能够在巩固政权的基础上有条不紊地推进改革，社会主义在苏联仍然是大有前途的。

但是，戈尔巴乔夫等人逐渐迷失了改革的方向，混淆了社会主义的一般性和苏联模式的个性，在变革苏联模式的同时，抛弃了社会主义基本原则。在改革遇到阻力时，戈尔巴乔夫错误地向社会主义基本原则开刀。他倡导并推动了所谓的公开性和民主化。很快,苏联的舆论导向发生转变,社会改革的主题从变革苏联模式,转变为颠覆社会主义制度和推翻共产党的领导权……共产党的领导已经不复存在,马克思主义的指导思想地位已经丧失。在这种情况下,苏联的社会主义制度已经名存实亡。

(摘自沈宗武:《苏联模式与中国特色社会主义》,河北人民出版社,2014年版)

材料二:1962年1月,毛泽东在扩大的中央工作会议上总结新中国成立前8年的重大成绩和缺点时说:"不论在革命方面和建设方面,那时候都有一条适合客观情况的、有充分说服力的总路线,以及在总路线指导下的一整套方针、政策和办法,因此教育了干部和群众,统一了他们的认识,工作也就做得比较好。这也是大家知道的。但是,那时候有这样一种情况,因为我们没有经验,在经济建设方面,我们只得照抄苏联,特别是在重工业方面,几乎一切都抄苏联,自己的创造性很少。这在当时是完全必要的,同时又是一个缺点,缺乏创造性、缺乏独立自主的能力。"

(摘自《毛泽东著作选读》下册,人民出版社,1986年版,第831页)

材料三:1989年邓小平在会见苏联前总统时特别强调:"多年来,存在一个对马克思主义、社会主义的理解问题……马克思去世以后100多年,究竟发生了什么变化,在变化的条件下,如何认识和发展马克思主义,没有搞清楚……真正的马克思列宁主义者必须根据现在的情况,认识、继承和发展马克思列宁主义。"

(摘自《邓小平文选》第3卷,人民出版社,1993年版,第291页)

材料四:中国特色社会主义是在改革开放40年的伟大实践中得来的。党的十一届三中全会以后,以邓小平同志为主要代表的中国共产党人,重新确立解放思想、实事求是的思想路线,彻底否定"以阶级斗争为纲"的错误理论和实践,以巨大的政治勇气和理论勇气进行改革开放,成功开创了中国特色社会主义。党的十三届四中全会以后,以江泽民同志为主要代表的中国共产党人,在苏联解体、苏共垮台、东欧剧变,世界社会主义遭受严重曲折的严峻考验面前捍卫了中国特色社会主义,确立了社会主义市场经济体制的改革目标和基本框架,推进党的建设新的伟大工程,成功把中国特色社会主义推向21世纪。党的十六大以后,以胡锦涛同志为主要代表的中国共产党人,坚持走科学发展道路,开始形成建设中国特色社会主义总体布局,着力推进党的执政能力建设和先进性建设,成功在新的历史起点上坚持和发展了中国特色社会主义。党的十八大以来,以习近平同志为核心的党中央不忘初心、牢记使命、接续奋斗,统筹推进"五位一体"总体布局,协调推进"四个全面"战略布局,坚定不移贯彻新发展理念,推动党和国家事业发生历史性变革,中国特色社会主义进入新时代,科学社会主义在21世纪的中国焕发出强大生机活力,中国特色社会主义伟大旗帜在世界上高高举起,续写了坚持和发展中国特色社会主义崭新篇章。

(摘自《坚持和发展中国特色社会主义是当代中国发展进步的根本方向》,《习近平新时代中国特色社会主义思想三十讲》,学习出版社,2018年版,第18页)

【思考讨论】

(1)苏联社会主义改革的失败有何教训?

(2)我国从新中国成立初期对苏联模式的照搬照抄,到改革开放以来开创、坚持、发展了中国特色社会主义对我们有何启示?

【要点提示】

1. 苏联模式改革的历史教训

苏联模式改革的失败,首先,是由于苏联共产党不能很好地将马克思主义的基本原理同苏联社会的实际相结合,无法正确认识和把握国家发展的历史条件和历史方位;严重脱离群众,抑制了社会生活各个方面的发展,忽视了人民群众的需求,对社会主要矛盾的认识出现严重偏差。

同时,苏联社会主义改革的失败,以至于最终导致苏共垮台、苏联解体的重要原因,是以戈尔巴乔夫等人为代表的苏共已经失去马克思列宁主义信仰,不能坚持社会主义基本原则。在这样的思想条件指导下进行的改革,让苏联付出了亡党亡国、社会主义事业彻底崩溃的沉重代价,使俄罗斯社会发展和人民生活水平严重衰落倒退,曾经的超级大国在国际舞台上突然沉寂。

2. 开创、坚持、发展中国特色社会主义道路的启示

建设中国特色社会主义的宝贵经验,以及苏联社会主义改革的历史教训,从正反两个方面启示我们,必须深刻认识我国发展新的历史方位,准确把握新时代社会主要矛盾的变化。

发现和揭示起主导性、决定性的主要矛盾,不仅可以帮助我们明确工作重点,而且可以帮助我们认清社会发展阶段和我们所处的历史方位。党的十八大以来,在以习近平同志为核心的党中央领导下,中国特色社会主义事业取得了全方位开创性的历史性成就,发生了深层次、根本性的历史性改革。

社会主义的发展必须坚持社会主义的基本原则。历史的经验昭示我们,中国必须走社会主义道路,否则就会倒退回半封建半殖民地。在新时代,必须毫不动摇地坚持和发展中国特色社会主义。

必须坚持以马克思主义为指导思想,但不是僵化与教条,而是把马克思主义同中国的具体实践相结合,不断取得马克思主义中国化发展的实践与理论创新成果。

必须坚持中国共产党的领导。习近平总书记创造性地提出:"中国特色社会主义最本质的特征是中国共产党的领导,中国特色社会主义制度的最大优势是中国共产党的领导。"这一重要论断,深刻反映了对党的领导和中国特色社会主义这一基本关系的认识达到了新高度。

六、实践指导

方案:观看学习《习近平新时代中国特色社会主义思想三十讲》课件

【实践目的】党的十九大将习近平新时代中国特色社会主义思想确立为党的指导思想,并被写进党章。十三届全国人大一次会议通过的宪法修正案,将这一思想载入宪法。《习近平新时代中国特色社会主义思想三十讲》课件通过文字、图片、视频、音频等多种表现形式,涵盖了习近平新时代中国特色社会主义思想的重大意义、科学体系、丰富内涵、精神实质、实践要求,观点凝练准确,内容丰富生动,贴近于高校师生的思想实际和工作实际,有助于进一步深化对习近平新时代中国特色社会主义思想的学习、

理解和把握。

【实践方式】通过网络下载课件并观看学习和总结体会。

【实践步骤】

(1) 学生在课堂以及课后观看学习课件。

(2) 学生在课本学习以及课件观看的基础上，对《习近平新时代中国特色社会主义思想三十讲》各专题进行讨论分析，并个人撰写对该专题的简洁的理解与总结。

(3) 分小组对《习近平新时代中国特色社会主义思想三十讲》各专题进行讨论研究，结合理论与相关具体实际，制作PPT在课堂上进行简洁的展示讲解。

【实践成果】根据学生参与的态度和完成的成果情况计分，分数计入学生平时成绩。

七、练习与思考

(一) 单项选择题

1. 习近平总书记在党的十九大报告中指出，中国特色社会主义进入了新时代。新时代我国社会主要矛盾已转化为（　　）。
   A. 人民对于建立先进的工业国的要求同落后的社会生产之间的矛盾
   B. 人民对于经济文化迅速发展的需要同当前经济文化不能满足人民需要的状况之间的矛盾
   C. 人民日益增长的物质文化需要同落后的社会生产之间的矛盾
   D. 人民日益增长的美好生活需要和不平衡不充分的发展之间的矛盾

2. 习近平新时代中国特色社会主义思想是我们党必须长期坚持的指导思想。习近平新时代中国特色社会主义思想的核心要义是（　　）。
   A. 坚持中国共产党的领导　　B. 坚持和发展中国特色社会主义
   C. 坚持以人民为中心的发展思想　　D. 坚持改革开放

3. "八个明确"，主要是从理论层面来讲，它是习近平新时代中国特色社会主义思想的基本内涵、四梁八柱、核心要义。习近平新时代中国特色社会主义思想明确了中国特色社会主义最本质的特征是（　　）。
   A. 坚持以马克思列宁主义为指导　　B. 坚持社会主义核心价值体系
   C. 中国共产党领导　　D. 人民当家作主

4. 改革开放以来，我们党全部理论和实践的鲜明主题是（　　）。
   A. 以经济建设为中心　　B. 坚持思想基本原则
   C. 坚持改革开放　　D. 坚持和发展中国特色社会主义

5. 我国社会主要矛盾发生历史性变化，反映了现阶段影响满足人们美好生活需要的因素很多，但主要是（　　）。
   A. 经济文化不能满足人民需要的状况　　B. 落后的社会生产
   C. 发展的不平衡不充分问题　　D. 社会主义同资本主义的矛盾

6. 人民群众对于日益增长的"物质文化需要"层次更高、内容范围更广,出现了阶段性的新特征,主要体现在(　　)。
   A. 人民生活水平不断迈上了新台阶,达到了中等偏上收入国家水平
   B. 人民健康状况显著改善,居民平均预期寿命高于世界平均水平
   C. 人民不仅对物质文化生活提出了更高的要求,而且在民主、法治、公平、正义、安全、环境等方面的要求日益增长
   D. 不同地区发展水平仍然差距较大,收入分配差距仍然较大,还有几千万人口尚未脱贫

7. 习近平新时代中国特色社会主义思想"八个明确"中,明确全面深化改革总目标不包括(　　)。
   A. 完善和发展中国特色社会主义制度
   B. 建设中国特色社会主义法治体系
   C. 推进国家治理体系现代化
   D. 推进国家治理能力现代化

8. "八个明确""十四个坚持"是习近平新时代中国特色社会主义思想的核心内容。其中,"八个明确"(　　)。
   A. 是指导思想层面的表述,回答了新时代我们要坚持和发展什么样的中国特色社会主义
   B. 是行动纲领层面的表述
   C. 是战略层面的表述
   D. 回答了新时代怎样坚持和发展中国特色社会主义

9. "八个明确""十四个坚持"是习近平新时代中国特色社会主义思想的核心内容。其中,"十四个坚持"(　　)。
   A. 是指导思想层面的表述
   B. 是行动纲领层面的表述,回答了新时代怎样坚持和发展中国特色社会主义
   C. 回答了新时代我们要坚持和发展什么样的中国特色社会主义
   D. 是策略层面的表述

(二) 多项选择题

1. 这个新时代,是中国特色社会主义新时代,而不是别的什么新时代。这个新时代是承前启后、继往开来,在新的历史条件下继续夺取中国特色社会主义伟大胜利的时代,是(　　)。
   A. 决胜全面建成小康社会、进而全面建设社会主义现代化强国的时代
   B. 全国各族人民团结奋斗、不断创造美好生活、逐步实现全体人民共同富裕的时代
   C. 全体中华儿女勠力同心、奋力实现中华民族伟大复兴中国梦的时代
   D. 我国日益走近世界舞台中央、不断为人类做出更大贡献的时代

2. 中国特色社会主义进入新时代,意味着中国特色社会主义道路、理论、制度、文化不断发展,拓展了发展中国家走向现代化的途径,给世界上既希望加快发展又希望保持自身独立性的国家和民族提供了全新选择,为解决人类问题贡献了中国智慧和中国方案。意味着(   )。
   A. 近代以来久经磨难的中华民族迎来了从站起来、富起来到强起来的伟大飞跃
   B. 迎来了实现中华民族伟大复兴的光明前景
   C. 科学社会主义在21世纪的中国焕发出强大生机活力
   D. 在世界上高高举起了中国特色社会主义伟大旗帜

3. 中国特色社会主义进入新时代,我国社会主要矛盾已经转化为人民日益增长的美好生活需要和不平衡不充分的发展之间的矛盾。我国社会主要矛盾的变化(   )。
   A. 没有改变我们对我国社会主义所处历史阶段的判断
   B. 没有改变我们对我国发展新的历史方位的判断
   C. 没有改变我国仍处于并将长期处于社会主义初级阶段的基本国情
   D. 没有改变我国是世界上最大发展中国家的国际地位

4. 习近平新时代中国特色社会主义思想,是对马克思列宁主义、毛泽东思想、邓小平理论、"三个代表"重要思想、科学发展观的集成和发展。习近平新时代中国特色社会主义思想(   )。
   A. 是马克思主义中国化的最新成果
   B. 是新时代党和人民共同奋斗的精神旗帜
   C. 是实现中华民族伟大复兴的行动指南
   D. 是党和国家必须长期坚持的指导思想

5. 党的十八大以来,我们全面推进中国特色大国外交,形成了新时代的外交布局,为我国发展营造了良好的外部条件。新时代的外交布局内容是(   )。
   A. 全方位   B. 宽领域   C. 多层次   D. 立体化

6. 经过长期努力,中国特色社会主义进入了新时代,这是我国发展新的历史方位。这一重大政治论断,是(   )。
   A. 根据中国特色社会主义进入新的发展阶段作出的
   B. 根据我国社会主要矛盾发生新变化作出的
   C. 根据历史交汇期新的奋斗目标作出的
   D. 根据我国国际环境发生新变化作出的

7. 必须认识到,我国社会主要矛盾的变化,没有改变我们对我国社会主义所处历史阶段的判断,我国仍处于并将长期处于社会主义初级阶段的基本国情没有变,我国是世界最大发展中国家的国际地位没有变。我们要牢牢(   )。
   A. 把握社会主义初级阶段这个基本国情
   B. 立足社会主义初级阶段这个最大实际
   C. 坚持党的基本路线这个党和国家的生命线、人民的幸福线
   D. 确立在世界上的领导地位

8. "八个明确""十四个坚持"是习近平新时代中国特色社会主义思想的核心内容。其中,"八个明确"(   )。
   A. 是指导思想层面的表述
   B. 是行动纲领层面的表述
   C. 回答了新时代我们要坚持和发展什么样的中国特色社会主义
   D. 回答了新时代怎样坚持和发展中国特色社会主义

9. 习近平新时代中国特色社会主义思想,明确坚持和发展中国特色社会主义,总任务是(   )。
   A. 实现社会主义现代化
   B. 实现中华民族伟大复兴中国梦
   C. 全面建成小康社会
   D. 建设富强民主文明和谐美丽的社会主义现代化强国

10. 习近平新时代中国特色社会主义思想中,明确党在新时代的强军目标是(   )。
    A. 听党指挥   B. 能打胜仗   C. 作风优良   D. 纪律严明

11. 习近平新时代中国特色社会主义思想中,明确全面深化改革总目标是(   )。
    A. 完善和发展中国特色社会主义制度
    B. 坚定中国特色社会主义"四个自信"
    C. 贯彻新发展观念,深化供给侧结构性改革
    D. 推进国家治理体系和治理能力现代化

(三) 论述题

1. 中国特色社会主义进入新时代的内涵是什么？如何认识我国社会主要矛盾的新变化？
2. 习近平新时代中国特色社会主义思想的核心要义是什么？核心内容、基本方略是什么？分别回答了什么问题？
3. 如何理解把握习近平新时代中国特色社会主义思想的历史地位？

(四) 材料分析题

1. 结合下列材料回答问题

材料一：习近平总书记指出,中国特色社会主义进入了新时代,这是我国发展新的历史方位。这一重大政治论断,赋予党的历史使命、理论遵循、目标任务新的时代内涵,为深刻把握当代中国发展变革的新特征,增强贯彻落实习近平新时代中国特色社会主义思想的自觉性坚定性,提供了时代坐标和科学依据,具有重大现实意义和深远历史意义。

(摘自《中国特色社会主义新时代标示我国发展新的历史方位》,《习近平新时代中国特色社会主义思想三十讲》,学习出版社,2018年版)

材料二：中国社会主要矛盾发生转化,是中国共产党对国情、社情进行科学研究和判断得出的结论。"这一判断可谓恰逢其时。"里约热内卢天主教大学教授保罗·罗贝尔

对本报记者表示，中国人民对美好生活的需要更加广泛，已经走出了纯物质层面。除了环境外，人们对公平、法制、民主等这些相对"抽象"理念的认识也越来越深入。十九大报告及时回应了这一新诉求，可谓顺应民心。

（摘自《国际社会热议中国社会主要矛盾变化的新特点》，《人民日报》，2017年11月6日）

请回答：

（1）如何理解中国特色社会主义进入了新时代这一重大政治论断？

（2）结合材料一、材料二，说明如何把握我国社会主要矛盾发生的变化。这一变化为今后的发展提出了怎样的要求？

2. 结合下列材料回答问题

材料一：明确中国特色社会主义最本质的特征是中国共产党领导，中国特色社会主义制度的最大优势是中国共产党领导，党是最高政治领导力量，提出新时代党的建设总要求，突出政治建设在党的建设中的重要地位。

（摘自习近平：《决胜全面建成小康社会 夺取新时代中国特色社会主义伟大胜利——在中国共产党第十九次全国代表大会上的报告》）

材料二：党的十九大概括和提出了习近平新时代中国特色社会主义思想，确立为党必须长期坚持的指导思想并写进党章，实现了党的指导思想的与时俱进。这是党的十九大最重大的理论创新、最重要的政治成果、最深远的历史贡献。十三届全国人大一次会议通过的宪法修正案，郑重地把习近平新时代中国特色社会主义思想载入宪法，实现了从党的指导思想向国家指导思想的转化，实现了国家指导思想的与时俱进。习近平新时代中国特色社会主义思想，是马克思主义中国化最新成果，是党和人民实践经验和集体智慧的结晶，是中国精神的时代精华，是国家政治生活和社会生活的根本指针。

（摘自《习近平新时代中国特色社会主义思想是党和国家必须长期坚持的指导思想》，《习近平新时代中国特色社会主义思想三十讲》，学习出版社，2018年版）

请回答：

（1）如何理解中国共产党的领导是中国特色社会主义的最本质的特征？

（2）为什么说习近平新时代中国特色社会主义思想是马克思主义中国化的最新成果？

第九章 坚持和发展中国特色社会主义的总任务

一、学习目的与基本要求

伟大民族憧憬伟大梦想，伟大梦想成就伟大民族。今日中国，前所未有地接近民族复兴伟大梦想的实现。在新征程上，按照什么样的时间表、路线图，进一步追梦圆梦，这是中国特色社会主义总任务所要回答的问题。新时代坚持和发展中国特色社会主义的总任务，是实现社会主义现代化和中华民族伟大复兴，在全面建成小康社会的基础上，分两步走在本世纪中叶建成富强民主文明和谐美丽的社会主义现代化强国。本章教学内容主要有以下两个方面：一是中国梦的形成过程、科学内涵、实现途径；二是实现社会主义现代化强国"两步走"战略的具体安排。

本章的学习目的在于使学生对实现中华民族伟大复兴的中国梦和建成社会主义现代化强国的战略安排有一个比较完整、准确的认识和了解。通过本章的学习，学生能认识到实现中华民族伟大复兴是近代以来中华民族最伟大的梦想，中国梦的本质是国家富强、民族振兴、人民幸福。实现中国梦必须走中国道路、弘扬中国精神、凝聚中国力量。同时，帮助学生正确理解和把握建成社会主义现代化强国的战略安排，引导学生将个人梦与中国梦紧密联系起来，树立远大理想并努力奋斗，为实现中华民族伟大复兴的中国梦贡献自己的一分力量。

二、重点难点问题解析

1. 如何认识新时代坚持和发展中国特色社会主义总任务的重大意义

第一，实现社会主义现代化和中华民族伟大复兴是中国共产党与生俱来的历史使命。新中国成立之初，以毛泽东同志为主要代表的中国共产党人提出了实现"四个现代化"的目标。以邓小平同志为主要代表的中国共产党人作出了实行改革开放的重大决策，提出了"三步走"发展战略。以江泽民同志为主要代表的中国共产党人在"三步走"战略第二步实现后，把"三步走"现代化战略第三步进一步具体化，从而提出了"新三步走"发展战略。以胡锦涛同志为主要代表的中国共产党人深刻分析和把握我国发展的阶段性特征，把未来50年的现代化进程划分为两个发展阶段，为中国在新世纪前半叶从小康走向现代化提供了宏伟蓝图和行动纲领。党的十八大以来，以习近平同志为核心的党中央把人民对美好生活的向往当作自己的奋斗目标，自觉承担起领导社会主义现代化和民族复兴的历史使命。党的十九大作出了分"两步走"全面建设社会主义现代化强国的战略安排。

第二，实现社会主义现代化和中华民族伟大复兴是全体中华儿女对美好生活向往的最大公约数。实现社会主义现代化是近代以来中国人民梦寐以求的夙愿，实现中华民族伟大复兴是中华民族近代以来最伟大的梦想。总任务把国家、民族和个人作为一个命运共同体，把国家利益、民族利益、人类利益、人民利益紧紧联系在一起，这彰显了中国共产党以实现社会主义现代化和中华民族伟大复兴为己任的使命意识和强烈责任担当，必将成为激励中国人民沿着社会主义现代化道路奋勇前进的时代最强音。

第三，实现社会主义现代化和中华民族伟大复兴是顺应我国社会主要矛盾新变化的时代要求。新时代我国社会主要矛盾已经转化为人民日益增长的美好生活需要和不平衡不充分的发展之间的矛盾。我们要积极顺应这种变化，把解决好发展不平衡不充分的问题作为重点任务，实现中国特色社会主义新飞跃，不断推动社会主义现代化建设。在我国经济社会进入新的历史发展阶段后，顺应人民对美好生活需要的新要求，在决胜全面建成小康社会基础上，全面建设社会主义现代化强国，实现中华民族伟大复兴，更好满足人民日益增长的美好生活需要。

第四，实现社会主义现代化和中华民族伟大复兴是拓展发展中国家现代化途径的"中国方案"。中国的现代化是在中国共产党领导下的更加全面、更加公平、更加为全体人民所共享的社会主义现代化。党的十九大提出的全面建设社会主义现代化强国的宏伟目标，对广大发展中国家是极大的鼓舞。中国全面建成社会主义现代化强国目标的实现，将突破目前发达国家均为资本主义国家的格局，对科学社会主义发展和世界社会主义运动振兴做出重大贡献，为发展中国家走向现代化提供了全新选择，为解决人类问题贡献了"中国智慧"和"中国方案"。

2. 如何理解中国梦的科学内涵和实现途径

实现中国梦必须走中国道路、弘扬中国精神、凝聚中国力量。首先，实现中国梦必须走中国特色社会主义道路。中华民族是具有非凡创造力的民族，我们创造了伟大的中华文明，我们也能够继续拓展和走好适合中国国情的发展道路。要增强对中国特色社会主义的道路自信、理论自信、制度自信、文化自信，坚定不移沿着正确的中国道路奋勇前进。其次，实现中国梦必须弘扬以爱国主义为核心的民族精神和以改革创造为核心的时代精神。爱国主义是中华民族的精神基因，激励着一代又一代中华儿女为祖国发展繁荣而不懈奋斗；改革创新反映了当代中国发展进步的要求，始终是鞭策我们在改革开放中与时俱进的精神力量。要弘扬伟大的民族精神和时代精神，不断增强团结一心的精神纽带、自强不息的精神动力。实现中国梦必须凝聚全国各族人民大团结的力量。只要我们紧密团结，万众一心，为实现共同梦想而奋斗，就一定能够共同书写中华民族发展的时代华章。

三、扩展阅读

1. 经典论述

我们的现代化建设，必须从中国的实际出发。无论是革命还是建设，都要注意学习和借鉴外国经验。但是，照抄照搬别国经验、别国模式，从来不能得到成功。这方面我们有过不少教训。把马克思主义的普遍真理同我国的具体实际结合起来，走自己的道路，建设有中国特色的社会主义，这就是我们总结长期历史经验得出的基本结论。

——邓小平：《中国共产党第十二次全国代表大会开幕词》（1982年9月1日），《邓小平文选》第3卷，人民出版社，1993年版，第2~3页。

社会主义阶段的最根本任务就是发展生产力，社会主义的优越性归根到底要体现在它的生产力比资本主义发展得更快一些、更高一些，并且在发展生产力的基础上不断改善人民的物质文化生活。社会主义要消灭贫穷。贫穷不是社会主义，更不是共产主义。

——邓小平：《建设有中国特色的社会主义》（1984年6月30日），《邓小平文选》第3卷，人民出版社，1993年版，第63~64页。

党的十一届三中全会以后，我国经济建设的战略部署大体分三步走。第一步，实现国民生产总值比一九八〇年翻一番，解决人民的温饱问题。第二步，到本世纪末，使国民生产总值再增长一倍，人民生活达到小康水平。第三步，到下个世纪中叶，人均国民生产总值达到中等发达国家水平，人民生活比较富裕，基本实现现代化。

——《十三大以来重要文献选编》，人民出版社，1991年版，第16页。

全面建成小康社会，必须以更大的政治勇气和智慧，不失时机深化重要领域改革，坚决破除一切妨碍科学发展的思想观念和体制机制弊端，构建系统完备、科学规范、运行有效的制度体系，使各方面制度更加成熟更加定型。

——胡锦涛：《坚定不移沿着中国特色社会主义道路前进，为全面建成小康社会而奋斗——在中国共产党第十八次全国代表大会上的报告》，《求是》，2012年第22期，第10页。

每个人都有理想和追求，都有自己的梦想。现在，大家都在讨论中国梦，我以为，实现中华民族伟大复兴，就是中华民族近代以来最伟大的梦想。这个梦想，凝聚了几代中国人的夙愿，体现了中华民族和中国人民的整体利益，是每一个中华儿女的共同期盼。历史告诉我们，每个人的前途命运都与国家和民族的前途命运紧密相连。国家好，民族好，大家才会好。实现中华民族伟大复兴是一项光荣而艰巨的事业，需要一代又一代中国人共同为之努力。空谈误国，实干兴邦。我们这一代共产党人一定要承前启后、继往开来，把我们的党建设好，团结全体中华儿女把我们国家建设好，把我们民族发展好，继续朝着中华民族伟大复兴的目标奋勇前进。

——习近平：《实现中华民族伟大复兴是中华民族近代以来最伟大的梦想》（2012年11月29日），《习近平谈治国理政》，外文出版社，2014年版，第36页。

2. 阅读推荐

（1）中共中央宣传部：《习近平新时代中国特色社会主义思想三十讲》，学习出版社，2018年版。

【推荐理由】党的十九大把习近平新时代中国特色社会主义思想确立为我们党必须长期坚持的指导思想。十三届全国人大一次会议通过的宪法修正案将这一思想载入宪法。学习贯彻习近平新时代中国特色社会主义思想是全党全国的首要政治任务。本书紧紧围绕新时代坚持和发展什么样的中国特色社会主义、怎样坚持和发展中国特色社会主义这个重大时代课题，分三十个专题全面、系统、深入阐释了习近平新时代中国特色社会主义思想的重大意义、科学体系、丰富内涵、精神实质、实践要求。本书是广大青年学生学习领会习近平新时代中国特色社会主义思想的重要辅助读物，同时，阅读本书可以让学生更加深入地理解和把握新时代坚持和发展中国特色社会主义的总任务。

(2) 中共中央文献研究室：《习近平关于实现中华民族伟大复兴的中国梦论述摘编》，中央文献出版社，2013年版。

【推荐理由】党的十八大以来，习近平总书记提出并深刻阐述了实现中华民族伟大复兴的中国梦。中国梦生动形象地表达了全体中国人民的共同理想追求，昭示着国家富强、民族振兴、人民幸福的美好前景，为坚持和发展中国特色社会主义注入了新的内涵和时代精神。本书摘自习近平总书记2012年11月15日至2013年11月2日期间的讲话、演讲、谈话等50多篇重要文献，共计164段论述。其中部分论述是第一次公开发表。阅读本书，可以让学生进一步了解中国梦的形成过程、深入把握其科学内涵和实现途径，从而激励广大青年人为实现中华民族伟大复兴的中国梦而不懈奋斗。

(3) 习近平：《习近平谈治国理政》第1卷，外文出版社，2018年版。

【推荐理由】党的十八大以来，以习近平为总书记的新一届中央领导集体，带领全党全国各族人民积极应对前进道路上的困难和挑战，坚定不移深化改革开放，大力推进国家治理体系和治理能力现代化建设，凝聚起实现中华民族伟大复兴中国梦的强大力量，开启了中国改革开放和现代化建设的新征程。

习近平作为中国党和国家的最高领导人，围绕治国理政发表了大量讲话，提出了许多新思想、新观点、新论断，深刻回答了新的历史条件下党和国家发展的重大理论和现实问题，集中展示了中共新一届中央领导集体的治国理念和执政方略。本书收入的是习近平总书记在2012年11月15日至2014年6月13日这段时间内的重要著作，共有讲话、谈话、演讲等79篇。阅读本书，有助于学生进一步深入了解中国的社会制度和历史文化。

(4) 习近平：《习近平谈治国理政》第2卷，外文出版社，2017年版。

【推荐理由】在治国理政新的实践中，以习近平为主要代表的中国共产党人，顺应时代发展，从理论和实践结合上系统回答了新时代坚持和发展什么样的中国特色社会主义、怎样坚持和发展中国特色社会主义这个重大时代课题，创立了习近平新时代中国特色社会主义思想。党的十九大把习近平新时代中国特色社会主义思想确立为中国共产党必须长期坚持的指导思想。

本书收入的是习近平在2014年8月18日至2017年9月29日期间的重要著作，共有讲话、谈话、演讲等99篇，全书分为17个专题，生动记录了以习近平同志为核心的党中央团结带领全党全国各族人民在新时代坚持和发展中国特色社会主义的伟大实践，集中反映了习近平新时代中国特色社会主义思想的发展脉络和主要内容，充分体现了中国共产党为推动构建人类命运共同体、促进人类和平与发展事业贡献的"中国智慧"和"中国方案"。

四、理论前沿

从五个维度认识和把握中国梦的创新意义

习近平总书记提出的实现中华民族伟大复兴的中国梦，具有深刻而丰富的内涵，具有重大的理论意义和现实意义。中国梦阐述的是中国未来发展走向的重大问题，如何把握它的内涵和意义？笔者以为，可以选取以下几个学习和认识的维度。

第一，命题的维度：中国梦是中华民族伟大复兴的形象表达、生动表达

从推进马克思主义中国化、时代化、大众化的方面讲，中国梦具有鲜明的中国特色、时代特色、大众特色。说它具有中国特色，是因为它如同我们用"小康社会""大同世界"来描述现代化的阶段性目标和未来的共产主义社会一样，蕴含了中国的历史底蕴和文化元素。说它具有时代特色，是因为它符合当代世界的潮流。"梦"是当今世界的一个时髦用语和流行词，许多国家都以各自的"梦"来确定本国的奋斗目标，来提振人心。中国梦无疑是世界各国梦想中具有自己特定内涵和极强吸引力的一个。说它具有大众特色，是因为它的形式和内容都十分群众化。它不仅在表达方式上群众爱听，而且在表述内容上更与中国社会的每一个人息息相关。因此，中国梦的提出，成为时代的最强音，成为中国人民进军的战鼓、前进的号角。它为坚持和发展中国特色社会主义注入了新内涵，增添了新内容，成为党的理论创新最新成果的一个重要标识。它充分体现了我们党的高度历史担当和使命追求，是新一届中央领导集体对全体人民的庄严承诺，是党和国家面向未来的政治宣言。它已经成为，也必将进一步成为引领中国走向未来的鲜明指引和激励中华儿女团结奋进、开辟未来的高昂旋律和精神旗帜。

第二，历史的维度：中国梦是近代以来中华民族的夙愿和最伟大梦想

回顾历史我们可以清晰地看到，实现中华民族伟大复兴是自鸦片战争170多年以来中国历史发展的一条主线，是中国共产党90多年革命建设改革历史的一个主题。中国梦就是在这样的历史背景下提出来的，它进一步揭示了中华民族的历史命运，宣示了中国共产党人的历史使命，指明了当代中国的未来发展方向。

第三，本质的维度：中国梦归根到底是人民的梦，是每一个中国人的梦

人民群众是中国梦的主体，是中国梦的创造者、追求者、享有者。中国梦必须紧紧依靠人民群众来实现，必须不断为人民群众造福和带来利益。实现中华民族伟大复兴，是宏大的事业、艰巨的任务，不是哪一个人、哪一部分人的梦想，而是中华民族和全体中国人民共同的追求；中国梦的实现，不是成就哪一个人、哪一部分人，而将造福中华民族和全体中国人民。因此，中国梦的深厚源泉在于人民，中国梦的根本归宿也在于人民。中国梦的提出，从以人为本、以民为本的角度看，更是体现和展示了中国共产党的性质和宗旨，闪烁着马克思主义唯物史观的光芒。

第四,实践的维度:实现中国梦要坚持和遵循"三个必须"

中国道路就是中国特色社会主义道路,是实现中国梦的政治前提和基本条件,是我们前进的方向和路径选择。历史事实表明,道路决定命运。没有正确的道路,再美好的愿景、再伟大的梦想,都不能实现。中国的历史文化、历史命运、历史条件决定了中国人民必须在自己选择的道路上实现自己的梦想。无数事实证明,封闭僵化的老路是一条死路,改旗易帜的邪路是一条绝路,而中国特色社会主义道路则是一条光明的、通向未来的新路,代表了当代中国发展进步的根本方向,是实现中国梦的必由之路。在今后的征程上,我们要大胆探索,不断实践,继续奋力开拓和走好这条路。

中国精神就是以爱国主义为核心的民族精神和以改革创新为核心的时代精神,是实现中国梦的精神动力、思想保障和文化支持。以爱国主义为核心的民族精神和以改革创新为核心的时代精神,就是中华民族的振兴之魂,就是我们国家的强国之魄。爱国主义始终是把中华民族坚强团结在一起的精神力量,改革创新始终是鞭策我们在改革开放中与时俱进的精神力量。

中国力量就是全国各族人民大团结的力量,是实现中国梦的不竭动力、力量源泉和根基血脉。人民是历史的创造者和改革开放事业的实践主体,各族人民大团结的力量,是党克服各种困难、战胜风险挑战的决定性因素。过去我们党团结带领全国人民,齐心协力,奋发努力,创造了奇迹,铸就了辉煌。在今后的征程上,我们要一如既往,继续团结一心、凝聚力量。只要我们这样做了,十三多亿中国人就能用智慧和力量汇集起不可战胜的巨大力量。

第五,世界的维度:中国梦是和平、发展、合作、共赢的梦

中国梦是追求和平的梦。没有和平,中国和世界不可能顺利发展。实现中国梦给世界带来的是机遇不是威胁,是和平不是动荡,是进步不是倒退。中国的发展离不开世界,世界的发展也需要中国。中国将坚定不移走和平发展道路,坚定不移奉行独立自主的和平外交政策,坚定不移奉行互利共赢的开放战略。中国的发展,是世界和平力量的壮大,是传递友谊的正能量。

中国梦不仅造福中国人民,而且造福世界各国人民。中国梦与中国人民追求美好生活是相连的,也是与各国人民追求和平与发展的美好梦想相通的。中国是世界上最大的发展中国家,办好中国的事情,实现国家的发展和稳定,本身就是对世界的巨大贡献。同时,中国坚持合作共赢,与中国交往的各国都会从中受益。而随着国力的不断增强,中国将在力所能及的范围内承担更多国际责任和义务,为人类和平与发展的崇高事业作出更大贡献。

中国梦的提出,对国际社会产生了广泛影响,增强了对世界的吸引力和感召力,树立了中国在国际上负责任大国的良好形象,也向全世界作了中国坚定不移走和平发展道路的庄严宣示。

(摘编自曲青山:《从五个维度认识和把握中国梦的创新意义》(有删减),《中国国家博物馆馆刊》,2018年第12期,第10~14页)

五、案例剖析

案例：

浅议新时代与中国梦——目标导向的纬度

习近平总书记在2012年11月参观中国国家博物馆"复兴之路"展览时，鲜明提出了实现中华民族伟大复兴的中国梦这一新时代的新目标。中国梦是中国共产党治党治国善于确立目标并致力完成目标这一优良传统的当代传承。从目标导向看新时代与中国梦，更有利于我们了解中国梦的历史底蕴。

1. 党在不同时期会确定不同奋斗目标

成立近百年来，无论是在致力站起来的革命时期，还是从富起来走向强起来的改革、复兴阶段，中国共产党都会制定不同的奋斗目标，激励鼓舞全党为之奋斗。

创立之日，中共就提出建立新社会的设想，到党的二大上就提出了最高纲领和最低纲领。1940年初，毛泽东在《新民主主义论》里指出："我们共产党人，多年以来，不但为中国的政治革命和经济革命而奋斗，而且为中国的文化革命而奋斗；一切这些的目的，在于建设一个中华民族的新社会和新国家。""一句话，我们要建立一个新中国"，在党的七大上，建立新中国成为全党的共同奋斗目标。新中国成立后，毛泽东又提出把一穷二白的弱中国建成使人可亲的大强国，并作出了实现四个现代化的战略部署。

改革开放以来，中国共产党制定了党在社会主义初级阶段的基本路线，提出了到21世纪中叶把中国建成社会主义现代化国家的奋斗目标。目标的实现有一个过程，中国的奋斗目标经历从实现小康，到全面建设小康，再到全面建成小康的变化。这一目标是涵盖在实现现代化这个大目标中的。进入新时代，习近平总书记在2012年提出了共产党人新的奋斗目标——实现中国梦，在2017年召开的中共十九大上，提出经过30多年奋斗，要把中国建成民主富强文明和谐美丽的社会主义现代化强国。这是中国梦奋斗目标的具体化。

为了实现这些目标，我们在不同时期也采取了不同措施。革命年代和建设时期，我们都是尽可能调动一切积极因素。改革年代，我们制定了三步走发展战略，2017年又制定了新时代两步走战略。这些战略安排为实现奋斗目标提供了战略支持。

2. 新时代实现中国梦的战略选择

进入新时代，实现中国梦，面临着新矛盾、新形势、新挑战。制定实施新的战略，是实现中国梦的重要支撑。一个国家如果战略选择失误，那将会带来灾难性后果。

当今世界大国博弈日趋激烈，面临百年未有之变局。世界格局正在发生深刻调整，世界性主导力量正在加紧向东方转移，新兴国家的话语权不断增加，人类社会也即将迈入智能时代。就国内来看，中国改革又来到一个重要历史关头，改革之路更加艰难，亟需深入总结改革经验，明确前进方向。

实现梦想，营造良好国际环境，为中国走向强国奠定基础；对内加强治理体系和治理能力现代化建设，坚持强国强党强军富民四位一体建设，在方法上要吸收传统经验、革命经验，调动一切积极因素为实现目标奋斗；关键要加强党的建设，把党建设得更加强大。在党的坚强领导下，按照规律治理国家，看准大势，顺应潮流，我们就一定能够在新时代，不断增强实力，不断提升引领力，进而实现民族复兴的中国梦。

（摘编自沈传亮：《浅议新时代与中国梦——目标导向的纬度》（有删减），《中国国家博物馆馆刊》，2018年第12期，第39~40页）

【思考讨论】

（1）如何理解中国梦的历史底蕴？

（2）新时代如何更好地实现中华民族伟大复兴中国梦？

【要点提示】

中国梦是一个新的奋斗目标，既是国家的也是个人的，既是中国的也与世界紧密相连。中国梦是一个美好的愿景，体现了中国人的追求，体现了中国文化的传承，体现了新时代中国人的理想。中国梦的实现意味着民族复兴。这个复兴是要进一步增强中国综合国力，不断满足人们对美好生活的向往；要在世界上确立中国强国地位，确立引领世界潮流的优势。实现中国梦，就是要恢复我们中华民族的世界影响力和引领力。

实现中国梦必须走中国道路、弘扬中国精神、凝聚中国力量。首先，实现中国梦必须走中国特色社会主义道路；其次，实现中国梦必须弘扬以爱国主义为核心的民族精神和以改革创新为核心的时代精神；最后，实现中国梦必须凝聚全国各族人民大团结的力量。只要我们紧密团结，万众一心，为实现共同梦想而奋斗，就一定能够共同书写中华民族发展的时代华章。

六、实践指导

方案一：观看系列纪录片《筑梦中国——中华民族复兴之路》第七集——圆梦有时

【实践目的】《筑梦中国——中华民族复兴之路》通过回顾1840年鸦片战争以来中国人民在屈辱苦难中奋起抗争，为实现民族复兴进行的种种探索，特别是中国共产党领导全国各族人民争取民族独立、人民解放和国家富强、人民幸福的光辉历程，充分展示了中华民族的复兴之路，生动阐释了中国梦的深刻内涵，使我们在历史的长河中体味百年中国的沧桑巨变，体味民族的奋斗历程。

【实践方式】利用网络或电视观看视频。

【实践步骤】

（1）安排学生组成课后学习小组，每个小组3~5人，自由安排观看视频。

（2）小组成员在观看完视频后，自行组织课后的小组讨论，小组成员彼此分享观后感受。

（3）小组成员每人撰写一份观后感，字数1500~2500字。

【实践成果】根据学生课堂的学习表现和文章的质量计分，分数计入学生平时成绩。

方案二：征文比赛——中国梦，我的梦

【实践目的】实现中华民族伟大复兴的中国梦离不开每一个人的梦想。让同学们畅想自己的理想和梦想，将个人梦与中国梦紧密联系起来，不断为之努力奋斗，从而为实现中国梦而贡献自己的一分力量。

【实践方式】以年级或班级为单位开展征文活动，个人报名参赛。

【实践步骤】

(1) 制订活动计划，包括征文题目、内容要求、字数要求、文稿时间、评奖规则、奖励方式等。

(2) 确定评委，并组织评委对征文进行评审。

(3) 公布评审结果，对获奖征文作者予以适当奖励。

【实践成果】将获奖征文汇编成册。

方案三：改革开放给我的家乡带来的巨大变化

【实践目的】回顾改革开放40多年的发展历程，让广大青年学生通过对比自己家乡的巨大变化，充分了解和感受改革开放40多年来国家经济、社会发展和人民群众精神面貌发生的巨大变化，进一步激发广大青年学生投身社会主义现代化事业建设的热情。

【实践方式】采取校外实践与课堂演讲相结合的方式。首先，号召学生深入生活，认真调研改革开放给家乡带来的巨大变化；其次，学生以此为素材，创作演讲稿；最后，在课堂上展示优秀作品。

具体实践方式：以小组为单位开展调研活动，最终以个人名义提交实践报告和演讲稿。

【实践步骤】

(1) 动员学生利用寒暑假回自己的家乡实地考察。

(2) 组织学生写关于新农村见闻的感想。

(3) 在班内以演讲的形式分享感想。

【实践成果】

学生以个人名义提交实践报告和演讲稿，并根据学生参与热情、演讲稿的质量给予相应的分数，分数计入学生平时成绩。

七、练习与思考

（一）单项选择题

1. 实现社会主义现代化和中华民族伟大复兴，是坚持和发展中国特色社会主义的（　　）。

   A. 总路线　　　　B. 总依据　　　　C. 总布局　　　　D. 总任务

2. 2012年11月29日，中华人民共和国主席习近平在参观"复兴之路"展览时提出了（　　）。

   A. "中国梦"这一概念　　　　B. 反腐败的重要性
   C. 环境治理问题　　　　　　D. 经济建设问题

3. 中华民族伟大复兴的中国梦，包含着丰富的思想内涵。其中，作为根本出发点和落脚点的是( )。

A. 国家富强　　B. 民族振兴　　C. 人民幸福　　D. 社会和谐

4. 中国梦的本质是国家富强、民族振兴、人民幸福。其中，国家富强、民族振兴是( )。

A. 人民幸福的基础和保障　　　　B. 人民幸福的题中之义和必然要求
C. 人民幸福的根本出发点　　　　D. 人民幸福的落脚点

5. 中国梦的最大特点就是( )。

A. 把中国和世界作为一个命运共同体
B. 把国家、民族和个人作为一个命运共同体
C. 把中华民族的昨天、今天和明天作为一个命运共同体
D. 把中国梦的目标与实现途径作为一个命运共同体

6. 中国梦的主体是( )。

A. 人民　　　　B. 国家　　　　C. 民族　　　　D. 家庭

7. ( )第一次使用了"小康"概念，还提出"小康社会"的概念。

A. 毛泽东　　　B. 周恩来　　　C. 胡锦涛　　　D. 邓小平

8. 把邓小平"三步走"发展战略构想确定下来是党的( )。

A. 十二大　　　B. 十三大　　　C. 十四大　　　D. 十五大

9. 正式宣布人民生活总体达到小康水平，在此基础上，提出全面建设小康社会的奋斗目标是党的( )。

A. 十三大　　　B. 十四大　　　C. 十五大　　　D. 十六大

10. 党的十九大报告明确指出，全面建设社会主义现代化国家的进程分两个阶段来安排。其中，第一个阶段的奋斗目标是( )。

A. 实现共同富裕
B. 全面实现社会主义现代化
C. 基本实现社会主义现代化
D. 实现国家治理体系和治理能力现代化

11. 党的十九大报告明确指出，全面建设社会主义现代化国家的进程分两个阶段来安排。其中，第二个阶段的奋斗目标是( )。

A. 实现共同富裕　　　　　　　　B. 实现社会主义现代化强国
C. 基本实现社会主义现代化　　　D. 全面建成小康社会

（二）多项选择题

1. 2012年11月29日，习近平率中央政治局常委和中央书记处的同志来到国家博物馆，参观"复兴之路"展览。在参观"复兴之路"展览后的讲话中，习近平曾经引用三句诗，对近代以来中国人民寻梦、追梦、圆梦的历史进程作了生动诠释。这三句诗分别是( )。

A. "雄关漫道真如铁"　　　　　　B. "人间正道是沧桑"
C. "长风破浪会有时"　　　　　　D. "千磨万击还坚劲"

2. 2012年11月29日，习近平率中央政治局常委和中央书记处的同志来到国家博物馆，参观"复兴之路"展览。习近平深情指出："现在，大家都在讨论中国梦，我以为，实现中华民族伟大复兴，就是中华民族近代以来最伟大的梦想。"提出中国梦这一重要战略思想（　　）。
   A. 是以习近平同志为核心的党中央对全体人民的庄严承诺
   B. 是党和国家面向未来的政治宣言
   C. 充分体现了我们党高度的历史担当和使命追求
   D. 为坚持和发展中国特色社会主义注入了崭新内涵

3. 2012年11月29日，习近平在国家博物馆参观"复兴之路"展览时提出"实现中华民族伟大复兴，就是中华民族近代以来最伟大的梦想"。中国梦视野宽广、内涵丰富、意蕴深远。中国梦的本质是（　　）。
   A. 国家富强　　　B. 民族振兴　　　C. 人民幸福　　　D. 社会和谐

4. 中国梦的本质是国家富强、民族振兴、人民幸福。其中，人民幸福是（　　）。
   A. 国家富强、民族振兴的基础和保障
   B. 国家富强、民族振兴的题中之义和必然要求
   C. 国家富强、民族振兴的根本出发点
   D. 国家富强、民族振兴的落脚点

5. 2012年11月29日，习近平率中央政治局常委和中央书记处的同志来到国家博物馆，参观"复兴之路"展览。习近平深情指出："现在，大家都在讨论中国梦，我以为，实现中华民族伟大复兴，就是中华民族近代以来最伟大的梦想。"中国梦（　　）。
   A. 把国家的追求、民族的向往、人民的期盼融为一体
   B. 具有广泛的包容性
   C. 是中华民族团结奋斗的最大公约数
   D. 是国家情怀、民族情怀、人民情怀相统一的梦

6. 2012年11月29日，习近平率中央政治局常委和中央书记处的同志来到国家博物馆，参观"复兴之路"展览。习近平深情指出："现在，大家都在讨论中国梦，我以为，实现中华民族伟大复兴，就是中华民族近代以来最伟大的梦想。"实现中国梦，意味着（　　）。
   A. 中国经济实力和综合国力、国际地位和国际影响力大大提升
   B. 中华民族以更加昂扬向上、文明开放的姿态屹立于世界民族之林
   C. 中国人民过上更加幸福安康的生活
   D. 中国牢固树立领导世界的地位

7. 实现中华民族伟大复兴，就是中华民族近代以来最伟大的梦想。这个梦想，凝聚了几代中国人的夙愿，体现了中华民族和中国人民的整体利益，是中华儿女的共同期盼。实现中国梦的路径是（　　）。
   A. 走中国道路　　　　　　　　　　B. 弘扬中国精神
   C. 凝聚中国力量　　　　　　　　　D. 依靠国际力量

第九章　坚持和发展中国特色社会主义的总任务

8. 党的十九大提出了分两步走在本世纪中叶建成富强民主文明和谐美丽的社会主义现代化强国的战略安排。这一战略安排的特点在于（　　）。
   A. 完整勾画了我国社会主义现代化建设的时间表、路线图
   B. 把基本实现社会主义现代化的目标提前了 15 年
   C. 第二个百年奋斗目标的表述更加完整
   D. 不再提 GDP 翻番类目标

9. 党的十九大提出了分两步走在本世纪中叶建成富强民主文明和谐美丽的社会主义现代化强国的战略安排。这一战略安排把原来我们发展战略中基本实现社会主义现代化的时间提前了 15 年，这是因为（　　）。
   A. 我国发展的成就巨大，超出了预期
   B. 未来我国发展的潜力仍然很大，长期向好的态势没有改变
   C. 有利于激励全党全国各族人民为之奋斗
   D. 实事求是，符合实际

10. 党的十九大提出了分两步走在本世纪中叶建成富强民主文明和谐美丽的社会主义现代化强国的战略安排。这一战略安排不再提 GDP 翻番类目标，主要是因为（　　）。
    A. 我国经济发展已由高速度增长阶段转向高质量发展阶段
    B. 现在我国经济发展的主要突出问题已不是产能不足而是发展的质量还不够高
    C. 我们要通过质量、效率、动力"三个变革"，着力解决不平衡不充分的发展问题
    D. 为了更好贯彻落实新发展理念，推动党和国家事业全面发展

11. 从全面建成小康社会到基本实现现代化，再到全面建成社会主义现代化强国，是新时代中国特色社会主义发展的战略安排。这一战略安排（　　）。
    A. 是在综合分析国际国内形势和我国发展条件之后作出的重大决策
    B. 是我们党适应我国发展实际作出的必然选择
    C. 不断开创中国特色社会主义事业的新境界
    D. 对动员全党全国各族人民万众一心实现中华民族伟大复兴的中国梦具有重大意义

12. 党的十九大提出全面建设社会主义现代化国家的进程分两个阶段来安排。第一个阶段的奋斗目标是基本实现社会主义现代化，概而言之，基本实现社会主义现代化，就是（　　）。
    A. 现代化经济体系基本建成
    B. 国家治理体系和治理能力现代化基本实现
    C. 社会文明程度达到新的高度，全体人民共同富裕迈出坚实步伐
    D. 美丽中国目标基本实现

13. 党的十九大提出全面建设社会主义现代化国家的进程分两个阶段来安排。第二个阶段的奋斗目标是把我国建成富强民主文明和谐美丽的社会主义现代化强国。概而言之，到本世纪中叶，我国作为具有五千多年文明历史的古国，将焕

发出前所未有的生机活力。到那时,我国将拥有( )。
  A. 高度的物质文明
  B. 高度的政治文明
  C. 高度的精神文明
  D. 高度的社会文明和高度的生态文明

(三) 论述题

1. 如何认识新时代建设中国特色社会主义的总任务?
2. 试述中国梦的提出、内涵和实现途径。
3. 如何看待开启全面建设社会主义现代化强国的新征程?
4. 如何把握新时代中国特色社会主义发展的战略安排?

(四) 材料分析题

1. 结合下列材料回答问题

材料一:综合分析国际国内形势和我国发展条件,从2020年到本世纪中叶可以分两个阶段来安排。

第一个阶段,从2020年到2035年,在全面建成小康社会的基础上,再奋斗15年,基本实现社会主义现代化。

第二个阶段,从2035年到本世纪中叶,在基本实现现代化的基础上,再奋斗15年,把我国建成富强民主文明和谐美丽的社会主义现代化强国。

(摘自习近平:《决胜全面建成小康社会 夺取新时代中国特色社会主义伟大胜利——在中国共产党第十九次全国代表大会上的报告》)

材料二:"两步走"的意义在于:一是完整勾画了我国社会主义现代化建设的时间表、路线图。二是把基本实现社会主义现代化的目标提前了15年。三是第二个百年奋斗目标的表述更加完整。四是不再提GDP翻番类目标。

(摘自杨伟民:《"两步走"战略安排完整勾画我国社会主义现代化建设的时间表、路线图》,新华网,2017年12月26日)

请回答:

(1) 党的十九大为什么要提出"两步走"战略安排?
(2) "两步走"战略安排为什么不再提GDP翻番类目标?

2. 结合下列材料回答问题

材料一:全面建成小康社会,是我们党向人民、向历史作出的庄严承诺,是13亿多中国人民的共同期盼。

(摘自:习近平在庆祝中国共产党成立95周年大会上的讲话,2016年7月1日)

材料二:中国已经进入全面建成小康社会的决定性阶段。实现这个目标是实现中华民族伟大复兴中国梦的关键一步。

(摘自习近平:《弘扬丝路精神,深化中阿合作》,《人民日报》,2014年6月6日)

材料三:2013年4月9日,正在海南省出席博鳌亚洲论坛的习近平总书记就近到农村考察。在了解近年来当地农业生产发展、农民生活改善的情况后，习近平十分感叹地讲了一句意味深长的话："小康不小康，关键看老乡！"

（摘自新华网）

请回答：

（1）如何理解到 2020 年全面建成小康社会是"实现中华民族伟大复兴中国梦的关键一步"？

（2）如何理解"小康不小康，关键看老乡"？

（3）如何确保到 2020 年全面建成小康社会？

3. 结合下列材料回答问题

材料一：经过长期努力，中国特色社会主义进入了新时代，这是我国发展新的历史方位。

中国特色社会主义进入新时代，在中华人民共和国发展史上、中华民族发展史上具有重大意义，在世界社会主义发展史上、人类社会发展史上也具有重大意义。

（摘自习近平：《决胜全面建成小康社会 夺取新时代中国特色社会主义伟大胜利——在中国共产党第十九次全国代表大会上的报告》）

材料二：党的十九大报告指出，中国特色社会主义进入新时代，我国社会主要矛盾已经转化为人民日益增长的美好生活需要和不平衡不充分的发展之间的矛盾。"这是一个符合当今中国现实的精准判断。"美国政治学家、专栏作家阿尼尔·西格德尔对本报记者表示。

（摘自《找准历史方位，迈向更加美好生活——国际社会热议中国社会主要矛盾变化的新特点（上）》，《人民日报》，2017 年 11 月 6 日）

材料三：建成社会主义现代化强国，实现中华民族伟大复兴，是一场接力跑，我们要一棒接着一棒跑下去，每一代人都要为下一代人跑出一个好成绩。

（摘自习近平：《在庆祝改革开放 40 周年大会上的讲话》（2018 年 12 月 18 日），《人民日报》，2018 年 12 月 19 日，第 2 版）

请回答：

（1）如何理解中国特色社会主义进入了新时代？

（2）为什么说党的十九大关于我国社会主要矛盾已经转化的判断"是一个符合当今中国现实的精准判断"？这个精准判断提出了怎样的新要求？

（3）新时代如何将个人梦与中国梦紧密联系起来，实现中华民族伟大复兴的中国梦？

第十章 "五位一体"总体布局

一、学习目的与基本要求

本章主要学习中国特色社会主义"五位一体"战略布局。通过本章的学习,能够让学生对建设现代化经济体系的理念、主线和当前的主要任务有进一步的认识,能够让学生对坚持中国特色社会主义政治发展道路、健全人民当家作主的制度体系、巩固和发展爱国统一战线和坚持"一国两制"的社会主义民主政治建设有进一步的把握,能够让学生对牢牢掌握意识形态领导权、培育社会主义核心价值观和建设社会主义文化强国有进一步的认知,能够让学生对提高保障和改善民生水平的主攻方向、加强和创新社会治理的重点和总体国家安全观的完善路径有进一步的了解,能够让学生对坚持人与自然和谐共生的重要性、形成人与自然和谐发展的新格局以及加快生态文明体制改革有进一步的认识。通过本章的学习,将有助于增强学生对社会主义的认同感和民族自豪感,坚定道路自信、理论自信、制度自信和文化自信。

二、重点难点问题解析

1. 如何理解现代化经济体系的内涵与理论创新

现代化经济体系主要包括七个部分:一是创新引领、协同发展的产业体系。这是现代化经济体系的基础和核心。具体而言,就是要加快建设实体经济、科技创新、现代金融、人力资源协同发展的产业体系。二是统一开放、竞争有序的市场体系。这是现代化经济体系配置资源的主要机制。只有建立这样的市场体系,才能给企业提供自主经营、公平竞争的优良环境,才能给消费者创造自由选择、自主消费的空间,才能实现商品和要素自由流动和平等交换,为高质量发展奠定微观基础。三是体现效率、促进公平的收入分配体系。这是现代化经济体系的激励和平衡机制。形成公平合理的收入分配关系,推进基本公共服务均等化,逐步实现共同富裕,这是现代化经济体系的重要标志。四是彰显优势、协调联动的城乡区域发展体系。这是现代化经济体系在空间布局方面的体现。要形成国土资源利用效率较高、要素密集程度较大、生态容量适度、城乡融合发展、区域良性互动、陆海统筹整体优化的生产力布局结构,塑造区域协调发展新格局。五是资源节约、环境友好的绿色发展体系。这是现代化经济体系的生态环境基础。要实现绿色循环低碳发展、人与自然和谐共生,牢固树立和践行绿水青山就是金山银山理念,形成人与自然和谐发展现代化建设新格局。六是多元平衡、安全高效的全面开放体系。这是现代化经济体系与外部世界的联系机制。高水平的开放体系是深度融入全球分工体系、与世界经济实现良性循环的经济体系,要求发展更高层次开放型经济,推动开放朝着优化结构、拓展深度、提高效益方向转变。七是充分发挥市场作用、更好发挥政府作用的经济体制。这是现代化经济体系的制度基础。要使市场在资源配置中起决定性作用,更好发挥政府作用,实现市场机制有效、微观主体有活力、宏观调控有度。

2. 为什么必须坚持共产党领导的多党合作和政治协商制度,不能照搬西方的多党制

中国共产党领导的多党合作和政治协商制度是在我国长期革命和建设中形成和发展起来的,是中国共产党和各民主党派的共同创造,也是我国政治制度的一大特点和优点。

在我国政党制度的基本特征中,最根本的是共产党领导。共产党是我国革命、建设和改革事业的领导核心,是我国革命、建设和改革事业不断胜利前进的根本保证。在我国多党合作制度中,共产党领导是基本前提,也是各民主党派的自觉选择。在我国政党制度的基本特征中,各民主党派是与共产党共同致力于中国特色社会主义事业的亲密友党,是参政党,而不是反对党或在野党。中国共产党的领导和执政地位与各民主党派作为亲密友党和参政党地位,决定了我国多党合作制度的实质是团结合作。这种团结合作关系,既有利于共产党与各民主党派在共同政治基础上加强团结合作,通过平等协商形成科学决策,集中力量办大事;又有利于避免多党竞争、互相倾轧造成的政治动荡和一党专制、缺少监督造成的种种弊端。这与以竞争为特征的西方多党制政治体制形成了鲜明的对照,也是区别于西方多党制的显著特征。要保持稳定的政治、经济环境,就必须有一个坚强的领导核心,而不能搞资产阶级的多党制。

3. 如何理解培育和践行社会主义核心价值观

培育和践行社会主义核心价值观是党的十八大提出的重大战略任务。这一战略任务的提出具有非常重要的现实意义和精神象征。当前,我国经济高度发展,人民的物质生活得到了大幅提高,但精神层面的东西却非常欠缺。人们的道德底线不断突破,社会矛盾突出。因此,有必要提炼出全民族广泛认同的、具有普遍性的公共道德衡量标准体系。党的十八大首次将社会主义核心价值观高度概括为"富强、民主、文明、和谐、自由、平等、公正、法治、爱国、敬业、诚信、友善"24个字。从个人、社会、国家层面为全民族人民的道德情操指明了方向。践行社会主义核心价值观,无疑是继续迈大步伐坚持走中国特色社会主义道路的体现。"富强、民主、文明、和谐"一直都是我国建设社会主义现代化国家的宏伟目标。实现最广大人民的利益是我党的出发点和立足点。"自由、平等、公正、法治"更是人们享有的基本权利,这些权利的实现都需要法律制度作为保障。"爱国、敬业、诚信、友善"是对每个公民最根本的道德要求和约束,是衡量一个人道德品质的重要指标。因此,培育和践行社会主义核心价值观是我国建设社会主义的重要内容,与国家的福祉和奋斗目标息息相关。要践行社会主义核心价值观,需要做很多的实际工作,需要每一个公民自身的领会和亲身的实践。从普通公民到国家领导人,都需要从自身开始,严格遵守社会主义核心价值观所提倡的精神。

三、扩展阅读

1. 经典论述

科技创新、科学普及是实现创新发展的两翼,要把科学普及放在与科技创新同等重要的位置。没有全民科学素质普遍提高,就难以建立起宏大的高素质创新大军,难以实现科技成果快速转化。希望广大科技工作者以提高全民科学素质为己任,把普及科学知识、弘扬科学精神、传播科学思想、倡导科学方法作为义不容辞的责任,在全社会推动形成讲科学、爱科学、学科学、用科学的良好氛围,使蕴藏在亿万人民中间的创新智慧充分释放、创新力量充分涌流。

——习近平:《为建设世界科技强国而奋斗——在全国科技创新大会、两院院士大会、中国科协第九次全国代表大会上的讲话》(2016年5月30日),人民出版社,第18页。

确保农产品质量安全,既是食品安全的重要内容和基础保障,也是建设现代农业的重要任务。要把农产品质量安全作为转变农业发展方式、加快现代农业建设的关键环节,坚持源头治理、标本兼治,用最严谨的标准、最严格的监管、最严厉的处罚、最严肃的问责,确保广大人民群众"舌尖上的安全"。

——《在中央农村工作会议上的讲话》(2013年12月23日),《十八大以来重要文献选编》(上),中央文献出版社,2014年版,第673页。

不忘初心,方得始终。对马克思主义的信仰,对社会主义和共产主义的信念,是共产党人的政治灵魂,是共产党人经受住各种考验的精神支柱。只有理想信念坚定的人,才能始终不渝、百折不挠,不论风吹雨打,不怕千难万险,坚定不移为实现既定目标而奋斗。

——习近平:《在纪念朱德同志诞辰130周年座谈会上的讲话》,人民出版社,2016年版,第6~7页。

广大青年一定要坚定理想信念。"功崇惟志,业广惟勤。"理想指引人生方向,信念决定事业成败。没有理想信念,就会导致精神上"缺钙"。中国梦是全国各族人民的共同理想,也是青年一代应该牢固树立的远大理想。中国特色社会主义是我们党带领人民历经千辛万苦找到的实现中国梦的正确道路,也是广大青年应该牢固确立的人生信念。

——习近平:《习近平谈治国理政》第1卷,外文出版社,2018年版,第50页。

历史和现实都表明,一个抛弃了或者背叛了自己历史文化的民族,不仅不可能发展起来,而且很可能上演一幕幕历史悲剧。

——习近平:《习近平谈治国理政》第2卷,外文出版社,2017年版,第339页。

社会主义核心价值观是当代中国精神的集中体现,凝结着全体人民共同的价值追求。要以培养担当民族复兴大任的时代新人为着眼点,强化教育引导、实践养成、制度保障,发挥社会主义核心价值观对国民教育、精神文明创建、精神文化产品创作生产传播的引领作用,把社会主义核心价值观融入社会发展各方面,转化为人们的情感认同和行为习惯。坚持全民行动、干部带头,从家庭做起,从娃娃抓起。深入挖掘中华优秀传统文化蕴含的思想观念、人文精神、道德规范，结合时代要求继承创新，让中华文化展现出永久魅力和时代风采。

——习近平：《中国共产党第十九次全国代表大会文件汇编》，人民出版社，2017年版，第34页。

经济工作是当前最大的政治，经济问题是压倒一切的政治问题。不只是当前，恐怕今后长期的工作重点都要放在经济工作上面。

——邓小平：《邓小平文选》第2卷，人民出版社，1994年版，第194页。

完成脱贫攻坚任务，越到后来难度越大。要以精准扶贫、精准脱贫为主线，分类施策，真抓实干，吹糠见米，确保贫困人口如期实现脱贫。要把发展生产扶贫作为主攻方向，努力做到户户有增收项目、人人有脱贫门路；要把易地搬迁扶贫作为重要补充，确保搬得出、稳得住、能致富；要把生态补偿扶贫作为双赢之策，让有劳动能力的贫困人口实现生态就业，既加强生态环境建设，又增加贫困人口就业收入；要把发展教育扶贫作为治本之计，确保贫困人口子女都能接受良好的基础教育，具备就业创业能力，切断贫困代际传递；要把社会保障兜底扶贫作为基本防线，加大重点人群救助力度，用社会保障兜住失去劳动能力人口的基本生活。

——《2017年春节前夕习近平赴河北张家口看望慰问基层干部群众时的讲话》(2017年1月24日)，《人民日报》，2017年1月25日。

一个团体要有一个章程，一个国家也要有一个章程，宪法就是一个总章程，是根本大法。

——毛泽东：《关于中华人民共和国宪法草案》，《毛泽东文集》第6卷，人民出版社，1999年版，第328页。

为了保障人民民主，必须加强法制。必须使民主制度化、法律化，使这种制度和法律不因领导人的改变而改变，不因领导人的看法和注意力的改变而改变。

——邓小平：《解放思想，实事求是，团结一致向前看》，《邓小平文选》第2卷，人民出版社，1994版，第146页。

2. 阅读推荐

(1) 刘志彪、陈东等：《建设现代化经济体系研究》，中国财政经济出版社，2018年版。

【推荐理由】该书紧密联系报告"建设现代化经济体系是跨越关口的迫切要求和我国发展的战略目标"，多方面研究如何高质量发展与建设现代化经济体系。全书从理论、实务到案例，分章节讨论，也是长江产业经济研究院阶段性工作总结。

(2) 金碚、刘戒骄、刘吉超等著，陈佳贵编：《中国特色社会主义经济发展道路丛书：中国国有企业发展道路》，经济管理出版社，2013年版。

【推荐理由】作者以长期观察和持续研究为基础，分析了新阶段我国国有企业改革和发展面临的若干重要问题。该书对于系统了解美国等西方国家对国有企业的管理，更好把握我国国有企业和国有经济的功能定位，探索国有企业分类改革和管理的方式，建设现代企业制度基本定型并在治理结构、收入分配、信息披露以及全民所有的实现方式等方面更加完善的新型国有企业，实现国家对国有企业的有效管理具有重要意义。

（3）中共中央党史和文献研究院：《习近平关于社会主义文化建设论述摘编》，中央文献出版社，2017年版。

【推荐理由】该书内容摘自习近平同志关于社会主义文化建设的系列重要讲话，其内容立意高远、内涵丰富、思想深刻，对于巩固马克思主义在意识形态领域的指导地位，巩固全党全国人民团结奋斗的共同思想基础，加快建设社会主义文化强国，提高国家文化软实力，坚定文化自信，推动物质文明和精神文明均衡发展、相互促进，夺取全面建成小康社会决胜阶段的伟大胜利，实现"两个一百年"奋斗目标，实现中华民族伟大复兴的中国梦，具有十分重要的指导意义。

（4）居云飞：《兴国之魂：社会主义核心价值观与中华优秀传统文化》，中国社会科学出版社，2014年版。

【推荐理由】该书严格依据党的十八大报告提出的24字社会主义核心价值观编写，不仅深入解读了24字核心价值观的内涵与现实意义，而且涵盖了一脉相承的思想之源、文化之根，融入了党员干部应知必读的传统文化成果与思想结晶。同时，本书记录了习近平总书记在内政、外交方面提出的包括中国梦、以民为本、依法治国、人与自然和谐一体、新型国家利益观等在内的重要的治国理念和核心价值体系，赋予中华优秀传统文化新的时代意义，可帮助广大党员干部真正认识民族文化的精髓，深刻领悟核心价值观的传统底蕴，以便更好地领导全国各族人民践行社会主义核心价值观，弘扬民族精神，增加民族凝聚力，传承中华文明。

（3）胡湛、彭希哲：《应对中国人口老龄化的治理选择》，《中国社会科学》，2018年第12期。

【推荐理由】人口老龄化已成为中国社会的常态，而现有治理模式及制度安排仍缺乏结构化和系统性的反应与适应，相应治理研究亦遭遇困境。《应对中国人口老龄化的治理选择》一文认为，中国老龄社会的治理选择应基于"中国特征"并将其转化为"中国优势"，实现从碎片化管理向整体性治理、从聚焦于老年人口向强调全人口全生命周期的转变，并将政策调节逻辑从"以人口变动适应制度"转型为"以制度变革适应人口"。当前的老龄战略及政策布局应立足于我国人口态势和老龄化发展规律进行战略配置，在文化和制度传承的基础上更新理念和创新制度，在多元共治和可持续发展的基础上构建兼顾整体性和动态性的社会经济支持体系，加强对老年人群体演化和未来老龄社会发展的研判，并以此为基础选择政策调整乃至重构的切入点。

（4）梁漱溟：《中国文化要义》，上海人民出版社，2011年版。

【推荐理由】《中国文化要义》被誉为中国文化研究和西方文化比较的经典作品，书中充满着"问题意识"。每个人从少年起就回避不了的人生意义问题，古老中国在清末以来所遭逢的民族前途问题，都把梁漱溟引向同一个中国文化。在梁漱溟看来，中国文化既是这两大问题的根源，也是这两大问题的解答，关键在于如何来认识这种文化。对中国文化本身，梁漱溟也从一些发人深省的问题入手来探讨。中国的知识、经济和政治无一称强，却何以历史悠久、广土众民，以至于面对强悍日寇仍能持久抵御？人们总说西方人是个人本位、中国人是社会本位，中国文明那么早就灿烂辉煌，但何以一直没有发展出像样的科学体系？中国缺的是民主本身，还是西洋近代国家那样的民主？

四、理论前沿

筑牢文化自信的根基

习近平同志强调,文化自信是一个国家、一个民族发展中更基本、更深沉、更持久的力量。文化自信是中华民族对于自我文化理想、价值、活力与前景的确信。因而,我们所要坚定的文化自信,是立足中国、把握当下、承接传统、向新而行的文化自信。坚定中国特色社会主义文化自信,需要我们筑牢以下几个方面的根基。

认知认同的根基。不断深化对自身文化的认知、增进对自身文化的认同,是坚定文化自信的一项基础性工程。对中华文化,我们既应知其源、识其流,也应把握其潮头所向。深化这种整体性的认知认同,需要我们在构建好中华优秀传统文化传承体系的同时,积极构建革命文化、社会主义先进文化的传承体系和教育体系,将中国特色社会主义文化自信建立在对中华文化发展历史必然性的深刻把握上。

创新创造的根基。文化的生命力激发和增进于永不停息的创新创造中。在漫长的历史进程中,中华民族的先民正是用卓绝于世的创新创造,奠定了令我们足以自信的历史底气。还应看到,我们既要自信于所拥有的辉煌文明史,更要对从辉煌文明史中一路走来的现实事业充满自信。新时代中华民族文化自信的底气,只有在旧邦新命的历史接续中、在文化创造活力充分涌流的当下实践中,才会更加充盈浩荡。我们要以自己在文化创新创造中取得的丰硕成果,为中国特色社会主义文化自信注入充沛的新时代底气。

国民素质的根基。坚定文化自信的过程,要与民族素质提升紧密结合起来。筑牢文化自信的国民素质根基,要求我们抓好建设教育强国这一中华民族伟大复兴的基础工程,切实把教育事业放在优先位置。同时,还要求我们将以人民为中心的发展思想贯穿到文化发展全过程,将不断促进人的全面发展摆在谋划、推动文化发展的中心位置,着力构建把社会效益放在首位、社会效益和经济效益相统一的文化体制机制,为人民过上美好生活提供丰富的精神食粮。

全面发展的根基。文化自信作为一种积极的精神状态,与文化发展状况息息相关,但绝非仅仅生发于文化发展基础上,而是随着整个经济社会、国运民祉的发展变化而发展变化。对文化自信问题的观察和思考,需要我们放眼整个国家和民族的发展进步,放眼经济社会改革发展全局。进一步坚定文化自信,需要坚定不移全面深化改革,在继续推动发展的基础上,着力解决好发展不平衡不充分问题,大力提升发展质量和效益,更好推动人的全面发展、社会全面进步,以中国发展进步的事实筑牢文化自信的现实根基。

(节选自沈壮海:《筑牢文化自信的根基》,《人民日报》,2018年4月12日,第7版)

提升党的领导力,推进国家治理体系和治理能力现代化

坚持和完善中国特色社会主义制度、推进国家治理体系和治理能力现代化,是全党的一项重大战略任务。完成好这样的重大战略任务,依靠党的政治领导力、思想引领力、群众组织力、社会号召力,概而言之,就是党的领导力。提升党的领导力,是贯彻落实党的

十九届四中全会精神,把我国制度优势更好转化为国家治理效能的关键和根本。

中国特色社会主义最本质的特征是中国共产党领导,党的领导力彰显于中国特色社会主义的全部事业之中。中国特色社会主义制度的最大优势是中国共产党领导,通过发挥党的领导力,充分证明我国国家制度和国家治理体系的最大优势。党是最高领导力量,是统领党和国家事业的核心力量。

党政军民学、东西南北中,党是领导一切的。《中共中央关于坚持和完善中国特色社会主义制度、推进国家治理体系和治理能力现代化若干重大问题的决定》强调把党的领导落实到国家治理各领域各方面各环节,党的领导力支撑和落实党的领导,是国家治理体系和治理能力现代化能否实现的关键因素。

党的领导力不是从来就有的,也不是一成不变的,是在党的伟大事业、伟大斗争中不断增进和提高的。坚持和完善中国特色社会主义制度、推进国家治理体系和治理能力现代化,需要依靠党的坚强领导力推动前行,同时党的领导力也需要在全面建设社会主义现代化国家新的伟大实践中得到新的提升。

(节选自颜晓峰:《提升党的领导力,推进国家治理体系和治理能力现代化》,《党建》,2019年第12期)

生态文明的政治哲学基础

生态问题已成为人类命运共同体共同面对的最大问题之一,"生态文明的美丽中国"则成为我国各项体制建设的基本目标和基本国策。值得注意的是,生态问题不仅是一个关乎政治决策和社会政策的现实问题,它还是一个有着巨大政治哲学深度的理论问题,引发了人类自然观念和自我意识的一次新启蒙、新革命:"人与自然是生命共同体,人类必须尊重自然、顺应自然、保护自然。人类只有遵循自然规律才能有效防止在开发利用自然上走弯路,人类对大自然的伤害最终会伤及人类自身,这是无法抗拒的规律。"从历史的观点看,生态危机的发生是数百年来资本主义体制主导人类生存方式的一个必然结果,这一点决定了生态问题也完全处在马克思批判理论的论域中。

(节选自张盾:《马克思与生态文明的政治哲学基础》,《中国社会科学》,2018年第12期)

五、案例剖析

案例一:

国有企业混合所有制改革

为贯彻落实党中央、国务院关于积极发展混合所有制经济的决策部署,稳妥有序推进中央企业混合所有制改革,促进各种所有制资本取长补短、相互促进、共同发展,夯实社会主义基本经济制度的微观基础,按照《中共中央、国务院关于深化国有企业改革的指导意见》(中发〔2015〕22号)、《国务院关于国有企业发展混合所有制经济的意见》(国发〔2015〕54号)等文件精神和有关政策规定,结合中央企业混合所有制改革实践，国资委近日印发《中央企业混合所有制改革操作指引》。中央企业所属各级子企业通过产权转让、增资扩股、首发上市（IPO）、上市公司资产重组等方式，引入非公有资本、集体资本实施混合所有制改革，相关工作参考本操作指引。

【思考讨论】

（1）结合我国社会主义属性，谈谈国有企业混合所有制改革的合理性和发展趋向。

（2）谈谈在建设中国特色社会主义经济过程中如何正确处理政府与市场的关系。

【要点提示】

（1）混合所有制改革的核心是解决国企活力不足的弊端，即市场化。从根本上讲，混合所有制改革其实是引入其他资本参与国有企业产权制度的改革和治理机制的完善，能够有效构建现代企业制度，加强企业市场活力，同时，混合所有制改革并不否定党对企业的领导和企业的国有性质和属性，因此，混合所有制改革是国有企业改革的有效路径之一。

（2）市场和政府的关系是全面深化改革的核心议题。理论和实践证明，市场配置资源是最有效率的形式，市场决定资源配置是市场经济的一般规律。市场经济本质上就是市场决定资源配置的经济，发展社会主义市场经济，就要让市场在资源配置中发挥决定性作用。要使市场在资源配置中起决定性作用和更好发挥政府作用，政府的职责和作用主要是保持宏观经济稳定、加强和优化公共服务、加强市场监管和推动可持续发展。要支持和鼓励金融创新，要积极探索存款利率市场化改革，要积极探索负面清单管理模式，要在防范互联网金融风险方面积极发挥政府的作用。

案例二：

平均每月超2名"老虎"落网：十八大后现反腐新常态

十八大以来，中共用刮骨疗伤的决心交出反腐成绩单——仅在中央纪委监察部网站上，就公布了近700名官员被调查或处理的消息，绝大多数为厅局级官员，其中省部级及以上高官多达55名：中央部门和国家机关等共计12人、央企高管共3人，其余40人则来自全国21个省份。其中，山西为"重灾区"，其次为江西和四川。在舆论一次次有关反腐遇阻的臆测中，中共均以铁腕惩腐的姿态强硬宣誓"反腐没有完成时，只有进行时"的决心——十八大以来，平均每月超过2名"老虎"落网便是力证。值得一提的是，从薄熙来，到徐才厚，再到周永康，中共的反腐败，正在不断打破"禁区"和"惯例"。在诸多受访专家看来，这样的力度，在改革开放以来还未曾有过，中共反腐正进入"新常态"。

（摘自：《十八大后55名"老虎"落网：反腐治本料有新部署》，《中国新闻网》，2014年10月22日）

【思考讨论】

（1）从中国共产党"党要管党从严治党"的角度分析一些高官因腐败落马现象。

（2）建立健全社会主义法制对反腐有什么重要意义？

【要点提示】

预防腐败、惩治腐败的最终走向都是法治反腐。最重要的是源头立法，约束一把手的权力。只有依靠制度建设、完善相关法律体系，才能做到从"不敢腐"到"不能腐"甚至"不想腐"。当前的腐败治理还没有达到理想状态，治本最终要靠制度和法治，建立起一套严厉的法律监督体系，把权力关进制度的笼子里，让权力在阳光下运行。司法以法治的最高权威确保了反腐的成果，只有坚持司法正义的反腐斗争，才能消除人们对运动式反腐、反腐政治斗争的猜疑，确保反腐的合法性、确定性和持续性，使得民心、顺民意的反腐斗争在法治的护佑下走得更长、走得更远，确保反腐成果不因时、因人而改变。法治反腐首先要加强立法，包括国家和党内两个层面。其中在党纪政纪层面，首要是要完善健全过去的一些规定，并有必要从一般内部文件上升为法律法规。

案例三：

全面依法治国任重道远

2020 年 1 月 13 日，根据最高人民法院（2017）最高法刑申 128 号再审决定书，山东省高级人民法院组成合议庭在淄博市中级人民法院第一审判法庭对张志超强奸、王广超包庇一案再审宣判，改判张志超、王广超无罪。

【思考讨论】
（1）全面依法治国还面临哪些重大的现实障碍？
（2）政治体制改革顺利进行的保障是什么？

【要点提示】

当前中国经济建设已经取得重大的成就，但是政治体制的不完善，已经成为制约我国经济继续向前发展的巨大瓶颈。坚持正确的政治体制有利于保障人民的合法权利，有利于让广大人民分享改革开放的经济红利，有利于实现社会公平公正。大力推进政治体制改革，有利于民族复兴的中国梦顺利实现。依宪治国能否实现，最关键是党政干部，特别是党委一把手，能否遵宪守法，按照宪法和法律精神办事，把自己的活动限制在宪法法律的框架之下，不做以言代法、以权压法、徇私枉法的事情。这是能不能落实四中全会决定，能不能够推进深化改革的第一个重大考验。这一关如果过不了，那就谈不上依法治国。

案例四：

社会主义核心价值观植根于中华文化沃土

中华文化历史悠久，源远流长，上自伏羲、炎、黄、唐虞及夏、商、周三代，下至唐、宋、元、明、清以至今日，浩浩荡荡，川流不息，绵延了五千多年，而且在东亚形成一个以中国为中心的东亚"儒教文化圈"，也可以叫"筷子文化圈""稻米文化圈"或"汉字文化圈"，构成其要素的主要有汉字、儒家思想、律令制度、佛教、道教等几项，成为人类文明的重要一极。为什么中华文化能够这样绵延不绝、一脉相传地发展到今天？这可能有独特的地域环境、生产方式、民族心理素质等多方面的原因，但其中有一个重要的原因就是中华文化在漫长的历史发展中形成了讲仁爱、重民本、守诚信、崇正义、尚和合、求大同等许多核心价值观。今天,这些传统价值观念依然是我们实现民族统一,实现可持续发展的原动力,是我们应对挑战的最高行为准则。现在,党中央提出的社会主义核心价值体系也应该是以传统文化为基础的。习近平总书记在2月24日中共中央政治局第十三次集体学习时的讲话中指出:培育和弘扬社会主义核心价值观必须立足中华优秀传统文化。牢固的核心价值观,都有其固有的根本。抛弃传统、丢掉根本,就等于割断了自己的精神命脉。博大精深的中华优秀传统文化是我们在世界文化激荡中站稳脚跟的根基。中华文化源远流长,积淀着中华民族最深层的精神追求,代表着中华民族独特的精神标识,为中华民族生生不息、发展壮大提供了丰厚滋养。中华传统美德是中华文化精髓,蕴含着丰富的思想道德资源。不忘本来才能开辟未来,善于继承才能更好创新。对历史文化特别是先人传承下来的价值理念和道德规范,要坚持古为今用、推陈出新,有鉴别地加以对待,有扬弃地予以继承,努力用中华民族创造的一切精神财富来以文化人、以文育人。要讲清楚中华优秀传统文化的历史渊源、发展脉络、基本走向,讲清楚中华文化的独特创造、价值理念、鲜明特色,增强文化自信和价值观自信。要认真汲取中华优秀传统文化的思想精华和道德精髓,大力弘扬以爱国主义为核心的民族精神和以改革创新为核心的时代精神,深入挖掘和阐发中华优秀传统文化讲仁爱、重民本、守诚信、崇正义、尚和合、求大同的时代价值,使中华优秀传统文化成为涵养社会主义核心价值观的重要源泉。要处理好继承和创造性发展的关系,重点做好创造性转化和创新性发展。这就说明中华优秀传统文化是社会主义核心价值观的固有根本,是涵养社会主义核心价值观的重要源泉。今天,我们要讲清楚这个根本才能增强文化自信和价值观自信,从这个源泉里汲取思想精华和道德精髓才能做好创造性转化和创新性发展。因此,我们可以概括地说,优秀的传统文化与中国社会主义核心价值观是"源"和"流"的关系,"不忘本来才能开辟未来,善于继承才能更好创新",社会主义核心价值体系的形成应该在"继往"的前提下"开来"。党的十八大报告首次以24个字,凝练概括社会主义核心价值观:"倡导富强、民主、文明、和谐,倡导自由、平等、公正、法治,倡导爱国、敬业、诚信、友善,积极培育社会主义核心价值观。"这24个字其实是12个价值观,其中有的是传统价值观的全部继承,有的是部分继承。

(摘自韩星:《社会主义核心价值观植根于中华文化沃土》,《光明网》,2014年9月25日)

【思考讨论】

(1) 简述社会主义核心价值体系的基本内容。
(2) 我国应该如何建设社会主义文化强国?

【要点提示】

马克思主义指导思想,中国特色社会主义共同理想,以爱国主义为核心的民族精神和以改革创新为核心的时代精神,社会主义荣辱观,构成了社会主义核心价值体系的基本内容。建设文化强国不是一朝一夕的事情,需要长期的积累。中国可以说是一个文化大国,但还不是文化强国。五千多年的历史沉淀,孕育了中国博大精深的历史和文化,中国理应成为世界上的文化强国。但反观我们现在的国际现状就能发现:西方文化已经深入到我们生活的方方面面。因此,在建设文化强国的过程中,中国应该提炼自身文化精髓,抵御西方腐朽文化对我国文化的侵蚀；有针对性地发展文化产业，并向国外输出有影响力的文化产品。当然，文化的建设还需要从每一个公民做起。这就需要通过践行社会主义核心价值观加强公民的社会素养、塑造良好的社会舆论、维护国家的国际形象等。

案例五：

用重典破解生态文明建设领域违法成本低难题

今年1月1日，新修订的《中华人民共和国环境保护法》（以下简称《环境保护法》）施行。新《环境保护法》宣示了"经济社会发展与环境保护相协调"的环境优先思想，是中国环境立法史上的又一重要里程碑。治污须用重典。近一两年来，生态文明建设领域的法律法规不断制定并施行，"违法成本低，守法成本高"的难题正在破解。污染环境、破坏生态，不仅在经济上得不偿失，而且可能被定罪判刑。《最高人民法院、最高人民检察院关于办理环境污染刑事案件适用法律若干问题的解释》2013年6月实施，对环境污染犯罪的定罪量刑标准作出新规定，加大了打击力度。据环境保护部统计，2013年地方各级环保部门向公安机关移送涉嫌环境污染犯罪案件706件，超过以往10年总和。2014年前三季度，移送案件数量进一步增加，达到1232件，涉嫌环境污染犯罪案件办理工作取得突破性进展。环境生态方面的法律法规还将持续完善、不断加严。去年12月下旬，十二届全国人大常委会第十二次会议对《大气污染防治法》修订草案进行了初审，取消违法排污50万元罚款的上限、区域联防联控等亮点引人注目。修改《水污染防治法》、制定《土壤污染防治法》也已列入本届常委会立法规划。十八届三中全会明确要求"纠正单纯以经济增长速度评定政绩的偏向"。政绩考核"指挥棒"绿起来了，明确指向绿色发展、循环发展、低碳发展的方向。2013年底，中组部印发《关于改进地方党政领导班子和领导干部政绩考核工作的通知》，规定各类考核考察不能仅仅把地区生产总值及增长率作为政绩评价的主要指标。去年4月，国务院办公厅印发大气污染防治考核办法，将治霾成效作为综合考核评价的重要依据。《大气污染防治行动计划》的落实有条不紊，《水污染防治行动计划》《土壤污染防治行动计划》等一系列重磅政策措施已然箭在弦上。各地奋力改革创新，探索生态文明建设路径，坚决向污染宣战，逐步告别粗放经济发展方式。

（摘自刘毅、寇江泽：《用重典破解生态文明建设领域违法成本低难题》，《人民日报》，2015年1月9日，第10版）

【思考讨论】
(1) 结合材料，谈一谈我们应该树立什么样的生态文明理念。
(2) 如何建立系统完整的生态文明制度体系，用制度保护生态环境？

【要点提示】

树立尊重自然、顺应自然、保护自然的生态文明理念。要把资源消耗、环境损害、生态效益纳入经济社会发展评价体系，建立体现生态文明要求的目标体系、考核办法、奖惩机制；建立国土空间开发保护制度，完善最严格的耕地保护制度、水资源管理制度、环境保护制度；深化资源性产品价格和税费改革，建立反映市场供求和资源稀缺程度、体现生态价值和代际补偿的资源有偿使用制度和生态补偿制度；加强环境监管，健全生态环境保护责任追究制度和环境损害赔偿制度；加强生态文明宣传教育，增强全民节约意识、环保意识、生态意识，形成合理消费的社会风尚，营造爱护生态环境的良好风气。

六、实践指导

方案一：关于国有企业改革的调查

【实践目的】组织学生对某一国有企业开展实地考察、座谈会并收集资料，从而了解我国国有企业改革的必要性、成就和困境，并撰写调研报告。通过调研，培养学生实地调研的能力、收集资料的能力和分析思考能力，加深学生对课本中关于社会主义市场经济理论的认识，提高学生对社会主义市场经济基本内容的理解和运用。

【实践方式】组织学生实地考察、开展座谈会、收集资料、撰写报告。

【实践步骤】

（1）查阅相关资料，联系调研单位。

（2）组织学生实地考察、参与座谈会，并认真记录。

（3）撰写调研报告。

【实践成果】评选优秀调查报告，将优秀调查报告汇编成册。

方案二：关于乡村振兴的相关调查

【实践目的】组织学生到全国各地进行调查访问，了解当前我国乡村发展面临的困境，提出解决乡村问题的相应对策建议。通过调研，开阔学生的眼界，培养学生收集资料、组织协调、分析问题、统计调查和研究的能力，让学生深刻了解党中央关于乡村振兴战略的基本背景，提高学生对社会主义初级阶段基本经济国情的认识。

【实践方式】组织学生实地考察、开展座谈会、收集资料、撰写报告。

【实践步骤】

（1）查阅相关资料，设计调研问卷。

（2）确定调研对象，联系调研单位。

（3）组织学生实地考察，发放并回收问卷。

（4）筛选问卷，保留有效问卷，统计并分析问卷数据。

（5）撰写调研报告。

【实践成果】评选优秀调查报告，将优秀调查报告汇编成册。

方案三：大学生对我国养老问题的调查

【实践目的】通过调查，及时掌握当代大学生的家庭观，了解其对尊老爱老等优秀传统文化的继承和发扬，并发现其中存在的问题，引导学生树立正确的价值观和社会心态，在生活中为社会发展贡献力量。同时，掌握调查问卷的设计以及分析问卷的基本方法。

【实践方式】学生分小组活动。

【实践步骤】

（1）查阅相关资料，设计调查问卷，校对检查后，印制问卷。

（2）确定调查对象，确定样品数量，确定人员分工。

(3) 实地发放问卷，收集问卷。
(4) 筛选问卷，除去无效问卷，进行问卷统计处理，分析数据。
(5) 撰写调查报告。
【实践成果】评选优秀调查报告，将优秀调查报告汇编成册。

方案四："人民代表大会制度适合中国/三权分立制度适合中国"——辩论赛

【实践目的】通过辩论，同学们能够深刻认识我国的人民代表大会制度，了解人民代表大会制度的优越性，理解我国为什么不能实行三权分立制度。增强同学们关于我国人民代表大会这一根本政治制度的制度自信。

【实践方式】班级组织，以小组为单位参加活动。

【实践步骤】
(1) 班干部负责策划和组织辩论赛活动，制订活动的具体实施方式，包括时间、地点、评比方法和程序、评分构成、奖励方法等。
(2) 抽签决定辩论的正方反方，然后各方组织成员收集资料，认真准备，各方确定本小组的分工。
(3) 按照计划进行比赛活动，辩论结束后，进行点评、颁奖，最后进行总结。

【实践成果】评选优秀辩手，颁发奖品，评分计入平时成绩。

方案五：校内调研

【实践目的】以小组的形式、发放问卷的形式调查大学生对社会主义核心价值观的理解，并将调查结果统计出来，每组制作一份PPT在课堂上进行展示和讲解。此次调研，旨在使学生深刻理解社会主义核心价值观的意义，提高学生对社会主义核心价值观的理性思考能力。

【实践方式】问卷调查、PPT展示等。

【实践步骤】
(1) 查阅相关资料，设计调查问卷，校对检查后，印制问卷。
(2) 确定调查对象，确定样品数量，确定人员分工。
(3) 实地发放问卷，收集问卷。
(4) 筛选问卷，除去无效问卷，进行问卷统计处理，分析数据。
(5) 撰写调查报告。

【实践成果】根据学生的完成情况计分，分数计入平时成绩。活动后每一组成员提交一份调研报告或PPT。

方案六：观看视频

【实践目的】组织学生自主观看视频，形象地展现当前社会现实状况，培养学生对社会主义社会建设的整体性认识能力；提高学生对构建和谐社会的认知能力和社会治理的必要性认识；有利于学生理论联系实际，提高课程的应用价值和指导意义。

【实践方式】老师将指定的视频（如《今日说法》《法制在线》等）拷贝给学生，让学生自己观看；学生观看完后撰写感想和报告在课堂上讲解，并提交给老师。

【实践步骤】
(1) 将指定视频拷贝给学生。

（2）学生在课余时间观看视频。

（3）课堂讲解视频。

（4）学生写出观后感，并提交报告。

【实践成果】根据学生的完成情况，计入平时成绩。活动后以小组的形式提交感想和报告。

方案七："美丽中国，从我做起"主题演讲赛

【实践目的】通过演讲比赛，学生能够更加深刻地理解建设社会主义生态文明的重要性和紧迫性，增强学生建设社会主义生态文明的主人公意识，并倡议学生从身边小事做起，为建设"美丽中国"、实现"中国梦"添砖加瓦。

【实践方式】开展以"美丽中国，从我做起"为主题的演讲比赛。

【实践步骤】

（1）在班内宣传演讲比赛，下发比赛要求、评分规则等。

（2）号召并组织学生积极报名参赛。

（3）组织学生准备演讲稿。

（4）举行演讲比赛，并进行评比。

【实践成果】根据学生的完成情况计分，分数计入平时成绩。评选优秀选手，颁发奖品。

方案八：观看影片《家园》

【实践目的】通过观看影片，学生能够审视人类在地球上的活动，反思人与自然的关系，把握保护环境的重要性和紧迫性，增强保护地球、保护家园的意识，从而为保护环境、守住人类的家园做出应有的贡献。

【实践方式】观看影片《家园》，进行课堂讨论，并写观后感。

【实践步骤】

（1）组织学生观看影片。

（2）围绕着影片进行课堂讨论。

（3）布置学生课后撰写观后感，课堂提交。

【实践成果】每位同学提交感想和报告，根据学生的完成情况计分，分数计入平时成绩。

七、练习与思考

（一）单项选择题

1. 改革开放以来，我国在经济体制认识上的重大突破是（　　）。
   A. 市场经济是资本主义的东西
   B. 市场经济对资源配置起基础性作用
   C. 市场经济是法治经济
   D. 计划经济和市场经济不属于社会基本制度范畴

2. 社会主义市场经济理论认为，计划经济与市场经济属于（　　）。
   A. 不同的资源配置方式　　　　　　B. 不同的经济增长方式
   C. 不同的经济制度的范畴　　　　　D. 不同的生产关系的范畴
3. 我国社会主义市场经济的特色在于（　　）。
   A. 我国社会主义市场经济的发展尚不成熟
   B. 我国社会主义市场经济的发展较强
   C. 为发展社会主义社会的生产力服务
   D. 市场经济同社会主义基本制度结合在一起
4. 我国经济体制改革的目标是（　　）。
   A. 转换国有企业经营机制，建立现代企业制度
   B. 建立社会主义市场经济体制
   C. 合理的个人收入分配和社会保障制度
   D. 统一、开放、有序的市场体系
5. 党的十八届三中全会提出，市场在资源配置中起（　　）。
   A. 支配性作用　　B. 决定性作用　　C. 基础性作用　　D. 辅助性作用
6. 目前我国的社会主义市场经济在运行中还存在很多问题，要解决这些问题，关键是（　　）。
   A. 建立现代企业制度　　　　　　　B. 处理好政府与市场的关系
   C. 转换企业的经营机制　　　　　　D. 处理好政府和企业的关系
7. 社会主义生产关系区别于资本主义生产关系的根本特征是（　　）。
   A. 公有制　　　B. 全民所有制　　　C. 集体所有制　　　D. 多种所有制
8. 国有经济起主导作用，主要体现在（　　）。
   A. 控制力　　　B. 影响力　　　　　C. 决定力　　　　　D. 竞争力
9. 在社会主义初级阶段，非公有制经济是（　　）。
   A. 具有公有性质的经济
   B. 社会主义经济的组成部分
   C. 社会主义市场经济的重要组成部分
   D. 逐步向公有制过渡的经济
10. 按劳分配以外的多种分配方式，其实质就是（　　）。
    A. 按资分配
    B. 按经营状况分配
    C. 按生产要素的占有状况进行分配
    D. 按效益分配
11. 制约城乡发展一体化的主要障碍是（　　）。
    A. 城乡二元结构　　　　　　　　　B. 城乡贫富差距
    C. 经济发展方式　　　　　　　　　D. 城乡发展差距
12. （　　）是所有制的核心。
    A. 所有权　　　B. 产权　　　　C. 支配权　　　　D. 管理权

13. 发展理念变革、模型转变、路径创新的综合性、系统性、战略性转变是（　　）。
    A. 推动经济持续健康发展　　　　　B. 加快转变经济发展方式
    C. 发展中国特色社会主义经济　　　D. 深化经济体制改革

14. 五大发展理念中，最能体现社会主义本质特征的是（　　）
    A. 创新和协调　　B. 绿色　　　　C. 开放　　　　D. 共享

15. 供给侧结构性改革的根本目的是（　　）。
    A. 提高社会生产力水平，落实好以人民为中心的发展思想
    B. 推动产业结构转型升级，促进经济健康发展
    C. 实现社会主义经济现代化
    D. 实现共同富裕

16. 党的十九大报告提出，新时代我国社会主要矛盾是（　　）。
    A. 人民日益增长的物质文化需要同落后的社会生产之间的矛盾
    B. 人民日益增长的美好生活需要同不平衡不充分的发展之间的矛盾
    C. 先进的工业国与落后的农业国之间的矛盾
    D. 无产阶级与资产阶级之间的矛盾

17. 我国多党合作的首要前提和根本保证是（　　）。
    A. 宪法　　　　　　　　　　　　　B. 民主党派参政
    C. 政治协商会议　　　　　　　　　D. 中国共产党的领导

18. 社会主义的人权首要的是（　　）。
    A. 人民的参政权　　　　　　　　　B. 人民的自由权
    C. 人民的平等权　　　　　　　　　D. 人民的生存权

19. 社会主义民主政治的本质是（　　）。
    A. 人民民主专政　　　　　　　　　B. 人民当家作主
    C. 依法治国　　　　　　　　　　　D. 坚持共产党的领导

20. 中国共产党和各民主党派合作的政治基础是（　　）。
    A. 中国共产党和各民主党派都必须在宪法规定的范围内进行活动
    B. 遵循"长期共存、互相监督、肝胆相照、荣辱与共"的方针
    C. 坚持四项基本原则
    D. 中国共产党执政，各民主党派参政

21. 新中国成立后，人民当家作主的根本政治制度是（　　）。
    A. 党的代表大会制度
    B. 人民代表大会制度
    C. 基层群众自治制度
    D. 共产党领导的多党合作和政治协商制度

22. 人民代表大会的核心内容是（　　）。
    A. 一切权力属于人民　　　　　　　B. 共产党的领导
    C. 民主、自由　　　　　　　　　　D. 依法治国

23. 在我国的国家制度中，最高权力机关是( )。
    A. 国务院   B. 全国人民代表大会
    C. 最高法院   D. 最高检察院
24. 中国共产党领导的多党合作和政治协商制度中，民主党派是( )。
    A. 执政党   B. 反对党   C. 在野党   D. 参政党
25. 社会主义核心价值体系的主题是( )。
    A. 坚持马克思主义指导思想   B. 树立中国特色社会主义共同理想
    C. 培育和弘扬民族精神和时代精神   D. 树立社会主义荣辱观
26. 社会主义核心价值体系的灵魂是( )。
    A. 马克思主义   B. 中国特色社会主义共同理想
    C. 民族精神和时代精神   D. 社会主义荣辱观
27. 社会主义核心价值体系的精髓是( )。
    A. 马克思主义指导思想   B. 中国特色社会主义共同理想
    C. 民族精神和时代精神   D. 社会主义荣辱观
28. ( )是民族振兴和社会进步的基石。
    A. 教育   B. 科技
    C. 经济   D. 社会主义核心价值观
29. 教育的根本任务是( )。
    A. 传承文明   B. 立德树人   C. 能力创新   D. 科学研究
30. 建设社会主义和谐社会是一个复杂的社会工程，必须统筹兼顾、突出重点、坚持把( )放在首位。
    A. 以马列主义、毛泽东思想、邓小平理论和"三个代表"重要思想为指导
    B. 民主法制、公平正义、诚信友爱、充满活力、安定有序、人与自然和谐相处
    C. 人民群众利益
    D. 到2020年完全实现社会主义和谐社会
31. 党的十八大报告指出，加强社会建设，必须以保障和改善( )为重点。
    A. 教育   B. 民生   C. 就业   D. 生活水平
32. 生态文明的核心是( )。
    A. 正确处理经济建设与社会发展的关系
    B. 正确处理个人与国家的关系
    C. 正确处理当代与后代的关系
    D. 正确处理人与自然的关系
33. 人与自然相处时应遵循的基本原则是( )。
    A. 尊重自然   B. 顺应自然   C. 保护自然   D. 征服自然
34. 提出"建设生态文明，把生态文明建设放在突出地位，融入经济建设、政治建设、文化建设、社会建设各方面和全过程，努力建设美丽中国，实现中华民族永续发展"的党的代表大会是( )。
    A. 十五大   B. 十六大   C. 十七大   D. 十八大

35. 党的十八大报告在"四位一体"的基础上,提出将( )纳入其中,变为"五位一体"。
    A. 物质文明　　　B. 精神文明　　　C. 生态文明　　　D. 健康文明
36. 党的十八届三中全会指出,建设社会主义生态文明,必须把( )放在首位。
    A. 建设循环经济　　　　　　　B. 生态保育工作
    C. 节约资源　　　　　　　　　D. 加大环境保护力度

(二) 多项选择题

1. 新发展理念包括( )。
    A. 创新　　　　B. 协调　　　　C. 绿色　　　　D. 开放和共享
2. 伴随中国特色社会主义进入新时代,我国经济已由高速增长阶段转向高质量发展阶段,正处在( )的攻关期。
    A. 转变发展方式　　　　　　　B. 优化经济结构
    C. 转换增长动力　　　　　　　D. 加快增长速度
3. 党的十九届四中全会提出,推进国家治理体系和治理能力现代化的总体目标是( )。
    A. 到我们党成立一百年时,在各方面制度更加成熟更加定型上取得明显成效
    B. 到二〇三五年,各方面制度更加完善,基本实现国家治理体系和治理能力现代化
    C. 到新中国成立一百年时,基本实现国家治理体系和治理能力现代化
    D. 到新中国成立一百年时,全面实现国家治理体系和治理能力现代化,使中国特色社会主义制度更加巩固、优越性充分展现
4. 我国的社会主义市场经济在运行中还存在很多问题,主要是( )。
    A. 市场秩序不规范,以不正当手段谋取经济利益的现象广泛存在
    B. 生产要素市场发展滞后,要素闲置和大量有效需求得不到满足并存
    C. 市场规则不统一,部门保护主义和地方保护主义大量存在
    D. 市场竞争不充分,阻碍优胜劣汰和结构调整
5. 在社会主义初级阶段的所有制结构中,公有制占主体地位。公有制经济包括( )。
    A. 国有经济
    B. 集体经济
    C. 混合所有制经济
    D. 混合所有制经济中的国有成分和集体成分
6. 从所有制结构来看,坚持和完善社会主义基本经济制度,要做到两个"毫不动摇",两个"毫不动摇"是指( )。
    A. 毫不动摇地巩固和发展公有制经济
    B. 毫不动摇地坚持"四项基本原则"
    C. 毫不动摇地鼓励、支持和引导非公有制经济发展
    D. 毫不动摇地坚持改革开放

7. 推动经济持续健康发展，必须做到（   ）。
   A. 坚持走中国特色新型工业化、信息化、城镇化、农业现代化道路
   B. 坚持走中国特色自主创新道路
   C. 健全城乡发展一体化体制机制
   D. 加快转变经济发展方式

8. 实施创新驱动发展战略，要深入实施（   ）。
   A. 科教兴国战略   B. 人才强国战略
   C. 创新驱动发展战略   D. 对外开放战略

9. 社会主义基本经济制度包括（   ）。
   A. 公有制为主体、多种所有制经济共同发展
   B. 按劳分配为主体、多种分配方式并存
   C. 社会主义市场经济体制
   D. 社会主义现代化

10. 中国共产党与各民主党派合作的基本方针是（   ）。
    A. 长期共存   B. 相互监督   C. 肝胆相照   D. 荣辱与共

11. 人民政协的主要职能有（   ）。
    A. 政治协商   B. 民主监督   C. 参政议政   D. 政策咨询

12. 中国共产党领导的多党合作制是我国的（   ）。
    A. 一项基本政治制度
    B. 政治制度的一大特点和优点
    C. 一种新型的社会主义政党关系
    D. 我国社会主义民主政治完善性的体现

13. 社会主义民主的主要特点有（   ）。
    A. 社会主义民主是多数人的民主
    B. 是真实的民主，公开承认民主的阶级性
    C. 以公有制为主体是社会主义民主的经济基础
    D. 公有制经济范围内的民主

14. 社会主义核心价值体系的基本内容包括（   ）。
    A. 马克思主义指导思想
    B. 中国特色社会主义共同理想
    C. 以爱国主义为核心的民族精神和以改革创新为核心的时代精神
    D. 社会主义荣辱观

15. 掌握意识形态工作领导权，需要（   ）。
    A. 坚持马克思主义的指导地位
    B. 提高全民的文化水平
    C. 建设好网络空间
    D. 落实好意识形态工作责任制

16. 下列属于保障和改善民生举措的有（　　）。
    A. 改善城市居民的住房条件
    B. 促进大学生就业和下岗工人的再就业
    C. 大力推动社会养老机构发展，实现老有所依
    D. 通过深化医药卫生体制改革，实现病有所医
17. 加强和创新社会治理，需要（　　）。
    A. 创新社会治理体制
    B. 改进社会治理方式和社区治理体系建设
    C. 实行最严格的生态环境保护制度
    D. 加强社会心理服务体系建设
18. 面对资源约束趋紧、环境污染严重、生态系统退化的严峻形势，必须树立（　　）的生态文明理念。
    A. 尊重自然　　B. 顺应自然　　C. 保护自然　　D. 征服自然
19. 形成人与自然和谐发展的新格局，需要（　　）。
    A. 把节约资源放在首位
    B. 坚持以保护优先、自然恢复为主
    C. 着力推进绿色发展、循环发展、低碳发展
    D. 形成节约资源和保护环境的空间格局、产业格局、生产方式、生活方式

（三）论述题

1. 如何理解现代化经济体系的科学内涵与实现路径？
2. 建设现代化经济体系过程中如何贯彻落实"五大发展理念"？
3. 结合实际，举例论述我国民生存在的问题和解决的途径。
4. 如何理解中国特色社会主义制度优势与国家治理体系和治理能力现代化的辩证关系？
5. 社会主义核心价值观有什么重要作用？如何培育和践行社会主义核心价值观？
6. 试述我国文化强国建设的独特优势与内在要求。
7. 我国生态文明建设取得的成就与存在的问题是什么？

（四）材料分析题

1. 结合下列材料回答问题

材料一： 全面建成小康社会、实现第一个百年奋斗目标，农村贫困人口全部脱贫是一个标志性指标。对这个问题，我一直在思考，也一直在强调，就是因为心里还有些不托底。所以，我说小康不小康，关键看老乡，关键看贫困老乡能不能脱贫。全面建成小康社会，是我们对全国人民的庄严承诺，必须实现，而且必须全面实现，没有任何讨价还价的余地。不能到了时候我们说还实现不了，再干几年。也不能到了时候我们一边宣布全面建成了小康社会，另一边还有几千万人生活在扶贫标准线以下。如果是那样，必然会影响人民群众对全面小康社会的满意度和国际社会对全面小康社会的认可度，也必然会影响我们党在人民群众中的威望和我们国家在国际上的形象。我们必须动员全党全国全社会力量，

向贫困发起总攻,确保到二〇二〇年所有贫困地区和贫困人口一道迈入全面小康社会。

(摘自《在中央扶贫开发工作会议上的讲话》(2015 年 11 月 27 日),《十八大以来重要文献选编》(下),中央文献出版社,2018 年版,第 29~30 页)

材料二: 西藏贫困人口从 2012 年的 86 万人下降到 2018 年的 15 万人,贫困发生率从 2012 年的 35.2% 下降到 2018 年的 6%。研究认为,西藏扶贫开发取得的累累硕果,根本原因在于以习近平同志为核心的党中央的坚强领导,得益于国家特殊的优惠政策,得益于自治区党委、政府专项扶贫政策保障有力、措施精准到位。

(摘自杨阿维、图登克珠、张建伟:《西藏贫困与反贫困问题研究》,经济管理出版社,2019 年版)

请阐述:

(1) 习近平总书记关于精准扶贫重要论述的意义。

(2) 全面小康后我国扶贫工作可能存在的新问题与新要求。

2. 结合下列材料回答问题

材料: 2019 年中央经济工作会议 12 月 10 日至 12 日在北京举行。会议认为,今年以来,面对国内外风险挑战明显上升的复杂局面,在以习近平同志为核心的党中央坚强领导下,全党全国贯彻党中央决策部署,坚持稳中求进工作总基调,坚持以供给侧结构性改革为主线,推动高质量发展,扎实做好"六稳"工作,保持经济社会持续健康发展,三大攻坚战取得关键进展,精准脱贫成效显著,金融风险有效防控,生态环境质量总体改善,改革开放迈出重要步伐,供给侧结构性改革继续深化,科技创新取得新突破,人民群众获得感、幸福感、安全感提升,"十三五"规划主要指标进度符合预期,全面建成小康社会取得新的重大进展。会议确定,2020 年要抓好以下重点工作:一是坚定不移贯彻新发展理念。二是坚决打好三大攻坚战。三是确保民生特别是困难群众基本生活得到有效保障和改善。四是继续实施积极的财政政策和稳健的货币政策。五是着力推动高质量发展。六是深化经济体制改革。

请回答:

(1) 我国经济建设还存在哪些短板和体制障碍?

(2) 你认为如何推动中国经济的高质量发展?

3. 结合下列材料回答问题

材料: 2019 年 10 月 31 日,党的十九届四中全会在北京召开。习近平总书记在会上做了《坚持和完善中国特色社会主义制度推进国家治理体系和治理能力现代化》的讲话,回答了在我国国家制度和国家治理体系上应该坚持和巩固什么、完善和发展什么这个重大政治问题,是一篇马克思主义的纲领性文献,也是一篇马克思主义的政治宣言书。会议阐述了中国特色社会主义制度的 13 大显著优势,提出了推进制度优势转化为治理效能的重大命题,作出了国家治理体系治理能力现代化的战略目标。

请回答:

(1) 中国的制度优势主要体现在哪里?

(2) 国家治理体系和治理能力现代化在经济、政治、文化、社会、生态等领域的实现方式是什么?

第十一章 "四个全面"战略布局

一、学习目的与基本要求

"四个全面"战略布局是习近平总书记治国理政的重要思想,是推动我国社会主义现代化建设和"两个一百年"战略目标实现的重要部署,具有很强的理论性、现实性、针对性和操作性。"四个全面"战略布局的提出,使当前和今后一个时期,党和国家各项工作关键环节、重点领域、主攻方向更加清晰,内在逻辑更加严密,这对推动改革开放和社会主义现代化建设迈上新台阶提供了强力保障。通过本章学习,帮助学生全面、深刻地理解"四个全面"战略布局的科学内涵和目标要求,了解"四个全面"战略布局的发展过程,并掌握"四个全面"战略布局的内在联系。

二、重点难点问题解析

1. 如何理解"四个全面"战略布局的内在逻辑关系

"四个全面"战略布局,言简意赅、精辟深刻,既有战略目标又有战略举措,每一个"全面"都蕴含着重大战略意义,相互之间密切联系、有机统一,具有紧密的内在逻辑,是一个整体战略部署的有序展开,共同支撑起中国特色社会主义事业全局。

全面建成小康社会是重大战略目标,在"四个全面"战略布局中居于引领地位。全面建成小康社会,是我们党确定的第一个百年奋斗目标,也是实现中华民族伟大复兴的关键一步。习近平总书记指出:"到2020年实现这个目标,我们国家的发展水平就会迈上一个大台阶,我们所有奋斗都要聚焦于这个目标。"

全面深化改革、全面依法治国、全面从严治党是三大战略举措,为如期全面建成小康社会提供重要保障。在"四个全面"战略布局中,全面深化改革,着眼解决我们面临的深层次矛盾和体制机制弊端,是增强中国特色社会主义生机活力、推动事业发展的强大动力。全面依法治国,着眼促进国家生活和社会生活的法治化、制度化、规范化,是实现党和国家长治久安的重要保障。全面深化改革和全面依法治国,犹如鸟之两翼、车之双轮,为全面建成小康社会提供动力源泉和法治保障。全面从严治党,着眼保持党的先进性和纯洁性,锻造中国特色社会主义事业坚强领导核心,是我们党提高执政能力、完成执政使命的迫切要求,为全面建成小康社会、全面深化改革、全面依法治国提供根本保证。

2. 如何正确理解坚持党的领导、人民当家作主和依法治国的有机统一

坚持党的领导、人民当家作主和依法治国的有机统一，是我们党以邓小平理论和"三个代表"重要思想为指导，总结执政经验，对社会主义政治建设所作出的规律性认识，是推进政治文明建设必须遵循的基本方针。

第一，中国共产党的领导是人民当家作主和依法治国的根本保证。社会主义民主政治的本质是人民当家作主。人民群众要成为掌握国家、社会和自己命运的主人，需要有一个能够代表和反映自己根本利益的政党将自己组织起来，形成自觉的意识，采取有效的行动。人民利益的广泛性、多样性，实现人民利益的复杂性、艰巨性，必然要求有一个能够集中反映和有效凝聚人民共同意志的政治领导核心。依法治国是从制度上保证人民当家作主，即要把人民的利益和意志通过法定程序转化为国家意志，这就必须有一个代表人民利益并具有先进性的政党的领导来实现。只有坚持党的领导，人民当家作主和依法治国才能有可靠的保证；离开了党的领导，人民当家作主和依法治国就会落空。

第二，人民当家作主是社会主义民主政治的本质和核心，是社会主义政治文明建设的根本出发点和归宿。共产党执政就是领导和支持人民当家作主。健全民主和法治，全面落实依法治国基本方略，切实尊重和保障人民的政治、经济和文化权益，是社会主义民主政治建设的根本要求，也是我们党执政的根本目的和可靠基础。发扬人民民主，又是加强和改善党的领导的有效途径。党的领导方式和执政方式集中反映在党与国家以及人民群众关系的具体形式上。党只有领导人民创造各种有效的当家作主的民主形式，坚持依法治国，才能充分实现人民当家作主的权利，巩固和发展党的执政地位。

第三，依法治国是党领导人民治理国家的基本方略。依法治国不仅从制度上、法律上保证人民当家作主，而且从制度上、法律上保证党的执政地位。在当代中国，无论是党的领导，还是人民当家作主、行使民主权利，都必须在法制范围内进行。依法治国的过程，实际上就是在党的领导下，依照宪法和法律维护人民的主人翁地位、保证人民实现当家作主的过程。

总之，党的领导、人民当家作主和依法治国是紧密联系、相辅相成、相互促进的，三者统一于建设中国特色社会主义民主政治的伟大实践之中，决不能把它们分割开来或对立起来。

三、扩展阅读

1. 经典论述

（1）关于"四个全面"战略布局的总体论述。

实现"两个一百年"奋斗目标、实现中华民族伟大复兴的中国梦，统筹全面建成小康社会、全面深化改革、全面依法治国、全面从严治党，是前无古人的伟大事业，是艰巨繁重的系统工程，必须加强党中央的集中统一领导，以保证正确方向、形成强大合力。

——习近平：《在十八届中央政治局常委会听取全国人大常委会、国务院、全国政

协、最高人民法院、最高人民检察院党组工作汇报时的讲话》，《人民日报》，2015年1月17日，第1版。

我们要继续全面深化改革，开弓没有回头箭，改革关头勇者胜。我们要全面推进依法治国，用法治保障人民权益、维护社会公平正义、促进国家发展。我们要让全面深化改革、全面推进依法治国如鸟之两翼、车之双轮，推动全面建成小康社会的目标如期实现。

——习近平：《二〇一五年新年贺词》，《人民日报》，2015年1月1日，第1版。

（2）关于全面建成小康社会的论述。

全面建成小康社会，实现社会主义现代化，实现中华民族伟大复兴，最根本最紧迫的任务还是进一步解放和发展社会生产力。解放思想，解放和增强社会活力，是为了更好解放和发展社会生产力。邓小平同志说：革命是解放生产力，改革也是解放生产力，"社会主义基本制度确立以后，还要从根本上改变束缚生产力发展的经济体制，建立起充满生机和活力的社会主义经济体制，促进生产力的发展"。我们要通过深化改革，让一切劳动、知识、技术、管理、资本等要素的活力竞相迸发，让一切创造社会财富的源泉充分涌流。

——习近平：《切实把思想统一到党的十八届三中全会精神上来》，《十八大以来重要文献选编》（上），中央文献出版社，2014年版，第549～550页。

我多次讲，小康不小康，关键看老乡。一定要看到，农业还是"四化同步"的短腿，农村还是全面建成小康社会的短板。中国要强，农业必须强；中国要美，农村必须美；中国要富，农民必须富。农业基础稳固，农村和谐稳定，农民安居乐业，整个大局就有保障，各项工作都会比较主动。

——习近平：《在中央农村工作会议上的讲话》，《十八大以来重要文献选编》（上），中央文献出版社，2014年版，第658页。

（3）关于全面深化改革的论述。

改革开放是一场深刻革命，必须坚持正确方向，沿着正确道路推进。方向决定道路，道路决定命运。我国改革开放之所以能取得巨大成功，关键是我们把党的基本路线作为党和国家的生命线，始终坚持把以经济建设为中心同四项基本原则、改革开放这两个基本点统一于中国特色社会主义伟大实践，既不走封闭僵化的老路，也不走改旗易帜的邪路。

——习近平：《改革开放是有方向、有立场、有原则的》，《人民代表大会制度重要文献选编》（四），中国民主法制出版社、中央文献出版社，2015年版，第1576页。

要科学统筹各项改革任务，协调抓好党的十八届三中、四中全会改革举措，在法治下推进改革、在改革中完善法治，突出重点，对准焦距，找准穴位，击中要害，推出一批能叫得响、立得住、群众认可的硬招实招，处理好改革"最先一公里"和"最后一公里"的关系，突破"中梗阻"，防止不作为，把改革方案的含金量充分展示出来，让人民群众有更多获得感。

——习近平：《在中央全面深化改革领导小组第十次会议上的讲话》，《人民日报》，2015年2月28日，第1版。

(4) 关于全面依法治国的论述。

我们要实现党的十八大和十八届三中全会作出的一系列战略部署，全面建成小康社会、实现中华民族伟大复兴的中国梦，全面深化改革、完善和发展中国特色社会主义制度，就必须在全面推进依法治国上作出总体部署、采取切实措施、迈出坚实步伐。

——习近平：《关于〈中共中央关于全面推进依法治国若干重大问题的决定〉的说明》，《人民代表大会制度重要文献选编》（四），中国民主法制出版社、中央文献出版社，2015年版，第1787页。

在我们国家，法律是对全体公民的要求，党内法规制度是对全体党员的要求，而且很多地方比法律的要求更严格。我们党是先锋队，对党员的要求应该更严。全面推进依法治国，必须努力形成国家法律法规和党内法规制度相辅相成、相互促进、相互保障的格局。

——习近平：《关于〈中共中央关于全面推进依法治国若干重大问题的决定〉的说明》，《人民代表大会制度重要文献选编》（四），中国民主法制出版社、中央文献出版社，2015年版，第1795页。

(5) 关于全面从严治党的论述。

我们党是靠革命理想和铁的纪律组织起来的马克思主义政党，纪律严明是党的光荣传统和独特优势。我们党有八千五百多万党员，在一个幅员辽阔、人口众多的发展中大国执政，如果不严明党的纪律，党的凝聚力和战斗力就会大大削弱，党的领导能力和执政能力就会大大削弱。

——习近平：《严明政治纪律，自觉维护党的团结统一》，《十八大以来重要文献选编》（上），中央文献出版社，2014年版，第131页。

全面从严治党是推进党的建设新的伟大工程的必然要求。从严治党的重点，在于从严管理干部，要做到管理全面、标准严格、环节衔接、措施配套、责任分明。从严治党是全党的共同任务，需要大气候，也需要小气候。各级党组织要主动思考、主动作为，通过营造良好小气候促进大气候进一步形成。

——习近平：《在江苏调研时的讲话》，《人民日报》，2014年12月15日，第1版。

2. 阅读推荐

习近平：《习近平关于协调推进"四个全面"战略布局论述摘编》，中央文献出版社，2015年版。

【推荐理由】这是习近平总书记关于"四个全面"战略布局的经典论述摘编，该著作共分6个专题，摘自习近平同志2012年11月15日至2015年9月3日期间的讲话、报告、批示、指示等110多篇重要文献。这本著作深入介绍了"四个全面"战略布局的科学内涵和内在逻辑，能够极大帮助广大党员群众学习理解"四个全面"战略布局，领悟"四个全面"战略布局的重大意义，科学把握"四个全面"战略布局的丰富内涵和它的总体要求，理论联系实际，真正把"四个全面"战略布局落到实处。

四、理论前沿

"四个全面"的内在联系

"四个全面"战略布局是我们党坚持和发展中国特色社会主义的新实践新成果。从历史的发展脉络来看,"四个全面"战略布局是对我们党治国理政实践经验的科学总结和丰富发展。从当代中国的现实来看,"四个全面"战略布局集中体现了时代和实践发展对党和国家工作的新要求。从事业的长远发展来看,"四个全面"战略布局确立了续写中国特色社会主义新篇章的行动纲领。

首先,全面深化改革、全面依法治国是有机统一的"姊妹篇"。习近平总书记指出,要让全面深化改革、全面推进依法治国如鸟之两翼、车之双轮,推动全面建成小康社会的目标如期实现。不全面深化改革,发展就缺少动力,社会就没有活力。不全面依法治国,国家和社会就不能有序运行,就难以实现社会和谐稳定。全面深化改革、全面依法治国是我国经济社会发展的动力系统和稳定系统,交织、交融在社会主义现代化进程之中。

其次,全面深化改革在"四个全面"战略布局中处于关键部位,是决定实现"两个一百年"奋斗目标、实现中华民族伟大复兴的关键一招。全面深化改革,根本在"改革",关键在"深化",重点在"全面"。强调"改革",就是要始终高举改革的旗帜不动摇,自觉服从改革大局、服务改革大局,勇于自我革命,敢于直面问题;强调"深化",就意味着改革进入攻坚期和深水区,必须有勇气、有胆识、有担当,敢于啃硬骨头、闯难关;强调"全面",就表明改革不是某一领域、某一方面单兵突进,而是以完善和发展中国特色社会主义制度、推进国家治理体系和治理能力现代化为总目标的全面、系统改革,必须加强顶层设计,使各方面改革协调推进、形成合力。

再次,全面依法治国是确保党和国家长治久安的重要基石。只有靠法治,才能为党和国家事业发展提供根本性、全局性、持续性、长期性的制度保障,才能坚持好巩固好中国特色社会主义制度,夯实中国特色社会主义事业的制度基石。

最后,全面从严治党是锻造中国特色社会主义事业坚强领导核心的必然要求,是全面建成小康社会、实现中华民族伟大复兴中国梦的根本保证。我们党面临的"四大考验"是长期、复杂和严峻的,"四种危险"也更加尖锐地摆在全党面前。只有从严治党,大力反腐倡廉、切实转变作风,才能使我们党顶得住各种风险考验,永远立于不败之地。

"四个全面"战略布局不是简单的并列、平行关系,而是一个有机联系、环环相扣的整体。从大的关系看,是目标引领举措。全面建成小康社会是战略目标,全面深化改革、全面依法治国、全面从严治党是一个都不能缺的三大战略举措,为全面建成小康社会提供动力源泉、法治保障和政治保证。从每一个"全面"之间的具体关系看,也都是彼此联系的。全面深化改革,既为全面建成小康社会提供强大动力,也是全面依法治国、全面从严治党的需要。全面依法治国,本身就是全面建成小康社会的重要内容,同时又为全面建成小康社会提供法治保障，无论全面深化改革、全面从严治党，都需要在法治的轨道上、框架下来进行。全面从严治党，是推进"四个全面"战略布局的关键，全面建成小康社会、全面深化改革、全面依法治国，都必须坚持党的领导。我们要把"四个全面"战略布局作为有机统一的整体来把握，使之相辅相成、相互促进、相得益彰，协调推进新形势下我们党治国理政的伟大实践。

（节选自黄坤明：《深刻理解"四个全面"的重要意义》，《求是》，2015年第13期，第7~11页）

五、案例剖析

案例：

开弓没有回头箭，反腐没有休止符

2017年10月，党的十九大对反腐败斗争形势作出的判断是——"反腐败斗争压倒性态势已经形成并巩固发展"。从形成"压倒性态势"到取得"压倒性胜利"，标志着我国反腐败斗争成果正从量的积累迈向质的转变。党的十九大以来，反腐败斗争压倒性胜利是如何形成的呢？

"打虎"零容忍　70余名中管干部接受审查调查

"要坚持无禁区、全覆盖、零容忍，坚持重遏制、强高压、长震慑，坚持受贿行贿一起查"，党的十九大报告用3个"坚持"指明了反腐败工作的原则和方向。

2017年11月21日晚，中央纪委发布消息："中共中央宣传部原副部长鲁炜涉嫌严重违纪，目前正接受组织审查"。两天之后，辽宁省副省长刘强也应声"落马"。党的十九大闭幕不到一月，三天打两虎的节奏再次释放出反腐败斗争一刻不停的强烈信号。

党的十九大以来，中央纪委国家监委已对70余名中管干部立案审查调查。对违纪违法行为的坚决从严查处，形成了强大震慑力，不敢腐的氛围进一步强化。

"拍蝇"不手软　查处群众身边腐败和作风问题近24万个

"老虎"露头就要打，"苍蝇"乱飞也要拍。党的十九大以来，反腐败斗争进一步向基层延伸拓展，形成全覆盖的强大声势，以实际行动不断增强群众的获得感、幸福感、安全感。

——坚决斩断一切敢向扶贫资金资源伸出的黑手。党的十九大以来，全国共查处扶贫领域腐败和作风问题13.31万个、处理18.01万人。

——深挖彻查涉黑涉恶腐败和"保护伞"。截至2018年11月底，全国纪检监察机关共立案查处涉黑涉恶腐败和"保护伞"问题11829起，给予党纪政务处分8288人、移送司法机关1649人。

——以霹雳手段严厉惩治"蝇贪""蚁腐"。党的十九大以来，全国共查处群众身边腐败和作风问题23.87万个，处理31.60万人。

"猎狐"不止步　追回外逃人员4997人

2018年11月30日，外逃13年的浙江省新昌县原常务副县长姚锦旗从保加利亚被引渡回国。这是国家监委成立后引渡"第一案",也是我国首次从欧盟成员国成功引渡涉嫌职务犯罪的国家工作人员。

截至2018年11月30日,我国已先后从120多个国家和地区追回外逃人员4997人,其中党员和国家工作人员1015人,追回赃款105.14亿元人民币,"百名红通人员"迄今追回56人。

在追逃成果捷报频传的同时,一系列法规制度相继建立,我国反腐败合作"朋友圈"越来越大,反腐败综合执法国际协作不断推进。

2018年10月26日,十三届全国人大常委会第六次会议表决通过关于修改《中华人民共和国刑事诉讼法》的决定以及《中华人民共和国国际刑事司法协助法》,建立刑事缺席审判制度,为加强境外追逃工作提供有力手段,规范和完善我国刑事司法协助体制,填补了刑事司法协助国际合作的法律空白。12月13日,国家监察委员会和澳大利亚联邦警察签署反腐败执法合作谅解备忘录,这是国家监委成立后首次同西方国家签署反腐败执法合作文件。

反腐败国家立法通过　制度优势转化为治理效能

2018年3月20日,十三届全国人大一次会议表决通过了《中华人民共和国监察法》。监察法是反腐败国家立法,它的制定出台,为反腐败工作开创新局面、夺取反腐败斗争压倒性胜利提供了坚强法治保障。监察法明确将所有行使公权力的公职人员纳入监察范围,同时赋予监察机关在调查职务违法和职务犯罪时可以采取的谈话、讯问、询问、查询、冻结、留置等措施,并对监督、调查、处置工作程序作出严格规定。

纪律监督、监察监督、派驻监督、巡视监督协调衔接,"不敢腐、不能腐、不想腐"一体推进,随着党的纪律检查和国家监察体制改革的深入推进,我国反腐败工作的法治化、规范化水平不断提高,标本兼治综合效应更加凸显,为反腐败斗争取得压倒性胜利提供了坚强保障。

(资料来源:人民网,原标题:《反腐败斗争压倒性胜利是如何形成的?——全面从严治党启新局之"反腐篇"》,2019年1月6日)

【思考讨论】

(1) 如何理解"开弓没有回头箭,反腐没有休止符"?

(2) 结合"四个全面"战略布局,分析反腐败国家立法的意义。

【要点提示】

强调"反腐没有休止符"是在深刻分析和把握当前党风廉政建设和反腐败斗争形势后作出的正确判断,是向世界传递中国共产党一以贯之反对腐败、建设廉洁政治的政治信用和政治定力。一方面,这是践行党的宗旨的必然要求。中国共产党的宗旨就是全心全意为人民服务,这一点在革命时期与建设时期从未改变,在中国特色社会主义新时代也必然一以贯之。人民群众是历史的创造者这一基本原理不仅是马克思主义唯物史观的根本观点,也是中国共产党一路走来所始终坚持的价值取向。因此,我们一定要做人民拥护的,杜绝人民反对的。人民群众痛恨各种消极腐败现象,痛恨各种特权现象,那么,要践行党的宗旨,永葆初心,就必须始终保持同人民群众的血肉联系,就必须坚定不移把反腐败斗争持续深入地进行下去。另一方面,这是由党所肩负的历史使命决定的。在新的历史条件下实现党的历史使命，意味着面临的新情况新问题越来越多、矛盾和困难越来越多、风险和挑战越来越多，阻力和压力也会越来越大，必须准备付出更为艰巨、更为艰苦的努力。中国共产党是带领全国人民应对国内外各种风险和考验的主心骨，是坚持和发展中国特色社会主义的坚强领导核心，党的建设伟大工程成功与否直接关系着中国共产党的先进性能否持续，直接关系着中国共产党能否完成所肩负的历史使命。

《中华人民共和国监察法》，明确党对国家监察工作的领导，有利于各级党委理直气壮、名正言顺地依法领导监察委员会开展各项工作，体现了全面建成小康社会、全面深化改革、全面依法治国、全面从严治党的有机统一。《中华人民共和国监察法》，赋予中国特色监察体系以法律的名分，对所有行使公权力的公职人员进行监察，实现国家监察的全覆盖，这也是监察法的首要意义；保障和规范国家监察职能的行使，赋予了监察机关必要的权限，严格规范了监察程序，这对于运用法治思维、法治方式、法律制度来反对腐败，提高依法惩治腐败的能力，无疑是增加了充分的法律依据；必然有力促进中国的反腐工作，一方面可以把党的十八大以来在推进党风廉政建设和反腐败斗争中形成的新理念、新举措、新经验以法律形式固定下来，巩固国家监察体制改革成果，另一方面也会推动反腐工作向制度反腐深入，将党内监督同国家机关监督、民主监督、司法监督、群众监督、舆论监督贯通起来。

六、实践指导

方案一：调查精准扶贫村落的现状

【实践目的】改革开放以来，中国经济实现了飞跃式发展，但是也出现了区域发展不平衡、城乡发展不平衡、贫富差距扩大的问题。在全面建成小康社会、实现中华民族伟大复兴的大背景下，"精准扶贫"的提出有效解决了这些问题。深入贫困地区，调查贫困群体的收入和生活状况，客观感受"精准扶贫"带来的变化，直面其中尚存的问题和矛盾。

【实践方式】以个人或小组为单位开展活动。

【实践步骤】

（1）选定调查地点以及待调查的贫困区域和对象。

（2）制定详细的调查提纲或调查问卷。

（3）可提前联系当地人员，找到向导。

（4）按照提纲或调查问卷进行调查。

（5）撰写调查报告。

【实践成果】老师对调查报告进行筛选，评选出优秀的调查报告，汇编成册。

方案二：组织观看精准扶贫获奖影片《十八洞村》

【实践目的】让同学们从发生在我们身边的故事中了解精准扶贫这项伟大工程。这部精准扶贫励志影片不仅反映出我国广大的农村地区，精准扶贫存在着各种不同的问题，需要我们坚定理想信念、砥砺前行；而且还展现出干部群众齐心协力、踏实肯干的精神风貌，体现了中华民族的巨大凝聚力和中国共产党集中力量办大事的作风。引发同学们深思。

【实践方式】以年级或者班级为单位开展活动。

【实践步骤】

（1）提前下载好相关影片，检查教室内多媒体设备是否播放正常。

（2）组织学生观影，提前布置课后写一篇观后感的任务。

（3）学生撰写一篇观影感受。

【实践成果】评选出优秀的影片观后感，计入平时成绩，可适当进行奖励。

方案三：征文比赛——为实现中华民族的伟大复兴而奋斗

【实践目的】改革开放使中国富起来，精准扶贫让中国逐渐缩小贫富差距，中国逐渐实现均衡发展，在2020年将全面建成小康社会，亲眼看见了中国这些年的巨大变化，作为当代大学生，结合自身思考将如何为实现中华民族的伟大复兴而奋斗。

【实践方式】以年级或者班级为单位开展活动，个人报名参赛。

【实践步骤】

（1）制定征文比赛细则，包括征文主题、字数要求、内容要求、截稿日期、评奖规则、奖励方式等。

（2）确立评委成员，对征文进行评价审核，筛选出优秀征文。

（3）公布评审结果，对获奖者予以适当奖励。

【实践成果】获奖征文汇编成册。

七、练习与思考

（一）单项选择题

1. 全面建成小康社会是在什么时候提出来的（　　）。
   A. 党的十七大　　　　　　　　　B. 党的十八大
   C. 党的十八届三中全会　　　　　D. 党的十八届四中全会

2. 下列关于全面建成小康目标要求的提法，不正确的是（　　）。
   A. 经济保持高速增长　　　　　　B. 创新驱动成效显著
   C. 人民生活水平和质量普遍提高　D. 发展协调性明显增强

3. 全面深化改革是在什么时候提出来的（　　）。
   A. 党的十七大　　　　　　　　　B. 党的十八大
   C. 党的十八届三中全会　　　　　D. 党的十八届四中全会

4. 在市场经济下，在资源配置中起决定性作用的是（　　）。
   A. 价格　　　　B. 计划　　　　C. 市场　　　　D. 税收

5. 推进国家治理体系和治理能力现代化，必须解决好价值体系问题。这里的价值体系是指（　　）。
   A. 客观价值体系　　　　　　　　B. 主观价值体系
   C. 社会主义核心价值体系和核心价值观　D. 商品价值体系

6. 首次将依法治国确立为治理国家基本方略、把建设社会主义法治国家确定为社会主义现代化重要目标是（　　）。
   A. 党的十三大　　B. 党的十五大　　C. 党的十六大　　D. 党的十八大
7. 提出推进法治中国建设，是在（　　）。
   A. 党的十八大　　　　　　　　　　B. 党的十八届三中全会
   C. 党的十八届四中全会　　　　　　D. 党的十九大
8. 十九大提出，党的建设要把（　　）摆在首位。
   A. 思想建设　　B. 作风建设　　C. 组织建设　　D. 政治建设
9. 全面推进党的六大建设，要把（　　）贯穿其中。
   A. 政治建设　　B. 组织建设　　C. 纪律建设　　D. 制度建设
10. 党的政治建设的首要任务是（　　）。
    A. 坚定执行党的政治路线，严格遵守政治纪律和政治规矩
    B. 保证全党服从中央，坚持党中央权威和集中统一领导
    C. 严格执行新形势下党内政治生活若干准则
    D. 自觉抵制商品交换原则对党内生活的侵蚀

（二）多项选择题

1. 对"小康社会"的认识中，正确的是（　　）。
   A. 建成小康社会，不能以经济总量代替生活质量
   B. 建成小康社会，不能以平均数掩盖大多数
   C. 小康社会是人民生活水平和质量普遍提高的社会
   D. 小康社会就是经济快速发展的社会
2. 全面建成小康社会，"小康"讲的是发展水平，"全面"讲的是发展的（　　）
   A. 平衡性　　B. 协调性　　C. 稳定性　　D. 可持续性
3. 全面小康，是城乡区域共同发展的小康，实现城乡区域共同发展，就需要缩小城乡区域发展差距，这些差距包括（　　）。
   A. 城乡居民收入水平差距　　　　B. 城乡居民住房面积差距
   C. 城乡居民基本公共服务水平差距　　D. 城乡居民生活水平差距
4. 我国脱贫攻坚的工作机制是（　　）。
   A. 中央统筹　　　　　　　　　　B. 省负总责
   C. 市县抓落实　　　　　　　　　D. 党政一把手负总责
5. 在全面深化改革中，要处理好整体和重点突破的关系。坚持整体推进，就需要注重改革的（　　）。
   A. 关键节点　　B. 系统性　　C. 整体性　　D. 协同性
6. 坚持中国特色社会主义法治道路，就需要坚持（　　）。
   A. 党的领导
   B. 人民在全面依法治国中的主体地位
   C. 法律面前人人平等

D. 依法治国和以德治国相结合
7. 中国特色社会主义的法治体系包括（　　）。
   A. 以宪法为核心的中国特色社会主义法律体系
   B. 严密的法治监督体系
   C. 健全的法制保障体系
   D. 党内法规制度
8. 新形势下党面临的长期的、复杂的、严峻的考验有（　　）。
   A. 执政考验和改革开放考验　　　B. 精神懈怠考验和能力不足考验
   C. 市场经济考验和外部环境考验　D. 抵制腐败考验和防御风险考验
9. 根据新时代党的建设总要求，党的建设要以加强党的（　　）为主线。
   A. 政治建设　　　　　　　　　　B. 思想建设
   C. 党的长期执政能力建设　　　　D. 先进性和纯洁性建设
10. 要严格执行新形势下党内政治生活的若干准则，需要增强党内政治生活的（　　）。
    A. 政治性　　B. 时代性　　C. 原则性　　D. 战斗性

（三）论述题

1. 试简述全面深化改革的必要性。
2. 谈谈你对"把政治建设摆在首位"重要性的认识。

（四）材料分析题

结合下列材料回答问题。

材料：十八届四中全会开启了我国依法治国的新纪元。全面推进依法治国，要求各级领导干部都要带头遵守法律，带头依法办事。不得违法行使权力，更不能以言代法、以权压法、徇私枉法。2015年3月5日，李克强总理在政府工作报告中强调"大道至简，有权不可任性"，成为建设现代政府的宣言。

"一带一路"筑"小康"："一带一路"是"新丝绸之路经济带"和"21世纪海上丝绸之路"的简称。2015年，"一带一路"构想从顶层设计和规划走向逐步落实。一幅横贯东西、共谋发展的宏大蓝图正在铺展开来。"一带一路"打开"筑梦空间"，有梦想，有追求，有奋斗，一切皆有可能。

贡献青春奔"小康"：中国已经进入全面建成小康社会的决定性阶段，全面建成小康社会是实现中华民族伟大复兴中国梦的关键一步。伟大的目标召唤并激励着我们为之奋斗。

（摘自袁曙宏：《党的十八大以来全面依法治国的重大成就和基本经验》，《求是》，2017年6月1日）

请回答：

(1) "有权不可任性"体现了我们所学的哪些观点？
(2) "一带一路"构想对实现全面建成小康社会的奋斗目标有什么重要意义？
(3) 为早日实现全面建成小康社会的奋斗目标，我们大学生应该做好哪些准备？

第十二章　全面推进国防和军队现代化

一、学习目的与基本要求

全面推进国防和军队现代化，是实现中华民族伟大复兴的重要保障。通过本章的学习，学生能够全面把握习近平强军思想的主要内容，明确坚持党对军队的绝对领导是中国特色社会主义的本质特征，了解建设世界一流军队的必要性和实现路径。通过本章的学习，可以让学生对我国军民融合深度发展战略有进一步的了解。

二、重点难点问题解析

为什么说我国军队必须由党来领导？

党对军队的绝对领导是中国特色社会主义的本质特征，是党和国家的重要政治优势。推进强军事业，必须毫不动摇坚持党对军队的绝对领导，确保人民军队永远跟党走。

党的领导是人民军队战无不胜的根本保证。人民军队从诞生之日起，就始终在党的绝对领导下行动和战斗。毛泽东曾经指出："我们的原则是党指挥枪，而决不容许枪指挥党。"（《毛泽东选集》第2卷，人民出版社，1991年版，第547页）党对军队绝对领导的根本原则和制度，发端于南昌起义，奠基于三湾改编，定型于古田会议，是人民军队完全区别于一切旧军队的政治特质和根本优势。在风雨如磐的漫长革命道路上，我军将士讲得最多的一句话是：只要跟党走，一定能胜利。忠诚，造就了人民军队对党的赤胆忠心，造就了人民军队和人民的鱼水情意，造就了人民军队为党和人民冲锋陷阵的坚定意志。历史告诉我们，党指挥枪是保持人民军队本质和宗旨的根本保障，这是我们党在血与火的斗争中得出的颠扑不破的真理。有了中国共产党，有了中国共产党的坚强领导，人民军队前进就有方向、有力量。前进道路上，人民军队必须牢牢坚持党对军队的绝对领导，把这一条当作人民军队永远不能变的军魂、永远不能丢的命根子，任何时候任何情况下都以党的旗帜为旗帜、以党的方向为方向、以党的意志为意志。

坚持党对军队绝对领导是我军加强党的领导和党的建设工作的首要任务。全面加强新时代我军党的领导和党的建设工作，最根本的是按照习近平主席在中央军委党的建设会议上的要求，坚持党对军队绝对领导。

"我们的原则是党指挥枪，而决不容许枪指挥党。"我军是中国共产党缔造和领导的人民军队，坚持党对军队的绝对领导是党和军队关系本质的反映，是人民军队的建军之本、强军之魂。我军在战争年代没有被艰难困苦和强大敌人压垮，夺取政权之后没有被资产阶级糖衣炮弹打垮，历次政治斗争的风波中没有被别有用心的人搞垮，改革开放后没有被各种错误思潮和腐朽文化冲垮，就在于毫不动摇坚持党对军队的绝对领导，在于我们有包括军委主席负责制、党委制、政治委员制、政治机关制等在内的一整套中国特色军事制度。这是我们党的伟大创造，是人民军队独特的政治优势。实践告诉我们，无论战争形态怎么演变、军队建设内外环境怎么变化、军队组织形态怎么调整，人民军队必须牢牢坚持党对军队的绝对领导，这一条是永远不能变的军魂、永远不能丢的命根子。

党的十八大以来，习近平主席扭住坚持党对军队绝对领导这个关键，作出一系列重大决策指示，通过一系列体制设计和制度安排，进一步完善了党对军队绝对领导的根本原则和制度。全军把维护核心、看齐追随作为最高政治要求来坚守，把全面深入贯彻军委主席负责制作为最大忠诚来笃行，把坚定理想信念、筑牢精神支柱作为安身立命的根本来夯实，在政治立场、政治方向、政治原则、政治道路上同以习近平同志为核心的党中央保持高度一致。党的十九大将坚持党对人民军队的绝对领导上升为新时代坚持和发展中国特色社会主义的基本方略，把贯彻习近平强军思想、中央军事委员会实行主席负责制写进党章。这既是历史经验的理性升华，又是面向新征程的时代要求。

当前，我军建设所处的时代条件和历史方位发生了深刻变化。固根与拔根的较量、铸魂与蛀魂的拉锯一刻也没有停歇，坚持党对军队绝对领导，始终是我们同各种敌对势力斗争的一个焦点。个别领导干部信仰缺失、精神迷茫，口是心非、阳奉阴违，执行命令指示不坚决、搞上有政策下有对策。今天的官兵大多没有经过战争环境和复杂斗争考验，有的同志对党指挥枪原则缺乏深切体验和认知。在坚持党对军队绝对领导这个根本政治原则问题上，我们要头脑特别清醒、态度特别鲜明、行动特别坚决，决不能有任何动摇、任何迟疑、任何含糊。

强军必先强心，强心重在铸魂。全军各级要把党对军队绝对领导作为我军的命根子紧抓不放，全面贯彻党对军队绝对领导的一系列根本原则和制度，加强党的政治建设，坚持用习近平新时代中国特色社会主义思想和习近平强军思想武装官兵，扎实开展"不忘初心、牢记使命"和"传承红色基因、担当强军重任"主题教育，筑牢部队对党忠诚的思想根基。要落实党委统一的集体领导下的首长分工负责制，做到一切工作都置于党委统一领导之下，一切重要问题都由党委研究决定。要健全党领导军队的制度体系，全面规范我军党的工作和政治工作。强化政治纪律和政治规矩，引导全军增强"四个意识"，坚定"四个自信"，坚决维护权威、维护核心、维护和贯彻军委主席负责制，确保绝对忠诚、绝对纯洁、绝对可靠，确保枪杆子永远听党指挥。

三、扩展阅读

1. 经典论述

长期以来，在党的领导下，我军从小到大、从弱到强、从胜利走向胜利，改革创新步伐从来没有停止过。现在，国防和军队建设处在新的历史起点上，纵观全局，审时度势,应对国际形势深刻复杂变化,坚持和发展中国特色社会主义,实现"两个一百年"奋斗目标,贯彻落实党在新形势下的强军目标和新形势下军事战略方针,履行好军队使命任务,都要求我们以更大的智慧和勇气深化国防和军队改革。

——习近平:在中共中央政治局第三十四次集体学习时的讲话,《坚持党在新形势下的强军目标 努力建设巩固国防和强大军队》,新华社,2016年7月27日。

90年来,人民军队在党的领导下不断从胜利走向胜利,为民族独立和人民解放,为国家富强和人民幸福建立了彪炳史册的卓著功勋。人民军队砥砺奋进的90年,凝结着坚定理想信念、优良革命传统、顽强战斗作风,是我们宝贵的精神财富。我们要铭记光辉历史、传承红色基因,在新的起点上把革命先辈开创的伟大事业不断推向前进,鼓舞激励广大干部群众和全军广大指战员坚定中国特色社会主义道路自信、理论自信、制度自信、文化自信,努力为实现中华民族伟大复兴的中国梦、为把人民军队建设成为世界一流军队而不懈奋斗。

——习近平:参观"铭记光辉历史开创强军伟业——庆祝中国人民解放军建军90周年主题展览"时的讲话,《人民日报》,2017年7月22日。

我们的国防将获得巩固,不允许任何帝国主义者再来侵略我们的国土。在英勇的经过了考验的人民解放军的基础上,我们的人民武装力量必须保存和发展起来。我们将不但有一个强大的陆军,而且有一个强大的空军和一个强大的海军。

——毛泽东:在中国人民政治协商会议第一届全体会议上的讲话,1949年9月。

这个军队永远是党领导下的军队,永远是国家的捍卫者,永远是社会主义的捍卫者,永远是人民利益的捍卫者。

——邓小平:《在接见首都戒严部队军以上干部时的讲话》,《邓小平文选》第3卷,人民出版社,1993年版,第304页。

2. 阅读推荐

(1)曾立:《中国特色军民融合国防资源配置与管理探索——国家战略与基本国策(上下册)》(军民融合研究丛书),经济管理出版社,2018年版。

【推荐理由】由曾立主编的《中国特色军民融合国防资源配置与管理探索——国家战略与基本国策(上下册)》(军民融合研究丛书)是国家社科基金重大项目"中国特色军民融合式国防建设资源配置与管理研究"的研究成果。该成果深入贯彻关于军民融合系列重要讲话精神,紧密围绕中国特色军民融合式国防建设资源配置与管理中的重大理论和现实问题展开研究。主要内容包括安全评估与国防需求生成、财力与适度国防费规模决定、国防人力资源评估与开发、国防知识产权激励机制研究、装备采办合同与价格管理改革、工业基础的军民融合式发展、战略性新兴产业与新型动员力量融合发展、长株潭军民融合自主创新示范区建设、空天信息海洋领域军民融合科技创新、国防建设资源配置的法律规制等,丰富了中国特色军民融合发展理论,深化了对有中国特色的经济建设和国防建设协调发展之路的认识。

(2)《毛泽东军事文集(1~6卷)》,军事科学出版社,1993年版。

【推荐理由】在毛泽东诞辰一百周年之际正式出版发行的《毛泽东军事文集》由中共中央文献研究室和中国人民解放军军事科学院合作编辑。这部文集收入毛泽东1927

年 8 月至 1972 年 12 月关于军事方面的文章、电报、命令、批示、信函、报告、谈话等一千六百余篇,大部分是第一次公开发表。

《毛泽东军事文集（1～6卷）》按照中国革命和建设的历史分期编为六卷。第1卷为土地革命战争时期的著作,第2卷为抗日战争时期的著作,第3卷、第4卷、第5卷为解放战争时期的著作,第6卷为社会主义革命和社会主义建设时期的著作。编入《毛泽东军事文集（1～6卷）》的著作,除已收入《毛泽东选集》的以外,主要根据中央档案馆保存的手稿、原抄件,当时出版的报刊和编印的文献等刊印。著作保持原貌,作了必要的校勘、考订和标点,对文字脱落较多或辨认不清之处加注说明,属于国务院批准更改的生僻难认的县名用字,一律照改。篇末均注明刊印根据。由于在长期战争环境中革命文献散失和其他历史原因,毛泽东指挥的有些重要的战役战斗,没有留下由他起草或署名的文献。

四、理论前沿

深刻理解全面建成世界一流军队的内涵特性

在党的十九大报告中,习主席以恢弘的战略视野,从坚持和发展中国特色社会主义、实现中华民族伟大复兴中国梦的高度,提出"到本世纪中叶把人民军队全面建成世界一流军队"的宏伟目标,吹响了建设世界一流军队的冲锋号。全面建成世界一流军队的提出,极大地丰富拓展了党在新时代的强军目标的科学内涵,明确了新时代人民军队由大向强的目标定位,必须以历史发展大视野理解这一目标的宏伟性,理解其立足中国国情的鲜明特色,从核心要义、整体布局、衡量标准、建设路径和自身定位等多方面进行综合把握。

一、核心要素

所谓世界一流军队,必须要具备世界一流的军事理论、军事管理、军事能力、军事人才、武器装备和作风纪律等核心要素。一流的军事理论着重体现在习近平强军思想的指导地位牢固,信息化战争制胜机理的认识和把握,联合作战指挥体系、现代军事力量体系、军事政策制度体系完善,军队党的建设思想和作战思想富有我军特色,战区和军兵种发展战略创新等;一流的军事管理着重体现在领导指挥体制完善,部队规模结构和力量编成优化,管理理念上破旧立新,管理体系上破除结构性机制性障碍,管理流程上畅通链路,管理方式上快捷精准,依法治军成为一种思维方式、文化理念和行为习惯,专业化、精细化、科学化管理水平不断提升,战备、训练、管理、保障等工作按照体系化程序实现良性运转等;一流的军事能力着重体现在战斗队思想和战斗力标准牢固确立,中国特色现代作战体系完善,备战打仗之弦时刻绷紧,备战打仗热情高涨,军事训练实战化水平持续跃升,战斗作风英勇顽强,和平积习和训练中的顽症痼疾整改到位,各级作战指挥、战略运筹、作战管理、单兵作战等能力过硬等;一流的人才队伍着重体现在培养造就深谙联合作战的指挥人才群体、精通军事谋略的参谋人才群体、掌握新型装备的战斗人才群体和善于创新攻坚的科技人才群体,具备高超的战略素养、联合素养、指挥素养、科技素养、选人用人机制科学等；一流的武器装备着重体现在各军兵种武器装备先进，更新换代超前，拥有能够有效制敌的"杀手锏"和战略威慑武器，装备领域军民融合深入，助推装备建设的全社会优势资源整合优化，战略性、引领性、颠覆性技术能够转化为新质战斗力，并通过先进武器装备能够主导战争、设计战争等；一流的作风纪律着重体现在我党我军光荣传统和优良作风得到强势回归，纪律规矩得到牢固树立，军队政治生态得到有效治理，铁的信仰、铁的信念、铁的纪律、铁的担当得到全面锤炼强化等。

二、衡量体系

总的来说，衡量军队的建设水平是否达到世界一流，关键要看这支军队能否政治可靠，坚决听从指挥；能否有效应对安全威胁，切实维护国家利益；能否与世界一流对手比肩抗衡，实现政治、打仗、作风全面一流。同时，它又是一个多维性、统一性、比较性的范畴。多维性指从作战指标和建军指标两个体系来衡量。从作战指标体系来看，世界一流军队应当具备先进的军事思想与战略战术、高效灵敏的指挥与控制、实时或近实时的情报监侦能力、联合一体化的火力打击能力、实战化的训练水平、跨地区跨洲际的兵力投送能力、综合高效无缝链接的保障水平。从建军指标体系看，世界一流军队应当重视忠诚度、理想信念和价值观教育；具备先进的领导管理理念，集约高效的军事机构和组织；拥有世界一流的现代化装备，尤其是实现机械化、信息化、智能化复合发展；具备完善的军事法规条令条例体系；拥有丰富优质的军事人力资源，军人及文职人员综合素质高；实现军民深度融合，形成"全国家""大国防"体制；拥有良好国际形象，国际化程度高。两方面指标体系相互支撑、相辅相成，作战牵引建军、建军保障作战。统一性指既要看硬实力，也要看软实力。硬实力，主要指武装力量在物质层面构成的威慑力和实战力。软实力，则是军队的凝聚力、精神上的威慑力、形象上的感召力和组织管理上的创造力等。从硬实力看，世界一流军队应当具备世界领先的军费规模、武器装备数质量、军事人力资源等有形的东西。从软实力看，世界一流军队应当具备国际领先的军事文化传统、军事理论、组织机制、战斗精神、战略战术、军队形象等无形的东西。军事硬实力和军事软实力密不可分。硬实力是软实力的物质基础，软实力是硬实力的黏合剂和倍增器。比较性指要从纵向与横向两个维度进行比较。一国军队在一个特定时空内，能否称得上世界一流，既要与自身过往经历进行纵向比较，更要与主要强敌进行横向对照。从纵向看，建设世界一流军队是一个自我革新、自我突破、自我超越的过程。90多年来，我军在战斗中成长、在继承中创新，不断推动自身转型和重塑。但要全面建成世界一流军队，还需要实现跨越发展。从横向看，全面建成世界一流军队不只是与自己比，更是与对手比。当前，世界各主要国家都在加紧推进军事转型。我军迈向世界一流，必须直面挑战、抢抓机遇、创新超越，使我军能够与世界强手抗衡、过招，并战而胜之。

三、特质特性和建设路径

世界一流军队必须具有鲜明特色。全面建成世界一流军队又是一项宏大的系统工程，必须统筹推进政治建军、改革强军、科技兴军、依法治军和备战打仗，全力打造能够有效履行新时代使命任务的精兵劲旅。它应是一支中国特色型军队，必须在政治建军中铸牢世界一流军队之魂。政治建军决定我们世界一流军队的性质，确定世界一流军队的方向，塑造世界一流军队的魂魄。我国国情、党情、军情，决定了我军必须坚持党的绝对领导，全面深入贯彻军委主席负责制，充分发扬我军的政治优势和光荣传统，培育"四有"新时代革命军人，始终初心不改、本色不变，牢记为人民扛枪、为人民打仗的神圣职责，永葆人民军队性质宗旨本色。在这个根本政治原则问题上决不能有任何动摇、任何迟疑、任何含糊。它应是一支实战型军队，必须在练兵备战中砥砺世界一流军队之能。我军多年没打过仗，习主席发出的"三个能不能"的胜战之问、常讲的"两个差距很大""两个能力不够"的胜战之忧，都还现实地存在，有些方面的短板和弱项还很明显。历史反复证明，能战方能止战，准备打才可能不必打，越不能打越可能挨打。建设世界一流军队，必须时刻牢记能打仗、打胜仗这个强军之要，坚决按照打仗的标准搞建设抓战备，切实提高全域全维全谱全时作战能力，确保我军始终能够召之即来、来之能战、战之必胜。它应是一支革命型军队，必须在改革强军中锻造世界一流军队之骨。世界一流军队，是在战争实践中较量出来的，也是在军事革命中打造出来的。改革已成为当今世界各国军队赢得军事优势、把握制胜之道、掌控国家命运的不二法门。建设世界一流军队必须紧紧抓住当前的"战略窗口期"，坚定不移深化国防和军队改革，大力推进政治生态、组织形态、力量体系、作风形象重塑，深入解决制约国防和军队建设的体制性障碍、结构性矛盾、政策性问题，实现脱胎换骨、浴火重生。它应是一支创新型军队，必须在科技兴军中建强世界一流军队之翼。现代高新技术武器装备从技术上突破了时空界限，将从根本上改变传统的战争攻防格局。建设世界一流军队，必须树牢"科技是核心战斗力"的思想，坚持自主创新的战略基点，瞄准世界军事科技前沿，加强前瞻谋划设计，加快战略性、前沿性、颠覆性技术发展，不断提高科技创新对人民军队建设和战斗力发展的贡献率。它应是一支法治型军队，必须在依法治军中夯实世界一流军队之基。当今世界军事竞争激烈，现代战争形态及战斗力生成模式已发生根本性改变，军队建设管理、作战行动无不强调标准化、规范化、精细化，更加依赖于依法治军、从严治军。建设世界一流军队，必须坚持于法周延、于事简便的原则，提高管理质效，进一步解放和发展战斗力；必须增强全军将士法治意识，加快构建中国特色军事法治体系，加快实现治军方式"三个根本性转变"；必须持之以恒正风肃纪，肃清郭徐流毒，纯正政治生态，始终保持人民军队的性质本色。

（摘自李志祥：《深刻理解全面建成世界一流军队的内涵特性》，《政工学刊》，2018年第6期）

五、案例剖析

案例：

世界一流军队的"样子"

今年2月，习近平主席在一次重要会议上提出"建设世界一流军队"的奋斗目标，并把"实现强军目标，建设世界一流军队"并列提了出来。建设世界一流军队，是当前强军兴军一项重大理论和实践课题。

重大意义

实现"两个一百年"奋斗目标、实现中华民族伟大复兴中国梦的应有之义。当代中国的奋斗目标,饱含中华民族近代以前稳居世界强国之列的自信和近代以来屈辱图强的雄起,凝结了几代中国人的夙愿。说到底,就是国家富强、民族振兴、人民幸福,实现国家由大向强发展。然而,建成世界强国从来都需要发展和安全兼顾、富国和强军统一。纵观世界强国兴衰史,强军未必能强国,但强国必须有强军。建设世界一流军队,正是伴随、呼应和支撑国家由大向强发展的有力举措,是实现我们奋斗目标的应有内容和安全保障。

适应国家安全战略指向积极拓展的重大举措。随着我国由大向强发展,不仅维护国家政治安全和社会稳定的任务更加繁重,而且应对周边特别是海上方向的现实威胁也十分突出。尤其是随着国家利益向全球拓展,我国安全战略指向开始由传统的领土边界向经济边界扩展。我国已是全球第二大经济体和资本净输出国,2015年对外非金融类直接投资连续13年增长,年均增幅高达33.6%,存量首次超过万亿美元大关。这意味着,中国面临的海外能源资源、战略通道安全以及海外机构、人员和资产安全等海外利益安全问题日益凸显,要求必须加快强军进程,能够有效维护遍布世界的中国利益。

加快强军进程、达到世界领先水平的需求牵引。2016年1月,达沃斯世界经济论坛公布美、俄、中在全球军力排行榜分列前3名。党的十八大以来,我军在强军目标指引下建设作战水平有了显著提高。今年5月,美国防部发布《中国军事与安全发展态势报告》,渲染中国军力快速发展。但事实上,我军与其他强军比还有差距。例如,军事实力体量同强国比有差距,部分核心关键技术有待突破,建设质效和法治水平称不上一流,等等。这迫切需要我军更加注重比照世界强军的经验做法、发展指标来启示和强大自己。

概念特征

世界一流不是世界第一,而指在世界范围进入"第一等"行列。由于各国军队差异性以及评估的立场动机不同,世界一流军队很难有被各国广泛接受的定义、标准和发展模式。美、俄等大国强军可以算,但像以色列、日本这样的小国精兵算不算?究竟是军力排行榜前3名、前10名算,还是前20名算?暂无统一说法。本文理解的世界一流军队,即一国军队不仅拥有排在世界前列的实力,而且具有国际领先的发展优势和影响力,还要有效维护本国安全、为世界和平作出重要贡献。

世界一流军队的共性特征。一是拥有强大军事实力和全球影响力。美、俄等强军拥有超强军事实力,稳居世界军事力量排行榜前列。其全球影响力既来自强大硬实力的威慑力,还有优良传统、辉煌战史、杰出将领、建设成就等产生的感召力。二是战斗力强、现代化高、特色鲜明。古今中外的强军都靠实战能力打天下。一些老牌强军的现代化水平高,注重运用现代科技、加速转型、提高质效、强化法治。强军都能把握治军胜战之道,但文化传统、发展道路各不相同,特色鲜明而难以复制。三是注重改革创新激发活力保持领先。强军一般都是世界军事变革的领跑者,借助改革创新解放活力、拉开差距、保持领先。四是国际化趋势、对世界和平贡献大。美、俄等强军具有国际视野和全球机动能力,外向性、开放性强,与国际接轨多。除有效防卫本土外,还能在世界范围显示存在、驻军用兵，承担更多国际责任。

内涵解析

未来我军建设的世界一流军队的"样子"：一是实力体量支撑国家由大向强。就是要适应国防需求和经济社会发展，随民生产总值增长同步增加国防费，提高国防科研生产能力水平，打牢国防工业基础，提升军事实力总量，为综合国力竞争提供有力战略支撑，为建设世界强国提供坚强安全保障。二是建设质效达到世界领先水平。就是要紧跟世界新军事革命，把强军目标向国际拓展，比照一流强军的做法、指标加快强军进程，坚持创新超越与保持特色相统一，加快转型、提高质效，缩小关键指标与强军差距，努力在战斗力建设上达到世界一流水平。三是职能使命兼顾安内御外维权。就是要着眼国家安全形势和国家利益拓展，贯彻总体国家安全观，把职责从守疆卫土转到固内向外上来，加强海外战略支点建设，有效维护国家主权和安全稳定发展，维护国家统一与地区、世界和平，维护海外利益安全。

强军目标与世界一流军队的关系：强军目标明确了强军的聚焦点、着力点，是军队建设的国内视角；世界一流军队明确了强军的国际比较、更高标准，是军队建设的国际视角；仅仅实践强军目标而缺少国际比较，难以建成世界一流军队；但建成世界一流军队，必须实践强军目标、打下强军基础；二者是并列和递进的关系，内在地统一在党的领导下建设强大人民军队，其中，强军目标是世界一流军队的力量基础和必要条件，世界一流军队是强军目标的必然结果、国际拓展和高级阶段。

【思考讨论】

你认为什么样的军队才是世界一流军队？

【要点提示】

从要素看，当今世界一流军队不能在基本要素上存在短板和弱项，不能只是某一要素、平台、单元的单项冒尖，不可能依靠几件先进武器或几种高超战法独步天下，而只能是人、武器及二者结合诸要素的全面一流。作为党绝对领导下的人民军队，我军追求的是听党指挥、能打胜仗、作风优良的全面过硬，政治、打仗、作风是我军成为世界一流军队的基本要素。只有这三个基本要素全面一流，我军才能成为名副其实的世界一流军队。

六、实践指导

方案：参观军民融合企业

【实践目的】参观军民融合企业，使学生深入了解军民融合的背景和重要性，树立人民军队的思想理念，主动承担国防军队和经济发展的历史重任。

【实践方式】观看省内具有代表性的军民融合企业，进行现场教学与讨论，并写一份实践报告。

【实践步骤】

（1）联系好代表性企业。

（2）组织学生前往。

（3）现场教学与讨论。

(4) 返校并布置实践报告作业。

【实践成果】每位同学提交一份实践报告，根据学生的完成情况计分，分数计入平时成绩。

七、练习与思考

（一）单项选择题

1. 党对军队绝对领导的根本原则和制度发端于（　　）。
   A. 南昌起义　　　B. 三湾改编　　　C. 古田会议　　　D. 遵义会议
2. 党对军队绝对领导的根本原则和制度奠基于（　　）。
   A. 南昌起义　　　B. 三湾改编　　　C. 古田会议　　　D. 遵义会议
3. 党对军队绝对领导的根本原则和制度定型于（　　）。
   A. 南昌起义　　　B. 三湾改编　　　C. 古田会议　　　D. 遵义会议
4. 人民军队区别于一切旧军队的政治特质和根本优势是（　　）。
   A. 作风优良　　　　　　　　　　B. 能打胜仗
   C. 与人民共呼吸　　　　　　　　D. 党对军队的绝对领导
5. 无论过去、现在和将来，（　　）始终是军事领域衡量利弊得失的重要标准。
   A. 战斗力标准　　B. 政治建设标准　　C. 科技含量标准　　D. 制度标准

（二）多项选择题

1. 党在新时代的强军目标是（　　）。
   A. 建设一支听党指挥、能打胜仗、作风优良的人民军队
   B. 2035年基本实现国防和军队现代化
   C. 本世纪中叶把人民军队全面建成世界一流军队
   D. 构建中国特色军事法治体系
2. 习近平强军思想深刻回答了（　　）。
   A. 怎样打造一流军队
   B. 怎样维护国家安全
   C. 新时代建设一支什么样的强大人民军队
   D. 怎样建设强大人民军队
3. 推进强军事业必须坚持（　　）。
   A. 政治建军　　　B. 改革强军　　　C. 科技兴军　　　D. 依法治军
4. 加快形成军民融合深度发展格局，要着力于（　　）。
   A. 健全体制机制　　　　　　　　B. 强化战略规划
   C. 突出重点领域　　　　　　　　D. 坚持全国一盘棋
5. 培养新时代革命军人要做到"四有"，包括（　　）。
   A. 有灵魂　　　　B. 有本事　　　　C. 有血性　　　　D. 有品德

（三）论述题

1. 如何理解建设世界一流军队的丰富内涵？
2. 谈谈如何实现军民融合。

（四）材料题

结合下列材料回答问题。

材料：庆祝中华人民共和国成立 70 周年阅兵式的全体受阅官兵由人民解放军、武警部队和民兵预备役部队约 15000 名官兵、580 台（套）装备组成 15 个徒步方队、32 个装备方队，陆、海、空航空兵 160 余架战机，组成 12 个空中梯队。人民军队以改革重塑后的全新面貌接受习近平主席检阅，接受党和人民检阅，是中国特色社会主义进入新时代的首次国庆阅兵。

请回答：

新中国成立 70 周年国庆大阅兵带给我们的启示是什么？

《毛泽东思想和中国特色社会主义理论体系概论》学习指导（第三版）

第十三章　中国特色大国外交

一、学习目的与基本要求

面对中国快速发展引发的国际体系深度变革和大国博弈日趋激烈的历史趋势，中国特色大国外交应运而生。中国特色的大国外交是中国特色和平发展道路、中国特色社会主义理论、中国特色社会主义制度、中国特色的文化传统在外交形态和外交本质上的体现，是"四个自信"在外交领域的表现。本章主要学习新中国成立以来党和政府的对外战略思想和外交政策，了解当今世界格局的发展变化以及演变趋势，理解独立自主的和平外交政策的宗旨、原则以及推动建立新型国际关系的要求，重点掌握构建人类命运共同体思想的科学内涵，明确中国政府坚持走和平发展道路的正确选择。

二、重点难点问题解析

1. 如何准确理解和平与发展是当今世界的两大主题

和平与发展集中反映的是国际格局中的政治问题和经济问题。和平是相对战争而言的，而发展则是相对于落后的；和平问题可以理解为政治领域的问题，而发展则是属于经济领域。纵观第二次世界大战以来的国际发展趋势，国与国之间无不围绕着和平与发展的主题进行博弈。邓小平同志形象地将和平问题比喻为"东西问题"，将发展问题比喻为"南北问题"。"东西问题"即是美苏两大霸权国家组建的联盟之间的问题。它对世界和平造成了重大的威胁，不利于其他国家，尤其是发展中国家的稳定和发展。"南北问题"即是在不合理的国际秩序下发展中国家落后于发达国家的经济问题。经济是政治的基础，政治是经济的反映。"东西问题"与"南北问题"密切联系。因此，和平与发展囊括了全球所有的经济与政治层面的问题与矛盾。将和平与发展作为当今世界的发展主题，不仅准确反映了当今世界的现实，也符合当今中国的实际发展需求。和平是发展的保障，发展是和平的基础。一切和平都是建立在发展的基础之上的，一切发展又都需要和平提供安定的环境。第二次世界大战使中国遭受了重大的创伤，国民经济落后于大多数国家。因此，中国需要和平的发展环境。只有这样，中国的经济实力才能不断超过其他国家。也只有这样，世界的和平梦想才能得到实现。

2. 如何理解新型国际关系的科学内涵

构建新型国际关系是习近平总书记提出的又一个重要概念，并经常与构建人类命运共同体联系在一起。这表明，新型国际关系与人类命运共同体是紧密相关的。可以说，构建新型国际关系是构建人类命运共同体的重要路径和基础工程，而人类命运共同体则是构建新型国际关系的努力方向。

新型国际关系，"新"在合作共赢。强调把本国利益同各国共同利益结合起来，努力扩大各方共同利益的汇合点，积极树立双赢、多赢、共赢的新理念，摒弃赢者通吃的旧思维。和平而不是战争，合作而不是对抗，共赢而不是零和，才是人类社会和平、进步、发展的永恒主题。合作共赢使双方或多方在合作中互惠互利、相得益彰，从而实现各方的共同受益。中国倡导建立合作共赢的新型国际关系，核心是维护联合国宪章的宗旨和原则，维护不干涉别国内政和尊重国家主权、独立、领土完整等国际关系基本准则，维护联合国及其安理会对世界和平承担的首要责任，开展对话和合作，而不是对抗；实现双赢和共赢，而不是单赢。

推动建立新型国际关系，要坚决维护国家核心利益。要在和平共处五项原则基础上发展同世界各国的友好合作。要加强涉外法律工作，完善涉外法律法规体系。要积极参与全球治理体系改革和建设。还要把合作共赢理念体现到政治、经济、安全、文化等对外合作的方方面面，推动构建人类命运共同体。

3. 如何理解构建人类命运共同体的思想提出及其意义

提出构建人类命运共同体思想，具有鲜明的时代背景。从国际上看，一方面，世界格局正处在加快演变进程之中，和平、发展、进步的阳光足以穿透战争、贫穷、落后的阴霾，经济全球化、社会信息化极大解放和发展了社会生产力，创造了前所未有的发展机遇；人类生活在同一个地球村，各国相互联系、相互依存、相互合作、相互促进的程度空前加深，国际社会日益成为一个你中有我、我中有你的命运共同体。另一方面，世界发展面临各种问题和挑战，经济全球化遭遇逆风，世界经济长期低迷，发展鸿沟日益突出，地区冲突频繁发生，恐怖主义、难民潮等全球性挑战此起彼伏，各种社会政治思潮交锋激荡。世界怎么了？我们怎么办？面对全球性挑战，没有哪个国家可以置身事外、独善其身，世界各国需要以负责任的精神同舟共济、协调行动，共同维护和促进世界和平与发展。国际社会迫切呼唤新的全球治理理念，构建新的更加公正合理的国际体系和秩序，开辟人类更加美好的发展前景。从国内来看，党的十八大以来，在新中国成立特别是改革开放以来我国发展取得重大成就的基础上，党和国家事业发生历史性变革，我国发展站到了新的历史起点上，中国特色社会主义进入了新时代，中国的治理理念和实践受到高度赞赏和广泛认同，国际影响力、感召力、塑造力进一步提高。中国有信心、有能力为世界做出更大贡献。

构建人类命运共同体思想，是一个科学完整、内涵丰富、意义深远的思想体系，其核心就是"建设持久和平、普遍安全、共同繁荣、开放包容、清洁美丽的世界"。

构建人类命运共同体思想顺应了历史潮流，回应了时代要求，凝聚了各国共识，为人类社会实现共同发展、持续繁荣、长治久安绘制了蓝图。这一思想继承和发展了新中国不同时期重大外交思想和主张，反映了中外优秀文化和全人类共同价值追求，适应了新时代中国与世界关系的历史性变化，成为中国引领时代潮流和人类文明进步方向的鲜明旗帜，已被多次写入联合国文件，对中国的和平发展、世界的繁荣进步都具有重大和

深远的意义。

三、扩展阅读

1. 经典论述

中国愿意同一切国家建立友好关系，用和平的方法解决存在的问题。就是西方国家，只要它们愿意，我们也愿同它们合作。我们愿意用和平的方法来解决存在的问题。

——《毛泽东外交文选》，中国文献出版社，1994年版，第210页。

现在旧的格局在改变中，但实际上并没有结束，新的格局还没有形成。和平与发展两大问题，和平问题没有得到解决，发展问题更加严重。美苏垄断一切的情况正在变化。世界格局将来是三级也好，四级也好，五级也好，苏联总还是多级中的一个，不管它怎么削弱，甚至有几个加盟国退出去。所谓多级，中国算一级。中国不要贬低自己，怎么样也算一级。

——邓小平：《国际形势与经济问题》，《邓小平文选》第3卷，人民出版社，1993年版，第353页。

中国越发展、越开放，与世界的联系越紧密，就越需要一个长期和平稳定的国际环境。促进世界与地区的和平与发展，符合中国的根本利益。

——江泽民：《和而不同是人类各种文明协调发展的真谛》，《江泽民文选》第3卷，人民出版社，2006年版，第522页。

我们要坚持走和平发展道路，但绝不能放弃我们的正当权益，绝不能牺牲国家核心利益。任何外国不要指望我们去拿自己的核心利益做交易，不要指望我们会吞下损害我国主权、安全、发展利益的苦果。中国走和平发展道路，其他国家也都要走和平发展道路，只有各国都走和平发展道路，各国才能共同发展，国与国才能和平相处。

——习近平：《在主持十八届中共中央政治局第三次集体学习时的讲话》，《习近平谈治国理政》，外文出版社，2014年版，第249页。

中国必须有自己特色的大国外交。我们要在总结实践经验的基础上，丰富和发展对外工作理念，使我国对外工作有鲜明的中国特色、中国风格、中国气派。要坚持中国共产党领导和中国特色社会主义，坚持我国的发展道路、社会制度、文化传统、价值观念。要坚持独立自主的和平外交方针，坚持把国家和民族发展放在自己力量的基点上，坚定不移走自己的路，走和平发展道路，同时决不能放弃我们的正当权益，决不能牺牲国家核心利益。要坚持国际关系民主化，坚持和平共处五项原则，坚持国家不分大小、强弱、贫富都是国际社会平等成员，坚持世界的命运必须由各国人民共同掌握，维护国际公平正义，特别是要为广大发展中国家说话。

——习近平：《中国必须有自己特色的大国外交》，《习近平谈治国理政》第2卷，外文出版社，2017年版，第443页。

"大道之行也，天下为公。"和平、发展、公平、正义、民主、自由，是全人类的共同价值，也是联合国的崇高目标。目标远未完成，我们仍须努力。当今世界，各国相互依存、休戚与共。我们要继承和弘扬联合国宪章的宗旨和原则，构建以合作共赢为核心的新型国际关系，打造人类命运共同体。

——习近平：《携手构建合作共赢新伙伴，同心打造人类命运共同体》，《习近平谈治国理政》第 2 卷，外文出版社，2017 年版，第 522 页。

2. 阅读推荐

（1）《习近平谈治国理政》中关于中国外交和国际事务部分文献，外文出版社，第 1 卷 2014 年 10 月出版，第 2 卷 2017 年 11 月出版。

【推荐理由】《习近平谈治国理政》一书收入了习近平总书记的讲话、谈话、演讲、答问、批示、贺信等，第 1 卷收录的时段为 2012 年 11 月 15 日至 2014 年 6 月 13 日，第 2 卷收录的时段为 2014 年 8 月 18 日至 2017 年 9 月 29 日。党的十八大以来，以习近平同志为总书记的党中央，带领全党全国各族人民开启了改革开放和现代化建设的新征程。在治国理政新的实践中，习近平总书记发表了一系列重要论述，提出了许多新思想、新观点、新论断，深刻回答了新的时代条件下党和国家发展的重大理论和现实问题，集中展示了中央领导集体的治国理念和执政方略。第 1 卷推荐阅读部分为：十一、走和平发展道路；十二、推动构建新型大国关系；十三、做好周边外交工作；十四、加强与发展中国家团结合作；十五、积极参与多边事务。第二卷推荐阅读部分为：十四、推进中国特色大国外交；十五、坚持和平发展，促进合作共赢；十六、促进"一带一路"国际合作；十七、推动构建人类命运共同体。

（2）上海社科院世界经济与政治研究院：《战略环境变迁与中国对外关系》，时事出版社，2012 年版。

【推荐理由】《战略环境变迁与中国对外关系》的研究主题是近年来国际战略环境的急剧变化对中国外交和对外关系产生的影响。众所周知，2008 年全球金融危机爆发以来，国际体系和国际秩序陷入严重的动荡态势，美国的次贷危机、欧洲主权债务危机、阿拉伯地区的严重动荡、南海局势的不稳定局面等，都直接或间接地改变着国际战略环境。为此，作者围绕如何准确把握战略环境变迁的内在逻辑及其对中国对外关系产生怎样的影响，中国应如何有效利用环境变迁带来的机遇和挑战等问题提出了自己的分析和思考，其中值得重点推荐的文章包括张茗的《透视欧盟——美国经济关系：现实与迷思》、丁佩华的《乌俄关系新的变化及其地缘影响》、王成至的《中东剧变与美国全球战略重心调整》、孙伊然的《全球化与社会保护"应然"、"实然"之辨》等。

（3）亨利·基辛格著，顾淑馨、林添贵译：《大外交》，海南出版社，2012 年版。

【推荐理由】亨利·基辛格凭借其致力于国际事务的经验，运用丰富的历史知识及智慧幽默的文笔，描述了世界外交史上的重大事件，分析了各国外交风格的差异，揭示了美国外交政策的思想渊源，是一部了解近现代世界史的必读书。

（4）亨利·基辛格著，胡利平等译：《论中国》，中信出版社，2012 年版。

【推荐理由】《论中国》是美国前国务卿、"政坛常青树"亨利·基辛格唯一一部中国问题专著。他以一位资深外交家和思想家的独特视角，分析和梳理了中国自鸦片战争以来的外交传统，从围棋文化与孙子兵法中探寻中国人的战略思维模式，特别是试图揭示新中国成立以来，中国外交战略的制定和决策机制，以及对"一边倒"的外交政策、抗美援朝、中美建交、三次台海危机等重大外交事件来龙去脉的深度解读。作为历史的亲历者，基辛格还在书中记录了自己与毛泽东、邓小平等几代中国领导人的交往。该书用世界视角和国际眼光，重新解读中国的过去和未来，凝结了基辛格的战略理论以及对中国问题数十年的研究成果，是一部让世界认识中国、让中国重新认识自己的重量级作品。

四、理论前沿

新时代中国外交的战略布局

改革开放以来，中国外交逐渐形成了比较完善的战略布局，这就是人们所熟知的"大国是关键、周边是首要、发展中国家是基础、多边是重要舞台"。党的十八大以来，习近平总书记在丰富和发展已有战略布局的基础上，又开辟了新的布局内容。

一是构建总体稳定、均衡发展的大国关系框架。在中国特色社会主义新时代，中国同任何一个大国的关系都保持总体稳定，不大起大落，同所有大国的关系都均衡发展，既不同任何一个大国对抗，也不同任何一个大国结盟。针对中美关系的新特点，习近平总书记提出构建不冲突不对抗、相互尊重、合作共赢的新型大国关系。这一思想是新型国际关系的具体化，对大国关系的进化和国际关系转型具有重大理论指导意义。从一定意义上说，新型大国关系的精神实质也适用于其他大国。在重视现有大国关系的同时，习近平总书记特别重视同发展中大国的合作。发展中大国虽然目前还不具备世界大国的实力和地位，但是发展潜力巨大。中国同发展中大国有更多的共同利益和共同价值，在国际事务中也有更多的共同立场和共同话语。

二是以亲诚惠容理念指引打造周边命运共同体。与人类命运共同体思想密切相关，习近平总书记提出了周边命运共同体这个概念，将打造周边命运共同体作为周边外交的战略目标。为此就要秉持亲诚惠容的周边外交理念，坚持与邻为善、以邻为伴，坚持睦邻、安邻、富邻，深化同周边国家的互利合作和互联互通。

三是以正确义利观指导同发展中国家关系。正确义利观是指导中国同发展中国家关系的重要原则。中国要维护国际公平正义，要为广大发展中国家说话；要做到义利兼顾，讲信义、重情义、扬正义、树道义；要切实加强同发展中国家的团结合作，把我国发展与广大发展中国家共同发展紧密联系起来；要切实落实好正确义利观，做好对外援助工作，真正做到弘义融利。

四是在多边外交中着眼于积极参与全球治理并争取话语权。过去，中国重视多边外交，主要是将多边外交作为发展同世界各国关系的舞台。党的十八大以来，习近平总书记在坚持"多边是重要舞台"的基础上，强调通过多边外交来推动国际体系和全球治理改革。随着世界格局的变化，国际体系面临转型，全球治理面临许多新问题新挑战，全球治理体系需要变革。这为中国外交提供了历史性机遇。中国推动全球治理体系变革的基本取向是为包括中国在内的广大发展中国家增加代表性和话语权，进而让现有国际秩序更加公正合理。

五是大力开展政党交流合作和公共外交。政党在现代政治生活中居核心地位，是国家政策的制定者和民意舆论的引导者,所以,开展政党交流与合作,对促进国与国的关系极为重要。中国共产党同许多国家的各种类型政党都保持着机制性的交往。除了政党外交外,中国还重视其他层面的公共外交。党的十九大报告强调,加强同政治组织的交流合作,推进人大、政协、军队、地方、人民团体等的对外交往,就是指公共外交。

扎实推进"一带一路"建设。在全球治理遭遇困难的当下,"一带一路"倡议无疑为推进全球治理提出了一个充满中国智慧的方案。现在已经有一百多个国家和国际组织积极响应"一带一路"倡议;联合国多次在决议中写入"一带一路"倡议。在这样一个广阔的地域实现政策沟通、设施联通、贸易畅通、资金融通、民心相通,无疑将极大地促进世界和平与发展,促进人类命运共同体的构建。

(摘自刘建飞:《新时代中国外交战略中的中美关系》,《美国研究》,2018年第2期)

五、案例剖析

案例一:

如何对待国际上对"一带一路"的不同看法

2018年4月18日《德国商报》发表了一篇文章,题目是欧盟大使联合反对丝绸之路("一带一路"倡议),通读文章可以知道,欧盟驻北京27国大使并不是公然反对"一带一路",但对"一带一路"提出了一些不同看法甚或尖锐批评。今年年初法国总统马克龙访华以及英国首相特蕾莎·梅访华,也并未与中国就"一带一路"合作签署协议。这些情况表明,欧盟对"一带一路"仍心存疑虑。

印度是"一带一路"沿线大国中唯一未公开表态支持的国家。仔细观察印度在"一带一路"倡议提出后的外交政策和行动,就可以发现印度政府对"一带一路"倡议各个组成部分的态度已经非常明确,大致可以分为三类:一是有条件的支持和参与。随着印度成为上海合作组织的正式成员,印度可能会参与新亚欧大陆桥、中国—中亚—西亚经济走廊的项目。二是反对和对冲。对于中巴经济走廊,印度方面是坚决反对。而对于海上丝绸之路和中尼印经济走廊,印度也基本持反对态度,怀疑海上丝绸之路是中国化解印度对所谓"珍珠链"战略担忧的一种手段。印度对中巴经济走廊和海上丝绸之路采取"对冲"战略。三是消极拖延,同时加快印度自己的地区合作倡议的进度。印度对孟中印缅经济走廊(BCIM)一直采取拖延政策,现在印度在积极推动印度次大陆国家经济合作协议(BBIN,包括不丹、孟加拉、印度、尼泊尔)和环孟加拉湾多领域经济技术合作倡议(BIMSTEC),并希望与美日合作推动所谓"印太经济走廊"的建设。

2017年3月23日《金融时报》报道:"澳大利亚已拒绝中国所推动的正式对接堪培拉50亿澳元国家基础设施基金与中国的新丝绸之路战略,因为澳方担心在其要求华盛顿加强在该地区的活动之际,与中国对接可能破坏与美国的关系。在澳大利亚看来,一带一路已成为美中争夺地区领导权的大较量的一个政治与战略象征。"2017年11月23日,澳大利亚更是发布长达115页的外交政策白皮书,呼吁美国加强在亚洲地区的存在,澳方愿意加强同美国的战略联盟,以抗衡中国影响力的上升。

【思考讨论】
(1) 如何评价材料中的国家对"一带一路"的看法？
(2) 如何面对当前"一带一路"倡议实现过程中的反对或怀疑声音？

【要点提示】
上述材料充分显示了各国对"一带一路"倡议的曲解和猜测。他们都是站在自己国家的角度来理解和分析中国的外交逻辑。要知道，这个世界是多元的，中国是其中一部分而且在发挥越来越重要的作用，正如我们不是生活在美国的世界里，虽然美国是超级大国，但美国不是世界的全部。一开始有一些国家对"一带一路"倡议的动机有所怀疑，认为它是"地缘政治战略"或者"新殖民主义计划"的声音都有。但是这种怀疑总的来说不断被越来越显著的合作成果冲淡，现在只剩下极少数国家继续抱有偏见。而国际社会不断深化对"一带一路"倡议的理解也是各国同中国增进战略互信的过程。

尽管我们倡导"一带一路"倡议是和平合作、开放包容、互学互鉴、互利共赢的，但由于地缘政治原因、各国不同的战略考量，"一带一路"倡议面临一定挑战。尤其今年以来，西方国家对"一带一路"倡议反对的言论不断，其主要的质疑是"中国扩大论""中国霸权论""中国挑战论"，实际这是不同版本的"中国威胁论"。对此，我们要做到以下几点：一是丰富和保持理论创新和建议；二是以国际规则协商制定为切入口，进行"一带一路"倡议机制化、制度化研究；三是以战略对接为切入点，妥善处理好大国关系，大国竞争长期存在，这是必然的，美国在"一带一路"相关国家投资历史悠久，我们必须理性地看待这些国家和传统强国的关系；四是牢牢把握规则制定的话语权，讲好中国故事，引导对"一带一路"倡议的客观认识和理性认识，主动回应质疑和挑战，帮助国际社会认识"一带一路"倡议的正确价值，进行战略引领，解除疑虑、破除偏见。

案例二：

怎样处理中美关系中的冲突与合作

40年来，中美关系的发展举世瞩目。政治上，中美两国同为联合国安理会常任理事国，对维护世界和平与发展都肩负重大责任。目前，中美两国高层保持沟通，双方形成了百余个对话机制，这对于加强两国的政治互信大有裨益。经济上，两国互为重要贸易伙伴和投资对象，双边每年贸易额超5000亿美元。中美经贸合作尽管目前遭遇困难，但过去却长期在两国关系中发挥"压舱石"和"润滑剂"的积极作用。中美经贸合作的本质是互利共赢，已经形成"你中有我，我中有你"的利益交融格局，只要双方务实解决经贸摩擦，两国经贸合作依然存在广阔空间和光明前景。安全上，两国在双边、地区和全球层面不断加强合作。双边层面，中美双方不断加强军事交流，促进冲突预防和危机管理机制建设。地区层面，两国在朝核问题、阿富汗问题等解决当中形成了大量合作。全球层面，中美双方在防止核扩散、打击恐怖主义等领域产生了广泛合作。文化上，中美人文交流日益频繁，形成了多层次、多领域的立体综合合作局面。双方的人员往来年超500万人次，高校、社会团体等合作方兴未艾。丰富的人文交流有利于中美两国增进了解，加强民心相通。

中美关系的发展成就来之不易，两国人民都受益于此。不过随着中美两国实力差距的缩小，近年来美国出现了中美两国会陷入"修昔底德陷阱"的说法。美国本届政府明确将中国定位为头号"战略竞争对手"，中美经贸摩擦持续，南海竞争风险增加，本已进入"不惑之年"的中美关系，却经历着更多风雨的考验。中美能否超越传统大国冲突对抗的老路，需要认真总结40年来中美关系的宝贵经验，推动两国关系的稳定发展。事实上，竞争与合作并存是40年来中美关系的常态，只是随着两国国内外环境的变化，在竞争与合作方面强度不一。中美关系40年，在不断摸索中不断前行，积累了不少经验。中美关系能否保持稳定发展，以下三点极为重要。

一是坚持合作共赢的大国和平共处之道。纵观中美关系的发展历程，其宝贵经验在于合则两利、斗则两败，这绝不是一句空话，而是切切实实的体验。目前，中美两国利益交融更加深厚，中美两国在双边、地区和全球问题上存在诸多共同利益。当然，两国关系也面临着分歧与矛盾。如何处理好双边关系中的共识与分歧，这就要求两国学会用"合作共赢"的视角来超越"零和竞争"。要力争对话而非对抗，即便出现斗争，也要寻求以斗争促和平，维持斗而不破的局面。即便是当前中美双方颇为揪心的经贸摩擦问题，其最终解决也离不开双方的相互妥协。从长远来看，中美贸易竞争不可能呈现"你输我赢"的一边倒态势。中美双方更多是需要将贸易问题置于中美关系全局当中，置于中美关系40年的历程当中去全面思考，才会不畏浮云遮望眼。中美两国之间需要不断增加合作，才能实现两国关系的增益改善，实现大国和平共处的持久之道。

二是维持中美两国关系大局稳定至关重要。中美是两个世界性大国，中美关系的发展无论是对双边关系还是国际社会都至关重要。随着中美关系的日趋复杂，中美之间的局部摩擦、具体分歧也难以避免，关键在于处理这些问题时要以大局为重。这就要求中美两国要以战略视野来审视中美关系的发展，不被一时一事所惑，不为一局一域所扰，确保两国关系大局不受到大的干扰，要算长远账而非眼前账，要算整体账而非局部账。尽管中美两国因实力对比变化导致结构性矛盾增加，但中美之间并不存在非此即彼的国际领导权竞争，中美之间所谓的"修昔底德陷阱"更多是美国一些人心生的历史隐喻而非现实写照。在一个"权力政治"不断让位于"规则政治"的权力流散时代，中美两国要破除大国争霸的心魔，共同推进以协调、合作、稳定为基调的中美关系，保持中美关系的大局稳定至关重要。

三是加强中美两国分歧管控重在防微杜渐。中美两国国情各异，历史文化、发展道路、发展阶段各不相同，两国难免存在一些分歧。中美之间要正视分歧的存在，但更要从战略高度和长远角度看待和处理中美关系。对于中美关系的发展而言，有分歧并不可怕，问题是如何不让分歧恶化中美关系大局，这就需要加强两国之间的分歧管控以实现防微杜渐。对于中美之间的分歧要区分不同领域、不同层次，逐渐稳妥地进行解决，不要动辄视为战略难题，要尽量规避战略僵持。

（摘自：《光明日报》，2019年1月23日，原标题：中国打开大门的勇气、定力和智慧）

【思考讨论】

为什么说"合作是中美两国唯一正确的选择"？

【要点提示】

中美两国的利益交融和相互依存的深度和广度都前所未有，已经变成你中有我、我中有你的利益共同体。两国共同利益远远大于分歧。两国在世界上承担着更大、更重的责任,在维护世界和平、促进共同发展方面也拥有更多更广的利益。一个健康稳定发展的中美关系不仅符合两国人民根本利益,也是国际社会的共同期待。中美两国国情各异,存在分歧不可避免,但是良好的解决办法以及正确的合作才是两国发展的关键。

六、实践指导

方案一:课外讨论

【实践目的】培养学生的爱国主义精神和社会责任感,锻炼学生的写作能力和资料收集能力。

【实践方式】课外讨论、PPT展示、提交报告等;可选举小组组长进行监督。

【实践步骤】

(1) 下课后以小组的形式讨论中国的外交理念和外交新形势,并将讨论的结果和感想记录下来。

(2) 每组撰写一份总结报告,并通过PPT将重点内容在课堂上展示。

【实践成果】

(1) 根据每一小组实际的完成情况给分,分数计入平时成绩。

(2) 活动后每一组成员提交一份研讨报告作为考核的参考。

方案二:观看视频

【实践目的】组织学生自主观看视频,帮助学生了解中国外交战略的形成及其发展;培养学生对国际形势和国际战略的理解能力;提高学生问题分析和解决能力;有利于学生正确理解当前的国际局势和中国的对外战略。

【实践方式】课外观看视频、课堂汇报和讨论。

【实践步骤】

(1) 老师将指定的视频(如《新中国成立大会》《建国初期外交政策》《尼克松访华》《历史转折中的邓小平》等)拷贝给学生,让学生自己观看。

(2) 观看完后撰写一份感想或报告在课堂上讲解,并提交给老师。

【实践成果】

(1) 根据学生的完成情况给分,分数计入平时成绩。

(2) 活动后以小组的形式提交感想或报告。

七、练习与思考

(一) 单项选择题

1. 当今时代的主题是(   )。
   A. 战争与革命　　B. 和平与发展　　C. 经济全球化　　D. 和平与战争

2. 和平共处五项原则的精髓是( )。
   A. 互不侵犯　　　　　　　　　B. 互不干涉内政
   C. 平等互利　　　　　　　　　D. 国家主权平等

3. 中国外交政策的宗旨是( )。
   A. 维护世界和平、促进共同发展
   B. 独立自主
   C. 和平共处五项原则
   D. 加强和巩固同广大发展中国家的团结与合作

4. 党的十八大以来，以习近平为总书记的党中央继续高举和平、发展、合作、共赢的旗帜，坚定不移致力于维护世界和平、促进共同发展，继续坚持独立自主的和平外交政策。决定我国坚定不移地奉行独立自主的和平外交政策的根本原因是( )。
   A. 我国的综合国力的现实状况
   B. 我国的社会主义性质和在国际上的地位
   C. 和平与发展是当今时代的主题
   D. 中华民族是爱好和平的民族

5. 在中国外交工作布局中，大国外交是( )。
   A. 首要　　　　B. 关键　　　　C. 基础　　　　D. 舞台

6. 推动建立新型国际关系，要积极参与全球治理体系改革和建设。中国秉持的全球治理观的内容是( )。
   A. 和平发展、开放包容　　　　B. 互学互鉴、互利共赢
   C. 开放、包容、合作、共赢　　D. 共商共建共享

7. 中国政府倡议，共建"一带一路"恪守联合国宪章的宗旨和原则，坚持开放合作、和谐包容、市场运作、互利共赢。"一带一路"秉持的原则是( )。
   A. 和平合作、开放包容　　　　B. 共商、共建、共享
   C. 共建、共享、共治　　　　　D. 互学互鉴、互利共赢

8. 中国政府倡议，共建"一带一路"恪守联合国宪章的宗旨和原则，坚持开放合作、和谐包容、市场运作、互利共赢。"一带一路"秉持的理念是( )。
   A. 共商、共建、共享
   B. 共建、共享、共治
   C. 不冲突、不对抗、合作共赢
   D. 和平合作、开放包容、互学互鉴、互利共赢

（二）多项选择题

1. 2018年3月，十三届全国人大一次会议通过的《中华人民共和国宪法修正案》，对宪法中关于外交政策方面的内容进行了修订。这是1982年宪法公布施行后，首次对宪法中关于外交政策方面的内容进行充实完善。这次增加进宪法序言的内容有( )。

A. 坚持和平发展道路　　　　　　B. 坚持互利共赢开放战略
C. 推动构建新型国际关系　　　　D. 推动构建人类命运共同体

2. 中国奉行独立自主的和平外交政策。独立自主的外交政策，就是（　　）。
   A. 把国家主权和安全放在第一位，坚定地维护我国的国家利益
   B. 对于一切国际事务，都要根据事情本身的是非曲直决定自己的立场和政策
   C. 坚持各国的事务应由本国政府和人民决定，世界上的事情应由各国政府和人民平等协商
   D. 主张和平解决国际争端和热点问题

3. 中国坚定不移地奉行独立自主的和平外交政策，走和平发展道路。这是从历史、现实、未来的客观判断中得出的结论，是思想自信和实践自觉地有机统一。走和平发展道路（　　）。
   A. 是由我国的社会主义性质和在国际上的地位所决定的
   B. 来源于中华文明的深厚渊源
   C. 来源于对实现中国发展目标条件的认知
   D. 来源于对世界发展大势的把握

4. 中国坚持走和平发展道路。走和平发展道路就是（　　）。
   A. 既积极争取和平的国际环境发展自己，又以自身发展促进世界和平
   B. 既让中国更好利用世界的机遇，又让世界更好分享中国的机遇
   C. 促进中国和世界各国良性互动
   D. 促进中国和世界各国互利共赢

5. 改革开放40年的历史已经证明，和平发展是中国机遇自身国情、社会制度、文化传统做出的战略选择。中国走和平发展道路，实行改革开放，已经成为世界上第二大经济强国，前所未有地走近世界舞台中央。中国走和平发展道路走对了、走通了。中国走和平发展道路（　　）。
   A. 顺应时代潮流　　　　　　　B. 符合中国根本利益
   C. 符合周边国家利益　　　　　D. 符合世界各国利益

6. 推动建立新型国际关系是我们党立足时代发展潮流和我国根本利益做出的战略选择，反映了中国人民和世界人民的共同心愿。新型国际关系，"新"在（　　）。
   A. 相互尊重　　　　　　　　　B. 合作共赢
   C. 公平正义　　　　　　　　　D. 不冲突、不对抗

7. 中国倡导建立相互尊重、公平正义、合作共赢的新型国际关系，核心是（　　）。
   A. 维护联合国宪章的宗旨和原则
   B. 维护不干涉别国内政和尊重国家主权、独立、领土完整等国际关系基本准则
   C. 维护联合国及其安理会对世界和平承担的首要责任
   D. 开展对话、合作而不是对抗，实现双赢、共赢而不是单赢

8. 构建人类命运共同体思想，是一个科学完整、内涵丰富、意义深远的思想体系，其核心内容除了建设持久和平的世界外，还包括建设（　　）。

A. 普遍安全的世界　　　　　　B. 共同繁荣的世界
C. 开放包容的世界　　　　　　D. 清洁美丽的世界

9. 2015年9月，习近平在纽约联合国总部发表重要讲话指出："当今世界，各国相互依存、休戚与共。我们要继承和弘扬联合国宪章的宗旨和原则，构建以合作共赢为核心的新型国际关系，打造人类命运共同体。"构建人类命运共同体思想（　　）。

A. 继承和发展了新中国不同时期重大外交思想和主张
B. 反映了中外优秀文化和全人类共同价值追求
C. 适应了新时代中国与世界关系的历史性变化
D. 为人类社会实现共同发展、持续繁荣、长治久安绘制了蓝图

10. 中国提出共建"一带一路"倡议以来，开展了积极行动，得到了全球140多个国家和80多个国际组织的积极支持和参与，联合国大会、联合国安理会等重要决议纳入相关内容。"一带一路"倡议逐渐由倡议变成现实。共建"一带一路"（　　）。

A. 符合国际社会的根本利益
B. 彰显人类社会共同理想和美好追求
C. 是国际合作以及全球治理新模式的积极探索
D. 将为世界和平发展增添新的正能量

（三）论述题

1. 结合所学谈谈你对中国坚持走和平发展道路的理解。
2. 结合实际谈谈为什么要打造人类命运共同体。

（四）材料分析题

结合下列材料回答问题。

材料： 2018年，中国相继举办了四大主场外交活动：博鳌亚洲论坛年会、上海合作组织峰会、中非合作论坛峰会、中国国际进口博览会。习近平悉数出席并作重要主旨演讲，深入阐述了构建人类命运共同体重要思想，为世界发展提供了中国智慧、中国方案，产生了日益广泛而深远的国际影响。主场外交是党的十八大以来中国外交一大亮点，已成为全新的"中国名片"。

坚持开放共赢　共创美好未来

2018年4月10日，习近平在博鳌亚洲论坛年会开幕式上发表题为《开放共创繁荣 创新引领未来》的主旨演讲，强调"中国开放的大门不会关闭，只会越开越大！""让我们坚持开放共赢，勇于变革创新，向着构建人类命运共同体的目标不断迈进，共创亚洲和世界的美好未来！"

面向未来，习近平为各国携手构建新型国际关系、构建人类命运共同体进一步明确了路径：相互尊重、平等相待；对话协商、共担责任；同舟共济、合作共赢；兼容并蓄、和而不同；敬畏自然、珍爱地球。

弘扬"上海精神" 增添时代内涵

2018年6月10日，上海合作组织扩员后的首次峰会在青岛举行，习近平在题为《弘扬"上海精神"构建命运共同体》的重要讲话中强调，"上海精神"是上合组织的灵魂和共同财富，必须加以坚持和弘扬，习近平提出的发展观、安全观、合作观、文明观和全球治理观，为"上海精神"增添了新的时代内涵，赋予上合组织新的历史使命。

习近平呼吁各方齐心协力构建命运共同体，经各方协商一致，"确定人类命运共同体的共同理念"被写入青岛宣言，成为上合组织8国最重要的政治共识和努力目标。

中非携手同心 共同促进发展

2018年9月3日，习近平在中非合作论坛北京峰会发表题为《携手共命运 同心促发展》的主旨讲话，对中非特色鲜明的合作共赢之路，做出清晰概括：真诚友好，平等相待，义利相兼，以义为先；发展为民，务实高效，开放包容，兼收并蓄。习近平提出要携手打造责任担当、合作共赢、幸福共享、文化共兴、安全共筑、和谐共生的中非命运共同体；在中非合作计划全面落实的基础上，未来三年和今后一段时间重点实施"人大行动"为构建更加紧密的中非命运共同体指明了行动路径，为推动构建人类命运共同体树立了典范。

扩大对外开放 机遇世界共享

2018年11月5日，首届中国国际进口博览会在上海隆重举行。习近平《共建创新包容的开放型世界经济》的主旨演讲中强调更高水平的脚步不会停滞！中国推动建设开放型世界经济的脚步不能停滞！中国推动构建人类命运共同体的脚步不会停滞！习近平同时强调，中国国际进口博览会不是中国的独唱，而是各国合唱，中国将在激发进口潜力，持续放宽市场准入，营造国际一流营商环境，打造对外开放新高地，推动多边和双边合作深入发展等方面加大进一步开放的力度。与世界各国向着构建人类命运共同体目标不懈奋进，开创人类更加美好的未来。

（摘编自《人民日报》）

请回答：

（1）为什么说主场外交已成为全新的"中国名片"？

（2）中国主场外交贯穿着怎么样的外交关系理念？中国为世界发展提供了哪些智慧和方案？

第十四章 坚持和加强党的领导

一、学习目的与基本要求

中国共产党是中国工人阶级的先锋队，是中国人民和中华民族的先锋队，是中国特色社会主义事业的领导核心。中国共产党立志于中华民族千秋伟业，面对新时代、新挑战、新要求，必须坚持和加强对一切工作的领导。本章的学习目的在于通过理解党的领导是中国特色社会主义最本质的特征和制度的最大优势，明确新时代中国共产党的历史使命和党是最高政治领导力量，坚持党对一切工作的领导，坚定大学生对中国共产党的信仰追求。

二、重点难点问题解析

1. 为什么说中国共产党的领导是中国特色社会主义最本质的特征

第一，这是由科学社会主义的理论逻辑所决定的。科学社会主义政党学说强调，坚持无产阶级政党的领导是无产阶级革命和社会主义建设取得胜利的根本保证。社会主义代替资本主义，必须通过无产阶级的革命运动来实现。无产阶级只有建立代表自己阶级利益的先进政党，才能最终完成自身解放和人类解放的重大历史任务。中国的新民主主义革命和社会主义革命都是在中国共产党的领导下完成的。当前，坚持和发展中国特色社会主义，必须坚持中国共产党的领导。因为只有坚持中国共产党的领导，才能保证中国特色社会主义正确方向，维护国家统一和社会稳定，妥善处理复杂的社会矛盾，应对复杂的国际环境，实现中华民族的伟大复兴。

第二，这是由中国特色社会主义产生与发展的历史逻辑所决定的。中国共产党坚持把马克思主义与中国国情相结合，与时代特征相结合，与时俱进，开拓创新，团结带领全国人民夺取了一个又一个伟大胜利，开辟了中国特色社会主义道路，形成了中国特色社会主义理论体系，确立了中国特色社会主义制度，发展了中国特色社会主义文化，"四个自信"呈现出中国特色社会主义发展的光明前景，为全世界发展中国家走向现代化提供了借鉴，为解决人类问题贡献了中国智慧和中国方案。

第三，这是由中国特色社会主义迈向新征程的实践逻辑所决定的。党的十八大以来，面对国内外形势变化和我国各项事业大发展，以习近平同志为核心的党中央从理论和实践结合上系统回答了新时代坚持和发展什么样的中国特色社会主义这一重大时代课题，中华民族迎来了从站起来、富起来到强起来的伟大飞跃。现在我们踏上了决胜全面建成小康社会、分两步走到本世纪中叶建成社会主义现代化强国的新征程。要继续走好新时代的长征路，不断跨越"雪山"、征服"腊子口"，战胜前进道路上的风险挑战，从根本上讲还是要靠党的领导、靠党把好方向盘。要夺取中国特色社会主义新的胜利，就要继续坚持中国共产党的领导。

2. 为什么说中国共产党的领导是中国特色社会主义制度的最大优势

第一，中国特色社会主义制度是党领导人民创建的。任何国家的执政党都会根据本阶级利益需要建立相应的政治、经济、文化等各种制度来实现对国家的管理。中国共产党根据中国工人阶级和最广大群众的利益创建了中国特色社会主义制度：人民代表大会制度的根本政治制度，中国共产党领导的多党合作和政治协商制度，民族区域自治制度，基层群众自治制度，中国特色社会主义法律体系，公有制为主体、多种所有制共同发展的基本经济制度。这些制度既符合中国国情，又坚持了社会主义方向。没有中国共产党，也就没有中国特色社会主义制度，制度优势就无从谈起。苏联解体的教训之一就是，戈尔巴乔夫在推行新制度改革中改掉了支持社会主义大厦的制度根基，我们必须引以为鉴。当然，我们需要在党的领导下通过改革不断完善和发展中国特色社会主义制度，推进国家治理体系和治理能力现代化，推动中国特色社会主义制度更加成熟、更加定型。

第二，中国特色社会主义制度是当代中国发展进步的根本制度保障，具有鲜明的中国特色，拥有明显的制度优势。只有在中国共产党的领导下，才能充分发挥我们的制度优势。一是由"党的性质论"所决定的。中国共产党是中国工人阶级的先锋队，同时是中国人民和中华民族的先锋队。党的"两个先锋队"性质能够充分调动广大人民的积极性、主动性、创造性，有利于充分发挥中国特色社会主义制度在保持党和国家活力方面的优势。二是由"党的先进论"所决定的。党是先进生产力和先进文化的代表，有利于发挥中国特色社会主义制度在解放和发展社会生产力、推动经济社会全面发展方面的优势。三是由"党的代表论"所决定的。党代表了中国最广大人民的根本利益，有利于充分发挥中国特色社会主义制度在维护社会公平正义、实现全体人民共同富裕方面的优势。四是由"党的总领论"所决定的。党能够总揽全局、协调八方、有利于集中力量办大事，有效应对前进道路上的各种风险挑战方面的优势。五是由"党的核心论"所决定的。党是领导和团结全国各族人民的核心力量，有利于充分发挥中国特色社会主义制度在维护民族团结、社会稳定、国家统一方面的优势。

第三，党的自身优势是中国特色社会主义制度优势的主要来源。中国共产党在长期奋斗中形成了独特的自身优势。一是具有独特的理论优势。我们党高度重视以马克思主义为指导，用马克思主义中国化最新理论成果武装全党，不断提高党的理论水平和政策水平。二是具有独特的政治优势。我们党始终坚持党的最高纲领和基本纲领的统一，始终坚定对马克思主义的信仰、对社会主义和共产主义的信念，坚守共产党人的精神追求，把它作为共产党人的政治灵魂和安身立命的根本。三是具有独特的组织优势。我们党按照马克思主义建党原则，建立了由党的中央组织、地方组织和基层组织构成的科学严密的组织体系，使全党成为一个统一整体，为实现共同目标而奋斗。四是具有独特的制度优势。民主集中制是党的根本组织原则，是既科学又有效的制度，是我们党最大的制度优势。五是具有独特的群众优势。密切联系群众是我们党的根本工作路线，我们党是在同人民群众的密切联系中成长、发展壮大起来的，实现好、维护好、发展好最广大人民根本利益是我们党一切工作的出发点和落脚点。

3. 如何正确理解党是最高政治领导力量

在新时代，毫不动摇地坚持党的全面领导，坚决维护党中央权威和集中统一领导，自觉在思想上、政治上、行动上同以习近平同志为核心的党中央保持高度一致。

第一，这是马克思主义政党的基本要求。无产阶级执政党必须坚持党对国家政权的最高领导权，这是马克思主义政党学说的基本原则。在《共产党宣言》中，马克思和恩格斯就指出，共产党是阶级斗争发展到一定阶段的产物，它的最终目的就是建立一个没有阶级、没有私有制的新社会。这就决定了共产党人"第一步就是将无产阶级上升为统治阶级"，动摇了这个原则，共产党就会失去政权，社会主义就会蜕化变质。

第二，这是对党领导革命、建设和改革历史经验的深刻总结。中国共产党的领导地位是在带领人民历经艰难险阻奋斗中得来的，是历史和人民的选择。中国自古就是一个地域广阔、人口众多的多民族国家，各民族、各地区差异极大，要实现"六合同风，九州共贯"，没有一个高度集中统一的力量引领是办不到的。新中国成立后社会主义建设时期，正是坚持工、农、商、学、兵、政、党这七个方面，党是领导一切的，我们才实现了中国历史上最深刻、最伟大的社会变革，确立了社会主义基本制度。改革开放40多年，也正是坚持党的统一领导，我们才成功开辟了中国特色社会主义，特别是党的十八大以来，以习近平同志为核心的党中央强化了党的领导，带领全党全国人民解决了许多长期想解决而没有解决的难题，办成了许多过去想办而没有办成的大事，推动党和国家事业发生历史性变革。

第三，这是推进伟大事业的根本保证。党的建设和党领导的事业是统一的。党领导的事业越是伟大，就越要加强党的建设，就越要把党锻造为合格的最高政治领导力量。党是领导一切的，是指党对治国理政各项工作的领导。党的十八大以来，我们党果断地把党的领导和治国理政各项工作有机统一起来，在党的统一领导下协调行动、增强合力，全面提高国家治理能力和治理水平。

三、扩展阅读

1. 经典论述

中国共产党是全国人民的领导核心。没有这样一个核心，社会主义事业就不能胜利……同志们，团结起来，坚决地勇敢地为社会主义的伟大事业而奋斗。一切离开社会主义的言论行动是完全错误的。

——毛泽东：《中国共产党是全国人民的领导核心》，《毛泽东选集》第5卷，人民出版社，1997年版，第430页。

从根本上说，没有党的领导，就没有现代中国的一切。当然也就没有刚才我们说的三件大事和四个前提。没有党的领导，就没有一条正确的政治路线；没有党的领导，就没有安定团结的政治局面；没有党的领导，艰苦创业的精神就提倡不起来；没有党的领导，真正又红又专，特别是有专业知识和专业能力的队伍也建立不起来。这样，社会主义四个现代化建设、祖国的统一、反霸权主义的斗争，也就没有一个力量能够领导进行。这是谁也无法否认的客观事实。

另一方面要看到，为了坚持党的领导，必须努力改善党的领导……党应该是一个战斗的队伍，是无产阶级的先锋队，应该是统一的、有高度觉悟的、有纪律的队伍。只有恢复到这种状态，党才能有战斗力。

——邓小平：《目前的形势和任务》，《邓小平文选》第 2 卷，人民出版社，1994 年版，第 267~268 页。

中国共产党的领导是中国特色社会主义最本质的特征。没有共产党，就没有新中国，就没有新中国的繁荣富强。坚持中国共产党这一坚强领导核心，是中华民族的命运所系。中国共产党的领导，就是支持和保证人民实现当家作主。我们必须坚持党总揽全局、协调各方的领导核心作用，通过人民代表大会制度，保证党的路线方针政策和决策部署在国家工作中得到全面贯彻和有效执行。要支持和保证国家政权机关依照宪法法律积极主动、独立负责、协调一致开展工作。要不断加强和改善党的领导，善于使党的主张通过法定程序成为国家意志，善于使党组织推荐的人选通过法定程序成为国家政权机关的领导人员，善于通过国家政权机关实施党对国家和社会的领导，善于运用民主集中制原则维护党和国家权威、维护全党全国团结统一。

——2014 年 9 月 5 日，习近平在庆祝全国人民代表大会成立 60 周年大会上的讲话。

古人云：令之不行，政之不立。党政军民学，东西南北中，党是领导一切的。党中央制定的理论和路线方针政策，是全党全国各族人民统一思想、统一意志、统一行动的依据和基础。只有党中央有权威，才能把全党牢固凝聚起来，进而把全国各族人民紧密团结起来，形成万众一心、无坚不摧的磅礴力量。如果党中央没有权威，党的理论和路线方针政策可以随意不执行，大家各自为政、各行其是，想干什么就干什么，想不干什么就不干什么，党就会变成一盘散沙，就会成为自行其是的"私人俱乐部"，党的领导就会成为一句空话。

——2017 年 2 月 13 日，习近平在省部级主要领导干部学习贯彻党的十八届六中全会精神专题研讨班上的讲话。

2. 阅读推荐

(1)《不忘初心，继续前进》（习近平总书记在纪念共产党成立 95 周年大会上的讲话），《习近平谈治国理政》第 2 卷，外文出版社，2017 年版，第 32~45 页。

【推荐理由】党的十八大指出，坚持和发展中国特色社会主义是一项长期而艰巨的历史任务，必须准备进行具有许多新的历史特点的伟大斗争。这就告诫全党，要时刻准备应对重大挑战、抵御重大风险、克服重大阻力、解决重大矛盾，坚持和发展中国特色社会主义，坚持和巩固党的领导地位和执政地位，使我们的党、我们的国家、我们的人民永远立于不败之地。历史总是要前进的，历史从不等待一切犹豫者、观望者、懈怠者、软弱者。只有与历史同步伐、与时代共命运的人，才能赢得光明的未来。我们党在前进的道路上要永远保持建党时中国共产党人的奋斗精神，永远保持对人民的赤子之心。一切向前走，都不能忘记走过的路；走得再远、走到再光辉的未来，也不能忘记走过的过去，不能忘记为什么出发。面向未来，面对挑战，全党同志一定要不忘初心、继续前进。

（2）谢春涛：《历史的轨迹：中国共产党为什么能（增订本）》，新世界出版社，2011年版。

【推荐理由】中国共产党领导的中国取得的辉煌成就引起人们不断地思考：中国共产党执政取得巨大成就的秘诀究竟是什么？正是为了回答这一根本问题，该书围绕国内外读者关注的15个重大问题进行了解答，如中国共产党为什么没有像苏东共产党那样丧失执政地位？为什么能把中国发展成世界第二大经济体？全书从历史的角度作了深入的思考和准确的解读，既不是一般的理论读物，也不是传统的党史著作，而是试图实现二者的有机结合。该书以故事讲思想，以事实讲道理，充分展示了中国共产党领导人民进行社会主义革命和建设的光辉历程、丰功伟绩和成功经验。不仅具有针对性和说服力，而且非常具有可读性。

（3）方宇军：《中国传统的政治道路：探寻中国共产党执政的历史文化渊源》，当代中国出版社，2013年版。

【推荐理由】中华文明延绵不断、发扬光大，是人类历史的唯一，其中奥妙，要在中国的传统政治中去寻找。本书通过对中国传统政治精华的阐释，从历史和文化的根源处论证中华文明的长存兴盛；同时，作者对被人们颇多诟病的传统政治的某些方面，进行了反复辩解，以期有客观的认识。最重要的是，本书在与西方民主的对比吸纳中，着力论证了中国共产党执政的历史承继性和时代客观性。

（4）牛先锋、王泰泉：《历史为什么选择中国共产党》，吉林出版集团有限责任公司，2016年版。

【推荐理由】历史不是"一切皆巧合"的偶然，历史不是"分久必合、合久必分"的循环。中国共产党从哪里来，到哪里去，不仅取决于我们有什么样的历史，而且取决于我们如何理解与把握历史。让历史说话，用史实发言，将史实与史识结合起来，从历史中汲取经验和教训，在历史中发现智慧和力量，这是我们应有的历史观。看得见多远的过去，就能走向多远的未来。如果说现实是结果，历史就是条件。准确书写历史、正确认识历史，正是为了确立前行的方向、标定进步的坐标，更好地走向未来，为民族复兴提供强大的价值支撑、民族自信、磅礴力量。作者以全球化视野，站在21世纪的全新角度解读中国共产党的发展历程，以党史的重要时间段为历史节点，串联起中国共产党党史大事件，通过准确的史实、清晰的主线叙述历史事件，全面回顾中国共产党的风雨历程，并与世界格局中中国社会的变迁相关联，用"人心向背定兴亡"的铁律和"于曲折反复中进步"的宏大视角，系统阐述了历史为什么选择中国共产党。

四、理论前沿

党的领导是中国特色社会主义制度的最大优势

首先,党的政治领导指引明确的政治方向。党的政治领导决定国家改革发展的政治立场、政治方向、政治原则。中国共产党鲜明的政治立场,就是坚决维护和实现无产阶级和最广大人民群众的根本利益,国家政策、方针都要符合人民群众的意志,权力不能成为少数利益集团的代言人。党的意志和人民的意志是一致的,党的意志代表人民意志,人民的意志是党的意志的根据和遵循。政治立场决定政治方向。人民的意愿、要求和根本利益与社会发展的趋势是一致的,维护和发展人民的利益就顺应了历史发展的潮流,就能推动社会发展,所以,坚定的政治方向符合社会发展方向。坚定的政治立场要求坚定的政治原则,政治原则意味着要遵从党的意志、维护党的权威、坚定党的立场,维护党中央的集中统一领导。坚持政治原则,增强大局意识,要求党员干部可以通过一定的方式向有关组织提出建议,行使党员的权利,但不能站在党的对立面,歪曲、攻击、否定党的重大政策、决定。党的领导指引坚定、明确的政治方向,这是中国特色社会主义制度能够保持、发挥自身优势的根本保障。

其次,党的思想领导确定正确的思想路线。中国特色社会主义制度的制度优势,依赖于党确立的正确思想路线。我们党始终高度重视思想建设、理论建设,在实践中坚持和发展真理,不断研究新情况,总结新经验,解决新问题,在实践中丰富和发展马克思主义,使党的理论和路线方针政策顺应时代发展的潮流和我国社会发展进步的要求,永远走在时代前列。我们进行共产主义理想信念教育,用实现中华民族伟大复兴的中国梦、实现"两个一百年"奋斗目标来鼓舞人民的激情和力量,积极培育和践行社会主义核心价值观,对中国传统文化进行创造性转化和创新性发展,宣传、弘扬民族精神和时代精神等,正是为了用科学的思想和方法,以及先进的文化及其价值观提升人民的精神境界,激发人民的热情,凝聚我们的共识,增强我们建设中国特色社会主义的精神力量。这是我们党加强思想领导的有效方式,也是中国特色社会主义制度发挥优势的科学方法和精神动力。

再次,党的组织领导统领先进的组织建设。推动中国特色社会主义事业发展的主体是人民,政治领导、思想领导需要体现为组织领导,即要将党的政治原则、政治立场、指导思想和意识形态建设贯穿于改革的实践中,必须加强组织建设、队伍建设,提高个人的政治觉悟、思想素质和实践能力。中国共产党主要通过贯彻民主集中制、举办各种教育活动等形式加强组织领导、制度建设,如进行"三严三实"专题教育、"两学一做"学习教育等。我们党实施马克思主义理论研究和建设工程,进行学习贯彻习近平新时代中国特色社会主义思想和党的十九大精神的宣讲活动,通过讲座、编写通俗读物、编写高校教材,拍摄反映党的历史和改革开放的电视片,举办大型展览活动等形式,以引导党员群众特别是青年学生增强对党和国家的认同感,提高党组织的创造力、凝聚力和战斗力。

最后，党的社会领导凝聚强大的社会力量。党的组织力和号召力主要取决于以下几个方面：其一，共产党的先进性和纯洁性。中国共产党是中国工人阶级的先锋队，同时是中国人民和中华民族的先锋队。其二，共产党坚持以人民为中心。中国共产党始终坚持人民立场，代表人民的利益，努力实现、维护、发展最广大人民的根本利益，促进人的全面发展，所以它能得到人民的支持和拥护。其三，共产党追求社会公正。实现共产主义是党的最高理想，共产主义的根本特征就是社会公正。中国共产党的性质、立场和价值追求使其具有强大社会公信力和凝聚力，能将个体的利益、意志凝聚为社会合力，彰显出中国特色社会主义制度的强大优势。当西方政党各派别还在争吵不休的时候，我们已经实现了历史性变革，创造了中国奇迹。十八大以来，我国所取得的一系列举世瞩目的巨大成就都凸显了党的领导力和向心力，这是世界上其他任何一个国家的任何一个政党都做不到的。

（摘自徐斌：《党的领导是中国特色社会主义制度的最大优势》，2018年3月13日，人民论坛网）

五、案例剖析

案例：

选 择

1840年鸦片战争以来的中国百年史，是一部中华民族被侵略、欺压、奴役的血淋淋的屈辱史，也是中华各族人民奋起反抗、前赴后继、英勇战斗的革命史。

半殖民地半封建社会的中国，在进入20世纪的那一刻，面临着这样残酷的现实——八国联军武装入侵，辛丑条约丧权辱国，清朝政府腐败无能，社会景象贫穷衰落，曾经创造过灿烂文明的东方古国，在内忧外患中已陷入濒临灭亡的边缘。

振兴中华的新路在哪里呢？奋斗不屈的中国人在寻找，在选择。

1921年7月，一群年轻的知识分子，踏着"五四运动"催生的先进文化潮流，秘密聚集在这个中国南方的大都市，成立了中国共产党。这些年轻人以改天换地的气概，一心要在中国这块古老的土地上创立一个崭新的、合理的社会。悄悄地上演了中国历史上开天辟地的一幕，成为红色旅程的动人起点。

起点之后，是波澜壮阔的行程，是大浪淘沙的选择。

中国共产党为什么终于改变了近代中国的命运，赢得了历史和人民的选择？

追寻中国共产党的奋斗历程：1921年，中国共产党人迈出的第一步，便伸向了中华民族的最迫切需要。1922年，刚满一岁的中国共产党，就自觉地把这一代表人民共同心声和根本利益的要求，写入了自己的奋斗纲领。党的二大提出的最低纲领是：消除内乱，打倒军阀，建设国内和平；推翻帝国主义的压迫，达到中华民族的独立，统一中国为真正的民主共和国。这样完整地提出反对帝国主义和封建势力的奋斗目标，在中国有政党以来的历史上，还是破天荒的第一次。

为了完成自己的历史使命，中国共产党一开始就把目光投向了这个世界，投向了代表社会先进生产力的工人阶级，投向了占中国人口绝大多数的农民，在实践中去代表人民的利益。在愿不愿意去代表工农大众的切身利益这个根本问题上，孙中山逝世后的国民党停下了脚步。1927年，历史对国共两党的选择也骤然来到了一个分水岭。农民运动领袖彭湃和许许多多的共产党人，倒在了蒋介石的屠刀下面。一度给民族复兴带来希望的国民党，在蒋介石的手中开始走向了另一种选择。正如一个研究国民党历史的美国历史学家易劳逸所说：在这个依靠军事力量支持的政权里，想尽可能扩大自己的权力、威望和财富，而不是去为民族的利益而奋斗的人实在太多了。

在同一时刻，肩负使命的中国共产党人，擦干身上的血迹，执着于不变的初衷，开拓了一条全新却更为艰难的救国救民之路。走在这条路上，中国共产党创造了一个曾经存在三年的红色国家。沿着这条路，中国共产党从密林深沟，走到了黄土高原。还是这条路，让工农大众看到了中华民族不断的根，不灭的魂。

在中华民族面临亡国灭种的危急历史关头，当拒绝"剿共"的国民党爱国将领张学良、杨虎城发动西安事变时，在一片杀蒋介石的声音中，为了民族大义，中国共产党不仅没有赞成杀蒋介石，而且来回奔波，促成了西安事变的和平解决。正是为了挽救民族危亡，中国共产党人才不计前嫌，摘下自己戴了10年的红军帽，又一次与追杀了自己10年的国民党走到一起，促成了国共第二次合作和全民族抗战的到来。国共两党的领袖又一次站到了一起。在战争还是和平的岔路口，谁能作出符合民族根本利益、代表历史前进方向的选择呢？

1946年6月，自恃军事力量占绝对优势的蒋介石，撕毁了国共两党签订的停战协定，向中国共产党所在的中原解放区发动了大规模的军事进攻。内战爆发了！民族振兴的机会与人民擦肩而过。一位民主党派人士痛惜地说了句传诵一时的名言："一觉醒来，和平已经死了。"

和平的死亡换来了人民的觉醒，中国政治力量的天平倾斜了中国共产党。在解放区，"最后一口粮，做的是军粮；最后的一块布，做的是军装；最后的一个儿子啊，送到部队上。"这首当年的歌谣，连同这如林的担架、如流的推车，一起见证了当年亿万农民是如何自觉地选择中国共产党的。在那场铸就中华民族新生的解放战争中，几乎每一场大的战役，都有成千上万的老百姓，肩挑背负，推车牵马，运送前线需要的各种物资。

什么是民心，这就是民心。什么是人民的选择，这就是人民的选择。靠了它，蒋介石的八百万军队就土崩瓦解；有了它，千万辆推车就推出了一个人民的新中国。

中国人民站起来了，只是实现民族复兴这出长剧中的序幕。用毛泽东的话来说，序幕还不是高潮，以后的路程还会更长，更伟大，更艰苦。

跨越了半个多世纪的时空，执政后的中国共产党反复回答的是同样一个问题，表达的是同一个愿望：那就是发展生产力，改变中国落后面貌，实现中华民族的伟大复兴。在波澜壮阔的奋斗历程中，中国共产党证明了自己无愧于历史和人民的选择。

（摘编自魏晓文、杨慧民：《毛泽东思想、邓小平理论和"三个代表"重要思想概论课教学案例解析》，高等教育出版社，2007年版，第417~420页）

【思考讨论】

（1）为什么说中国共产党的执政地位是历史和人民的选择？

（2）中国共产党为什么能改变近代中国的悲惨命运？

【要点提示】

中国共产党的执政地位是在长期革命斗争中逐步形成的，是近代中国历史发展的必然，更是历史的主体——人民的选择。人民群众之所以信任、选择和支持中国共产党，就是因为共产党是为人民服务的，是能够满足人民需要的政党。中国共产党适应人民的需要，领导人民穿越战争的炮火硝烟，推翻了三座大山，获得民族独立和人民解放，建立了人民当家作主的共和国。新中国成立后，党适应人民希望国家繁荣昌盛，过上幸福美好生活的需要，领导人民度过了重整河山的艰难岁月，并顺应社会历史发展的必然，走上了社会主义道路，开辟了中国实现现代化的广阔前景，取得了举世瞩目的伟大成就。正是依靠广大人民群众的支持，中国共产党在领导中国人民改变历史命运、创造民族复兴奇迹的同时，创立了世界政党史上自强不息的一个奇迹。在波澜壮阔的奋斗历程中，中国共产党证明了自己无愧于历史和人民的选择。

六、实践指导

方案一：选择观看文献纪录片《旗帜》《信仰》、电影《建党伟业》

【实践目的】通过观看相关纪录片，了解中国共产党 90 多年来波澜壮阔的历史足迹和取得的辉煌成就，加深对党的认识，坚定在党的领导下为中国特色社会主义事业奋斗的决心和信念。

【实践方式】学生课下时间自主观看。

【实践步骤】

（1）学生课下观看影片。

（2）撰写观后感一篇。

（3）课堂上交流观看感想和体会。

【实践成果】评选优秀观后感，将优秀观后感汇编成册。

方案二：采访身边的优秀共产党员

【实践目的】中国共产党是工人阶级的先锋队，是中国人民和中华民族的先锋队。我们身边有许多优秀共产党员发挥着先锋模范作用，大学生通过采访优秀共产党员，感受优秀共产党员的榜样力量，坚定自己对中国共产党的信仰和选择。

【实践方式】学生个人或小组进行采访活动。

【实践步骤】

（1）确定采访对象。

（2）制定详细的采访方案。

（3）实施采访活动。

（4）撰写采访报告。

【实践成果】评选优秀采访报告，将优秀采访报告汇编成册。

方案三：学生党员和入党积极分子课堂发声活动

【实践目的】青年大学生是中国特色社会主义事业建设的接班人，为吸引更多的大学生信仰和选择中国共产党，首先需要让他们身边的学生党员和入党积极分子在课堂上积极发声，发挥正能量的积极作用。

【实践方式】学生党员和入党积极分子配合老师的教学内容在课堂上积极发言。

【实践步骤】

(1) 确定发言内容的主题。

(2) 准备发言稿和制作发言 PPT。

(3) 课堂发言活动。

【实践成果】将学生党员和入党积极分子的发言稿汇编成册。

七、练习与思考

（一）单项选择题

1. （　　）是中国人民和中华民族的先锋队。
    A. 工人阶级　　　　　　　　　　B. 农民阶级
    C. 知识分子　　　　　　　　　　D. 中国共产党

2. 中国共产党的宗旨是（　　）。
    A. 实现社会主义现代化　　　　　B. 坚持党的基本路线不动摇
    C. 全心全意为人民服务　　　　　D. 实现共产主义

3. 中国特色社会主义最本质的特征是（　　）。
    A. 共同富裕　　　　　　　　　　B. 中国共产党的领导
    C. 公有制　　　　　　　　　　　D. 社会主义制度

4. （　　）是中国特色社会主义制度的最大优势。
    A. 人民当家作主　　　　　　　　B. 社会主义市场经济体制
    C. 中国共产党的领导　　　　　　D. 马克思主义

5. "四个伟大"统一于新时代坚持和发展中国特色社会主义伟大实践，其中，起决定性作用的是（　　）。
    A. 伟大斗争　　　　　　　　　　B. 伟大工程
    C. 伟大事业　　　　　　　　　　D. 伟大梦想

6. （　　）是最高政治领导力量。
    A. 军事委员会主席　　　　　　　B. 国家主席
    C. 中国共产党　　　　　　　　　D. 国务院总理

7. 中国共产党对我国社会主义事业的领导，主要是（　　）。
    A. 经济上的领导　　　　　　　　B. 政治上的领导
    C. 文化上的领导　　　　　　　　D. 军事上的领导

8. 中国共产党最大的制度优势是(　　)。
   A. 人民代表大会制度　　　　　　　B. 民主集中制
   C. 多党合作制度　　　　　　　　　D. 爱国统一战线
9. 中国特色社会主义事业的领导核心是(　　)。
   A. 中国共产党　　　　　　　　　　B. 民主党派
   C. 领导干部　　　　　　　　　　　D. 人民群众
10. 新时代中国共产党的历史使命是实现(　　)。
    A. 中华民族的伟大复兴　　　　　　B. 共产主义
    C. 加强党的政治建设　　　　　　　D. 共同富裕
11. 2018年宪法修正案，把(　　)载入宪法总纲。
    A. 全面从严治党
    B. 中国共产党的领导是中国特色社会主义最本质的特征
    C. 发展才是硬道理
    D. 科学发展观
12. 加强党的建设，必须放在首位的是(　　)。
    A. 组织建设　　　B. 思想建设　　　C. 政治建设　　　D. 作风建设
13. 中国共产党的最高理想和最终目标是(　　)。
    A. 实现社会主义　　　　　　　　　B. 实现共产主义
    C. 实现中华民族伟大复兴　　　　　D. 解放全人类
14. 我们国家和民族要实现"两个一百年"奋斗目标必须有一个坚强的领导核心，这个领导核心就是(　　)。
    A. 中国人民　　　　　　　　　　　B. 中国共产党
    C. 中国政府　　　　　　　　　　　D. 中国军队
15. 中国共产党的领导地位是(　　)。
    A. 与生俱有的　　　　　　　　　　B. 历史和人民选择的
    C. 一牢永逸的　　　　　　　　　　D. 武力夺取的

(二) 多项选择题

1. 中国共产党的性质是(　　)。
   A. 中国工人阶级的先锋队
   B. 中国人民和中华民族的先锋队
   C. 中国特色社会主义事业的领导核心
   D. 中国共产党领导的多党合作和政治协商制度
2. 中国共产党的领导是中国特色社会主义最本质的特征，是由(　　)决定的。
   A. 科学社会主义的理论逻辑
   B. 中国特色社会主义产生与发展的历史逻辑
   C. 人类社会发展进程的要求
   D. 中国特色社会主义迈向新征程的实践逻辑

3. 中国共产党的政治优势是(　　)。
   A. 坚定崇高的政治理想　　　　　　B. 严密的组织体系
   C. 坚定崇高的政治信念　　　　　　D. 百折不挠的革命意志
4. 新时代中国共产党的历史使命，就是统揽(　　)在全面建成小康社会的基础上全面建成社会主义现代化强国，实现中华民族伟大复兴的中国梦。
   A. 伟大斗争　　B. 伟大工程　　C. 伟大事业　　D. 伟大梦想
5. 党是最高政治领导力量，这是(　　)。
   A. 马克思主义政党的基本要求　　　B. 对历史经验的深刻总结
   C. 推进伟大事业的根本保证　　　　D. 借鉴其他国家的成功经验
6. 确保党始终总揽全局、协调各方，必须增强(　　)。
   A. 政治意识　　B. 大局意识　　C. 核心意识　　D. 看齐意识
7. 增强党的政治领导本领，需要坚持(　　)。
   A. 战略思维和创新思维　　　　　　B. 辩证思维
   C. 法治思维　　　　　　　　　　　D. 底线思维
8. 中国共产党的领导是中国特色社会主义制度的最大优势，体现在(　　)。
   A. 中国特色社会主义制度是党领导人民创建的
   B. 党的领导是充分发挥中国特色社会主义制度优势的根本保障
   C. 党的自身优势是中国特色社会主义制度优势的主要来源
   D. 丰富和发展了科学社会主义
9. 全面增强党的执政本领包括(　　)。
   A. 学习本领和政治领导本领　　　　B. 改革创新本领和科学发展本领
   C. 依法执政本领和群众工作本领　　D. 狠抓落实本领和驾驭风险本领
10. 中国共产党领导中国特色社会主义事业取得了(　　)自信。
    A. 中国特色社会主义道路　　　　　B. 中国特色社会主义制度
    C. 中国特色社会主义理论　　　　　D. 中国特色社会主义文化

（三）论述题

1. 为什么说中国共产党的领导地位是历史和人民的选择？
2. 中国共产党应如何全面增强党的执政本领？

（四）材料分析题

1. 结合下列材料回答问题

材料一：党是阶级的先进觉悟阶层，是阶级的先锋队。
（摘自《列宁全集》第24卷，人民出版社，1990年版，第38页）
共产党是为民族、为人民谋福利的政党，它本身决无私利可图。
（摘自《毛泽东选集》第3卷，人民出版社，1991年版，第809页）

材料二：坚持贯彻"三个代表"重要思想，以加强党的执政能力建设为重点，不断提高党的创造力、凝聚力和战斗力，不断巩固党的阶级基础和扩大党的群众基础，我们党就能在世界形势深刻变化的历史进程中始终走在时代前列,在应对国内外各种风险考验的历史进程中始终成为全国人民的主心骨,在建设中国特色社会主义的历史进程中始终成为坚强领导核心。

(摘自胡锦涛:《在"三个代表"重要思想探讨会上的讲话》)

材料三:党是我们各项事业的领导核心,古人讲的"六合同风,九州共贯",在当代中国,没有党的领导,这个是做不到的。中央委员会,中央政治局,中央政治局常委会,这是党的领导决策核心。党中央作出的决策部署,党的组织、宣传、统战、政法等部门要贯彻落实,人大、政府、政协、法院、检察院的党组织要贯彻落实,事业单位、人民团体等的党组织也要贯彻落实,党组织要发挥作用。各方面党组织应该对党委负责、向党委报告工作。有的同志习惯于把分管工作当成自己的禁脔,觉得既然分管就没有必要报告了,也不希望其他人来过问,有的甚至不愿意党委过问,不然就是党政不分了。这种想法是不正确的。党委是起领导核心作用的,各方面都应该自觉向党委报告重大工作和重大情况,在党委统一领导下尽心尽力做好自身职责范围内的工作。报告一下有好处,集思广益,群策群力,事情能办得更好。各地区各部门党委(党组)要加强向党中央报告工作,这也是一个规矩。

(摘自习近平:《严明党的组织纪律,增强组织纪律性》,《十八大以来重要文献选编》(上),中央文献出版社,2014年版,第772页)

请回答:

(1) 为什么说中国共产党是中国工人阶级的先锋队,同时又是中国人民和中华民族的先锋队?

(2) 怎样理解中国共产党的领导是最高政治力量?

2. 结合下列材料回答问题

材料一:伟大斗争,伟大工程,伟大事业,伟大梦想,紧密联系、相互贯通、相互作用,其中起决定性作用的是党的建设新的伟大工程。推进伟大工程要结合伟大斗争、伟大事业、伟大梦想的实践来进行,确保党在世界形势深刻变化的历史进程中始终走在时代前列,在应对国内外各种风险和考验的历史进程中始终成为全国人民的主心骨,在坚持和发展中国特色社会主义的历史进程中始终成为坚强领导核心。

(摘自习近平:《决胜全面建成小康社会 夺取新时代中国特色社会主义伟大胜利——在中国共产党第十九次全国代表大会上的报告》)

材料二:宪法第一条:中华人民共和国是工人阶级领导的、以工农联盟为基础的人民民主专政的社会主义国家。社会主义制度是中华人民共和国的根本制度。中国共产党领导是中国特色社会主义最本质的特征。禁止任何组织或者个人破坏社会主义制度。

(摘自2018年修订宪法)

材料三:中国共产党的领导是中国特色社会主义最本质的特征。没有共产党,就没有新中国,就没有新中国的繁荣富强。坚持中国共产党这一坚强领导核心,是中华民族的命运所系。中国共产党的领导,就是支持和保证人民实现当家作主。我们必须坚持党总揽全局、协调各方的领导核心作用,通过人民代表大会制度,保证党的路线方针政策和决策部署在国家工作中得到全面贯彻和有效执行。要支持和保证国家政权机关依照宪

法法律积极主动、独立负责、协调一致开展工作。要不断加强和改善党的领导,善于使党的主张通过法定程序成为国家意志,善于使党组织推荐的人选通过法定程序成为国家政权机关的领导人员,善于通过国家政权机关实施党对国家和社会的领导,善于运用民主集中制原则维护党和国家权威、维护全党全国团结统一。

(摘自2014年9月5日习近平在庆祝全国人民代表大会成立60周年大会上的讲话)

请回答:

(1) 根据材料一回答:为什么说在"四个伟大"中起决定性作用的是党的建设新的伟大工程?

(2) 根据材料二、材料三,怎样理解党的领导是中国特色社会主义最本质的特征?

选择题参考答案

第一章

（一）单项选择题：1. B　2. D　3. A　4. B　5. C　6. A　7. C　8. A　9. A　10. C　11. B　12. D　13. A

（二）多项选择题：1. ABCD　2. ACD　3. ABCD　4. BCD　5. ABD　6. ABC　7. ABC　8. AB　9. ABCD　10. ABC

第二章

（一）单项选择题：1. C　2. A　3. A　4. C　5. C　6. C　7. B　8. C　9. D　10. B　11. B　12. D　13. C　14. B　15. B　16. C　17. C　18. A　19. D　20. C　21. B　22. C　23. C　24. C　25. D　26. B　27. A　28. C　29. D　30. A　31. D

（二）多项选择题：1. AB　2. AB　3. ABC　4. BCD　5. ABCD　6. ABC　7. BC　8. ABCD　9. ABC　10. AB　11. BC　12. AC　13. ABC　14. AB　15. ABCD　16. ABC　17. AB　18. ABC　19. BCD　20. ACD

第三章

（一）单项选择题：1. D　2. C　3. A　4. C　5. C　6. B　7. D　8. C　9. C　10. C　11. C　12. A　13. B　14. D　15. A　16. D　17. C　18. A　19. B

（二）多项选择题：1. ABD　2. AB　3. ABCD　4. ACD　5. ABCD　6. ABCD　7. ABC　8. ACD　9. AC　10. BCD

第四章

（一）单项选择题：1. B　2. C　3. B　4. C　5. C　6. B　7. D　8. C　9. C

（二）多项选择题：1. AB　2. AD　3. BC　4. ABC　5. ABCD　6. AC　7. AB　8. ABCD　9. ABD　10. ABC

第五章

（一）单项选择题：1. B　2. D　3. C　4. C　5. B　6. C　7. D　8. D　9. D　10. A　11. C　12. A　13. B　14. D　15. C　16. C　17. A　18. D　19. C

20. A

（二）多项选择题：1. ABC 2. ABCD 3. ABCD 4. ABCD 5. ABCD 6. ABD 7. BC 8. ABC 9. ABC 10. BCD

第六章

（一）单项选择题：1. C 2. B 3. C 4. D 5. D 6. A 7. C 8. B 9. D 10. A 11. B 12. A 13. C 14. C 15. B

（二）多项选择题：1. ACD 2. ABD 3. ABCD 4. ABCD

第七章

（一）单项选择题：1. A 2. C 3. C 4. B 5. D 6. C 7. D 8. B 9. C 10. C 11. C 12. B 13. B 14. C 15. A 16. A 17. B

（二）多项选择题：1. ABCD 2. ABCD 3. ABCD 4. ABD 5. ABCD 6. BD 7. ABC 8. ABCD 9. ABD 10. ABD

第八章

（一）单项选择题：1. D 2. B 3. C 4. D 5. C 6. C 7. B 8. A 9. B

（二）多项选择题：1. ABCD 2. ABCD 3. ACD 4. ABCD 5. ACD 6. ABCD 7. ABC 8. AC 9. ABCD 10. ABC 11. AD

第九章

（一）单项选择题：1. D 2. A 3. C 4. A 5. B 6. A 7. D 8. B 9. D 10. C 11. B

（二）多项选择题：1. ABC 2. ABCD 3. ABC 4. BCD 5. ABCD 6. ABC 7. ABC 8. ABCD 9. ABCD 10. ABCD 11. ABCD 12. ABCD 13. ABCD

第十章

（一）单项选择题：1. D 2. A 3. D 4. B 5. B 6. B 7. A 8. A 9. C 10. C 11. A 12. A 13. B 14. D 15. A 16. B 17. D 18. D 19. B 20. C 21. B 22. A 23. B 24. D 25. B 26. A 27. C 28. A 29. B 30. C 31. B 32. D 33. B 34. D 35. C 36. C

（二）多项选择题：1. ABCD 2. ABCD 3. ABD 4. ABCD 5. ABD 6. AC 7. ABCD 8. ABC 9. ABC 10. ABCD 11. ABC 12. ABCD 13. ABC 14. ABCD 15. ACD 16. ABCD 17. ABD 18. ABC 19. ABCD

第十一章

（一）单项选择题：1. B 2. A 3. C 4. C 5. C 6. B 7. B 8. D 9. D 10. B

（二）多项选择题：1. ABC 2. ABD 3. ACD 4. ABC 5. BCD 6. ABCD 7. ABCD 8. AC 9. CD 10. ABCD

第十二章

（一）单项选择题：1. A 2. B 3. C 4. D 5. A

（二）多项选择题：1. ABC 2. CD 3. ABCD 4. ABCD 5. ABCD

第十三章

（一）单项选择题：1. B 2. D 3. A 4. B 5. B 6. D 7. B 8. D

（二）多项选择题：1. ABD 2. ABCD 3. ABCD 4. ABCD 5. ABCD 6. ABC 7. ABCD 8. ABCD 9. ABCD 10. ABCD

第十四章

（一）单项选择题：1. D 2. C 3. B 4. C 5. B 6. C 7. B 8. B 9. A 10. A 11. B 12. C 13. B 14. B 15. B

（二）多项选择题：1. ABC 2. ABD 3. ACD 4. ABCD 5. ABC 6. ABCD 7. ABCD 8. ABC 9. ABCD 10. ABCD

第三版后记

自 2015 年本书第一版出版以来，2016 年进行了第二版修订。党的十九大之后，2018 年版的《毛泽东思想和中国特色社会主义理论体系概论》教材在体系和内容方面发生了重大变化。四川大学马克思主义学院马克思主义中国化教研室组织力量根据新教材重新编写了《〈毛泽东思想和中国特色社会主义理论体系概论〉学习指导》，编写人员分工：第一章，何洪兵、刘汝如；第二章，吴炎；第三章，羊绍武、杨璐、陈媛；第四章，肖孟夏；第五章，张学昌；第六章，张晓磊；第七章，郑晔、尤思锦、周璟；第八章，吕志辉；第九章，纪志耿；第十章，张仁枫、王洪树、张学昌；第十一章，熊广、羊绍武；第十二章，张仁枫；第十三章，邓宗豪、史海燕；第十四章，李红。

编　者

2020 年 3 月